Mr Daniel Schwartz

3, impasse des Forgerons
67190 Still

LE COUP D'ÉTAT DE MARKUS WOLF

Du même auteur

La marche au pouvoir en Urss de Lénine à Brejnev, 1917-1969, Fayard, 1969.

La terreur en Urss. NKVD contre internationale communiste, 1930-1940, tome 1, Éditions Ferni, Genève, 1976.

Le NKVD dans la guerre, les guérillas et en Europe centrale, 1941-1953, tome 2, Éditions Ferni, Genève, 1978.

Exploits et bavures de l'espionnage américain, 1917-1978, 3 volumes (Diplomatie secrète, Lobbies, Groupes de pression à travers deux guerres et jusqu'au Watergate), Éditions Famot, 1979.

Les stratèges de la peur. (La vérité sur Peron, le terrorisme, les guérillas, les disparus, 1941 à 1979), Éditions Voxmundi, Genève, 1980.

Les sources financières du communisme et du nazisme (ou quand l'Urss était l'alliée des nazis), Centre européen d'information, 1984.

GRU, le plus secret des services soviétiques, 1918-1988, Stock. (Traduit en chinois, en polonais.)

Traductions en anglais, italien, espagnol, allemand.

Pierre de Villemarest

Le coup d'État de Markus Wolf

La guerre secrète des deux Allemagnes 1945-1991

Documentation et synthèse
Danièle de Villemarest
Clifford A. Kiracoff

Stock

Avant-propos

Ce fut une journée plus chargée qu'à l'accoutumée. Une série d'affaires se dénouaient ou s'amorçaient toutes à la fois, en cascade, sans possibilité de les remettre à plus tard. On m'en avait averti la veille au soir, puis dans la nuit, à mon confortable domicile de Lindau-Bad-Schachen : un ravissant petit hôtel particulier à deux étages, miniature posée au bord du lac de Constance. Sur un demi-cercle de moins de quarante kilomètres, on passait par là en Autriche, sur les rives de Bregenz et, plus loin, à Sankt Margarethen, côté suisse. L'immense parc d'un des meilleurs hôtels de la région, réservé aux Alliés, entourait la demeure. D'où les facilités de vie et de communications que j'avais repérées lorsque j'appartenais encore à l'administration d'occupation [1] *.

L'information la plus importante, parvenue la veille, m'obligeait à filer en voiture vers l'Autriche, à travers le Vorarlberg, vers Graz, région où se jouxtent les frontières de la Hongrie, de la Yougoslavie et de l'Autriche. Un de nos passeurs avait amené jusqu'à ce point, sans trop de difficultés, le secrétaire privé de Lazlo Rajk, le ministre de l'Intérieur du gouvernement communiste à présent bien en place en Hongrie.

Agé de vingt-trois ans, le secrétaire Ladislas Orsödi ne partageait nullement cette idéologie, mais le hasard avait fait qu'Imre Nagy, puis Rajk, son successeur, avaient eu besoin d'un interprète. Ladislas maîtrisait plusieurs langues. Son édu-

* On trouvera les notes en fin de volume, p. 339.

cation, sa rapidité d'esprit, son habileté avaient fait le reste. Depuis deux ans il s'était rendu indispensable, et profitait de ses fonctions pour protéger sa famille, dont sa très jeune femme, fille d'un pope considéré comme un élément dangereux pour le nouvel ordre.

Si Ladislas fuyait, c'est qu'il avait appris par une de ses relations dans le cercle « moscovite » hongrois que les clandestins de l'intérieur, demeurés sur place durant la guerre plutôt que de se réfugier en Union soviétique, étaient à court terme menacés et, parmi eux, Rajk qui ne le savait pas encore et se croyait invulnérable.

Orsödi n'avait rien à voir avec ces querelles internes. Il avait trouvé une filière d'évasion grâce à un Autrichien qui travaillait pour nous. J'allais donc accueillir la famille Orsödi à Graz pour la ramener, dans un premier temps, à Bregenz où j'étudierais ses informations [2].

A peine cette demi-journée écoulée, une autre nouvelle m'obligeait à reprendre la route pour la communiquer, à trente-trois kilomètres de là, à Feldkirch, l'antenne de la DGER. L'ingénieur autrichien Rausch, un de mes amis, ex-officier du génie de la Wehrmacht, venait d'installer dans un chalet de montagne proche Otto Skorzeny qui, quelques jours auparavant, avait brûlé la politesse à ses gardiens américains, près de Darmstadt. Rausch, natif de Bregenz, contrôlait trois des filières d'évasion qui, de toutes les régions d'Allemagne, amenaient en Autriche, et de là vers l'Italie ou la Suisse, les centaines d'ex-officiers de la Wehrmacht ou de l'Abwehr ou du SD (le service de renseignement du parti nazi) en quête d'exil en Amérique du Sud ou au Moyen-Orient. Leur filtrage était combiné avec moi. J'en rendais compte, soit à l'antenne de Feldkirch, soit à celle de la DGER en Forêt-Noire, selon les dossiers des « candidats » à un départ que certains n'arrivaient jamais à prendre. D'autres passaient. Les uns étaient suivis – on l'espérait – dès leur arrivée à destination. Quelques-uns acceptaient de demeurer en rapport avec moi.

Concernant Skorzeny, le « poisson » intéressait particulièrement le contre-espionnage français. Il ne s'en est jamais vanté dans ses *Souvenirs* mais, à partir de cet été 1948, il est passé sous le contrôle de ce service. Il ignorait à l'époque que Rausch était non un de nos agents, mais un ami sûr qui n'accepta jamais d'argent, estimant servir une cause commune alors que sourdait la guerre froide entre l'Est et l'Ouest.

Le hasard faisait qu'une autre filière d'informateurs avait abouti dans l'entourage du beau-père de Skorzeny : le docteur Hjalmar Schacht *. Celui-ci travaillait sur un important projet de réforme monétaire pour les Américains, qui l'avaient fait prisonnier. Tous les dossiers nécessaires avaient été mis à sa disposition, et il pouvait consulter sur place tel ou tel expert pour mener sa tâche au plus vite. Travaux urgents car les services de Washington avaient appris que l'Union soviétique avait fait imprimer dans la zone d'occupation pour plusieurs millions de faux marks qu'elle comptait infiltrer dans les circuits des zones alliées, afin de déstabiliser la renaissance économique d'une Allemagne de l'Ouest en voie d'unification. Un des Allemands du personnel employé par les Américains me faisait parvenir les doubles des travaux de Schacht. Les Américains n'ont averti les Alliés qu'au dernier moment de ce projet de réforme monétaire. Le public, lui, apprit un matin l'obligation d'échanger dans de très courts délais les anciens marks contre des nouveaux. Mais, au moins trois semaines avant, j'avais prévenu l'antenne de la DGER basée en Forêt-Noire du plan du docteur Schacht [3].

Ainsi donc, Skorzeny reprenait sa liberté et, quelques semaines plus tard, Schacht allait retrouver la sienne, services rendus. Tous deux devaient se revoir bientôt en Espagne. Nous avions prévu de pouvoir garder un œil sur eux deux et sur certains de leurs protecteurs ou amis en Allemagne, comme à l'étranger.

Ma journée n'était pas terminée, loin de là. A peine étais-je arrivé à Feldkirch, compte rendu fait, qu'un autre message me

* Du moins est-ce l'affirmation de l'historien britannique E. H. Cookridge, dans son ouvrage sur Gehlen (Hodder & Stoughton, Londres, 1971). Nous n'avons pas trouvé de liens entre Emmi Linhart, sa première femme, et le docteur Schacht. Nos recherches ont en revanche découvert en 1950 qu'il avait une liaison avec Ilse Lüthje, d'origine bavaroise, réfugiée après 1945 en Espagne, sous le nom d'Ilse von Finkenstein, et *nièce du docteur Schacht*. Skorzeny l'a épousée en 1954. Tous deux vendaient des armes aux généraux égyptiens qui renversèrent le roi Farouk en 1952.

parvenait : un ami hongrois, informateur bénévole, gérant de l'unique boîte de nuit à peu près fréquentable de Bregenz, insistait pour me voir dans la soirée. Une personnalité, qui devait repartir dès le lendemain, pourrait m'être présentée et m'informer sur un des sujets brûlants de l'heure. Les termes de sa note me faisaient comprendre qu'il s'agissait en effet des orientations de la politique soviétique tant en Allemagne de l'Est que dans les filières de l'Urss en Orient arabe.

J'arrivai à Bregenz vers dix heures du soir, fatigué d'un périple ininterrompu depuis l'aube sur des routes de montagne en piteux état, ravi malgré tout de me retrouver à proximité de mon nid, sur les rivages du lac. Les nuits d'été y sont en général exceptionnelles, douces, fraîches sans être froides. Devant soi, des myriades de feux follets en chapelet, à perte de vue : les signalisations des bateaux de pêche et de plaisance, surtout côté suisse, les parfums des jardins des résidences le long des rives; un silence que seul trouble le clapotis des eaux. Un havre de paix. Comme si, tout à coup, on passait dans un autre monde. De tels moments en 1948 avaient leur valeur.

Sans que l'opinion s'en doutât, une véritable guerre secrète précédait déjà les tensions de la guerre froide, et concentrait ses foyers sur cette région frontalière. Là en effet, venant d'Europe centrale et d'Allemagne, depuis deux ans, mille chemins d'évasion s'offraient aux fugitifs : pas uniquement des Allemands, mais des Russes en rupture de régime, des Baltes, des Ukrainiens, des Polonais, des Hongrois, des Tchécoslovaques, des Serbes, des Croates, d'autres encore. Des milliers de Juifs aussi, en quête de la Terre promise. Leurs destins se croisaient souvent de nuit dans les gîtes improvisés des passeurs de montagne. Après quoi leurs étapes menaient vers Le Caire, Damas, Bagdad ou Buenos Aires, Montevideo, Asuncion, Santiago, Haïfa, Jérusalem. Plus de vingt mille Allemands ont ainsi gagné les terres d'Amérique latine et du Moyen-Orient.

Bien que nombre de romans publiés à ce jour affirment le contraire, nous connaissions la majorité de ces réseaux. Pourtant, ce qui faussa tout à partir de l'été 1948 – et que je venais de découvrir en partie –, c'est que les services secrets de l'Urss avaient réussi à pénétrer ces réseaux, en utilisant en leur sein nombre d'anciens officiers du SD, de la Gestapo et parfois de la

Wehrmacht. Les uns parce que, avant la guerre, ou à partir du pacte germano-soviétique de 1939, ils étaient devenus des agents de l'Urss ; les autres parce qu'ils avaient été convaincus de le devenir, s'ils voulaient rester libres. De plus, près de quatre-vingt mille Allemands vivaient encore en 1948 sous de fausses identités dans une Allemagne découpée en quatre zones. Cela compliquait les rapports entre des alliés qui travaillaient souvent chacun pour soi au cœur d'une immense fourmilière sans cesse en mouvement.

C'était à qui soufflerait à l'autre ses savants, ses hauts techniciens, ses anciens officiers de l'Abwehr ou de la Wehrmacht. Moscou ne se gênait pas pour envoyer des commandos dans nos zones et kidnapper des scientifiques utiles à ses recherches, ou pour assassiner les témoins gênants des époques où Berlin et Moscou coopéraient dans le domaine du renseignement ou de la chasse à l'homme, des pays Baltes et de la Pologne jusqu'à Bruxelles, Paris ou Marseille.

L'ami hongrois m'attendait avec impatience. Il m'expliqua qu'une de ses relations, perdue de vue après 1939, avait par hasard débarqué dans son bar, deux jours plus tôt. Malheureusement, il repartait pour Londres le lendemain matin. Or ce personnage d'une grande culture, et qui avait rompu en 1937 avec les réseaux du Komintern, avait des vues impressionnantes sur ce que préparaient les Soviétiques, à la fois vis-à-vis des Alliés et au Moyen-Orient. Leur ancienne amitié, renouée après deux jours de conversations, lui avait permis de persuader cet homme qu'il avait intérêt à échanger ses vues avec moi. Il lui avait parlé de mon passé dans la Résistance intérieure française dès 1940, et ajouté qu'après avoir démissionné de l'administration, je venais en aide de mon mieux aux évadés et exilés d'Europe, décidés à lutter contre toute irruption soviétique au-delà des territoires qu'on avait abandonnés à l'Urss après Téhéran et Yalta.

Il en était là de ses explications et n'avait pas encore nommé mon futur interlocuteur, lorsqu'un homme d'assez petite taille, aux traits creusés, d'une quarantaine d'années, vint s'asseoir à notre table. Il murmura son nom, si bas que dans le brouhaha je ne compris rien. Il serait toujours temps, selon la tournure de la conversation, de le lui redemander. Bien entendu, nous parlâmes tout de suite de la guerre, de la Résistance, des trahisons, de l'opportunisme, de la conduite des communistes. Façon pour lui comme pour moi de voir si nous pouvions nous trouver sur une longueur d'ondes commune. A la vérité, le personnage me fascina sur-le-champ, telles étaient son intelligence, ses connaissances et sa manière d'aborder sans détours les problèmes de fond.

– Nous n'avons pas de temps à perdre, me dit-il. Je sais que vous suivez de près les filières qui mènent au monde arabe. Vous pensez peut-être que, puisqu'en mai dernier Moscou a reconnu l'État d'Israël, la cause est entendue : l'Urss et les Juifs vont s'accorder pour neutraliser l'intrusion des conseillers allemands au Caire, à Damas et à Bagdad. Eh bien, moi, je puis vous assurer que tout cela est une vaste mascarade. Malheureusement, même mes amis de Tel-Aviv croient dur comme fer qu'ils peuvent compter sur Moscou... Sauf peut-être Golda Meir qui, après dix semaines en Urss, commence à flairer quelque chose ! Mais Ben Gourion et ses services de sécurité sont aveugles.

J'étais étonné. Un de nos informateurs avait bien relevé, dans la suite de l'ambassadeur soviétique en Israël Pavel Ivanovitch Ierchov, la présence, parmi seize diplomates, d'au moins huit officiers du NKVD et du GRU, mais, après tout, cela faisait partie du jeu...

– Pas du tout, affirma mon vis-à-vis, cela va déboucher avant un an ou deux sur un renversement total de la politique du Kremlin. Staline va jouer la carte arabe contre Israël et contre l'Europe. Il suffit de savoir qui est son chef d'état-major et qui dirige la section Orient arabe du NKGB.

Je lui parlai alors de la crise qui couvait en Hongrie au sein du parti communiste et du gouvernement, sans évidemment mentionner la fuite du secrétaire de Rajk. Il eut un sourire :

– Exact ! Et retenez un nom. Il sera avant quelques mois la clef d'une série de procès retentissants qui sembleront justifier le retournement soviétique en faveur des arabes : Noël Field ! Je ne puis vous en dire plus, mais sans doute serons-nous appelés à nous revoir [4].

Nous conversions depuis longtemps. Il était deux heures du matin. L'intérêt porté à cet homme l'avait emporté sur la fatigue. Cultivé, vif, avec un humour à froid, il se dégageait de lui une présence extraordinaire. A coup sûr son rôle avait été de premier plan dans les réseaux du Komintern. L'éclairage qu'il m'en donnait par instants débroussaillait dans mon esprit nombre de questions jusqu'alors demeurées sans réponse. Notamment comment une personne aussi instruite et intelligente qu'une de mes cousines, de huit ans plus âgée que moi, avait pu se mettre au service de l'Urss, juste avant et durant la guerre, sous couvert de son métier de journaliste!

Nous étions sortis pour respirer un peu avant de nous quitter. Nous marchions le long des quais de Bregenz lorsque, en allumant une cigarette sous un lampadaire, je lui dis qu'il me rappelait irrésistiblement deux ouvrages que j'avais dévorés et m'avaient beaucoup apporté pour appréhender les problèmes du communisme : *Croisade sans croix* et *Le Zéro et l'infini*. Il sourit et me tendit un papier sur lequel figuraient son nom et son adresse. Je n'eus pas le temps de lire. Il me serra la main :

– Je m'appelle Arthur Koestler. A bientôt, j'espère.

Puis il s'éloigna, englouti dans l'ombre des maisons. Tel fut l'épilogue d'une journée parmi d'autres, en été 1948.

D'avoir vécu cette époque, en Autriche, en Allemagne et dans les pays voisins; d'avoir touché à mille et une intrigues, rencontré des hommes et des femmes du camp adverse, fréquenté des personnages qui baignaient dans les services secrets d'Allemagne de l'Est, à ce moment dans l'enfance, mais déjà supports de ceux de l'Urss en Europe, contre l'Allemagne de l'Ouest, et bientôt dans le monde, m'a incité à écrire cet ouvrage.

Un personnage en traverse presque tous les chapitres, qui sans doute fut exceptionnel, puisqu'il a pu devenir général à vingt-huit ans, et se maintenir jusqu'en 1987 à la tête des services de renseignements de Berlin-Est. Et, une fois déchu, mais protégé par Moscou, tenter de renverser Honecker, tout en accumulant désespérément les moyens humains et techniques de le remplacer par une équipe et un appareil dont l'Urss pourrait jouer après 1989 comme elle avait joué, de 1945 à 1949, des rescapés du Komintern. Cette tentative a échoué en RDA comme dans plusieurs pays d'Europe centrale. L'aventure méritait d'être contée, et même de figurer d'entrée dans ces pages. On constatera ensuite que l'ordre nouveau imposé en Allemagne à partir de 1949, naissance officielle d'un État « socialiste », n'était qu'un artifice. Et que Markus Wolf, puisqu'il s'agit de lui, reprenait en réalité, en hiver 1989, le chemin qu'il avait momentanément emprunté quarante-cinq ans plus tôt. Et ses cadres avec lui : « internationalistes », non allemands.

Il s'agit d'une histoire sans doute incomplète. Son but est de servir à d'autres historiens ou chercheurs, en sorte qu'ils creusent à leur tour plus loin, pour éclairer les événements dont l'Allemagne divisée fut un moment le champ au cours d'affrontements encore mal connus.

Première Partie

Le coup d'État de Markus Wolf

1

Le détonateur hongrois

Oskar Fischer, le ministre est-allemand des Affaires étrangères, attendait avec impatience l'arrivée dans son bureau de son homologue hongrois Gyula Horn. C'était le 31 août 1989. Un message lui était parvenu la veille, transmis par son premier adjoint Lazlo Kovacs. Le Hongrois voulait discuter du problème posé par les centaines, puis les milliers de vacanciers qui, depuis fin juillet, prenaient chaque jour d'assaut les murs et les grilles de l'ambassade de la République fédérale à Budapest. « Une visite informelle », lui avait-on demandé. Démarche insolite étant donné l'ampleur d'une émigration sauvage, inconnue depuis la fermeture des frontières de la RDA, lorsque le 13 août 1961 Walter Ulbricht, alors numéro un du parti et de l'État, avait chargé Erich Honecker, responsable de la sécurité et des affaires secrètes, de stopper une hémorragie dangereuse pour l'économie du pays.

De 1945 à 1961, trois millions et demi d'Allemands étaient passés d'Est en Ouest. Depuis août 1961, en vingt-huit ans, quatre mille transfuges avaient franchi le Mur, bravant champs de mines, fossés piégés, chiens, tirs en rafales. Des centaines d'autres, par des voies différentes.

A présent, notait Fischer dans ses dossiers, cent soixante mille vacanciers se trouvaient en Hongrie, depuis le début du mois de juillet, ou y seraient avant la fin de septembre. La sécurité d'État rapportait qu'au moins vingt mille d'entre eux, lassés de contempler jour après jour, sur six millions de postes de télévision, les mirages de la vie en RFA, choisiraient l'exil, en dépit des sanctions prévues pour leurs familles demeurées à l'Est.

Où allait-on? Quelle folie avait donc saisi Budapest lorsque, le 2 mai précédent, on y avait pris la décision de démanteler le rideau de barbelés bordant l'Autriche? Mais, d'un autre côté, combien de morts et de blessés, ces dernières années, dans le no man's land qui séparait les deux Allemagnes? Quelle image vraiment pour, selon Honecker, « l'État socialiste allemand, le seul dans lequel l'homme peut pleinement s'épanouir »? Fischer doutait depuis deux ou trois ans que le système pût continuer de la sorte. Comme sans doute en avaient douté les communistes hongrois, jusqu'à totalement modifier leur comportement politique, ces quinze derniers mois.

Peut-être Horn venait-il discuter des difficultés créées par l'émigration, tant sa vague enflait de jour en jour? Peut-être aussi aborderait-il – d'où cette rencontre « informelle » – l'attitude de Honecker, de plus en plus contestée à Moscou, alors qu'à Budapest on s'entendait si bien avec les gorbatchéviens. Dans ce cas, Fischer s'ouvrirait avec prudence, mais aussi franchement que possible. Même s'il était ministre depuis quatorze ans, malgré mille et un frottements avec le Kremlin, il fallait bien respecter les ordres de Honecker. Il avait donc besoin, grâce à Horn, d'éclaircissements sur la « ligne » désirée par le Kremlin alors que des soubresauts dangereux secouaient les pays de l'Est européen.

A Berlin même, deux mois auparavant, les fidèles de Honecker s'étaient déchaînés, en plénum du Comité central aussi bien qu'au Politburo, contre les tendances réformistes qu'ils sentaient couver autour d'eux. Tour à tour, l'idéologue Kurt Hager et le vieil Erich Mielke, le haut responsable de la célèbre Stasi *, avaient pris à partie Hans Modrow, le chef du parti à Dresde, un des cinq bastions communistes de la RDA. Or Fischer savait, comme tous les cadres, que derrière Modrow l'homme visé n'était autre que Markus « Mischa » Wolf. Personnage à ce point dangereux désormais, pour Honecker, qu'en

* Stasi, initiales usuelles en RDA pour Staats Sicherheit-Dienst. Police officielle et secrète chapeautée par le ministère de la Sécurité d'État, ou MFS. Voir en annexe l'historique de ces organismes.

février 1987 ce dernier l'avait contraint, après vingt-huit ans de bons, loyaux et fructueux services à la direction de l'espionnage et du contre-espionnage *, à démissionner. Et pourtant, Mielke était le supérieur hiérarchique de Wolf. Mais celui-ci s'en allait répétant çà et là qu'une révolution figée n'est pas plus la Révolution que des cendres ne sont un feu qui progresse... Il avait averti que, tôt ou tard, une implosion menacerait la RDA. Bien entendu Modrow disait de même.

Et maintenant, bilan fait, 70 pour cent de ceux qui aspiraient à l'exil en RFA, via la Hongrie, étaient les meilleurs cadres des structures d'un État qui déjà manquait de compétences : médecins, ingénieurs, ouvriers qualifiés. Les policiers, les indicateurs, les apparatchiks ne manquaient certes pas, mais on ne fait pas tourner un pays avec seulement cette sorte d'individus. « Si tout croupit en RDA », avait crûment dit l'année précédente Stefan Heym, un des intellectuels qui vivaient dans le sillage de Wolf, « le mal vient de Honecker et de son équipe de gérontes. Pour régner sans problème, ils ont maintenu nos concitoyens dans une totale immaturité. Ils finiront par détruire ce pays ! » Écho aux propos de l'ex-directeur de la HVA qui, à présent, sous prétexte d'analyser la portée de l'œuvre cinématographique de son frère Koni (dont le tout-Berlin avait pleuré la mort en 1982) [1], se livrait sans vergogne à une agitation étonnante.

Il est vrai que Honecker n'avait jamais osé toucher aux deux frères. Ni à Koni dont certains films frisaient le déviationnisme, ni à Markus, général est-allemand et surtout de grade équivalent dans les arcanes du KGB. Stefan Heym, le chanteur Wolf Bierman, Hans Modrow et une kyrielle d'intellectuels, d'artistes ou de cadres régionaux emboîtaient maintenant le pas à Wolf, et avec de moins en moins de retenue contre le « socialisme de bunker » pratiqué par Honecker. En opposition totale à celui que Mikhaïl Gorbatchev ouvrait sur le monde, en autorisant chez lui et en Hongrie des réformes suffisantes pour que chacun eût l'impression de respirer un peu mieux.

* La HVA, pour Hauptverwaltung Aufklärung. Comme le KGB en Urss, elle dépend du ministère de la Sécurité d'État, sous l'œil des « organes administratifs ».

Mais, vieillard entêté, Honecker venait de hurler, en juillet, devant ses ministres, qu'il n'avait nul besoin de recevoir des leçons d'autrui. Et, à propos de la frontière des deux Allemagnes et de Berlin : « Dites-vous bien que le Mur est là encore pour cent ans ! » Grotesque. Aussi grotesque que Hitler, à quelques mois de l'effondrement du nazisme, lorsqu'il proclamait que le Grand Reich durerait mille ans...

Et maintenant, sept semaines plus tard, se produisait cet exode dont il fallait discuter avec le Hongrois Horn, représentant d'un parti et d'un gouvernement qui détestaient la morgue d'un Honecker et condamnaient, avec Moscou, sa politique, sa prétention à incarner la fidélité au communisme et à gérer la RDA comme une propriété personnelle.

Bien que d'origine modeste, bien que communiste (il était entré au Comité central en 1971), Oskar Fischer estimait que Honecker se conduisait comme un parvenu. Ni plus ni moins que Nicolae Ceausescu. Tous heureux de nager dans leurs privilèges, de disposer de villas, de rendez-vous de chasse, de limousines, d'un personnel nombreux. Loin du peuple. A regarder des dirigeants comme celui-là, le communisme avait, comme le capitalisme, ses parvenus. Une sorte de constante historique, chaque fois que des hommes ont bénéficié d'une victoire inattendue, ou trop longtemps attendue; et, pour certains, trop facilement acquise. Grâce à l'Armée rouge ou, en tout cas, à l'ombre de Moscou. Peu de temps s'écoule avant qu'ils ne chaussent les pantoufles, l'arrogance et les excès de leurs prédécesseurs. Ils ne pensent plus alors qu'à préserver à tout prix une autorité liée à leurs privilèges.

Un complot se prépare, comme en juin 1953

Fischer n'aurait sans doute pas raisonné ainsi, auprès de ses intimes, s'il n'avait souvent entendu les réflexions de Markus Wolf, génie de l'espionnage et de la subversion qui, par naissance, nature et idéalisme, restait un internationaliste convaincu. Déterminé à ne pas s'enfermer dans un bastion, mais à continuer la Révolution jusqu'à ce que soient abattues les structures du monde étranger.

Une autre raison incitait Fischer à discuter ouvertement avec Horn : il pressentait, à partir de nombreux indices, que quelque chose allait survenir en RDA, derrière Mischa Wolf ou à son instigation, tant ce dernier multipliait depuis quelque temps ses contacts en province et jusque dans certains ministères, en profitant de l'endormissement du vieux Mielke, âgé de quatre-vingt-deux ans, et des hommes qu'il avait lui-même placés 22 Normanenstrasse, dans les immenses locaux du ministère de la Sécurité d'État.

Très certainement, Werner Grossmann, le successeur de Wolf à la HVA, et deux ou trois autres généraux du « service », dont Horst Felber, premier secrétaire des cellules du parti dans ces organismes, étaient « dans le coup ». Aucun doute, un complot se préparait. Complot ayant bien des points communs avec celui qui avait failli réussir en juin 1953. Fischer s'en souvenait. Il avait alors à peine trente ans et encore des illusions.

1953 ! Après quatre années d'existence, la RDA traversait une première crise économique dramatique. La production stagnait, les prix grimpaient. Les ouvriers grondaient contre les commissaires politiques et les indicateurs de la « secrète ». Ils devaient toujours travailler plus et mieux, sans gagner plus ni vivre mieux. Pendant ce temps, Walter Ulbricht, assis sur le trône de la RDA, conforté dans ses pouvoirs tandis que Staline avait disparu, refusait toute réforme économique et entendait gérer, seul, à la fois la RDA et les rapports interallemands.

A Moscou, les héritiers en place : Malenkov, Beria, Molotov s'inquiétaient de ses ambitions démesurées, même l'entourage du maréchal Joukov, dont Ulbricht avait épousé la secrétaire. Pour les hommes du Kremlin, le problème allemand – tel qu'il avait été créé après Téhéran et Yalta – restait l'affaire de Moscou, de Moscou seul.

Ils jugeaient inconvenant et dangereux que, si léniniste que fût Ulbricht, et même s'il rendait compte au Kremlin de ses faits et gestes, ce fût désormais après coup, et non au préalable.

A ce propos, Lavrenti Beria, le grand maître des services secrets de l'Urss dans le monde, et en particulier dans ses marches d'Europe, avait son idée. Il avait ses hommes autour d'Ulbricht, dont son homologue pour l'Allemagne, Wilhelm Zaisser. Il voulait, à partir du problème allemand, tenir la dragée haute aux Alliés occidentaux pour les obliger à négocier avec lui et Molotov ; et, par l'exemple des Allemands de l'Est à ses ordres, faire comprendre aux autres satellites que rien ne bougerait qui ne fût dans le sens admis par lui, Beria.

Début juin 1953, un coup d'État intérieur se préparait dans le secret d'un poignée d'hommes, parmi lesquels Zaisser, à Berlin-Est [2]. Puisque Ulbricht ne voulait pas entendre parler de réformes économiques, et n'écoutait pas Moscou, Zaisser, cautionné par Beria, avait monté une révolution de palais avec plusieurs ministres d'Etat comme Heinrich Rau et deux ou trois membres du Politburo.

Des ouvriers voulaient manifester? On en laisserait quelques-uns descendre dans la rue. Ils marcheraient sur la Leipzigstrasse où siégeait le ministre du Plan, Heinrich Rau. Pour remettre des pétitions. La police officielle n'interviendrait pas. La police secrète veillerait sur la centaine (au plus) de manifestants. Heinrich Rau apparaîtrait alors au balcon. On laisserait la pression durer l'après-midi, la nuit jusqu'à l'aube. L'aube d'un jour où justement, le 17 juin 1953, le Politburo devait tenir session. A ce moment, de plusieurs autres villes et centres ouvriers, « on » apprendrait que des émeutes s'organisaient. Sous le coup de l'émotion, Zaisser et ses amis – tel Rudolf Hernnstadt, un ancien agent de GRU à Varsovie en 1937, ensuite actif dans l'Orchestre rouge/Allemagne pendant la guerre, maintenant suppléant du Politburo – réclameraient l'état de siège, un remaniement des instances dirigeantes et l'éviction de Walter Ulbricht... Ainsi Beria et Molotov disposeraient-ils à Berlin-Est d'une équipe aux ordres.

L'affaire avait mal tourné. Au lieu de quatre-vingts manifestants venus du chantier numéro 40, sur l'ancienne allée de Francfort (rebaptisée Stalin Allee), plusieurs centaines s'étaient joints à eux, de crainte qu'ils ne fussent arrêtés durant leur marche ou devant le ministère et emprisonnés. En peu de temps, ils avaient été des milliers à crier : « A bas les normes de rendement... Baisse des prix... Des travailleurs, oui ! des esclaves, non ! » Deux heures plus tard, ce 16 juin, vers onze heures du matin, ils étaient six mille. De Hennigsdorf, à vingt kilomètres de là, d'autres ouvriers avaient cessé le travail et en longues colonnes se dirigeaient vers la Leipzigstrasse. De l'université Humboldt, des milliers d'étudiants les rejoignaient. Heinrich Rau apparut comme prévu au balcon. Il ne put prendre la parole. Sa voix était couverte par les clameurs inlassablement scandées de « Démission... mensonge ». La nuit tombait. Les manifestants décidaient de se relayer, les uns resteraient sur place, les autres reviendraient dès l'aube du 17 juin, avec rassemblement principal place Straussberger.

Le 17, à huit heures du matin, ils étaient douze mille. A neuf heures, vingt mille piétinaient Leipzigstrasse. L'émeute dura deux jours encore, malgré l'intervention, cette fois, de la « Vopo » (police populaire). Le haut commandement soviétique s'était interposé, chars T-34 en tête. Et pas seulement à Berlin : dans dix-huit villes, trois cent cinquante localités et autant de centres industriels, où grèves et manifestations paralysaient « le premier État socialiste allemand ».

Plusieurs milliers de morts, blessés et emprisonnés étaient recensés.

Le malheur pour Zaisser fut qu'au même moment, à Moscou, une intrigue contre Lavrenti Beria prenait corps, et réussissait au point que le coup d'État manqué de Berlin-Est figurerait bientôt parmi les chefs d'accusation portés contre lui. Beria fut arrêté le 26 juin. Dans l'intervalle, Walter Ulbricht et ses amis avaient repris en main la situation et inculpaient Zaisser et ses complices, pour complot. La chance d'Ulbricht avait été que pour l'appareil politico-militaire de l'Urss et pour la moitié du Politburo de Moscou, la priorité des priorités allait à la neutralisation de Beria. Et, à l'extérieur, au maintien de l'ordre tel qu'il existait [3].

Il n'empêche qu'en été 1989 la situation économique et sociale ressemblait fort à celle de l'été 1953, et qu'une nouvelle fois un coup d'État se dessinait, fomenté par des cadres anciens ou encore en place, des services policiers et secrets. Avec, pour maître d'œuvre évident, Markus Wolf.

Le déclin d'Erich Honecker

Honecker pressentait-il ce qui se tramait? Avait-il seulement encore la force ou la volonté, ou le simple pouvoir de réagir, comme l'avait fait Ulbricht trente-six ans auparavant? Oskar Fischer savait que non. Depuis le 8 juillet 1989, une crise rénale aiguë avait contraint le vieux dictateur à quitter, en plein milieu d'une séance du Pacte de Varsovie, à Bucarest, la session présidée par Gorbatchev. Rapatrié d'urgence à Wandlitz, où son docteur l'attendait, il entrait en clinique. Cinq semaines plus tard, le 2 août, il avait reparu quelques minutes en public, amaigri, cadavérique, le souffle court. Le regard de Margot Feist, son épouse d'une vingtaine d'années sa cadette, en disait long sur son peu de chances de surmonter son cancer du rein. Si bien qu'il avait, le 25 août, fêté dans l'intimité son soixante-dix-septième anniversaire.

Honecker régnait, mais ne gouvernait plus. Qui alors était derrière lui? Egon Krenz, cinquante-deux ans, l'un de ses préférés, chargé comme lui autrefois de superviser la sécurité du parti et de l'État, n'était pas à la hauteur. Il manquait d'autorité, était fatigué par son diabète, et le seul fait d'avoir épousé une Soviétique n'aidait pas à le transformer en dauphin populaire... Il y avait bien Kurt Hager, l'idéologue du Politburo, qui se targuait de bonnes relations dans les milieux socialistes ouest-allemands. Mais, il était arrogant. Ses pairs du Politburo le détestaient... Alors l' « économiste » Günter Mittag, soixante-deux ans? Markus Wolf le disait compromis dans des spéculations illégales qui lésaient l'État. Un de ces dossiers bien utiles, comme ceux dont Youri Andropov, directeur du KGB jusqu'en 1982, avait su jouer contre Brejnev à Moscou... En outre, Mittag, déjà amputé d'une jambe à la suite d'une infection, risquait, disait-on, de perdre la seconde. Fâcheux! Quant à Willy Stoph, le chef de l'État, il n'était pas aimé, et trop vieux.

Alors ne demeuraient en lice que deux personnages : Günter Schabowski, soixante ans, numéro un du PC de Berlin, que l'on affirmait « réformiste ». Malheureusement, lui aussi était marié à une Soviétique. A force d'éliminer, ne restait plus que Hans Modrow, soixante et un ans, qui ne faisait pas partie du Politburo, mais derrière lequel se profilaient la haute silhouette de Markus Wolf et deux ou trois autres membres du Politburo. On pourrait, à la faveur des événements, le faire monter dans la hiérarchie. Un tournant majeur s'annonçait, qui serait pris de gré ou de force [4].

L'annulation des accords germano-hongrois de 1968

C'est bien pourquoi Oskar Fischer ne prenait guère de risques en acceptant une entrevue « informelle » avec Gyula Horn. En le recevant seul, hors de la présence de son premier adjoint aux Affaires étrangères, Herbert Krolikowski. En d'autres temps ce tête-à-tête eût été impossible : Krolikowski appartenait au Politburo, alors que lui, Fischer, n'était que titulaire du Comité central, son antichambre.

A présent, Gyula Horn, le ministre hongrois, était là, dans son bureau. Fischer jaugeait ce petit homme soigné de cinquante-sept ans, aux cheveux gris acier. Tout à fait le haut fonctionnaire international type, dans son impersonnalité. De neuf ans son aîné, Fischer paraissait plus jeune que lui, avec ses cheveux à peine grisonnants autour d'un haut front dégarni. Il respirait l'intelligence. Son visage, son regard trahissaient l'habileté, la rouerie.

– Nous ne pouvons plus héberger plus et toujours plus de vos concitoyens, expliquait Horn. Bonn a fermé son ambassade à Budapest le 13 août, pour une durée indéterminée, mais au rythme de trente à soixante réfugiés par jour, l'exode continue vers la frontière autrichienne. Nous avons démantelé le 2 mai dernier les barbelés parce que nos prêteurs occidentaux exigeaient qu'un geste concret manifeste notre démocratisation. Nous l'avons fait dans le cadre des accords signés en janvier, uniquement afin que les risques d'une faillite économique définitive chez nous n'entraînent en chaîne celle des autres pays du Comecon... dont le vôtre !

Fischer lui fit alors remarquer, sans grande conviction, que son ministère venait de contacter Tirana, dans l'idée d'envoyer les vacanciers est-allemands en Albanie, « mieux protégée ». Mais, ajouta-t-il, il n'est pas sûr que ces gens, qui ont parfois attendu deux ans leur visa de séjour pour la Hongrie, acceptent de bon cœur d'aller dans ce pays, dont les conditions d'accueil sont pitoyables... et réduites.

– Quoi qu'il en soit, rétorqua Horn, je ne suis pas venu vous faire part d'une proposition pour mettre fin à cet exode. Je suis là pour vous annoncer une décision : celle d'annuler nos accords de 1968. Lazlo Kovacs a sondé discrètement à ce sujet Moscou qui n'a élevé aucune objection. Vous en pesez les conséquences [5]!

Les accords évoqués par Horn engageaient les signataires à ne permettre à aucun de leurs ressortissants respectifs de gagner, à partir de chacun de leurs territoires, un pays tiers, sans l'approbation des gouvernements intéressés.

Pourquoi cette irrévocable décision de Budapest? Parce que la lettre et l'esprit des accords de 1968 contrevenaient aux accords signés par les Hongrois, après le renvoi de Janos Kadar, en mai 1988. Tsar communiste de la Hongrie depuis les répressions de 1956, Kadar symbolisait une image dont Budapest voulait se défaire. D'où l'ouverture de la frontière austro-hongroise et les engagements pris à Vienne et à l'Onu, courant 1989, par les gorbatchéviens : libre circulation des personnes sur le territoire et refus de renvoyer de force des réfugiés dans leurs pays d'origine.

– Sans ces accords, insista Horn, nous n'aurions jamais obtenu les crédits et les diverses aides qui nous permettront de redresser notre économie.

Une grande heure s'était écoulée. Oskar Fischer n'avait soulevé aucune objection. Les deux hommes se quittèrent avec cordialité.

Cette émigration vers l'Ouest, par la Hongrie, vers l'Autriche et la RFA, était somme toute un détonateur placé dans les assises d'un parti et d'un État dont les structures se délitaient depuis plusieurs années déjà. Mauvaise en 1976, la situation économique s'était aggravée après 1984, tandis que Honecker et sa cour se crispaient dans un rôle que n'approuvait pas Moscou. Ni bien sûr Mischa Wolf. Ni Oskar Fischer qui voulait néanmoins garder sa place. Il lui suffirait de jouer serré en entretenant des contacts discrets avec l'entourage de l'homme qui osait braver Honecker parce qu'il ne manquait pas de protections, notamment celle d'un des principaux conseillers de Gorbatchev : Vladimir Krioutchkov *, directeur du KGB, dont on disait dans la coulisse qu'il serait bientôt titulaire du Politburo. Donc un décideur.

* V. Krioutchkov a été promu directeur du KGB en octobre 1988.

2

Le scénario du loup

Markus Wolf complotait depuis 1986. Non par ambition personnelle, mais parce qu'un homme de son origine et de sa formation, élevé dans le sérail des élites du Komintern, parfait connaisseur des failles et faiblesses de l'Occident, ne pouvait pas admettre que soixante-dix ans depuis la révolution d'Octobre et quarante ans depuis la naissance de la RDA débouchassent sur une faillite. Il devait bien exister un autre socialisme que sa déviation stalinienne. Un autre socialisme que le socialisme de caserne. « Le socialisme dont il avait rêvé durant son enfance [1] » devait pouvoir exister.

Si bien renseigné qu'il fût, Markus Wolf ne pouvait pas encore deviner qu'avant neuf semaines Moscou conseillerait d'ouvrir une brèche * dans le Mur de Berlin. Avec un effet pire que celui du détonateur hongrois. Alors, le 9 novembre, des centaines de milliers de Berlinois allaient franchir le Mur, se répandre dans Berlin-Ouest. Le 21 décembre, la Porte de Brandebourg, symbole de la vieille Allemagne, symbole aussi de la victoire de l'armée soviétique qui avait planté son drapeau à son sommet un jour d'avril 1945, s'ouvrirait également au flot d'un peuple ivre de liberté, comme on se libère d'un désir trop longtemps inassouvi.

Mais, avec sagesse, Vladimir Krioutchkov et tous ses amis de Moscou jugeaient que mieux valait un déferlement de joie

* Car il ne devait s'agir que d'une ouverture partielle. Voir détails inédits supplémentaires au chapitre 15.

populaire qu'une explosion de colère. Gorbatchev avait dit, déjà en 1985, que l'accumulation des problèmes non résolus, mal résolus, insurmontables désormais, dégringolerait en cascades; qu'au point où en étaient les choses, il ne fallait pas subir les événements dans un quelconque combat d'arrière-garde – que l'on perd toujours – mais les devancer. Parfois même les précipiter. L'essentiel était de prévoir les moyens et les hommes, pour s'embarquer à temps dans les bateaux en dérive, et en reprendre le contrôle. Parce que « les autres » ne pensaient qu'à leurs fantasmes, on pourrait, avec un peu de méthode, de lucidité et de vigilance, encadrer, canaliser, orienter. Ce serait une évolution et non la contre-révolution dont rêvaient les Occidentaux. Cela sentait peut-être son Bernstein et son Kautzky, mais valait-il mieux tout perdre?

Markus répétait donc, depuis 1986, à ceux qu'il approchait, que le « socialisme aux couleurs de la RDA, comme dit Honecker, conduit à l'opposé de ce que l'Urss a entrepris depuis 1985 [2]! » Sans doute embellissait-il et transformait-il parfois quelque peu la pensée gorbatchévienne, mais, peu à peu, il entraînait de plus en plus de cadres « en se risquant activement et à tous les niveaux contre la politique du parti communiste est-allemand [3] ». Il sera le seul, cinq jours après l'ouverture du Mur de Berlin, le 14 novembre 1989, à se référer, lors d'une table ronde télévisée, à Gorbatchev, en soulignant : « Il nous a précédés en nous offrant une liberté de manœuvre, en nous montrant que, sans réformes politiques, il ne saurait y avoir de restructuration économique *. »

Le moment décisif pour lui n'est cependant survenu qu'en été 1987, quelques mois après que Honecker eut mis fin à ses fonctions. Pour la seconde fois en moins de quarante ans d'histoire de l'Allemagne de l'Est, un des responsables de ses services secrets allait tenter de renverser son propre gouvernement... en parfaite symbiose avec Moscou.

La formation de Markus Wolf l'y destinait mieux que celle de Wilhelm Zaisser en 1953. Zaisser était le symbole d'une

* Télévision est-allemande. Berlin. Auprès de lui, Gregor Gysi qui va devenir le numéro un du PC après Egon Krenz, un pasteur protestant et Manfred Gerlach, président du « parti libéral » est-allemand.

autre époque. Il avait été la Révolution dans la Ruhr en 1922, la Révolution en Chine, puis en Espagne en tant que dernier chef de la base d'Albacete, au commandement de la XIIIe Brigade rouge. A la fin des années 1980, il n'était plus possible de recourir aux méthodes d'antan. Ni le contexte international ni la situation en Urss ni les rapports entre Moscou et ses associés ne permettaient les schémas d'autrefois. Un coup d'État interne, avec arrestations entre communistes et des policiers et des militaires dans Berlin, cela affolerait l'Occident. Le but était de reprendre en main les choses, afin d'amadouer Bonn et ses protecteurs occidentaux. La manipulation des foules en douceur, le gorbatchévisme appliqué en Allemagne, voilà qui rassurerait les capitales de l'Ouest. Nombre d'hommes au pouvoir, ou du vrai pouvoir, salueraient ce glissement dans les mains des réformistes, puisque cette évolution conduite par des communistes ne dérangerait ni leurs habitudes ni leur tranquillité, moins encore leurs profits. Lénine l'avait prévu.

Une enfance baignée dans l'internationalisme

Mais qui donc est Markus Mischa Wolf qui sort de l'ombre en 1987, et acceptera plusieurs fois en 1989 de se trouver sous les projecteurs de l'actualité? Comment, à ce tournant de l'histoire allemande, devient-il un chef d'orchestre parfaitement à l'aise devant son pupitre, pas exalté, gesticulant, tonitruant, mais apaisant à l'heure d'un incroyable tourbillon?

Son visage n'était apparu pour la première fois dans la presse qu'en 1982, lors des obsèques de son frère Konrad, dit Koni, à la une du *Neues Deutschland*, le quotidien du parti communiste, et durant le journal télévisé de Berlin-Est. Jusqu'alors les services secrets occidentaux collectionnaient jalousement ses rares photos. La plus ancienne datait de 1947, la dernière avait été prise à la sauvette en 1978 par les services suédois alors que, sous le nom de Kurt Werner, accompagné de sa troisième épouse, il rencontrait à Stockholm Friedrich Cremer, importante personnalité du parti socialiste ouest-allemand. Il avait été aussi photographié – toujours à son insu – avec Werner Grossmann, un de ses trois adjoints à la direction de la HVA.

En 1989, à soixante-six ans, sa mince silhouette s'était quelque peu épaissie. Front dégarni, cheveux argentés, lèvres charnues, visage équilibré, Markus continuait de dominer ses interlocuteurs à la fois physiquement, du haut de son mètre quatre-vingt-trois, et intellectuellement par sa profonde culture qui ne se réduisait pas à celle du parti.

Markus est né le 19 janvier 1923 à Hechingen près de Stuttgart, d'une famille juive. Son père, Friedrich, était médecin et devint un dramaturge de renom. Sa mère n'apparaît que de façon furtive dans ses mémoires, *Die Troïka*, parus en 1989, et au travers de quelques-unes des correspondances citées en annexe de ce livre. Il avait dix ans quand sa famille dut quitter l'Allemagne. Son père partit pour Moscou, tandis que, dans un premier temps, sa mère, son frère Konrad et lui se rendaient à Bâle, puis, de Suisse, gagnaient l'île de Bréhat en France. Friedrich les y rejoignit pour un très court séjour, et les ramena à Moscou, en passant par Bâle, Vienne et Varsovie.

Le caractère, les utopies communistes de Markus, si réaliste qu'ait été son existence jusqu'en 1990, s'expliquent : de dix à vingt ans, il a vécu dans l'atmosphère enfiévrée des exilés inquiets, mais déterminés, et des milieux révolutionnaires du Komintern. Rien n'échappait à son regard, à cet âge où les événements, les visages, les espoirs et les malheurs imprègnent une mémoire aux aguets. Il a vécu, en Union soviétique, l'alarme causée par l'assassinat de Kirov, par les purges qui frappaient jusqu'aux proches de ses parents, dans les couloirs du fameux hôtel Lux où vivait l'élite des partis communistes et où se rencontraient les intellectuels du monde entier gagnés à la révolution soviétique; où passaient des dizaines d'agitateurs et d'agents secrets. Ses parents les côtoyaient. De Paul Massing à Wilhelm Pieck qui sera le premier président de l'État est-allemand; d'Eva Siao, juive allemande mariée à un révolutionnaire chinois, mêlée à maintes affaires d'espionnage, aux agents de ce qu'on appellera plus tard l'Orchestre rouge, comme David Harnack. Et aussi les combattants allemands des brigades d'Espagne : Franz Dalhem, Heinrich Rau, Paul Merker, plus tard ministres ou très hauts cadres de la zone soviétique d'Allemagne. Et encore des intellectuels comme les Kurella, Marianne Becher et tant d'autres qu'Ulbricht, puis Honecker utiliseront avant de les mettre à l'écart.

Écolier, puis adolescent à l'école Karl-Liebknecht de Kaluga, pionnier, c'est-à-dire jeune scout communiste, Markus vivait confortablement pour l'époque et dans le système : ses parents jouissaient d'un deux-pièces avec salle de bains et cuisine, pour quatre personnes. Un luxe réservé à la nomenklatura!

Comment, dans une telle ambiance qu'éclairaient les récits romanesques des amis de ses parents, n'aurait-il pas été, à dix-huit ans, attiré par l'école secrète du Komintern de Kouchnarenkovo? Il avait non seulement acquis « une culture cosmopolite », comme dit un jour de lui Walter Ulbricht, mais surtout un esprit constamment en éveil, une acuité d'analyste peu commune alliée à un sens de l'humour rare dans le milieu de la « communauté du renseignement [4] »... Au total des qualités qui, dans un corps équilibré, permettent de répondre à la tâche si difficile d'officier, puis de dirigeant, du renseignement.

Un pied de chaque côté de Berlin

Les hauts dirigeants des services secrets soviétiques disposaient à l'époque de remarquables recruteurs. Ils savaient prendre leur temps, c'est-à-dire suivre et tester longuement un bon élève avant de le lâcher en mission. Ils voulaient que chacun eût un vrai métier. Markus eût été un excellent acteur. Le théâtre et le cinéma l'attiraient, mais cela ne semblait pas plus « sérieux » aux yeux de la nomenklatura communiste qu'à ceux de la bourgeoisie occidentale. Alors Markus s'orienta tout d'abord vers des études d'ingénieur d'aéronautique.

Ses maîtres ne le perdaient pas de vue. Au début de la guerre, on le plaça dans les services de Radio-Moscou qui dépendaient des bureaux d'action psychologique du NKVD/KGB. Il y fut chargé des émissions diffusées en allemand, et continua en même temps à suivre des cours dans les écoles des services secrets [5].

Au début du mois de mai 1945, Markus arrive dans Berlin où l'équipe allemande de Walter Ulbricht l'a précédé de vingt jours. Une sorte de double vie commence. Il s'appelle tantôt Mark F. Wolf. Nanti d'un laissez-passer numéro 3657 délivré par le Tribunal militaire international de Nuremberg, il va couvrir le procès des dirigeants nazis à partir de 1946 *. Tantôt il se nomme Michael Storm et, sous cet alias, habite – rare privilège – 9, Bayern Allee, dans Berlin-Charlottenburg, dans le secteur britannique de Berlin. D'un côté, il côtoie le personnel des secteurs occidentaux de l'ancienne capitale, de l'autre, il se rend souvent dans les bureaux des adjoints du colonel Serguei Tulpanov qui, jusqu'en 1948, supervisera les services d'action psychologique de l'administration soviétique en Allemagne, dits services d'information.

A l'époque, ces « services » sont concentrés dans plusieurs immeubles de la Parkstrasse à Berlin-Est. Ils sont placés sous la direction des colonels Kirsanov et Bespalov, et surtout de Youri Leonidovitch Mamontov qui contrôle le *Berliner Zeitung*, un des premiers quotidiens à reparaître.

Un autre Allemand travaille aussi dans ces « services », pendant deux ans : un certain Egon Bahr. On le retrouvera très curieusement à... Berlin-Ouest dans les bureaux américains également chargés d'« action psychologique »... et plus tard dans les conseils du chancelier Willy Brandt [6].

Markus Wolf, alias Storm, un pied dans chaque zone de Berlin. Egon Bahr, d'un Berlin à l'autre, et dont la belle-famille appartenait à l'Orchestre rouge, branche allemande, durant la guerre. Voilà bien l'étrange atmosphère de l'immédiat après-guerre en Allemagne occupée, tandis que débute une gigantesque partie d'échecs Est-Ouest dans laquelle d'autres Markus et d'autres Egon entremêleront leurs itinéraires secrets.

A ce moment, raconte Wolfgang Leonhard qui fut le condisciple de Markus à l'école Karl-Liebknecht, puis à Kouchnarenkovo, Mischa « disposait d'une maison de campagne à deux pas du Gliеnicker See », charmant petit lac d'un parc résidentiel, aux environs de Berlin. Il bénéficiait en outre d'un appartement « de fonction » dans le secteur de Berlin-Wandlitz. Ce qui montre qu'à vingt-quatre ans Markus est dans le saint des saints de la nomenklatura. A tel point qu'un jour de l'automne 1947, il dit à son ami Wolfgang, qui travaille auprès de Walter Ulbricht :

* Les chroniqueurs occidentaux ont rapporté que Wolf couvrait le procès de Nuremberg sous le nom de Storm. Or la carte numérotée signalée ici porte bien le nom de Mark F. Wolf.

– Tu devrais faire attention. Tu parles un peu trop d'un socialisme spécifiquement allemand. La « ligne » est sur le point de changer !

– Mais voyons, Mischa, je siège au secrétariat du SED ! Cette ligne, je suis tout de même payé pour bien la connaître !

– Wolfgang, il existe des institutions plus puissantes que ton secrétariat. Je tenais à te prévenir, dans ton intérêt [7].

Avis amical d'un jeune homme sûr de lui parce que son travail officiel à la radio de Berlin-Est n'est qu'une couverture : il est aussi un des initiés de l'appareil supérieur soviéto-allemand qui, à la fin de cette année 1947, prépare un virage politique totalement opposé à la « ligne » qu'Ulbricht et seize vétérans du parti avaient annoncée le 11 juin 1945, quelques semaines après la prise de Berlin, au lendemain d'un décret signé Georges Joukov.

Le maréchal, maître de la zone soviétique d'Allemagne, autorisait les partis politiques à se reconstituer, avant même qu'une concertation (prévue à Potsdam) eût décidé qu'il en serait ainsi. Moscou prenait de vitesse les Alliés, comme si l'Urss souhaitait plus et mieux que d'autres la « démocratie ». Et, avec elle, déjà dans son ombre, des supplétifs allemands.

On doit s'en souvenir au moment de 1987 où Markus Wolf complote, puisqu'il a été placé au cœur des virages successifs de la politique allemande du Kremlin. Aux secondes places, certes, mais il arrive souvent dans l'histoire que les acteurs situés en retrait de la scène voient mieux ce qui va se passer que les ténors qui s'agitent au premier plan.

Au virage de 1947, Wolf est présent. Comme il était là en juin 1945. Comme il sera là en été 1953, en 1971, en 1983, et enfin jusqu'aux événements de 1989 et de 1990. Mais, auparavant, en tant qu' « observateur ».

Sans doute est-il utile de rappeler brièvement ce premier temps de la stratégie soviéto-allemande, pour la comparer à celle d'aujourd'hui.

Le manifeste communiste de juin 1945

En juin 1945, Ulbricht rédige un manifeste diffusé sur-le-champ en Allemagne et contresigné par ses associés, annonçant : « Il n'est pas question d'imposer en Allemagne le système bolchevik. Nous avons tiré les leçons des erreurs commises dans le passé. Une telle méthode ne conviendrait d'ailleurs pas aux conditions actuelles de l'évolution du pays... Il s'agit d'instaurer une république démocratique et parlementaire conférant au peuple tous les droits et toutes les libertés... Ni lutte des classes ni révolution, mais l'épanouissement du commerce libre, de la libre initiative des entrepreneurs sur la base de la propriété privée... » Et, pour preuve de cette marche à la vraie démocratie, un parti démocrate-chrétien, un parti démocrate-libéral naissaient la semaine suivante.

Dans la foulée, le 2 mars 1946, à l'inspiration directe du colonel Sergueï Tulpanov, le socialiste Otto Grotewohl (qui sera en 1949 le Premier ministre du premier gouvernement de la RDA) proclamait sur les ondes et dans la presse : « L'unité du parti communiste et du parti socialiste est indispensable. Elle n'est pas dangereuse pour nous, socialistes, puisque les communistes sont minoritaires... »

Anton Ackermann et la plupart des titulaires du Politburo est-allemand (dont Wolfgang Leonhard était un des subordonnés, au secrétariat) avaient de suite enchaîné sur la « voie spécifique » du socialisme allemand. Et voici qu'en 1947, Markus Wolf avertissait Leonhard que Moscou dirait bientôt : « Assez joué », pour tuer dans l'œuf toute velléité d'indépendance.

Quarante ans plus tard, même position du Kremlin : Honecker s'affichait un peu trop comme un proconsul désormais émancipé. Il fallait donc, puisqu'il refusait de modifier son comportement et préparait dans la fièvre un voyage officiel en Allemagne de l'Ouest – le premier accompli par un chef d'État est-allemand –, l'effacer de la scène. L'Urss avait besoin de la détente avec l'Ouest. Besoin de reprendre sa respiration... la *peredyschka*, comme on disait entre initiés, à Moscou. Besoin que le problème allemand ne vienne pas entraver ses rapports avec les Américains et les Européens de l'Ouest. Permettre à Honecker de jouer son propre jeu au sein de ce Grand Jeu, c'était faire de l'Allemagne le pivot et non plus l'instrument des négociations entre l'Est et l'Ouest.

Tout compromis d'envergure ne devait procéder que de Moscou. Markus le savait mieux que d'autres. Il se souvenait de Lénine qui écrivait, le 3 septembre 1917, dans un moment difficile pour la Révolution (ce que traduirait un peu plus tard le traité de Brest-Litovsk) : « Le devoir d'un parti véritablement révolutionnaire n'est pas de proclamer qu'il est impossible d'admettre quelque compromis que ce soit, mais de savoir, *à travers tous les compromis* [souligné par Lénine], garder la fidélité à ses principes, à sa classe, à son but révolutionnaire... Nous sommes maintenant en présence d'un virage si brusque, si original [de la révolution russe] que nous pouvons, en tant que parti, proposer un compromis – non à la bourgeoisie, notre direct et principal ennemi –, mais à nos adversaires les plus proches : aux partis petits-bourgeois démocratiques, aux socialistes révolutionnaires et aux mencheviks [8]. »

Le mouchardage du général Heinz Kessler

Si protégé soit-il, Markus Wolf doit se méfier et procéder par étapes. A partir de l'année 1987, la situation est-ouest est aussi fluctuante que l'est celle de Gorbatchev à Moscou, et il a commis quelques mois auparavant un impair qui a sans doute éveillé l'attention du clan Honecker...

Il savait sur qui pouvoir compter dans les milieux scientifiques, littéraires et artistiques; mais ces gens-là étaient des joueurs de flûte, à mettre en route au jour J, pour canaliser les masses en sorte de faire pression sur Honecker, et donc d'entraîner le Politburo vers son éviction. Il fallait donc aussi des cadres sûrs, dans l'appareil central, dans les ministères, dans les districts, afin d'éviter tout dérapage. Markus avait alors estimé qu'approcher le ministre de la Défense, Heinz Kessler, vu son profil psychologique, évitait de dangereuses intrigues, aux échelons inférieurs, où Erich Mielke, le grand patron de la Sécurité d'État, avait ses propres informateurs.

Vantard, ambitieux, prétentieux, sans scrupules, on appelait « Bel Ami » le ministre de la Défense, tant il courait les femmes ou les filles de ses subordonnés. Mais on ne fait pas la révolution avec des saints ou des puceaux. Il était arriviste. Il savait les liens directs de Wolf avec Vladimir Krioutchkov, le directeur gorbatchévien du KGB, et calculerait tout de suite les raisons de s'associer avec « Mischa », ou en tout cas ne le trahirait pas dans son approche. Après tout, Kessler, né en 1920 en Silésie, membre des Jeunesses communistes clandestines jusqu'à sa mobilisation, en 1939, avait été le troisième soldat à déserter, en juin 1941. Passé dans l'appareil secret qui, de 1943 à 1945, coiffait le Comité national pour l'Allemagne libre (CNAL) constitué en Urss pour préparer des cadres ensuite projetés en Allemagne vaincue, Kessler avait fait merveille après 1945. Animateur d'une commission des Jeunesses antifascistes, c'est lui qui, en 1948, avait combiné des mouvements de rue dans Berlin avec l'instauration par les Soviétiques du blocus de la capitale. L'effet en avait été la coupure définitive de l'ancienne capitale en deux secteurs au lieu de quatre, et moins de facilités pour les Allemands à circuler de l'un à l'autre.

Moscou avait récompensé Kessler en le plaçant comme inspecteur politique de l'armée de l'air est-allemande, en l'instruisant deux ans dans ses écoles militaires, puis en poussant ses promotions : général d'aviation en 1957, puis adjoint au ministre de l'Intérieur, ensuite, au ministre de la Défense, auquel finalement, en 1985, il avait succédé. Kessler comprendrait la situation : il fallait, pour aider Moscou, disposer d'un appareil politico-militaire, pour faire contrepoids à la Sécurité d'État, et surtout au général Friedrich Dickel, le ministre de l'Intérieur inconditionnel de Honecker.

C'est dans cet état d'esprit que Markus avait rendu visite à Kessler, dans ses bureaux du 1-4 rue Schneller, alors qu'il était encore le directeur de la HVA, pour un tête-à-tête en apparence professionnel. Il avait évoqué la détérioration économique du pays. Puis il en était venu à l'irritation constante de Moscou à l'égard de Honecker... Gorbatchev n'avait-il pas insisté à plusieurs reprises pour qu'il changeât de politique, compte tenu des réformes que l'Urss entreprenait et, comme elle, plusieurs partis frères?... N'allait-on pas aboutir à des drames, tant en RDA qu'avec Moscou? Et qui donc en profiterait, sinon les Occidentaux?... Le Politburo ne devrait-il pas inciter Honecker à modifier son attitude? N'y avait-il pas d'hommes de poids pour prendre leurs responsabilités?...

Kessler n'avait pas cillé, n'avait dit ni oui ni non. On en reparlerait...

Moins de huit semaines plus tard, Honecker « remerciait » Wolf. Il lui retirait toutes ses fonctions [9]. La nouvelle se répandit dans les capitales occidentales et suscita de curieux commentaires. Le 15 février 1987, de Hambourg, l'hebdomadaire *Bild*, souvent bien informé, assurait que Wolf avait démissionné pour des raisons de santé : de graves ennuis à la colonne vertébrale le clouaient périodiquement sur place depuis des mois. Mais, le lendemain, *Der Spiegel*, repris par le *Los Angeles Times* et à Paris par *L'Événement du Jeudi*, offrait une version différente : Markus était furieux de n'avoir pu accéder au Comité central ; de n'avoir pu remplacer le vieux Mielke à la direction de la Sécurité d'État ; en outre, il aurait souhaité dégager ce ministère de la tutelle du KGB...

Les liens organiques des appareils soviéto-allemands

N'importe quel spécialiste, à l'Est comme à l'Ouest, devait sourire à l'énoncé de ces hypothèses, parfois habillées en certitudes. A la fois parce que les origines, le caractère et les attaches de Markus Wolf ne leur correspondaient en rien. De plus, parce que les origines et la structure des ministères de l'Intérieur, de la Défense et de la Sécurité d'État, comme leurs liens organiques permanents avec les appareils correspondants de l'Urss implantés en RDA, empêchaient d'avance toute tentative d'un homme ou d'un service – si importants fussent-ils – de s'en distancer.

Le tandem soviéto-allemand, organiquement créé de 1945 à 1949, institutionnalisé pour ainsi dire après 1949, n'a jamais cessé de se perfectionner dans les trois ministères stratégiques mentionnés. Markus en avait pleine conscience puisque à partir de 1951 il avait pris pied dans la HVA, puis l'avait dirigée pour des opérations conjuguées en Allemagne de l'Ouest, en Europe et dans le tiers monde.

Si quelques grands responsables du renseignement en Occident avaient ironisé en apprenant, en 1951, qu'un jeune homme de vingt-huit ans était leur égal en fonction à Berlin-Est, telle n'avait pas été la réaction des adjoints directs du général Reinhard Gehlen, alors directeur du BND *. Eux savaient Wolf dangereux parce que entreprenant, audacieux même, prêt à jouer en dehors des bonnes vieilles règles, de la routine inhérente aux « services » de réputation séculaire. Ils savaient aussi qu'il jouissait de la confiance absolue de Moscou, avant comme après la mort de Staline, avant comme après Lavrenti Beria ; qu'il agissait avec le feu vert des vétérans soviétiques du renseignement qui avaient surmonté la crise entre les héritiers moscovites.

Une incidente technique s'impose ici ; afin d'éclairer les événements qui se dérouleront entre l'été 1987 et 1989 en Allemagne de l'Est, il convient de bien préciser les liens organiques existant entre les appareils soviétique et allemand :

1° Les services policiers et d'espionnage de la RDA sont – comme le KGB pour l'Urss – nés du parti communiste. Ils ont été d'abord composés d'hommes et de bureaux régionaux, supplétifs de la projection sur l'Allemagne de l'Administration militaire soviétique, du MVD (ministère de l'Intérieur de l'Urss), du NKGB (appelé en 1954 KGB) et de plusieurs de leurs filiales.

Dans une première période, ils devaient assurer l'ordre nouveau en zone soviétique, sur le plan de la police et du contre-espionnage et aux frontières. A partir de 1946, quelques opérations de contre-espionnage marquantes ont eu lieu dans Berlin et en Allemagne fédérale. Un Institut de recherches économiques à effectifs réduits couvrait certaines opérations de pénétration des administrations, des partis, des syndicats, des Églises d'Allemagne de l'Ouest, voire du personnel allemand qui travaillait dans les bureaux des Alliés. Des réseaux secrets se mettaient en place aux points stratégiques : ports, réseaux ferrés, communications téléphoniques et télégraphiques, douanes, etc.

Cependant, il n'y avait pas d'actions « allemandes » propre-

* BND : l'espionnage et le contre-espionnage de la RFA. Ce jugement a été émis en 1956 à Hambourg, chez le commodore Wichmann, par deux intimes du général Gehlen, au cours d'une visite privée de l'auteur.

ment dites. Tout fonctionnait en symbiose totale et permanente avec les services similaires de l'Urss en Allemagne.

L'Institut de recherches économiques (où Markus Wolf tient la première place, après 1951) devient en 1955 Département XV de la Sécurité d'État *, puis, en 1956, la HVA, sœur jumelle du KGB, qui mènera bientôt – parallèlement au KGB, mais toujours en parfaite coordination – des opérations mondiales.

2° Ces premiers dévelopements rappelés, il faut noter la décision prise par Erich Mielke en 1957, dès sa nomination comme ministre de la Sécurité d'État, dont dépend directement la HVA : désormais tous ses officiers devraient revenir périodiquement de leurs postes pour servir un temps dans la police est-allemande. Ainsi ne perdraient-ils pas, à force de vivre à l'étranger ou d'être initiés à un jeu supérieur à celui de la politique officielle, « leur conscience de classe » ! Ils ne basculeraient pas dans cet élitisme néfaste, dont Wilhelm Zaisser avait fait preuve, « oublieux de l'importance du rôle du parti »... selon l'acte d'accusation dressé contre lui après son coup d'État manqué de l'été 1953.

3° Autre point à retenir, car il est de règle en Urss comme dans toutes les capitales de son empire et de ses marches, jusqu'en 1990 : Un « département des organes administratifs » est chargé, au Secrétariat des partis communistes, de superviser le personnel et les activités de tous les services policiers et secrets et des appareils politico-militaires des gouvernements. Des cellules du parti sont constituées dans chaque ministère et agence de l'État, jusques et y compris dans les services de sécurité et même d'espionnage, comme dans les ambassades, les consulats, les agences commerciales de l'étranger, etc. Le parti exerce ainsi un contrôle, même à l'intérieur du KGB et de ses services homologues des États d'Europe orientale.

De ce fait, lorsque Markus Wolf tisse la première trame de sa toile invisible, le premier secrétaire du parti au sein du ministère de la Sécurité d'État est le général-major Horst

* Voir l'annexe générale qui développe l'historique en question.

Felber, placé à ce poste en février 1980, à l'âge de cinquante et un ans. De même, au ministère de l'Intérieur, à celui de la Défense, un secrétaire anime et supervise les cellules du parti. Le KGB, de sa centrale à ses antennes, n'y échappe pas.

En RDA, jusqu'au mois de novembre 1989, l'homme chargé au Politburo et au Secrétariat du parti des affaires de sécurité est Egon Krenz. Il agit en coordination avec Heinz Mirtschin et ses trois adjoints pour la gestion des cadres de cet appareil particulier; et avec Fritz Müller et ses deux adjoints pour le contrôle des cadres du Comité central.

L'un des meilleurs spécialistes des problèmes allemands, le professeur américain Jefferson Adams, a souligné [10] « cette imprégnation du parti » jusque dans les services secrets est-allemands. En relevant que l'école de formation de la HVA, dite « École centrale Edgar-André pour le sport et la technique », située près de Belzig, consacrait un tiers du temps des cours de formation à l'étude du marxisme-léninisme. En sortant de cette école, les officiers appartiennent automatiquement à l'appareil du parti, et leur avancement tient compte de leur comportement « idéologique ».

C'est dire qu'en 1987, Markus Wolf, élevé dans le giron révolutionnaire, baignant depuis 1945 dans sa projection allemande, n'a rien d'un déviationniste, et ne saurait le devenir. Il est communiste. Il le demeure. Il agit en liaison avec des communistes soviétiques comme Vladimir Krioutchkov, responsable depuis 1976 du premier directorat principal du KGB, et tous ceux qui, en RDA, vivent en symbiose permanente avec leurs confrères est-allemands. Soit, à cette époque, huit cents officiers du KGB basés à l'hôpital Sankt-Antonius de Berlin-Karlhorst *.

A propos de cette étroite communication organique soviéto-allemande, écoutons d'ailleurs ce qu'en disait lui-même Erich Mielke dans un discours reproduit le 7 février 1985 par le *Neues Deutschland*, l'organe du PC est-allemand : « Fidèles à

* Pour le GRU : deux cent cinquante officiers sont basés à Berlin-Wünsdorf.

l'héritage des héros de la Tchéka, aux combattants du front invisible, nous ferons tout ce qui est en notre pouvoir pour approfondir et rendre toujours plus efficace l'alliance indestructible de notre combat commun avec les tchékistes soviétiques et les organes frères des autres pays socialistes... » « Alliance » si intégrale en vérité, que le bureau allemand du KGB dispose en permanence du droit d'accès aux dossiers du MFS et de la HVA, dont les personnels peuvent être à tout instant requis pour l'assister dans une quelconque opération.

Il est évident que la HVA conduit ses opérations propres dans le monde depuis les années 1960 et qu'elle est plus autonome encore – sauf avis contraire du KGB – depuis les années 1970. Cependant il est fréquent que le KGB reprenne à son compte l'une ou l'autre, ou décide de les mener en tandem. Ce fut le cas de Margaret Höcke, introduite à la chancellerie de Bonn, agent actif de la HVA pendant une dizaine d'années, mais qui travaillait en même temps pour le KGB. D'autant plus aisément qu'elle était la maîtresse d'un agent allemand kgébiste.

Lorsque Mischa Wolf est rendu à la vie civile et que, sous couvert de promouvoir l'œuvre de son frère, il multiplie conférences et contacts, il agit donc sous l'œil attentif de ses anciens maîtres et amis. Sans rien redouter d'eux puisque à Moscou Krioutchkov et le chargé des organes administratifs *, Anatoli Ivanovitch Loukianov, sont des intimes de Gorbatchev.

Le rendez-vous secret de Dresde, le 18 juin 1987

Un seul danger : que cette activité « fractionniste » soit découverte par l'équipe allemande de Honecker, et que cela provoque au grand jour un drame dans le petit monde communiste de la RDA et des étrangers qui soutiennent Honecker contre les gorbatchéviens. Preuve en est que, déjà en novembre 1985, une autre « conspiration » menée par des « seconds couteaux » avait été éventée. C'est du moins ce qu'un transfuge est-allemand, le professeur Meissner, avait révélé à Bonn en été

* Explication des Organes, p. 38, 73 et 74.

1986. Selon lui, elle était l'œuvre de deux apparatchiks gorbatchéviens; Konrad Naumann, alors numéro un du PC de Berlin, et Herbert Haeber, alors chargé par Honecker des relations interallemandes. Ils avaient cru possible de convaincre Honecker de se retirer au lieu de persévérer dans son refus des orientations nouvelles Est-Ouest voulues par Gorbatchev, notamment en ce qui concernait le problème allemand.

Fou de rage, l'irritable vieillard – que ses adversaires surnommaient avec ironie « Bis-Marx », car il ne cessait de se référer non seulement à Marx, à Luther et Frédéric le Grand, mais aussi à Otto von Bismarck – les avait aussitôt suspendus de toute fonction. Naumann avait été muté à Potsdam à la direction des Archives de la RDA. Haeber, tombé malade, avait été mis à la retraite. Puis, sans même consulter Egon Krenz et Mirtschin, « Bis-Marx » avait promu à leur place Günter Schabowski, jusqu'alors directeur du *Neues Deutschland*, et Hans-Joachim Boehme, le numéro un du PC de Halle *. A charge pour l'idéologue Kurt Hager de les surveiller. Cet inconditionnel n'avait-il pas proclamé que « la voie suivie en Urss [par Gorbatchev] n'était pas forcément un modèle pour la RDA »?

Markus Wolf devait donc se méfier de Hager. Et d'un autre personnage qui jouissait de l'entière confiance de Honecker : Alexandre Schalk-Golodkowski, titulaire du Comité central depuis 1986, secrétaire d'État et vice-ministre du Commerce extérieur. Schalk détenait un atout majeur. En contact depuis 1975 avec l'entourage du ministre ouest-allemand Hans Dietrich Genscher, il avait réussi ce qu'aucun de ses prédécesseurs n'avait obtenu de Bonn : que Honecker fût reçu officiellement en RFA. Jusqu'au début de l'année 1987, on n'envisageait sa venue que par la petite porte... à la rigueur, on le recevrait dans un château près de Bonn, mais sans reconnaître sa qualité de chef d'État. A présent, grâce à Schalk, en septembre, il viendrait en égal du chancelier Kohl, ferait un petit tour dans sa Sarre natale et aurait des conversations officielles. Un pied de

* Boehme a perdu ses fonctions en décembre 1989 lorsque Hans Modrow devint Premier ministre. Egon Krenz s'effaça devant Gregor Gysi, nouveau numéro un du PC. Schabowski disparut aussi des premiers rangs. Sa femme d'origine russe, Vera Oelschlegel, était intendante du Grand Théâtre de Berlin-Est.

nez à Moscou, depuis toujours opposée à de tels entretiens hors de sa présence.

Le 18 juin 1987, trois mois avant la tournée triomphale de Honecker en RFA, une voiture traverse en hâte la ville de Dresde, se dirige vers un quartier résidentiel et s'engouffre dans le jardin d'une villa. La villa du professeur Manfred von Ardenne.

Manfred von Ardenne est ce savant qui, avec une équipe de scientifiques, a bénéficié des renseignements fournis jusqu'en 1949 par Klaus Fuchs et le réseau anglo-américain de Sonia * et de son frère Jürgen Kuczynski [11] pour les réalisations nucléaires de l'Urss. C'est lui qui mit au point la première bombe A, puis la bombe H soviétiques.

L'homme qui arrive chez lui le 18 juin n'est autre que Vladimir Krioutchkov, vice-directeur du KGB, chargé de son premier directorat principal. D'autres invités sont déjà chez von Ardenne. Sont présents Markus Wolf et son ami Hans Modrow, grand maître depuis 1973 de Dresde et de sa région. Deux ou trois autres personnalités, venant du secteur économique est-allemand, ont été conviées **.

Il s'agit de faire le point de la situation : jusqu'où ira Honecker dans son entêtement et ses initiatives personnelles? Comment régler ce problème en douceur, c'est-à-dire sans éclatement du PC est-allemand, étant donné que « Bis-Marx » a autour de lui des fidèles vigilants, obstinés et, de plus, liés à des opposants de Gorbatchev à Moscou?

Von Ardenne est plus qu'un savant. Dès novembre 1985, il s'est alarmé du déclin marqué de l'économie de la RDA. Il a établi un rapport très documenté qui contrait les statistiques fournies par Honecker à Moscou. Un de ses amis est Hans-Joachim Hahn, professeur d'économie à Dresde, mais aussi *manager* d'un des cent trente kombinats clefs de la RDA. Un autre est Herbert Kroker, professeur d'économie à Erfurt, également directeur d'un autre de ces kombinats. Or tous deux

* Voir page 48.

** Günther Buchs, haut fonctionnaire ouest-allemand à Bonn, a confirmé dans *Le Figaro* du 17 novembre 1989 ce rendez-vous dont le Centre européen d'information avait eu vent dès décembre 1987, mais sans pouvoir en connaître les détails.

affirment qu'avant douze à dix-huit mois la catastrophe économique sera visible, avec les répercussions que cela comportera pour Moscou et ses associés du Comecon, tandis qu'à n'en pas douter les travailleurs allemands n'en supporteront pas les retombées sur leur vie quotidienne.

Un plan naît de ces conciliabules, dont Markus Wolf devient définitivement l'âme et le chef d'orchestre.

Certes, les événements qui s'amorceront au printemps 1989 et se concrétiseront à la fin de l'été et surtout à l'automne n'ont pas été montés de toutes pièces. Mais ils ont servi de prétexte et de vague porteuse à ceux qui les avaient prévus, et ont su les utiliser. Il suffisait de prendre le vent et de guetter l'instant de s'y placer, avec patience, méthode et détermination. Qualités essentielles de Markus Wolf.

3

La chute d'Erich Honecker

Un proche du chancelier Helmut Kohl disait à l'automne 1989, au vu du déferlement en RFA de plusieurs dizaines de milliers de ses compatriotes de l'Est et des manifestations de rues en RDA : « Gorbatchev a tout mené... Il a su que Honecker se disait le gardien de l'évangile marxiste-léniniste, et assurait qu'il survivrait à l'échec de sa politique. Mais Gorbatchev a mené jusqu'au bout sa guerre des nerfs [1]... » C'était là une vue très simplifiée des événements. En réalité, il a fallu deux années d'un obscur travail de l'opinion est-allemande, entre le moment du discret rendez-vous de Dresde et celui de la fin de l'été 1989 – lorsque, ne voyant déjà plus comment limiter les dégâts, le ministre Oskar Fischer rencontrait son homologue hongrois Gyula Horn –, pour en arriver aux bouleversements de l'automne suivant.

En avril 1988, dix mois après ses conversations chez von Ardenne, le « loup » avait frappé un premier coup d'avertissement à Honecker et à son équipe : des indiscrétions volontaires faisaient savoir à des journalistes occidentaux, ouest-allemands tout d'abord, qu'oubliant sa réputation d'homme invisible, il sortait de l'ombre. Il préparait un film documentaire et un ouvrage sur les périodes révolutionnaires vécues par son frère et lui. Simple prétexte en fait pour critiquer en passant, même si Honecker n'était pas cité, le climat dans lequel vivait la RDA... Il profitait de sa mise à la retraite pour intensifier ses rapports avec divers milieux sociaux de son pays.

Quelques mois encore et, en dépit de l'opposition de

Honecker, début novembre 1988, Markus Wolf se rendait à Moscou. Mais, « ce dernier, juif kominternien, notera le journaliste parisien Alexandre Adler, a toujours su conserver précieusement son passeport soviétique * ».

Pour rencontrer qui? De nouveau Vladimir Krioutchkov qui vient d'être promu directeur du KGB. Donc plus puissant que jamais auprès de Gorbatchev, et qui deviendra avant peu membre titulaire du Politburo de l'Urss.

Markus confirmera lui-même, un an après **, ce rendez-vous : « Il y a tout juste un an, j'ai eu à Moscou des conversations sérieuses avec des amis sur la possibilité d'engager des changements nécessaires en RDA. Évidemment, cela mettait en question l'attitude de la direction politique... » On ne saurait mieux dire, en langage communiste, que ce qui se passe et va se passer en Allemagne de l'Est, après ces conversations « entre amis », est suivi de près et cautionné par les gorbatchéviens, et met en cause la « direction politique » de la RDA...

En décembre suivant, Wolf prend langue avec Henning Müller, journaliste de la *Frankfurter Rundschau*, quotidien centre-gauche de l'Ouest. Il lui accorde son premier entretien à un journaliste occidental, sous le prétexte que Müller écrit un livre sur son père, Friedrich. Markus en profite pour révéler que le film documentaire, dont on avait eu vent en avril 1988, était programmé par la télévision est-allemande, mais interdit par Honecker, car il mettait en cause les répressions staliniennes et « un despotisme et des injustices n'ayant rien de commun avec les idéaux de la révolution d'Octobre ».

Markus insiste auprès du journaliste : « Honecker a eu tort d'interdire récemment aussi la revue soviétique *Spoutnik*, dont le dernier numéro évoquait les exactions staliniennes [2]. » Il lui précise encore qu'il a bien appartenu aux services secrets est-

* Dans *Libération* du 12 octobre 1989.

** Début novembre 1989, au journaliste Klaus Golombek, conseiller politique du ministre D.H. Genscher, lequel, jusqu'en 1952, a été un des cadres en RDA du petit parti-alibi libéral-démocrate. Passé à l'Ouest, Genscher n'a jamais cessé de préconiser la coopération et l'entente avec le régime communiste de la RDA. Golombek s'était engagé à ne publier l'intégralité des propos de Markus Wolf qu'en janvier 1990 dans *Forum libéral*, revue du FDP ouest-allemand.

allemands à partir de 1951, et qu'il en est devenu le haut responsable en 1958.

La deuxième salve

La guerre est donc déclarée entre « le loup » et Honecker qui lui a fermé sur-le-champ l'accès aux médias. Mais Wolf poursuit son cycle de conférences semi-publiques en RDA. On en retrouvera les thèmes dans un ouvrage qui paraîtra au printemps suivant. Et c'est en effet à l'occasion de sa sortie, sous le titre *Die Troïka*, que Markus tire sa deuxième salve.

Le « tir » a lieu le 9 mars 1989 dans un château berlinois du XVIIIe siècle. Non plus devant deux ou trois douzaines d'intellectuels et d'étudiants, mais devant cent vingt personnes, dont plusieurs journalistes occidentaux qui, après son exposé liminaire, l'assaillent de questions. – Oui, son livre paraîtra aussi en RFA ! Non, il ne pense pas avoir l'autorisation de s'y rendre... Que celui qui lui a posé cette question s'adresse directement au procureur d'État !... Oui, son soutien aux réformes de Gorbatchev est total... « Certes, ma loyauté à l'égard du communisme est indiscutable, mais il ne s'agit pas du communisme dont Staline fut la figure de proue, et dont certains persistent à se recommander et qu'ils souhaitent même [...] maintenir *. »

Quinze mille exemplaires de *Die Troïka* ont été vendus d'avance, rien qu'en RDA. Un tour de force lorsqu'on connaît la vigilance des services de censure et de police. Y aurait-il déjà des traîtres dans l'entourage de Honecker ? L'incroyable est que cela se passe dans la région berlinoise... que Markus accepte d'être filmé par la télévision ouest-allemande... qu'ainsi, le 13 mars, les six millions d'Allemands de l'Est possédant une télévision vont découvrir que l'« homme sans visage » qui fut, vingt-huit ans durant, le grand maître de l'espionnage est-allemand dans le monde est un adversaire de leur président.

Dès cette émission, captée par un peuple encagé qui regarde chaque jour la vie de l'autre côté du Mur, des barbe-

* G.P. Steichen, agence Associated Press, 10 mars 1989.

lés et des mines, se font soudain entendre des voix longtemps étouffées.

L'idéologue Otto Reinhold a beau affirmer que le parti est-allemand « garde son cap sur d'autres conceptions économiques et sociales que celles de l'Urss ou de la Hongrie », d'autres sons de cloche résonnent. Par exemple, Erich Hahn, le très officiel directeur de l'Institut de philosophie marxiste-léniniste du parti, membre du Comité central, se fait plus nuancé : il estime que, « par des voies différentes, l'Urss et la RDA travaillent aux mêmes objectifs ! En revanche, la Pologne et la Hongrie s'orientent sur des voies dangereuses, en contradiction avec les principes socialistes » ! Toutefois Jürgen Kuczynski vole au secours de Honecker dans l'organe officiel du PC, le *Neues Deutschland.* Il y vante les réussites économiques de la RDA : « Notre république démocratique dispose d'un avantage certain en regard de tous les autres pays du monde : chacun ici, avec la plus petite pension, même s'il est le travailleur ou l'employé le moins payé, bénéficie d'un minimum de revenus qui lui suffisent pour vivre. »

Ainsi, Kuczynski, un des espions allemands qui ont travaillé jusqu'en 1949 dans les services secrets britanniques pour la gloire de l'Urss, nie-t-il le déclin économique de la RDA. Est-il aveugle et sourd, ou trop privilégié pour constater la réalité de la vie quotidienne? Ou bien n'a-t-il pas plutôt peur qu'en touchant à l'édifice qui reste debout artificiellement, toute une existence d'illusions ne s'écroule? En revanche, sa sœur Ursula, dite « Sonia », dite Ruth Werner, se tait. Elle qui fut une des plus grandes espionnes de ce demi-siècle. Sans doute s'est-elle enfouie à jamais dans des souvenirs, pour ne pas s'avouer qu'elle est une communiste non seulement déçue, mais désorientée *.

Wolf serait-il seul, dans ce monde d'anciens itinérants de l'espionnage, à rêver d'un « autre socialisme », quitte à détruire celui de Honecker? Kuczynski et les autres, tous les autres, savent pourtant bien, en ce printemps 1989 lourd d'orages prévisibles, que Wolf a raison lorsqu'il dit que la réalité sociale et

* « Sonia » a évoqué dans cinq ouvrages très divers certains de ses souvenirs.

économique n'est pas celle proclamée par le président. Après quarante ans de discipline et d'un travail accompli sans faiblir, un Allemand de l'Est doit attendre dix ans pour espérer l'achat d'une voiture; neuf ans pour un téléphone; trois mois de salaire pour un poste de télévision qui, de l'autre côté du Mur, représente le tiers d'un salaire mensuel ordinaire.

Honecker n'a cure de cette réalité. Le 9 septembre 1989, il fait écrire dans *Neues Deutschland* : « La vie est si bonne et si riche, le socialisme est si fort et si attrayant ici ! Et nous l'avons nous-mêmes bâti ! » Si attrayant qu'à cet instant plus de soixante mille Allemands de l'Est sont candidats au départ, sur les talons des dix-huit mille déjà partis par la Hongrie et la Tchécoslovaquie !

A la chute dramatique de la qualité des produits industriels, faute de rénovation du matériel des usines, s'ajoute maintenant celle de la quantité des biens produits, faute d'une main-d'œuvre qualifiée déjà insuffisante.

Un troisième avertissement public

Markus Wolf s'active à réveiller ses concitoyens, pas seulement parce qu'il rêve d'un autre socialisme, mais tout autant parce qu'il constate que cet exode emporte avec lui les moyens humains et les cerveaux qui permettraient d'édifier cet autre socialisme. Dernier croisé d'une cause qu'il croit encore pouvoir sauver, il continue donc à lancer des cris d'alarme : le 22 septembre 1989, nouvel entretien avec un quotidien ouest-allemand à grand tirage, la *Suddeutsche Zeitung.* Il s'attriste de cet exode qui s'amplifie, « épisode aussi amer que douloureux », et ajoute : « On devrait réfléchir sur ses causes profondes. On devrait en discuter... Il faut écouter l'opinion des autres... Le communisme doit évoluer, pour se confronter comme il faut aux défis de notre époque. »

L'opinion des autres, c'est, par exemple, celle des deux mille cinq cents signataires du groupe illégal Neues Forum, parti de Leipzig et qui, le 3 septembre, est descendu dans la rue pour se faire entendre des six mille exposants – plusieurs centaines sont venus de l'étranger – de la Foire annuelle. Le lundi suivant, les manifestants seront quatre mille et, de lundi en lundi jusqu'à la mi-octobre, ils seront cent mille entraînant dans leur sillage autant de protestataires dans les rues de Dresde, de Magdebourg, d'Erfurt, de Halle, et finalement de Berlin-Est.

Le 12 septembre, Egor Ligatchev, un des cinq « premiers » du Politburo soviétique, est venu voir Honecker, Mittag, Krolikowski. Simplement, d'après la version officielle, pour discuter des problèmes agricoles des deux pays. Car Ligatchev ne s'occuperait plus que de ce secteur. En réalité, de retour à Moscou, il rend compte de la situation en RDA, « où le socialisme se porte bien * »! Mais qui le croit? même si la *Pravda* assure, le 14 septembre, que la dernière réunion des pays du Pacte de Varsovie n'a pas jugé utile d'aborder le problème de la situation en RDA.

Et voici aussitôt un nouveau craquement : l'étrange déclaration d'un visiteur jusqu'alors inconnu de l'opinion occidentale, qui est reçu en Allemagne de l'Ouest par le haut patronat, plus chaleureusement par le Premier ministre du Bade-Würtemberg, et plus chaleureusement encore par les dirigeants socialistes qui l'interrogent sur l'hémorragie humaine dont la RDA commence à souffrir. Il s'agit de Hans Modrow venu prétendument vanter les réalisations électroniques de pointe de la zone industrielle de Dresde.

A propos des raisons de l'exode, il déclare : « Sur ce point, je suis d'accord avec mon ami Markus Wolf. On devrait discuter de ces problèmes au lieu d'interdire jusqu'à toute liberté de penser. On devrait en outre instaurer entre Berlin-Est et Bonn des relations telles qu'elles conduisent à une maison commune européenne... »

Ainsi sont réunis en quelques mots Wolf, dont nul ne savait encore qu'il était l'ami de Modrow, et Gorbatchev, qui a repris des termes employés des années auparavant par Leonid Brejnev, sans qu'en Occident on y ait attaché une quelconque importance.

A deux semaines de la visite de Gorbatchev à Berlin-Est pour la célébration du quarantième anniversaire de la création de l'État socialiste allemand, c'est le signe que des événements

* Rapporté en janvier 1990 dans *Les Nouvelles de Moscou*.

sont proches. « Le loup » et ses amis sortent du bois. Markus n'a pas lancé au hasard son troisième avertissement. Il n'a pas pour rien suivi des cours d'agitation et de propagande à Kouchnarenkovo. Il a déjà sous la main une masse de manœuvre qui, sans lui être acquise dans son ensemble, loin de là, compte, dans ses multiples organisations, nombre de cadres qui se sont peu à peu ralliés à Modrow et à Hahn, à Dresde; à Herbert Kroker, à Erfurt; à d'autres, à Leipzig, Halle, Kottbus, Magdebourg, Schwerin, Rostock et Berlin, et jusque dans plusieurs ministères. Même si Dickel, Kessler, Mielke et autres gardes-chiourme de Honecker se croient invulnérables.

Les pivots de l'Octobre est-allemand

Le théâtre est bondé. Le rideau va se lever début octobre sur un premier acte en trompe-l'œil. Les figurants et la claque attendent le signal. Gorbatchev arrivera bientôt pour embrasser sur la bouche – selon le rite soviétique – son hôte. Honecker devrait prendre garde, mais il ne pense qu'au triomphe prochain. Perdu dans la paranoïa qui souvent s'empare des dirigeants du monde lorsqu'ils jouissent trop longtemps du pouvoir et des rapports truqués de ceux qui vivent de ce pouvoir, il n'entend ni ne voit rien de la rumeur qui monte de la rue. Sauf quelque mépris à l'égard des chiens qui aboient. Lui et ses courtisans s'enfoncent dans le désastre.

Ils n'ont pas prêté attention à d'autres signes précurseurs, ceux-là venus d'Urss. Ce n'était tout de même pas gratuit si, déjà en 1987, l'équipe de Gorbatchev avait laissé paraître une étude du professeur Dachitchev, vice-directeur de l'Institut soviétique d'économie mondiale, historien réputé, étude selon laquelle « le Mur de Berlin n'est qu'un résidu de la guerre froide, qui doit disparaître »! Tout récemment, le 28 septembre 1989, l'agence soviétique APN – très soumise au KGB – a diffusé un article de Vladimir Simonov, dont le gros sous-titre était à lui seul un signal : « La fuite des citoyens de la RDA a remis au jour le vieux thème de la réunification. Aujourd'hui les mentalités ont évolué, le Mur s'oppose aux aspirations de la jeunesse... » Et plus loin : « Ce Mur de Berlin, on pourrait bien un jour le découper en morceaux qu'on déposerait dans un musée d'art abstrait. »

Enfin, le 3 octobre, à quatre jours de l'arrivée de Gorbatchev, le très orthodoxe Valentin Faline, directeur du Département international du Comité central, connu pour moduler ses positions au vent du moment, déclare, après s'être entretenu avec le ministre Genscher sur le sort des réfugiés d'Allemagne de l'Est : « Des réformes sont en vue en RDA. » Des réformes? Mais Honecker s'obstine à répéter qu'elles n'ont même pas lieu d'être envisagées!

Faline n'a pas prononcé ces paroles au hasard. Il sait que maintenant Markus Wolf et ses associés vont mettre en branle les pivots d'un octobre révolutionnaire proprement allemand. Pivots qui vont bientôt transformer Berlin-Est en une scène sur laquelle vont tourner plusieurs mouvements de masse, en tête Neues Forum, avec eux des intellectuels, des écrivains, des artistes, dont le chef d'orchestre Kurt Masur. Et, en même temps, les Églises qui encadrent ou entraînent en RDA, dans une discipline prussienne teintée de pacifisme, huit millions de protestants et un million de catholiques.

L'intelligentsia et les Églises dans la rue

C'est après la multiplication des répressions, des arrestations, des harcèlements de contestataires pacifistes, écologistes, teintés d'un socialisme voisin des critères occidentaux ou du trotskisme, que sont vraiment nés les mouvements dont l'intelligentsia, proche de Markus Wolf, devient en 1988, et surtout au début de l'année 1989, une caution et même un encadrement très précis dans ses objectifs réels.

Ces mouvements s'appellent *Initiative pour la paix et les droits humains*, née en 1986; *Umweltblätter* (publication en faveur de l'environnement) patronnée à Berlin-Est par un centre écologique, lui-même appuyé par l'Église de Sion (1987); et bientôt, en pointe, *Neues Forum*, dont la principale animatrice est une femme de quarante-quatre ans, Bärbel Bohley. Cheveux courts, œil vif, un sourire souvent désabusé aux lèvres, ce peintre-graphiste a été arrêtée à plusieurs reprises, emprisonnée, assignée à résidence. Elle n'a rien d'une réactionnaire. Elle est socialiste, veut le désarmement universel et s'est entourée de trois hommes : un ancien cadre du parti communiste, Rolf Heinrich, qui rêve lui aussi d'un autre communisme que celui de Honecker; le microbiologiste Jens Reich et un jeune philosophe activiste, Michael Göbel.

Markus Wolf et ses amis ont depuis longtemps l'œil sur ces mouvements. Deux ou trois cents écrivains, économistes, architectes, peintres, scientifiques, répartis entre Berlin et une douzaine de villes, drainés par eux, vont aider ces groupes à passer du stade des manifestations locales fort réduites à celui de manifestations nationales coordonnées, à partir de Leipzig, le fief le plus important des protestataires. Cette ville, fière d'avoir eu pour enfants Leibniz, Liebknecht et la révolutionnaire Rosa Luxemburg qui y recrutait ses meilleurs seconds, n'a jamais oublié, après quarante ans de socialisme, qu'elle est une cité universitaire depuis 1409 et, par là, l'avant-garde de l'identité allemande.

Même des fanatiques du rock descendent dans la rue, chantent l'Internationale, hurlent « A bas le Mur » et scandent : « Rosa Luxemburg... Gor-ba-tchev » dès que la police intervient, matraques et puissants jets d'eau à l'appui [3]. Tous ces manifestants sont âgés de dix-huit à quarante-cinq ans. Tous ont grandi, puis travaillé, dans un État qu'on leur assurait exemplaire. Leurs yeux se sont ouverts. En dépit d'un quadrillage policier qui vaut celui de Ceausescu en Roumanie – environ un indicateur pour quarante-cinq personnes, selon nos recherches –, ils sont une masse réveillée de sa torpeur, qui veut comprendre pourquoi les « anciens » ont tout raté depuis 1945. Elle ne sait trop encore quoi mettre à la place de ce socialisme sans espérance, car elle a été sevrée de tous critères intellectuels et philosophiques, et n'a pour références que ce qu'elle voit « de l'autre côté », sur ses écrans de télévision.

Cette perplexité remplit d'ailleurs d'optimisme Markus Wolf. Il n'y aura pas de vide. Il saura récupérer et guider ce négativisme multiforme. Il n'y a donc pas de danger à l'inciter à descendre dans la rue pour contraindre Honecker, ou le renverser.

Et maintenant, en 1989, il est trop tard pour toute autre solution que de le pousser dehors. On le sait et on le veut, à Moscou, dans l'équipe gorbatchévienne. Une des dernières tentatives auprès de « Bis-Marx », ce fut en janvier 1989 une longue « lettre ouverte » à propos du Mur et des dispositifs guerriers qui séparent les deux Allemagnes, « dont tout le monde sait qu'ils ne sont pas là pour nous protéger des voleurs venus d'ailleurs, mais contre ceux d'ici... Nous voulons la stabilité fondée sur la justice et non sur la peur. Nos enfants et nous, nous n'attendrons pas cinquante ans de plus *... ». Ultime pression, le 25 septembre 1989, lorsque *Neues Forum* envoie dans la rue, à Leipzig, près de quatre mille manifestants qui exigent un dialogue carte sur table avec les autorités. Erich Honecker ricane. Il ordonne à Erich Mielke, le ministre de la Sécurité d'État, et à Friedrich Dickel, le ministre de l'Intérieur, de coordonner leurs mesures pour venir à bout de ces trublions qui osent réclamer leur légalisation et le dialogue d'égal à égal avec l'État.

Klaus Gysi et les Églises

Réplique le 1er octobre, à cinq jours de l'arrivée de Gorbatchev à Berlin : vers 17 heures, après les prières à l'église évangélique Sankt-Nikolaï de Leipzig, deux mille fidèles entreprennent une nouvelle marche sur le Ring, cet immense boulevard circulaire qui, au cœur de la ville, cerne les vieux quartiers, comme celui de Vienne et nombre de villes de la vieille Europe.

Mais il ne s'agit plus seulement d'hommes et de femmes qui croient en Dieu et en ses apôtres. Ce moment de chaque lundi soir, devenu rituel depuis septembre, était attendu par quelques milliers d'autres qui se joignent au parcours. Bientôt ils sont dix mille, plus encore. La vague s'enfle et déferle vers la place Karl-Marx. A rebours de quarante-cinq années de leur histoire. Car ici, à Leipzig, à Dresde, à Magdebourg, Berlin, la jonction s'accomplit par miracle entre la foi et la politique. Fût-ce contre l'avis de pasteurs comme le superintendant de l'Église

* Reproduit dans la *Frankfurter Rundschau*, 28 janvier 1989.

évangélique de Berlin, Güther Krusche, selon lequel « le devoir de l'Église ne concerne en rien l'opposition politique [4] ».

Cependant les prêtres catholiques et la majorité des pasteurs approuvent l'intrusion en force de leurs fidèles contre un totalitarisme qui, après tout, bilan fait, ne vaut pas mieux que le précédent. Certains évoquent le pasteur Dietrich Bonhöffer qui, en son temps, se dressa contre le nazisme, ou encore les réseaux catholiques de la Rose-Blanche qui, eux aussi, ont lutté jusqu'à la mort contre Hitler. Manfred Becker, responsable du Synode de Berlin et de Brandebourg, n'hésite pas à clamer en chaire que les espoirs du pays « sont liés au nom de Gorbatchev ».

Gorbatchev n'en demande pas tant ! Ni Markus Wolf et ses amis... D'un bout à l'autre de la filière, on croit néanmoins maîtriser l'événement. Notons que l'homme qui, depuis un peu plus de dix ans, avait imposé aux Églises « de n'être pas contre ni à côté, mais dans le socialisme [5] » s'est effacé dans l'ombre quelques mois avant que son diktat ne soit ainsi piétiné. Il s'appelait Klaus Gysi, né en 1912 d'un père juif alémanique, installé ensuite en Allemagne et qui fut un brillant physicien avant de disparaître en exil après 1933. Membre clandestin du PC allemand, devenu un agent du Komintern en France, interné en 1939, relâché en 1942 lorsque les Allemands envahirent le sud de la France, Klaus Gysi accepta avec courage de partir en mission pour l'Orchestre rouge dans Berlin, quinze mois avant la fin de la guerre. Il fut ensuite maire-adjoint du secteur de Berlin-Zehlendorf, sous la caution de l'administration américaine d'occupation ! Un parfait agent double, puisqu'il tenait au courant des faits et gestes des Alliés ses contrôleurs soviéto-allemands de Berlin-Est. Jusqu'en 1948, lorsque comme lui-même de nombreux agents secrets implantées à l'Ouest rejoignirent les organismes du gouvernement est-allemand naissant, au côté de Walter Ulbricht. Pendant quatre ans, jusqu'à la mort de Staline, Gysi a par miracle échappé à la vague antisémite, née du procès Field à Prague et remontée de capitale en capitale des pays satellites, jusqu'à Moscou. Après quoi, l'appareil le nomma ambassadeur de la RDA à Rome, et le chargea enfin des Affaires culturelles et religieuses, sous Ulbricht, puis sous Honecker.

C'est lui qui, de 1978 à 1988, a multiplié pressions, dossiers, harcèlements, arrestations (plus de cinq cents durant le premier trimestre de 1988) et même déchéance de la nationalité est-allemande, chaque fois que des protestants et des catholiques osaient sortir du compromis qui faisait de leurs Églises des courroies de transmission des impératifs du parti. Mais la lumière lui est venue en été 1988 lorsque Markus Wolf a fait savoir, dans les milieux intellectuels où brillait son propre fils Gregor, jeune avocat d'une quarantaine d'années, qu'une phalange communiste allait se dresser contre celle de Honecker. Alors Klaus Gysi a demandé sa retraite... pour raisons de santé.

Et maintenant, dix mois plus tard, ce n'est plus Honecker qui récupère Luther, Bismarck et Frédéric le Grand, ce sont des luthériens, des catholiques et des communistes déçus qui tentent de récupérer l'Allemagne de l'Est avant qu'il ne soit trop tard. Même si, à Dresde et Berlin, le ministre de l'Intérieur Dickel fait donner dans la rue les unités de répression de la police, main dans la main avec celles de la Stasi encore dévouée au vieil Erich Mielke. Car il ne faudrait tout de même pas que dans quelques jours Mikhaïl Gorbatchev, en visite à Berlin, assiste à la décomposition d'une Allemagne qui se voulait l'avant-garde de la Révolution en Europe.

L'Octobre de Berlin-Est

Rarement Gorbatchev fut aussi éclatant de santé, jovial, épanoui, qu'en ce 6 octobre 1989, lorsqu'il débarque de son avion sur l'aéroport de Berlin-Schönefeld. Il embrasse Erich Honecker, au pied de son appareil. Un Honecker crispé qui masque fort mal son inquiétude parce qu'il sait bien que son hôte a par deux fois déjà voulu sa démission; parce qu'il y a deux jours encore, la Stasi a dû matraquer à Dresde les centaines d'Allemands qui tentaient de prendre d'assaut un train de compatriotes en transit de la Tchécoslovaquie vers la RFA; parce qu'il semble que même la Stasi ne fait plus peur à la population.

Pas une acclamation ne l'accompagne durant son trajet de l'aéroport à Berlin, mais des slogans dont le leitmotiv retentit : « Gor-by... Gor-by », scandés sous son nez; et qui vont reprendre le lendemain 7 octobre lors du défilé à la prussienne de la plus forte armée d'Europe. A tel point que M. Rakowski, le numéro un du PC polonais, glisse à l'oreille de Gorbatchev, son voisin sur la tribune : « On dirait vraiment qu'ils souhaitent que vous les libériez une seconde fois *! »

« L'histoire punira sévèrement ceux qui prennent du retard », glisse Gorbatchev entre deux allocutions de principe. Honecker s'entête pourtant, même après qu'au cours d'un « entretien de travail », son interlocuteur soviétique lui eut fait remarquer que le spectacle de milliers de gens qui s'enfuient et les violences dans les rues n'arrangent pas la situation du gouvernement... A lui, Honecker, de savoir régler ce problème... L'Urss, quant à elle, continuera « de rechercher son second souffle » grâce à la *perestroïka*...

Honecker, pendant la réception du 6 octobre au soir, confie à un représentant de Pékin : « Ceux qui manifestent contre moi sont de ridicules don Quichotte au petit pied. » Et à Gorbatchev qui va repartir, il dit « le remercier de ses informations, mais que la RDA poursuivra une politique qui a fait ses preuves, car c'est en vain que certains politiciens occidentaux attendent d'elle des réformes qui conduiraient à une démocratie bourgeoise et à un retour au capitalisme! »

Dans la nuit du 7 octobre, plusieurs dizaines de milliers de Berlinois sont massés Alexander Platz, au cœur de Berlin-Est. Torches et bougies scintilleront des heures durant, jusqu'à ce que matraques et canons à eau de la Stasi parviennent à disperser cette marée. Des fourgons de police emmènent, au fur et à mesure, des centaines de manifestants et de blessés. Même scénario ce 7 octobre au soir, à Dresde. Honecker exige qu'on en finisse. Le lundi 9, il demande à Egon Krenz, chargé des Affaires de sécurité, de prendre les mesures nécessaires pour empêcher toute révolte à Leipzig. Il s'inquiète en vain auprès de l'ambassade et du commandement militaire soviétiques en RDA – sans l'assentiment desquels l'armée allemande ne peut intervenir – de ce qu'ils feront si les manifestations continuent... Mauvais signe.

Un autre signe est le soudain et curieux flottement de la

* *New York Times*, synthèse du 19 novembre 1989.

presse du parti. *Junge Welt*, l'organe des Jeunesses communistes, stigmatise bien les quelques voyous égarés qui, sans doute, obéissent aux mots d'ordre occidentaux, mais, dans une autre page, paraît une « lettre ouverte » signée de Hermann Kant, le président de l'Union des écrivains, membre du Comité central. Or Kant s'y élève « contre la tutelle bureaucratique... l'insuffisante circulation des idées... la misérable autosatisfaction de certains dirigeants... » Pire, la romancière Christa Wolf – dont nul n'ignore ses liens d'amitié avec Markus Wolf – met en garde, sur les ondes nationales, « contre les dangers d'une confrontation entre le pouvoir et l'opposition, alors que celle-ci n'est pas hostile au pouvoir socialiste ».

Furieux de ces équivoques, Honecker réunit le Politburo. C'est le 10 octobre. Une journée pas comme les autres. Une sorte d'Octobre allemand, soixante-douze ans après celui de Moscou. Quarante ans après la naissance officielle de la RDA.

Honecker accuse Krenz de n'avoir pas été assez ferme, ni à Dresde, ni à Berlin, ni nulle part d'ailleurs, ces derniers jours.

– Mais, Erich, murmure le vieux Mielke, on ne peut tout de même pas battre à mort des centaines de milliers de gens !

Honecker est plus atterré encore lorsque son fidèle Kurt Hager dit à son tour qu'on n'a jamais vu la jeunesse se déchaîner ainsi pour des revendications... parfois justifiées. Et voici que Gunther Schabowski, le secrétaire du PC de Berlin-Est, approuve Hager !

Pour la première fois depuis qu'il est devenu le grand maître, Erich Honecker se trouve dans l'obligation de chercher une porte de sortie. Si vraiment la situation est telle qu'on la lui décrit, il faut faire le point avec les premiers secrétaires du parti des quinze districts du pays. Les convoquer sur-le-champ. Siéger sans désemparer.

Dans la journée du 11 octobre se terminera cette réunion exceptionnelle, sur un communiqué dont une phrase suffit à faire comprendre que le hallali de Honecker a commencé. Le Politburo – qui se réunira de nouveau le 17 – « est prêt à discuter des problèmes fondamentaux qui se posent à notre société ». Il laisse entendre que ceux qui ont fui le pays avaient parfois des raisons d'agir ainsi.

« Bis-Marx » n'a cependant pas encore tout à fait compris

que sa fin est imminente. Non seulement parce que ses courtisans lui cachent depuis trop longtemps la faillite de l'économie, mais parce qu'un autre jeu a commencé depuis deux ans déjà en Urss. L'Urss, au besoin, sacrifiera son Allemagne telle qu'elle est, pour en revenir à l'ambiguïté de l'immédiat après-guerre, lorsque l'Est allemand n'était qu'un moyen de pression et un tremplin de l'Urss pour son jeu européen.

Les quarante-six jours d'Egon Krenz

Le 16 octobre, cent mille Allemands sont sur le Ring de Leipzig, où circulent vingt-deux publications clandestines, tandis que des banderoles sont brandies : « Légalisez Neues Forum »... « Liberté de voyager »... « Liberté de la presse ».

A Berlin, un certain Manfred Gerlach ose écrire dans le journal de son parti-alibi – le parti libéral-démocrate, maintenu depuis 1946 – que « le rôle dirigeant du parti communiste devrait être remis en question » ! Chacun sait que Gerlach est depuis trente ans un des enfants chéris du KGB en RDA.

Le 17 octobre, Honecker ouvre le feu contre Gerlach pendant la réunion du Politburo. Il exige des sanctions contre cet individu. Günther Mittag et Joachim Hermann approuvent. Silence des quinze autres membres présents. Puis Willy Stoph, le muet président du Conseil des ministres depuis 1976, vétéran s'il en fut de l'appareil allemand, dit à Honecker que le temps est venu pour lui de démissionner.

Honecker est perdu. Vingt-quatre heures après, un communiqué annonce sa démission « pour raisons de santé ». Egon Krenz le remplace. Comme secrétaire général du parti, comme chef de l'État et président du conseil de Défense.

Gerlach assurera le 18 novembre, à la télévision ouest-allemande, que Krenz a empêché le 9 octobre que l'armée ne se joigne à la police pour mater les manifestants de Leipzig. En réalité, c'est le chef d'orchestre Kurt Masur et plusieurs amis de Markus Wolf qui, ce jour-là, ont convaincu la Stasi du district de ne pas intervenir. L'armée, de toute façon, n'aurait pas bougé : Heinz Kessler, le ministre de la Défense, n'aurait pas commis la folie d'obéir à Honecker. Sa conversation de l'hiver

1986 avec Markus Wolf prenait désormais tout son sens : Moscou voulait et couvrait les pressions de la rue.

Honecker est parti. Le coup d'État de Markus Wolf a-t-il pour autant pleinement réussi? Rien n'est moins sûr encore. Krenz n'appartient pas à sa coterie, et de nombreux indices vont prouver que, s'il était facile de jeter les masses dans la rue, on ne contrôle pas aisément un peuple exaspéré. Qu'il ne suffit pas de changer d'hommes pour qu'un système survive. Les manifestations, type Leipzig, ne cesseront plus en Allemagne de l'Est, jusqu'au mois de mars 1990; l'exode, commencé en été 1989, se poursuivra jusqu'au printemps de l'année suivante, amplifié le 9 novembre par l'ouverture du Mur de Berlin, alors que les instigateurs d'une mesure qui devait être partielle * s'imaginaient qu'une telle décompression apaiserait la colère et le désir de changement des Allemands de l'Est; tout en paniquant l'Allemagne de l'Ouest, soudain submergée par 200 000, puis 380 000 arrivants, sans bagages. Submergée encore pendant les huit premières semaines de 1990 par 140 000 autres.

Le dialogue promis par Krenz à ceux qui revendiquent est venu trop tard, autour d'une économie vidée de sa substance humaine. Le gouvernement nouveau, mis en place dans les dix jours, n'est que le gestionnaire d'une faillite. Sa démission le 7 novembre 1989, celle du Politburo le lendemain, leur remplacement par des hommes « nouveaux » comme Hans Modrow, maintenant Premier ministre, sont des palliatifs sans effet. Rien ne mord plus de cet embrayage aux dents ébréchées. Des cadres se suicident, tel Bautzen, le secrétaire du parti.

Un des animateurs de *Neues Forum*, le professeur d'économie de l'université de Dresde Georg Heym, dira : « Nous avons cru un temps que des réformes pourraient être suscitées de l'intérieur. La population n'a pas suivi. Avec la liberté retrouvée, nous avons pris conscience que le communisme ne se réforme pas; dès lors, il se désintègre. »

A la fin de cet Octobre allemand, Markus Wolf n'a pas encore pris conscience qu'une époque vient de mourir; même si

* Voir détails au chapitre 15, sous-titre : « Le " flou " qui a fait tomber le Mur ».

Krenz ne se maintient au pouvoir que quarante-six jours et si Gregor Gysi devient le numéro un d'un parti communiste transformé en « parti démocrate social »; même si son ami Modrow multiplie pas et démarches dans les deux Allemagnes et en Occident, pour affirmer que l'État est-allemand existe encore.

4

Le repli sur Moscou

Pour des raisons évidentes – qui néanmoins semblaient alors échapper aux observateurs de l'Ouest – Egon Krenz ne pouvait être qu'un intérimaire à la direction du parti et de l'État est-allemand [1]. Fascinés par la chute de Honecker et l'ouverture du Mur de Berlin, tandis qu'un peuple encagé se ruait vers les quartiers ouest, dans une atmosphère de fête permanente, ils ne voyaient pas que le passé du personnage ôtait à l'avance toute crédibilité à sa nouvelle image de réformateur avenant et convaincu. Sa tentative d'apparaître ainsi lorsque, à peine en place, il descendait dans la rue pour discuter avec les uns et les autres, faisait sourire... quand elle n'irritait pas les plus âgés. Car, pour ceux-là, le nom de Krenz s'était confondu durant des années avec ceux de la Stasi et des Vopos, les « policiers du peuple ». Son précédent poste à la direction des Jeunesses communistes – jusqu'en 1983 – n'arrangeait rien : tout le monde savait d'expérience que, dès leur origine en 1946, avec à leur tête Erich Honecker, elles n'avaient été qu'un filet où recruter par chantage ou privilèges des indicateurs ou futurs policiers du parti.

Krenz n'assurait en réalité que le *wende*, c'est-à-dire le tournant vers une autre ère. L'équipe mise en place derrière lui après le 18 octobre – et qui, à son tour, s'effacera en décembre 1989 – n'était qu'une équipe de nettoyage, pour envoyer à la retraite ou en prison quelques dizaines de cadres moyens et supérieurs de la vieille garde. Comme au lendemain de la mort de Brejnev en Urss, on découvrait soudain mille affaires de corruption, de trafics d'influence, de fortunes illégales, de villas et de propriétés somptueuses.

Krenz avait cru habile de quitter sa résidence de Wandlitz pour un modeste logement berlinois. Tout Berlin ricanait. De tels gestes venaient trop tard dans un pays blasé. Un peuple ivre du bonheur de pouvoir se rendre « de l'autre côté » et en revenir sans risques découvrait qu'on l'avait encore plus trompé qu'il ne le pensait.

Si lucide qu'il fût sur la plupart des problèmes, Markus Wolf lui-même ne voyait pas qu'il fallait en finir avec certaines recettes communistes. Ainsi se trompait-il lorsqu'il assurait au quotidien ouest-allemand *Bild* que, « pour regagner la confiance du peuple, il faudrait sans doute engager des procès contre ceux qui l'avaient trahi ». Des procès de communistes contre des communistes, on en avait trop vu à chaque page de l'Histoire, depuis le début du siècle. Le sacrifice des uns pour embellir l'effigie des autres, les slogans qui affirmaient qu'on avait tiré la leçon des erreurs passées, les promesses d'un avenir désormais radieux... tout cela sentait le vieil oripeau en vain rapiécé, le moisi.

Markus Wolf n'en multipliait pas moins ses efforts pour convaincre que jamais on ne retournerait aux méthodes anciennes. A présent, il prenait la parole au cours des manifestations – à l'étonnement, et même à la gêne, de Bärbel Bohley – sur les tribunes de *Neues Forum*, à ce moment encore le brise-glace d'une Allemagne en marche.

« Ne pas jeter le bébé avec l'eau du bain »

Tout au long des semaines de novembre et de décembre 1989, il ne se passait pas de journée où discours et rassemblements ne remplissent les avenues ou les places des moindres villes de la RDA. Plus seulement Leipzig, Dresde, Magdebourg ou Kottbus, mais Neubrandeburg, Freital, Francfort-sur-Oder, Suhl, et ainsi de suite dans vingt ou trente cités jusqu'alors endormies. Des maires et des secrétaires locaux du parti préféraient démissionner plutôt que de subir les huées de leurs concitoyens.

« Il faut changer le système », dit alors Markus Wolf à Leipzig – et, pour rassurer les foules : « Ce serait une erreur de continuer à croire que le ministère de la Sécurité d'État se situe au-dessus de l'État, ou échappera aux développements de notre société ! Un contrôle parlementaire doit exister sur ces organes et sur tous les autres [2]. »

Le 4 novembre, devant cent mille Berlinois, il se présente dans les fonctions qui furent les siennes : général des services de Sécurité dès 1956. Applaudi par certains, hué par d'autres. Pour déplorer : « Il est regrettable que ce ne soit pas le parti, mais simplement des intellectuels et des artistes qui aient organisé ce forum. Mais il est vrai que la direction communiste a vécu dans un monde d'illusions jusqu'en octobre dernier... Maintenant des centaines de milliers de communistes, qui ont honnêtement travaillé tant d'années, en combattant pour d'autres idéaux que ceux jusqu'à présent vécus, ont posé sur la table leurs propositions nouvelles. Pour qu'on en discute autrement qu'en termes ambigus... Saisissons la chance d'aujourd'hui d'associer le socialisme à la démocratie [3]... »

Écho de Christa Wolf et de Stefan Heym à cette même manifestation : « Construire un nouveau socialisme, non pas sa version staliniste, mais la version qui convient à nos besoins et à ceux de l'Allemagne. » Très vite, l'appréhension saisit les orateurs : de la foule s'élèvent des dizaines de milliers de voix qui réclament (et cela se produit à la même heure à Leipzig) « une seule Allemagne... l'unification ».

Ni Wolf ni les noyaux d'intellectuels et d'artistes, qui depuis l'été sont devenus l'encadrement des manifestations de plus en plus massives, n'ont prévu cette revendication qu'on entendra désormais à travers tout le pays. Heym, Wolf, le dramaturge Heiner Müller vont répondre par un pamphlet intitulé « Pour notre terre », où il est dit que la réunification « serait la braderie de toutes nos valeurs morales et matérielles... Le socialisme humaniste est, en revanche, la chance d'une alternative socialiste à la République fédérale d'Allemagne * ».

Markus Wolf n'a d'ailleurs pas attendu ce manifeste pour répondre, en retournant en quelque sorte la situation telle

* Encadré de *Newsweek* du 26 février 1990.

qu'elle se présente : « L'entrée libre en RDA des citoyens de la RFA, et surtout à Berlin-Est, aggrave une situation déjà délicate. C'est un coup porté à notre économie, en raison de la différence énorme des cours du change... Si nous ne réussissons pas à réaliser rapidement des réformes dans un sens socialiste, le capitalisme occidental nous étouffera et transformera la RDA en une semi-colonie [4]. »

Quelques jours plus tard, Hans Modrow, qui va devenir Premier ministre, enchaîne : « Il ne faut pas, comme disait Lénine, jeter le bébé avec l'eau du bain. C'est la révolution dans la révolution et non une contre-révolution... Le chemin difficile sur lequel nous nous engageons sera parcouru grâce à l'appui actif de tous les citoyens, qu'ils se réclament de Luther, du pape ou de Karl Marx. » L'appel à l'unité derrière un pouvoir renouvelé, mais toujours strictement socialiste ! Comme celui de Sofia où des communistes viennent de remplacer d'autres communistes. Au besoin, en changeant, comme à Budapest, l'étiquette de la bouteille, mais non le liquide.

Cependant, d'autres signes, inattendus, secouent maintenant le pays. Les manifestations se poursuivent, l'exode continue d'écouler une main-d'œuvre utile vers la RFA, à raison de huit à dix mille exilés volontaires par jour, ce qui empêche une remise en ordre de l'économie. En outre, des milliers de manifestants attaquent et pillent les locaux régionaux des services de sécurité, et pas seulement ceux de la police officielle.

Le 4 novembre, à Berlin, Markus Wolf s'était déjà insurgé contre l'amalgame fait entre les collaborateurs des services de sécurité et ceux de l'ancienne direction de ce ministère, et plus particulièrement de son responsable d'alors Erich Mielke. « Ces instances sont nécessaires pour la défense de l'État, de la paix, contre le fascisme et le néo-nazisme... », avait-il ajouté. Fascisme et néo-nazisme en RDA ? Qui donc pouvait y croire après quarante-quatre ans d'un quadrillage serré du pays ? Mais Wolf reprendra ce thème avec plus d'alarme encore, début janvier 1990 : « Je redoute une certaine anarchie. Des forces d'extrême droite descendent en foules [*sic*] chaque jour plus nombreuses dans les rues et sur les places. Toute étincelle peut entraîner des conséquences violentes... Rappelons, par exemple, le siège par une foule enragée des locaux de la Sécurité d'État à

Leipzig. Parallèlement aux forces démocratiques, qui préparent de futures joutes électorales, d'autres forces occupent la rue : radicaux de droite, extrémistes en tous genres. Les conséquences, je le répète, peuvent être imprévisibles [5]... »

De loin, on pourrait s'imaginer que la RDA est à feu et à sang. Que des hordes bottées et casquées sèment la terreur de Rostock à Dresde. Alors que, tout compte fait, un des fichiers secrets de la Stasi – découvert par les manifestants qui réclamaient un « contrôle populaire » des forces de la police secrète – révèle qu'on a recensé, en tout et pour tout en RDA, 1 048 néo-nazis. Tous jeunes gens illettrés ou ratés, ignorant de la doctrine dont ils se recommandent et même sans aucun lien avec les dix mille néo-nazis répertoriés en RFA. Mais, comme par enchantement, au moment même où Markus Wolf discourt de la sorte, la presse communiste ouest-européenne commence à publier des quarts de page, puis des demi-pages, enfin des pages entières sur la renaissance du nazisme en Allemagne! Plus le thème de la réunification ou de l' « unification » des Allemagnes entrera dans les chroniques internationales, et plus s'amplifieront des campagnes qui rappellent, mot pour mot, celles des années 1930. Comme si l'on voulait absolument recréer l'ambiance d'il y a cinquante ans. Les « nouveaux » communistes de Berlin-Est manquent d'imagination. Ils croient que les vieilles techniques – comme en Pologne ou en Urss, où l'on reparle aussi de la renaissance du fascisme et de l'antisémitisme – vont rassembler les mondes de l'Ouest et de l'Est dans un même combat vers un même destin, contre une hydre mythique. Markus Wolf se reprend à ce vieux jeu, cycliquement rejoué dans les moments où le communisme n'est pas lui-même antisémite.

L'arrière-plan d'une opération d'envergure

Le coup d'État dont Markus Wolf a été le *deus ex machina* échapperait-il à ses instigateurs? Pour comprendre le déroulement des événements au seuil de cet hiver, en Allemagne orientale, il faut garder à l'esprit l'évolution parallèle des autres États liés à Moscou depuis la fin du printemps 1989 jusqu'à la vague de décembre qui, en Roumanie, balaie en moins de dix jours une dictature superposée à celle du parti communiste.

La manœuvre « allemande » n'a pas seulement visé l'équipe Honecker. Elle implique, en seconde phase, d'intégrer un nouveau dispositif à une opération d'envergure européenne. Il s'agit à la fois d'assurer la survie du communisme, à travers le noyau restreint d'un appareil réduit en secret à quelques initiés, porteurs de carte ou non, et de permettre le maintien d'un État semblable à ceux qui, dans d'autres capitales, passent aux mains de coalitions au sein desquelles le communisme n'apparaît plus qu'un parti comme les autres, avec les autres *. Comme s'il allait, cette fois, respecter le jeu démocratique. C'est la stratégie adoptée de 1945 à 1947, en plaçant à l'avance, dans les rouages et les ministères clefs, des hommes acquis aux intentions de Moscou.

Jusqu'à la fin du mois de novembre, tout s'est déroulé en Allemagne de l'Est à l'image des autres pays satellites, comme l'avait souhaité Vladimir Krioutchkov avec la caution, bien entendu, de Gorbatchev. Puisque l'insurmontable arrivait, il fallait devancer les déferlements populaires en s'y plaçant. Alexandre Zinoviev l'a écrit : « Le serpent du communisme malade change de peau et ne mord pas, mais cela ne signifie pas que la vipère n'a plus de venin... Ils savent parfaitement que le moyen de sauver le communisme est de créer un appareil de super-pouvoir, comme sous Staline **. » Appareil coiffé tout en haut par les pleins pouvoirs arrachés par Gorbatchev, mois après mois, au parti communiste de l'Urss. Appareil ramifié dans toutes les capitales de l'empire et de ses marches, mais dans le plus grand secret d'un recrutement effectué par le KGB, ses officiers, ses agents, ses sous-agents de l'étranger, pour contrôler les événements et les nouveaux gouvernements instaurés sous la pression populaire.

Lorsque Gorbatchev débarque à Berlin-Est le 7 octobre, c'est un baiser de mort qu'il donne à Honecker, pourtant vieux routier, mais endormi dans ses privilèges de potentat. Le même jour à Budapest, le parti communiste hongrois, qui a une lon-

* Détails supplémentaires au chapitre 16.
** *Le Figaro-Magazine*, 3 mars 1990.

gueur d'avance, jette aux orties sa défroque. Il devient parti socialiste hongrois. Lorsque, le 7 novembre, le gouvernement de Berlin-Est démissionne en bloc, le 8, le Politburo bulgare est remanié ; le sort de Jivkov est scellé : il est évincé avec tous ses fidèles, et ses successeurs annoncent la démocratisation du régime. A Berlin, nombre de vétérans du parti et de ses filiales clandestines ont compris ces messages. Ils emboîtent le pas. Vladimir Krioutchkov n'a-t-il pas salué sans réserve les remaniements de l'été passé qui, en Pologne, ont amené des non-communistes – et jusqu'à un Premier ministre, Tadeusz Mazowiecki – à partager le pouvoir avec leurs adversaires ? Le directeur du KGB n'a-t-il pas salué en celui-ci un « homme solide », en lui souhaitant « tous les succès » ? Mais Krioutchkov demande aussi à ses cadres, à tous les cadres communistes étrangers « de savoir penser en concepts politiques nouveaux... d'avoir du monde une vision objective, sans l'embellir de clichés, sans stéréotypes [6]... ».

Ce que Markus Wolf ne fait que dire et répéter depuis dix mois... C'est pourquoi à Berlin-Est, Jurgen Kuczynski – qui, au début de l'année, faisait encore l'éloge du régime Honecker – publiait déjà le 30 octobre dans *Junge Welt*, l'organe des Jeunesses communistes, et dans *Sovietskaïa Kultura* à Moscou, une analyse où l'on pouvait lire : « Nous devons revenir à Lénine. C'est un facteur décisif du renouveau du socialisme. Le problème urgent, c'est d'introduire la transparence dans la vie publique. Il nous faut apprendre l'autocritique et ne pas craindre nos adversaires. »

Rien d'étonnant donc si Markus Wolf affirme en public, en novembre suivant, que l'avenir du socialisme en RDA ne doit pas se réduire à la seule direction du parti communiste. L'initié Manfred Gerlach l'a déjà dit à l'intention de sa petite frange de libéraux-démocrates. Un certain Ibrahim Boëhme surgit de l'ombre et crée l'embryon d'un parti social-démocrate qui, avant trois semaines, sera branché sur le SPD ouest-allemand. Survient à ce moment la confirmation officielle du rôle et du poids de Vladimir Krioutchkov dans les conseils du Kremlin : il prononce le discours de célébration officielle de la révolution d'Octobre, le 7 novembre 1989. Depuis la mort de Staline, cet honneur a échu à deux prédédents directeurs du KGB ; chaque fois, cela coïncidait avec d'importants changements ou de graves décisions, en Urss et dans son empire [7].

La Nasi au lieu de la Stasi

Malgré tout, l'aveu d'un échec est sous-jacent. Une opération survie n'a rien de triomphant, sauf si la claque applaudit à sa réussite au lieu d'en analyser la signification. De fait, les dirigeants occidentaux, malgré leurs airs entendus, ont déjà témoigné de leur naïveté ou de leur méconnaissance du monde et des techniques communistes : ils se sont précipités à Varsovie, à Budapest, maintenant à Prague, demain à Bucarest et bien sûr à Berlin-Est, sans attendre de voir s'il n'existait pas un piège ! Pas uniquement pour s'y faire photographier, flanqués d'intellectuels brevetés gouvernementaux et de courtisans toutes catégories, mais pour serrer la main de personnages qui, par raison et nécessité, et non par réel désir de libéralisation, ont desserré des écrous. Sans quoi leurs machines eussent éclaté !

Ces visiteurs et ces touristes des salons bourgeois, qui survivent à tous les vents de l'Histoire, oublient que ceux qu'ils viennent féliciter de leur « esprit d'ouverture » sont des vieux chevaux de retour qui, depuis dix, quinze ou plus de vingt ans, ont participé à toutes les exactions ; qu'ils ont piétiné les cadavres de leurs propres voisins de châlit, heureux de leur succéder au pouvoir. Ils ne voient pas la manœuvre, ils n'entendent ni ne lisent les rares observateurs cités dans cet ouvrage et qui tout de suite ont vu clair dans le scénario dont Markus Wolf est un des exécutants *.

Ils jaugent les reculs du parti communiste en termes électoraux. Certes, le PC est-allemand (le SED) s'est réduit en dix-huit mois de plus de deux millions d'adhérents à moins de sept cent mille début 1990. Cependant il fera tout de même plus de 15 pour cent des voix aux élections enfin libres du 18 mars. Or

* Notamment le professeur Jefferson Adams aux États-Unis, et en Allemagne fédérale le comte Hans Huyn, rapporteur de politique étrangère au Parlement, auquel l'auteur doit nombre de faits et d'éclairages pour la rédaction de cet ouvrage.

un communiste n'agit jamais en fonction des résultats électoraux, mais en fonction des moyens les meilleurs pour maintenir, au service de la Révolution mondiale, suffisamment d'initiés et de convaincus disciplinés, rompus à toutes les manœuvres, pour tromper l'adversaire, reprendre souffle, poursuivre vers ses objectifs : l'instauration du socialisme à l'échelle internationale. Ce qui ne signifie pas d'ailleurs qu'il y parviendra. Le moment arrive toujours où même la patiente Pénélope ne trouve plus de fil pour tisser... Ou que le fil casse.

Ainsi, tout allait bien jusqu'à décembre 1989 en Allemagne de l'Est. On cheminait pas à pas, derrière une dizaine de mouvements comme *Neues Forum* et ceux des Églises, vers un État allemand incarnant finalement, avec onze ministres non communistes sur vingt-sept, une sorte de « troisième voie » entre capitalisme à l'occidentale et communisme stalinien; vers une social-démocratie au sein de laquelle un communisme « convenable » aurait sa place... soit en participant au pouvoir, soit en tout cas accepté à part entière par tous les autres partis politiques. Ainsi deux Allemagnes vivraient côte à côte en harmonie dans la « maison commune européenne » désirée par Gorbatchev et par ses amis occidentaux, tel l'ex-chancelier Willy Brandt qui allait répétant, depuis septembre 1988, que prétendre avec les chrétiens-démocrates ouest-allemands que ceux de l'Est désiraient la réunification « était un mensonge »; tel Egon Bahr, son ancien conseiller, chef du groupe parlementaire socialiste au Bundestag, qui confiait gravement à *L'Express* (10 novembre 1989) qu'il suffirait de négocier un nouveau protocole d'accord interallemand « et de fixer des objectifs communs, pour évacuer la question d'une réunification dont, de toute façon, les gens de l'Est ne veulent pas... ».

Une première fausse note, durant les dernières manifestations de novembre 1989, en RDA trouble cependant l'idylle rêvée à la fois par Willy Brandt, Egon Bahr et leurs associés soviétiques et allemands du temps du Komintern ou de l'immédiat après-guerre : des slogans ont émergé des défilés qui réclamaient de vraies réformes : « Un seul peuple... Une seule patrie... Unification... » Une nouvelle fois, il faudrait donc devancer les événements. Non seulement avec ce gouvernement de coalition, mais en créant au plus vite des commissions : pour faire la lumière sur les répressions des 7 et 8 octobre; pour enquêter sur les abus du pouvoir dans les dernières années; pour garantir l'indépendance des juges; pour réviser le code pénal. Ainsi allait naître un « État de droit ».

Le lieutenant-colonel Uwe Hempel, le nouveau porte-parole du nouveau ministre de la Défense, annonce alors que « plus de six cents militaires sont affectés à l'amélioration des transports publics et à la distribution alimentaire, tandis que quatre-vingt-dix médecins militaires vont pallier l'absence de ceux qui ont fui à l'Ouest... » L'armée se penche à présent sur les besoins du pays! Sollicitude qui s'accompagne de mieux encore : la Stasi, l'instrument craint et honni depuis quarante ans, est dissoute, remplacée par une Agence pour la sécurité nationale, ou Nasi... Initiales d'un fâcheux effet. Son directeur, le général Wolfgang Schwanitz, annonce une réduction de huit mille hommes des effectifs du contre-espionnage intérieur, et que son Agence sera « le plus transparente possible ». Il faut néanmoins maintenir ces organismes : n'a-t-on pas détecté grâce à eux, depuis 1961, un millier d'agents étrangers et découvert 786 criminels de guerre, et poursuivi pénalement 188 néo-nazis ou fascistes *?

Schwanitz, le remplaçant du vieux Mielke à la Sécurité d'État, végétait depuis longtemps à la direction pour celle-ci du district de Berlin. Mais lorsqu'en 1987 Markus Wolf avait été mis à pied et remplacé par un de ses seconds : Werner Grossmann, à la direction de l'espionnage et du contre-espionnage HVA, Grossmann s'était empressé de prendre Schwanitz comme un de ses quatre adjoints. Avec la recommandation de Wolf! Voici maintenant Schwanitz à la direction de la « nouvelle » Sécurité d'Etat. Un clin d'œil vers Grossmann, toujours à la HVA. Et puis des têtes surgissent dans les ministères essentiels : à l'Intérieur, Fritz Dickel, trop longtemps dévoué à Honecker, est remplacé par le général Lothar Arendt, cinquante-trois ans, qui dès juillet 1986 avait été promu vice-Premier ministre, donc numéro deux de la police-officielle et du maintien de l'ordre. Autre clin d'œil entre « réformateurs » à la Défense, où le mouchard Kessler est remplacé par l'amiral Theodor Hoffman, sorti de l'ombre en 1988 pour devenir

* *L'Humanité* du 25 novembre 1989 a fourni ces informations!

commandant en chef de la marine, devant bien d'autres commandants d'unités *...

Autant de preuves en cascade qu'une conspiration a bien eu lieu puisqu'elles accompagnent ce moment où, dans l'histoire de la RDA Markus Wolf n'est plus une *Schlüsselfigur im Hintergrund* (une figure clef dans la coulisse) mais devient une figure publique et entérine autant de mutations et promotions [8].

Une fois de plus, ce que ne dit pas la chronique journalistique du moment, c'est qu'en contexte communiste il est impossible de comploter sans accrocs dramatiques, si l'on n'a pas d'appuis, du haut en bas de la hiérarchie des fameux « organes administratifs ». C'est du haut de leur pyramide, parallèle à d'autres mais secrète au sein de la grande pyramide du Politburo, que Lavrenti Beria intriguait, du printemps à l'été 1953, avec Rudolf Hernnstadt et Wilhelm Zaisser. Si l'appareil militaire soviétique, à Moscou et à Berlin, n'avait réussi à déjouer l'affaire en alertant Malenkov, Boulganine et Khrouchtchev, le cours de l'histoire eût été renversé [9]. Ce sont ces mêmes « organes » qui en 1957 ont aidé Khrouchtchev à se débarrasser du maréchal Joukov, devenu trop pesant dans les allées du pouvoir. Un certain A.S. Jeltov veillait pour lui, à leur direction. Et ce sont ces mêmes organes qui en automne 1984 ont écarté le maréchal Nikolaï Ogarkov opposé d'avance à la stratégie que recommandait Gorbatchev vis-à-vis de l'Occident, et défenseur en Urss du « complexe militaro-industriel ».

Gorbatchev lui-même, officiellement secrétaire à l'Agriculture à partir de 1978, devint numéro deux des organes en 1979, puis leur numéro un en 1980, en même temps qu'il était titularisé au Politburo. Il a utilisé cette fonction secrète pour préparer sa marche au pouvoir, pendant quatre ans **.

L'examen des bouleversements du personnel communiste, en RDA, entre octobre et décembre 1989, permet un même

* En annexe, précisions et organigrammes utiles aux chercheurs.

** L'auteur a révélé cette fonction de Gorbatchev en 1983, dans la *Lettre d'information du Centre européen d'information* et simultanément dans l'hebdomadaire *La Vie française*. L'éminente spécialiste américaine de ces « affaires », Amy Knight, l'a confirmé et a révélé mille détails sur ces organes, dans *KGB*, paru en 1988 aux Etats-Unis chez Unwin & Allen. Ouvrage indispensable et unique en son genre.

constat de leur rôle. Preuve en est que ni lorsque Egon Krenz remplace épisodiquement Honecker, ni lorsque Gregor Gysi remplace à son tour Egon Krenz, aucun des « techniciens » des organes est-allemands n'est touché. Or ils étaient dirigés depuis mai 1985 par un certain Wolfgang Herger, dont tous les adjoints sont restés en place avec lui, aussi longtemps que des élections libres n'ont pas réduit le parti communiste à n'être plus qu'une minorité et un parti comme les autres. C'est donc que tous ont agi en correspondance parfaite avec Markus Wolf, qui les connaissait tous et savait qu'à Moscou A.I. Loukianov, chargé des « organes » suprêmes depuis janvier 1987, les considérait « du bon côté ».

Ainsi le général Fritz Streletz, soixante-trois ans, numéro deux du Conseil de défense créé en 1960 pour coiffer et coordonner les activités sur ce plan des ministères de la Défense, de l'Intérieur, et de la Sécurité.

C'est d'ailleurs le 13 novembre 1989, au cours d'une réunion tenue à huis clos, sous la présidence de Wolfgang Herger, qu'ont été décidés les changements majeurs dans les rouages communistes, en sorte de préserver certains hommes, en les plaçant dans l'ombre, et d'en engager d'autres selon les modifications que recommandent à la fois Moscou et Markus Wolf.

Titulaire du Comité central du parti depuis 1976, Herger est aussi président au Parlement est-allemand de la Commission de la défense nationale. Et c'est en tant que tel, tandis que sa fonction à la direction des organes reste dans l'ombre, qu'il demande au nom du parti et de l'État des amendements constitutionnels, dont la suppression de l'article qui fait du parti communiste l'unique représentant et dirigeant du pays. Ainsi, explique Herger devant les députés, naîtra « un régime social-démocrate, au sein duquel *Neues Forum* et d'autres formations auront leur place ». La presse communiste en rend compte. C'est l'ouverture fondamentale préconisée publiquement déjà par Markus Wolf. Au sein du ministère de l'Intérieur, le général-major des Vopos Erwin Primpke, en tant que responsable des cellules du parti, fait suivre la consigne. Au sein du ministère de la Sécurité d'État devenu « Nasi », le général-major Horst Felber, soixante ans, fait suivre aussi, en tant également que responsable des cellules. Ce dernier est d'ailleurs si bien coté, à Moscou, que le 23 octobre précédent, pour son anniversaire, le quotidien *Neues Deutschland* célébrait avec fracas « sa fidélité à l'internationalisme prolétarien... son indéfectible amitié avec la terre de Lénine... son travail en commun avec les tchékistes soviétiques... ».

Une même vision : la sauvegarde du socialisme

Tous ces personnages, Markus Wolf sur leur marge, croient véritablement que « ce qui se joue en RDA, c'est la possibilité d'un socialisme à visage humain, à l'échelle planétaire * »! Il n'y a pas abandon du rêve de Lénine, du combat révolutionnaire permanent, d'une vision messianique de l'Internationale communiste, mais leur continuation, en adaptant l'appareil aux circonstances. En sorte que même si l'État est-allemand s'écroulait demain en tombant aux mains de l'adversaire ouest-allemand, le combat continue.

L'état d'esprit de Markus Wolf est bien celui-là. Lisons Wolfgang Leonhard lorsque, une fois à l'Ouest, il évoquait son compagnon et ami : « Mischa était allemand, mais, pour lui, la nationalité n'avait aucune importance [10]! » En 1990, Markus ne cache pas plus son internationalisme au journaliste du *Daily Telegraph* qui lui demande les raisons de son action en faveur de changements en RDA.

– Le patriotisme aurait-il été votre motivation?

– Je n'aime guère qu'on utilise pareil mot, lui répond-il. J'ai été convaincu dans cette affaire que ce que je faisais était bon pour la communauté des pays socialistes; et particulièrement pour l'Urss. J'ai eu foi dans les fondations socialistes sur lesquelles reposait ce pays et en un avenir socialiste pour nous tous **...

Son interlocuteur note que Markus Wolf « semblait très amer ». Il parlait déjà comme au passé. C'était à la mi-janvier 1990. Quatre semaines après qu'un Manifeste eut en quelque

* Du journaliste allemand Günter Wallraff, à *L'Humanité*, 15 novembre 1989.

** John Kampfner, *Daily Telegraph*, 17 janvier 1990.

sorte démontré que lui et ses amis ne maîtrisaient pas la situation politique autant qu'ils l'avaient escompté. Le titre de ce Manifeste témoignait d'une certaine anxiété : « Pour la sauvegarde du socialisme en République démocratique allemande ». Les signataires : trente personnalités qui, toutes, gravitaient depuis deux ans ou plus autour de Markus Wolf ; les écrivains Stefan Heym et Christa Wolf, aussi bien que Hans Modrow et Wolfgang Berghofer. Et même Egon Krenz, tardivement rallié à une équipe qui le jettera sous peu par-dessus bord.

Le texte du Manifeste est en réalité un véritable cri d'alarme : « Le choix est clair : être une société de solidarité socialiste... ou céder aux pressions économiques en se vendant à l'Ouest *... »

En cette fin d'année 1989 et en prévision d'un congrès extraordinaire, un « comité préparatoire » va gérer les affaires courantes du parti. Un parti secoué par deux douzaines d'arrestations, de Honecker et de certains vétérans jusqu'à leurs adjoints, pour malversations ou même « trahison »... Cette fois encore, ceux qui veulent le changement n'en utilisent pas moins des méthodes éculées, car combien de fois dans l'histoire de ce siècle, pour justifier leur prise de pouvoir, des communistes ont-ils jugé et condamné ainsi d'autres communistes?

Le comité préparatoire du congrès réunit dans sa liste de vingt-cinq membres tous ceux que Wolf a rencontrés ces deux dernières années, notamment les hommes qui, durant l'été 1987, étaient venus chez Manfred von Ardenne, comme Herbert Krokker, d'Erfurt. S'y ajoutent Gregor Gysi et des personnages jusqu'alors petits cadres ou militants régionaux, encore perdus dans le lourd appareil étatique. Ils se retrouveront quinze jours plus tard – Markus Wolf sera délégué au congrès par une cellule de Berlin – au sein d'un présidium de onze personnes, entouré d'un comité directeur de cent membres. Deux nouvelles institutions qui remplacent le Politburo et le Comité central du parti. Un PC dont la peau rétrécit de jour en jour. Mais peu importe à Markus. L'essentiel est que, derrière le bruit des foules qui continuent de manifester, à l'abri d'une agitation spectaculaire qui fascine le monde extérieur, lui et sa

* Agence est-allemande ADN et *L'Humanité*, 30 novembre 1989.

coterie mettent en place un appareil secret. Légal, mais camouflé dans l'État transitoire qui naîtra début 1990; et illégal avec certains des meilleurs cadres. Il ne faut rien abandonner des objectifs passés : la fin du monde « capitaliste » et l'instauration d'un socialisme universel.

L'assaut contre la Stasi

« Qui donc commande en Allemagne orientale? » demande le 4 décembre 1989 le *New York Times.* En effet, cette Allemagne tourne en rond, larguant à chaque volte des citoyens lassés d'attendre une autre vie, et qui continuent de se précipiter à l'Ouest. Ses industries sont paralysées. La rue ne cesse de bouger, non plus uniquement pour réclamer des changements sociaux et de personnel, mais désormais « pour la réunification ».

A Dresde le 4 décembre, un orateur, du haut de la tribune de la Fuchikplatz, hurle : « N'ayez pas peur de vous dire nationaux allemands! » A Leipzig, l'événement ce soir-là aurait dû être le tour de chant de Wolf Biermann, retour d'un exil de treize ans, en compagnie de l'actrice Eva Maria Hagen, mère de la chanteuse Nina Hagen. Mais une étonnante rumeur vient agiter la foule dans cette ville et dans une dizaine d'autres : les responsables de la Stasi, bras exécutif de l'ex-ministère de la Sécurité d'État, commenceraient à détruire, dans de nombreux bureaux provinciaux, tous les documents et les archives susceptibles de les compromettre, eux et le parti communiste. Ce bruit est né quarante-huit heures auparavant à la suite de la découverte près de Rostock d'un dépôt clandestin d'au moins huit mille tonnes d'armements. C'est la firme Imes-GmbH, aux ordres de l'ex-secrétaire d'État au Commerce, Alexandre Schalk-Golodkowski, qui écoulait par là dans le tiers monde l'aide matérielle aux États socialistes amis ou aux révolutionnaires... Moyennant de substantiels bénéfices.

Deux mille manifestants envahissent les locaux de la Stasi. Ils veulent y découvrir la clé de ces opérations de ventes d'armements. Ils apprendront, mais trop tard, qu'à dix kilomètres de là, dans une autre bourgade uniquement habitée par cent cinquante hommes de la Stasi et leurs familles, les archives locales viennent d'être détruites.

Le lendemain, à Iéna, vingt-quatre tonnes d'archives sont sauvées à temps d'une usine d'incinération. A Suhl, les manifestants arrivent trop tard. A Leipzig, ils réussiront. La télévision hollandaise est même sur place pour les accompagner et filmer les locaux de la Stasi. En revanche, à Kottbus et à Erfurt, la majorité des documents, films, bandes magnétiques sont détruits ou ont disparu. D'ailleurs, parmi ceux censés protéger les archives, combien de membres de ces « comités populaires » se sont en fait infiltrés, pour sauver et évacuer ce qu'ils peuvent? Combien aussi parmi la foule qui, à Berlin-Est, s'empare à son tour des locaux de la Stasi du « Grand Berlin »?

Le général Schwanitz s'inquiète, à la direction de la Nasi, l'Agence qui remplace la Stasi. L'armée soviétique d'occupation est en alerte. Simple mesure de sécurité... Mais comment se fait-il qu'un des régimes totalitaires les plus structurés, avec ceux de la Roumanie et la Bulgarie, s'effondre aussi rapidement, à commencer par la police secrète qui était son armature essentielle? Cela découle sans doute de la décomposition soudaine et criante du sommet du parti, depuis la mi-octobre. Le vide a remplacé l'habitude d'attendre les ordres, du haut en bas de la hiérarchie. Pas plus Krenz qu'ensuite ses successeurs ne sont vraiment crédibles face à une population qui – contrairement aux légendes longtemps entretenues dans la presse occidentale – ne veut pas de « retouches », mais la disparition du communisme et même celle du socialisme. Il y a aussi la haine qui s'est soudain déchaînée contre la police et ses indicateurs. Tout le monde a trop longtemps tremblé.

Les retournements de veste s'ajoutent à la peur qui a maintenant changé de camp, et transit ceux qui terrorisaient. Aucun n'a envie de mourir pour le socialisme, changerait-il de masque. Seuls en sont inconscients ceux qui, avec Markus ou hors de la RDA, s'imaginaient que cet État allait tranquillement et docilement évoluer vers un socialisme « convenable ». Après tout, Khrouchtchev n'avait-il pas été préférable à Staline, Gorbatchev n'était-il pas préférable à Brejnev? Pourquoi Gysi et Modrow ne le seraient-ils pas à Honecker? Ce sont là rêveries d'Occidentaux bien tranquilles et de la nomenklatura est-allemande. Encore que Markus Wolf est plus qu'amer lorsque, à partir de janvier, il déclenche des contre-feux auxquels il ne croit guère, à seule fin de gagner un peu de temps encore.

Le début de la fin d'une époque

C'est durant ce moment, qui court jusqu'aux élections anticipées de mars 1990, que l'on perçoit la puissance et les moyens de l'appareil de l'Internationale communiste. Tout est fait ou utilisé d'abord pour que le spectacle l'emporte dans les médias, camouflant ce qui se passe dans la coulisse.

Utilisée en Allemagne de l'Est et dans la presse internationale favorable à une détente Est-Ouest susceptible de sauver le communisme, la rencontre à Malte entre le président américain Bush et Gorbatchev. Utilisé le symbole, émouvant d'ailleurs, de la réouverture de la Porte de Brandebourg dans la nuit du 21 au 22 décembre 1989 par les maires des deux Berlin. Certes, vingt-huit ans tombent, après le Mur, avec ce symbole, mais ce sont aussi deux siècles d'histoire de l'Allemagne qui remontent à la surface. Pour le meilleur? Pas certain, répètent les agents d'influence de l'Est et de l'Ouest. Peut-être pour le pire.

A Noël, on entendra dans toute l'Allemagne, délivrée de la peur et des interdits, des centaines de milliers de voix chanter *Stille Nacht, heilige Nacht*. Mais, assurent les journaux de l'Est et de l'Ouest, « on craint la naissance d'une terreur blanche. Dans certaines classes, des enfants d'adhérents du SED ou de travailleurs immigrés polonais ont été battus. Quelques croix gammées ont été découvertes... » Le *Berliner Zeitung* affirme que des tracts menacent de mort les communistes et les syndicalistes. Alors, sous couvert d'états généraux de la culture, des délégations d'intellectuels liés à Markus Wolf se rendent en France avec Stefan Heym, Christa Wolf, le cinéaste Konrad Weiss (qui a été un ami de Konrad Wolf, le frère de Markus). Dans *L'Humanité*, le metteur en scène et comédien Daniel Mesguisch s'émeut : « L'antifascisme, dont le SED était le garant, est ébranlé, alors que la chance de la RDA réside dans ses traditions de culture d'un mouvement marxiste réellement implanté dans ce pays *... »

Certes, le président François Mitterrand vient avec six ministres serrer la main de Manfred Gerlach, président provisoire du Conseil d'État de la RDA, qui lui assure : « Nous ne voulons pas d'un continent allemand, mais d'un continent européen qui s'étende de l'Atlantique à l'Oural. » La presse communiste continentale se réjouit de ce geste « face à la Kohlonisation »! Mais cela n'empêche pas Abraham Cooper, directeur du centre Simon-Wiesenthal, de s'alarmer, de Los Angeles : « Les huit cents juifs de Berlin sont en danger! » Et la table ronde organisée par Gregor Gysi et les partis de gauche hier interdits en RDA lancent un « appel contre le danger néofasciste ».

On va même agiter de ce côté l'idée que les frontières de l'Oder et de la Neisse sont en péril, donc remuer à Varsovie des vieux souvenirs, comme si le pacte germano-soviétique de 1939 n'avait jamais existé ni comporté de cruelles conséquences.

Le spectre allemand s'épaissira encore des résultats des élections de mars 1990 qui, en RDA, donnent la majorité des voix à l'Alliance démocrate liée aux chrétiens-démocrates de l'Allemagne de l'Ouest. Ce qui signifie qu'à court terme la réunification allemande risque de faire disparaître l'État est-allemand. « Tout cela ne serait pas arrivé, dit Werner Eberlein, premier secrétaire du parti pour le district de Magdebourg jusqu'en novembre 1989, si après 1947 le parti avait maintenu son cap sur la voie spécifique du socialisme allemand... Quant aux procès qu'on veut intenter contre Honecker et autres déchus, c'est uniquement pour nous distraire des raisons réelles de notre échec : à savoir qu'une seule chose nous a manqué, la démocratie **! »

Terrible aveu d'un fils de vétéran du parti qui fut une victime de Staline et mourut en camp de concentration. Werner Eberlein, revenu d'exil en RDA en 1948, siégeait au Politburo d'Erich Honecker depuis 1986. A présent, tout s'écroule autour de lui. Non seulement le Politburo vient d'être dissous, mais le

* Toutes citations prises dans la presse communiste européenne, notamment dans *L'Humanité* du 16 au 31 décembre 1989.

** *Financial Times*, 17 mars 1990.

parti communiste lui-même, déguisé en parti démocrate socialiste, n'est plus qu'une minorité d'opposition. Quarante-cinq ans d'efforts n'auraient donc servi à rien?

Le repli sur Moscou

Peu sensible, du haut de ses fonctions, aux sondages orientés ou aux illusions des militants de base, Vladimir Krioutchkov avait prévu ce scénario du pire. Dès la mi-février 1990, Markus Wolf est accouru auprès de lui à Moscou. Il habite provisoirement une datcha des environs chez sa demi-sœur. Contrairement à la version d'alors des journaux occidentaux, il n'écrit pas un nouvel ouvrage : il met au point, avec le bureau allemand du KGB, un plan de restructuration de la HVA et de reconversion prudente des officiers de la Stasi, dans la mesure où ils n'ont pas été brûlés lorsque sept sur quinze des antennes régionales ont été envahies par des manifestants. D'importants documents ont parfois « disparu » et trouvé le chemin de l'Otan. Et s'il n'y a pas eu de défections notables, quelques transfuges ont suffi pour détruire plusieurs bases en RDA du contre-espionnage et de la police secrète. Un tri doit être fait au plus vite. C'est pourquoi Markus Wolf retourne début mars à Berlin-Est. Désormais, il va aller et venir entre l'Allemagne et l'Urss.

Comment se fait-il qu'aucun transfuge d'importance n'ait gagné l'Ouest depuis l'été 1989, qu'ils viennent d'Allemagne de l'Est ou des autres pays satellites? Depuis quarante ans, lorsque des crises internes ou des drames de personnes ont secoué les appareils soviétique ou de l'Est, des officiers supérieurs ou parfois des agents encore insoupçonnés ont basculé côté occidental. Cette fois, rien. En revanche, entre janvier et la fin du printemps 1990, plusieurs espions et saboteurs « dormants » ont été découverts en Allemagne et dans plusieurs autres États ouest-européens.

Ainsi le maire de Rostock, Henning Schleiff, a dû démissionner fin mars après qu'on eut percé à jour une « opération » qui n'était pas la seule du genre en RDA. Ce maire faisait embaucher par les écoles et les foyers de sa ville d'anciens membres de la Stasi venus d'autres provinces d'Allemagne, en tant que conseillers pédagogiques ou administratifs... Durant la même semaine, en Allemagne fédérale, quatre espions étaient démasqués. Une dizaine d'autres l'avaient été en février.

La Stasi et la HVA poursuivaient-elles leur « travail » malgré les bouleversements survenus? En effet. Pour la première, une opération survie débutait partout où des membres du parti communiste tenaient des postes dans les administrations locales *. Pour la seconde, nous avons précisé la symbiose qui, de tout temps, a existé entre les services policiers et secrets est-allemands et les bases du KGB et du GRU en RDA. Le transfert des fichiers et des agents extérieurs de la HVA ne posait aucun problème. Les services soviétiques reprenaient peu à peu en main les meilleurs agents et les meilleures « affaires » de la HVA dans le monde, ainsi que les cadres non brûlés de la Stasi en RDA **.

Aussi, lorsque Werner Fischer, membre de la commission chargée de démanteler l'ex-ministère de la Sécurité et même la Nasi, annonçait à grand bruit la réduction avant juin 1990 « de quatre mille à deux cent cinquante » les effectifs de l'espionnage est-allemand, il jouait avec les mots et avec les faits. L'un des chefs du contre-espionnage ouest-allemand, Christian Lochte, pouvait lui rétorquer : « En réalité, plus de cinq mille agents de l'Est sont encore actifs en RFA... » Et personne ne parlait des milliers de maisons, appartements, cafés, hôtels qui, en RDA, appartenaient à la police secrète ou à l'espionnage allemand à l'étranger, et étaient utilisés depuis des années par des officiers et des agents de ces services. Rien qu'aux environs de Berlin il en existait six cents dans la région de Fuerstenwald, et plusieurs douzaines dans celle de Schöneiche... Alors combien dans les districts du pays?

Précisément, Markus Wolf et une petite équipe à ses ordres s'occupaient de recenser ce qui était encore utilisable. Son coup d'État contre Honecker avait réussi. Pour la suite, il avait échoué puisque la RDA échappait au rêve d'une aimable coali-

* Voir chapitres 15 et 16.

** Voir chapitre 2, sous-titre : « Les liens organiques des appareils soviéto-allemands ».

tion qui aurait servi de couverture aux communistes, pour que, à leur tour, ils protègent l'appareil clandestin bien rodé du parti. Par-delà sa déception, Mischa trouvait en lui comme une seconde jeunesse. Certes, il avait soixante-sept ans, mais pour lui tout allait recommencer comme à l'époque où il en avait vingt-cinq et bien moins d'expérience. Il avait foi en sa mission. Une foi où le romantisme se mêlait au cynisme. Bien sûr, l'État socialiste était battu, en voie de démantèlement, mais, après tout, cet État n'existait pas lorsqu'il était entré dans la carrière. Et il n'était pas allemand, ni tellement socialiste... Il était au service d'une Internationale, citoyen soviétique et général du KGB. Il était au service d'une cause qui sous Gorbatchev ne changeait pas d'objectif, seuls étaient changés les moyens d'y parvenir.

Deuxième Partie

Des taupes creusent leurs galeries (1945-1949)

5

Le retour des vétérans

Étrange retour de bâton de l'Histoire : les communistes est-allemands se retrouvent, au début de l'année 1990, sensiblement dans la même situation qu'entre 1945 et 1947, lorsque, sous le manteau des divisions de l'Urss, ils participaient comme des sortes de supplétifs à la mise en place sur l'échiquier européen d'un appareil encore peu sûr de lui.

Mais on ne recommence pas deux fois les mêmes opérations. L'Urss n'est plus ce qu'elle était alors, sûre d'une stratégie offensive dont les éléments prenaient secrètement place sans qu'on y prît garde, du côté occidental, selon un plan mûrement établi. On ne saurait comprendre pleinement ce qui s'est alors passé, ni la phase qui court de 1949 à nos jours, sans savoir d'abord que la guerre froide entre l'Est et l'Ouest n'a pas du tout commencé en 1948, avec le blocus de Berlin, mais dès 1943, lorsque Staline pensait déjà, comme il devait le dire à Tito en 1944 : « Le communisme ira jusque-là où iront nos armées ! »

Le plan développé de 1945 à 1948, remanié ensuite, Markus Wolf l'a vécu « sur le terrain », novice encore. Mis à part ses premiers stages dans les écoles des services secrets, théoriques ceux-là, il voyait à présent ce qui survient dans la pratique, lorsque les meilleurs stratèges se heurtent soudain à des impondérables. Mais durant trois ans il vécut d'abord le scénario qu'à partir de 1943 l'Urss avait mis sur pied, pour le jour où ses armées camperaient dans Berlin.

1943, en effet, c'est le moment où de son ambassade en

Suède, l'Urss tente de persuader une fraction hitlérienne des avantages d'arrêter la guerre et de reprendre l'idylle interrompue en juin 1941. C'est l'année où, parallèlement, les réseaux encore actifs de l'Orchestre rouge tentent, en Allemagne même, de neutraliser une résistance antinazie qu'elle sait branchée sur Allen Dulles, à Berne, et qui risque de faire basculer l'Allemagne du côté occidental. Dès lors, tout en laissant filer vers les nazis toutes informations susceptibles d'anéantir en Allemagne et en Europe de l'Ouest les réseaux et maquis nationaux, donc gênants demain pour les visées soviétiques en Europe *, Moscou jouait de son côté un tout autre jeu.

Dès l'été 1943, le 12 juillet précisément, un Comité national pour une Allemagne libre (ou CNAL) était né dans le camp numéro 27, à Krasnogorsk, au sud de Moscou, autour de trois puis d'une dizaine de généraux et d'autant d'officiers, sous-officiers et soldats. On leur faisait briller le projet d'une armée reconstituée demain, grâce à eux, dans une Allemagne enfin démocratique. Certes, la présence de Walter Ulbricht et autres vétérans communistes « signait » l'opération. Mais après tout, après Rapallo en 1922, après le Pacte de 1939, ce ne serait que la troisième fois en un peu plus de vingt ans qu'on ferait ensemble un bout de chemin avec l'Urss. Le haut état-major allemand du temps de Weimar – et même avec la complicité des socialistes, n'avait-il pas frayé avec les bolcheviks –, et Goebbels et l'aile gauche des nazis, avec les communistes?...

Staline avait amorcé psychologiquement l'opération séduction des officiers dès le 7 novembre 1942, en glissant dans son discours annuel de célébration de la révolution d'Octobre une phrase passée étrangement inaperçue dans les commentaires occidentaux de l'époque : « Nous n'avons jamais cherché à détruire le pouvoir militaire en Allemagne. C'est l'armée de Hitler, et elle seule, qui peut et doit être détruite ! » Mais même

* Les clefs des « affaires » Jean Moulin, Manouchian, etc., côté français, se trouvent là et nulle part ailleurs. Philippe Robrieux, Roger Faligot et Rémi Kauffer, dans leurs ouvrages respectifs (dont *Service B*, Fayard, 1985) ont agité ce trousseau. Sans échos chez d'autres chercheurs ou analystes... Plus de détails encore dans Charles Benfredj, *L'Affaire Jean Moulin, la contre-enquête*, préfacé par Jacques Soustelle, Albin Michel, 1991.

ce propos, ou ce clin d'œil, cachait un second atout dans l'opération soviétique : d'autres filières secrètes qui menaient depuis longtemps vers des personnages ignorés jusqu'à ce jour dans l'Histoire officielle. Or ils sont et seront les pivots, dès avril 1945, d'apparents « retournements », comme d'une mise en place sur l'échiquier de pions dont l'Occident ne semblait guère percevoir l'existence.

L'affaire Walter Nikolaï

L'un de ces personnages fut le colonel Walter Nikolaï, un as du renseignement allemand. L'homme qui organisa le train grâce auquel Lénine et ses amis ont, en 1917, regagné Saint-Pétersbourg en traversant l'Allemagne en guerre. L'homme aussi qui dès 1919 prend contact avec l'appareil militaire bolchevique, poisson-pilote de la section R de l'état-major de la petite armée concédée par le traité de Versailles à l'Allemagne vaincue. Dans quatre ans, ce sera le traité de Rapallo.

L'histoire de Nikolaï, occultée jusqu'à nos jours, ne s'arrête pas là. Lorsqu'en hiver 1935 l'amiral Canaris prend la direction de l'Abwehr (le service de renseignement de l'armée allemande) il en exclut Nikolaï. Car Canaris est aussi antisoviétique qu'il est antinazi. Pour lui le colonel est suspect et dangereux. Son prédécesseur, le capitaine Patzig, lui a certifié que Nikolaï a langue avec la fraction antisémite qui entoure Staline *.

Furieux, Nikolaï se précipite aussitôt chez Reinhard Heydrich, le grand maître du Sicherheit-Dienst, ou SD **, et, avec sa protection et celle de von Ribbentrop, obtient les moyens de créer dans Berlin, Viktoria Strasse, un « Bureau des affaires juives ». C'est ce bureau qui à partir de 1937, lorsque Staline « épure » jusqu'en Espagne l'appareil du Komintern, en majorité tenu par des juifs, sert de couverture aux premières conversations secrètes entre le NKVD et le SD, pour préparer le pacte

** Entretiens de l'auteur avec le commodore Wichmann et plusieurs intimes de l'amiral Canaris, de 1947 à 1972.

* SD : service de sécurité et de renseignement, en Allemagne et dans le monde, du parti nazi. Rival acharné de l'Abwehr.

germano-soviétique de 1939. L'épuration qui parallèlement frappe l'état-major soviétique, en 1938, entre dans ce cadre, et le « montage » de Heydrich à travers ses contacts soviétiques ou prosoviétiques de Berlin et de Prague ne fut pas totalement inventé.

Jusqu'en été 1943, c'est la propre secrétaire de Walter Nikolaï, Greta Lorcke, qui assure les liaisons secrètes entre ce « Bureau » et l'Urss. Liaisons évidemment devenues délicates depuis la rupture du pacte, en 1941. Greta était l'épouse de l'écrivain Adam Kuckhoff. Tous deux travaillaient depuis des années pour l'Orchestre rouge *.

Walter Nikolaï aura peu après les moyens de garder le contact avec Moscou : grâce à Heinrich Müller, le chef de la Gestapo, et à Martin Bormann, le remplaçant de Rudolf Hess auprès de Hitler, qui comme par hasard sont devenus les grands manipulateurs des agents dits « retournés » de l'Orchestre rouge. Sous prétexte, à travers les radios, d'intoxiquer Moscou, « on » bavarde avec Moscou. Qu'ils soient agents de l'Urss ** de longue date ou non, Gestapo-Müller et Bormann, conseillés par Nikolaï, préparent ainsi leur passage à l'Est. Aux sceptiques, nous ferons remarquer qu'avant et pendant les procès de Nuremberg, Moscou n'a guère montré de zèle pour retrouver ces personnages, au point qu'on se demandait s'ils avaient jamais existé.

L'affaire von Rechberg

Un recoupement nous a été apporté par l'industriel allemand Arnold von Rechberg, qui de 1929 à 1939 tenta vainement de convaincre Paris, par ses informations, que tôt ou tard Berlin et Moscou s'entendraient si la fraction antisémite stalinienne s'imposait à Moscou. En 1943 von Rechberg tenta de profiter

* Kuckhoff est arrêté et exécuté le 5 août 1943. Greta, protégée par des agents nazis de l'Urss en très haut lieu, condamnée à cinq ans de détention, alors que tous les autres sont fusillés, passe en 1945 en zone soviétique. Nikolaï, intouchable, passe aussi à l'Est.

** L'auteur a longuement enquêté sur le sujet. Voir notamment dans *GRU*, Stock, 1988, page 239.

des inquiétudes de Himmler, qui se sentait en perte d'influence auprès de Hitler, pour le persuader de prendre langue du côté allié et de préparer une paix séparée.

Une fuite permit à Nikolaï-Müller-Bormann de subodorer l'intrigue. Faute de preuves matérielles, impossible d'inculper Himmler. Mais von Rechberg fut arrêté pour conspiration et envoyé au camp de concentration de Dachau. Placé un peu plus tard, grâce à ses relations, en simple résidence surveillée, il fut néanmoins interné de nouveau en 1944, à Bad Godesberg, et ne dut la vie qu'à la rapide progression des armées alliées en Allemagne *. Lui aussi avait découvert les liaisons secrètes du trio avec l'Urss. Parallèlement, les supérieurs du futur général Gehlen avaient repéré, chez Bormann lui-même, un poste émetteur grâce auquel il communiquait avec Moscou. L'arrestation et l'exécution du groupe Canaris intervinrent justement à ce moment. Comme par hasard.

Dans l'intervalle, les illusions et la naïveté (?) de certains conspirateurs antinazis bénéficiaient aux nazis et à l'Urss. Ainsi le diplomate Adam von Trott zu Solz, qui était en rapport avec le cercle antinazi du général Beck, l'ancien chef de l'état-major allemand, et avec celui du comte von Stauffenberg, crut opportun de faire approcher, à Stockholm, Alexandra Kollontaï, l'ambassadrice de l'Urss. Autour de ce « bon Allemand », d'orientation socialiste **, gravitaient sans qu'il s'en doutât nombre d'agents du GRU soviétique. Son frère Werner était d'ailleurs lié à plusieurs agents de l'Orchestre rouge et ne cachait pas ses sympathies communistes à son entourage.

Au total, Moscou recoupait les actions comme les faiblesses des conspirateurs dont le nid le plus actif était le ministère des

* Conversations avec von Rechberg, en 1947 et 1948, à Meersburg, lac de Constance. La revue franco-allemande *Documents* a publié en 1950 une partie de ses *Souvenirs*, qui confirmait amplement ses confidences. Étrangement les historiens ne s'y sont pas intéressés. Geneviève de Gaulle, nièce du général, était internée au même moment à Bad Godesberg.

** Voir G. MacDonogh, *A Good German, Adam von Trott zu Solz*, Quarter Book, Londres, 1989. A ce sujet l'auteur signale aux lecteurs de son précédent ouvrage que la note 1 du chapitre 9 de *GRU* est supprimée : une confusion (peut-être voulue) venue de mes sources, a confondu Adam et son frère Werner, durant mes conversations, après la guerre, avec des amis intimes de Greta Lörcke. L'affaire est ici rétablie.

Affaires étrangères, où non seulement Greta Lörcke avait toutes ses entrées, mais où également l'Orchestre rouge comptait certains de ses meilleurs agents. Le coup fatal fut porté le 7 juillet 1944 lors de la rencontre entre le socialiste allemand Julius Leber, animateur d'une des branches au travail contre Hitler, et les communistes Anton Saefkow, Franz Jacob (de Hambourg) et un certain « Rambow », non prévu au rendez-vous. Leber fut arrêté dès après sa conversation avec eux, ainsi que Karl Goerdeler, ancien maire de Leipzig, le seul nom que Leber avait donné pour accréditer le sérieux de la conspiration et convaincre les communistes de faire cause commune.

Un des trois communistes était peut-être passé au service de la Gestapo. Mais il est aussi bien possible qu'au-dessus d'eux leur manipulateur ait vu dans cette rencontre l'occasion de faire éliminer des hommes qui, à coup sûr, gêneraient plus tard les vues de Moscou sur l'Allemagne, une fois celle-ci vaincue. De telles dénonciations indirectes ont eu lieu un peu partout dans les maquis d'Europe de l'Ouest et de l'Est, à partir de 1943, dont l'histoire sera intéressante à détailler du jour où certains tabous seront levés.

Les illusions du CNAL

Pendant ce temps Moscou multipliait ses efforts pour gagner à ses projets les prisonniers de la Wehrmacht. Si les trois quarts des 91 000 hommes pris à Stalingrad étaient condamnés à mourir de faim, de froid, de typhus, de dysenterie, un millier bénéficiait d'un traitement privilégié. Dont une cinquantaine de généraux et d'officiers, qui durant plusieurs mois « disposèrent d'un train spécial, avec sleeping et charmantes hôtesses, de blanc vêtues, pour assurer leur service [1] ». Régime de faveur parce que, en échange, ils étaient conviés à développer sur le front, par des émissions de radio et par des tracts, des arguments incitant au défaitisme et à la désertion. Tous ne s'y prêtaient pas, mais tous acceptaient de suivre les conférences et les cours dirigés par des émigrés allemands communistes. Ainsi, au camp numéro 48 – une ancienne demeure seigneuriale – où étaient internés les généraux von Seydlitz, von Daniels, Lattman et

Korfes. Ou encore une centaine d'officiers supérieurs à Lunovo, près de Moscou.

L'esprit dans lequel était organisé et entretenu le CNAL indiquait bien la différence d'objectifs entre Moscou et Alliés. Pour ces derniers – et pour le Comité allemand qui parallèlement naissait à l'Ouest, parmi les émigrés –, une fois Hitler vaincu, un nouvel ordre mondial, pacifique et démocratique, devait s'organiser autour de l'Onu, en étroite coopération avec l'Union soviétique, elle-même « démocratisée », comme en témoignaient certains gestes de Staline : dissolution du Komintern, donc plus d'expansionnisme subversif; reprise des droits de l'église orthodoxe, etc.

Pour l'Urss, en revanche, la victoire sur l'Allemagne ne serait qu'une étape de la Révolution mondiale, avec, à l'horizon, un continent désormais « socialiste »... L'Allemagne, dès la victoire, devrait s'intégrer à la stratégie soviétique en Europe. Mais, en attendant, on laissait accroire que la partie à quatre serait jouée loyalement pour un nouvel ordre organisé entre associés.

Illusion, déception et rancœur contre les nazis firent que certains officiers généraux et supérieurs servaient volontiers les intentions soviétiques. Jusqu'à y perdre la vie. Ainsi, en février 1945, lors de la bataille de Graudenz, seize des vingt officiers allemands engagés sous le contrôle des commissaires politiques de l'Armée rouge, dans des opérations psychologiques du front régional, furent tués avec tous leurs supérieurs. D'autres, comme le brillant commandant d'aviation Heinz Zorn, âgé de trente-deux ans, plusieurs fois décoré, fait prisonnier en Roumanie, eurent plus de chance. Zorn participa à plusieurs reprises à des opérations de partisans soviétiques, et s'en tira sans une égratignure. Il avait fini par être convaincu des destins désormais inéluctablement mêlés de l'Allemagne et de l'Urss. On le retrouvera en 1980, âgé de soixante-sept ans, arrêté à la frontière franco-belge, en flagrant délit d'espionnage au profit des services secrets de la RDA.

Un des généraux allemands qui, comme lui, avait glissé dans cet état d'esprit devait expliquer les raisons de son ralliement au CNAL : « Ma décision rejoint les vieilles traditions des rapports germano-russes. Les États nationaux de vieux style sont dépassés. Le nouvel ordre des grands espaces ne saurait naître des principes impérialistes et capitalistes. Seul un ordre socialo-communiste est capable de venir à bout des tâches qui nous attendent... Au terme de ce long chemin, il y aura l'Union mondiale des États soviétiques autonomes, dont l'Allemagne fera partie [2]... »

Ses chimères se seraient évanouies s'il avait entendu Rudolf Herrnstadt, futur dirigeant de la RDA et l'un des anciens de l'Orchestre rouge en Tchécoslovaquie, dire au commandant von Frankenberg, après un banquet un peu trop arrosé à la vodka : « Croyez-vous sérieusement que des gens de votre classe joueront un rôle quelconque dans la nouvelle Allemagne? Nous ne saurions nous encombrer de votre personne ni de vos camarades, même si, au début, notre politique exige une collaboration passagère avec des partis bourgeois [3]! »

Autre détail significatif : la direction civilo-militaire du CNAL avait le droit de prendre des contacts à l'étranger pour rallier à sa cause l'émigration allemande. Par exemple dans l'importante colonie d'Amérique du Sud, notamment au Mexique. Cependant, interdiction était notifiée de prendre ces contacts par des filières autres que communistes. Autrement dit, le CNAL couvrait une opération strictement soviétique. Le Komintern avait été dissous, mais ses hommes et ses moyens continuaient sous d'autres masques. Le CNAL était l'un d'entre eux.

Une fois ses « meilleurs » éléments sélectionnés, c'est-à-dire ceux qui avaient basculé dans le communisme (parfois avec la folle arrière-pensée qu'un national-communisme allemand était possible) ou ceux que l'appareil soviéto-allemand pouvait tenir par le chantage (ainsi de nombreux nazis), le CNAL fut dissous. C'était le 2 novembre 1945. A partir de ce jour, plus de trois cents généraux allemands et leurs subordonnés, non intégrés aux plans soviétiques, redevinrent de simples prisonniers de guerre. Ils ne seront libérés que cinq ou huit ans plus tard.

Le filet s'abat sur l'Allemagne

Le 30 avril 1945 à treize heures cinquante, l'Armée rouge a planté son drapeau sur les ruines du Reichstag. Lavrenti Beria, le responsable des services secrets de l'Urss, pouvait, deux mois plus tard, présenter à Staline un premier bilan aussi prometteur, sur la situation en Allemagne, que celui des militaires.

D'abord la prise en main des cinq provinces assignées à l'occupation soviétique se déroulait sans accroc ni opposition des populations. La mission militaire soviétique s'installait à Berlin et déployait ses « Kommandantura » dans chacune des provinces; les appareils « civils », chargés de plaquer leurs structures et leurs hommes sur les administrations régionales et locales de l'Allemagne, s'implantaient à la cadence d'un métronome... On pourrait très vite passer à la seconde phase, une phase politique qui gagnerait de vitesse les projets des alliés occidentaux.

En gros, trois groupes appliquaient leurs structures et leurs hommes à tous les étages prévus. Le groupe de Walter Ulbricht arrivé dès le 30 avril par avion spécial dans la banlieue de Berlin; celui d'Anton Ackermann, autre fournée que Beria soupçonnait d'être moins inconditionnelle à l'égard de Moscou, mais protégée par plusieurs membres du Politburo soviétique. Enfin, dans les jours suivants, le groupe dit de Kouchnarenkovo, sorte d'élite politico-intellectuelle destinée, par formation, aux missions spécialisées, dans le sillage du KGB.

Markus Wolf, alors âgé de vingt-deux ans, était l'un des benjamins de ce dernier groupe, avec sa femme Emmi Stenzer, « petite commissaire politique en herbe [4] ». Tous dépendaient directement de l'appareil civilo-militaire qui entourait, dans Berlin, le maréchal Joukov. Trois personnages dominaient cet appareil : Vladimir Semionov, longtemps diplomate en Suède où il s'occupait justement des contacts secrets avec l'entourage de Hitler; le colonel Sergueï Tulpanov, pudiquement désigné comme « chef du département de l'Information », et le général-major responsable des équipes du KGB-Allemagne, Melnikov *.

A l'échelon au-dessous, les missions du ministère de l'Intérieur de l'Urss, ou MVD, s'occupaient d'installer l'encadrement

* David J. Dallin, *Soviet espionage*, Yale University Press, 1955, page 330. Malheureusement Dallin ne donne pas son prénom et aucune archive ne nous l'a indiqué.

de la police allemande ordinaire, dans Berlin-Est et dans les cinq *Länder* (provinces) assignés à l'occupation soviétique. Après quoi on installerait dans les préfectures, sous-préfectures, mairies, des personnalités non communistes, histoire de démontrer aux Occidentaux que Moscou ne cherchait nullement à imposer le communisme en Allemagne. Mais derrière chacune de ces personnalités et à des postes moins en vue, on plaçait des communistes triés sur le volet par l'équipe d'Ulbricht, d'Ackermann et de Kouchnarenkovo. Comme le confiera Ulbricht lui-même à son secrétaire Wolfgang Leonhard : « C'est parfait d'avoir l'air démocratique. L'essentiel est de bien contrôler le tout [5] ! »

Moscou allait ainsi disposer en deux mois d'un bastion solide, édifié dans des conditions particulières, puisque les Alliés ne s'étaient pas encore réunis à Potsdam, pour mettre au point le statut de Berlin et le détail des règles appliquées dans leur zones d'occupation respectives. Or l'Allemagne orientale n'était déjà plus seulement un bastion, en août suivant : tout ce qui s'y passait témoignait qu'aux yeux de l'Urss elle était un tremplin d'où téléguider en Allemagne occidentale des opérations qui n'avaient rien à voir avec la « belle et bonne alliance » dont on parlait à Paris.

Première évidence : les hommes qui prédominaient, derrière Ulbricht et Ackermann et dans l'appareil soviétique d'Allemagne, avaient été et restaient des spécialistes des services secrets et de la subversion. Deux mois à peine après leur implantation en zone orientale, ils s'activaient déjà, les uns et les autres, à remettre en piste d'anciens agents et militants à la fois dans les zones occidentales d'occupation, et dans les États ouest-européens enfin libérés *. Seconde évidence : s'il était officiellement question de « dénazification » du personnel administratif, industriel, commercial, politique dans chacune des zones d'occupation de l'Allemagne, en sorte de mettre à l'écart les plus zélés cadres du nazisme, les Soviétiques n'organisaient pas leur sélection selon les critères occidentaux, mais en fonction des services que chaque Allemand pouvait rendre ou non à sa politique présente et future.

* Voir le chapitre 6.

C'est ainsi que, le 21 juin 1946, le haut commissaire de l'Urss en Allemagne publiait une directive qui permettait aux « petits nazis » de participer de nouveau à la vie politique du pays, dans le cadre des partis politiques que, sans attendre les décisions alliées, l'Urss avait déjà autorisés à renaître. Ou à naître. Tandis que le colonel Sergueï Tulpanov imposait la fusion en parti socialiste unifié (ou SED) du parti communiste et du parti socialiste, Walter Ulbricht chargeait trois des onze hommes de son équipe, revenus avec lui par avion de Moscou, de constituer des partis chrétien-démocrate, national-démocrate, libéral-démocrate – ces deux derniers avaient pour tâche, comme le premier vis-à-vis des Églises – de « récupérer » les nazis « du moment qu'il y a collaboration positive dans la reconstruction de l'Allemagne... en vue de créer un État démocratique *... ».

Un filet s'abattait sur l'Allemagne orientale, composé d'Allemands dociles doublés par un encadrement soviétique, tandis qu'un quadrillage intensif resserrait ses mailles : un réseau d'indicateurs dont la première vague, recrutée par chantage ou avantages matériels, n'était rien en comparaison des suivantes. Les suivantes viendraient d'un long travail souterrain : sous couvert d'un Front des jeunesses démocratiques, des enfants et des jeunes gens étaient sélectionnés dans les écoles de tous niveaux. On leur apprenait à se dénoncer les uns les autres. A bénéficier d'avantages personnels ou pour leurs familles, s'ils obtenaient des bonnes notes « politiques », pour leur zèle « socialiste » et leurs mouchardages. Une fois pris dans l'engrenage, à partir de fautes bénignes ou par volontariat, ils étaient suivis dans leur progression sociale. Avec menaces de sanctions pour eux ou leurs familles s'ils faiblissaient on omettaient quoi que ce soit dans leurs rapports **. C'est ainsi qu'au fil des ans, jusqu'en 1989, on a pu aboutir à au moins un indicateur de la Stasi pour cinq à dix personnes, en RDA ***.

* Gérard Sandoz, *La Gauche allemande, de Karl Marx à Willy Brandt*, Julliard, 1970, pages 208 à 248.

** Le FDJ contrôlait les jeunes de quatorze à vingt-cinq ans. Deux ans plus tard, en 1947, les Pionniers ont pris en charge les enfants de huit à quatorze ans.

*** Voir également le chapitre 9. Ce pourcentage porte sur la population adulte.

Les nazis prennent du grade

Dans ce même contexte, plusieurs centaines de « petits nazis » prenaient du grade, dans les polices locales ou régionales, sous contrôle des communistes et de leurs inspecteurs du MVD. D'autres, plus importants, étaient placés à des échelons supérieurs : écoles de cadres de la police, voire des services secrets internes. Ainsi, parmi deux ou trois cents noms (dont l'auteur a tenu la liste à jour, à l'époque) : Helfried Grope, à Magdebourg, qui fut auparavant directeur régional des Jeunesses hitlériennes, et son collègue de même rang à Schwerin, Martin Richter. Ou encore Erich Remeisen, l'un des derniers SS présents dans le bunker berlinois de Hitler, qui en 1966 réapparaîtra à Londres, dans le cadre d'une mission économique est-allemande. Et aussi Ernst Grossman, qui commandait une brigade de SS chargée un moment de la garde du camp de concentration de Sachsenhausen. Ex-officier de la garde personnelle de Hitler, il assurera celle de Walter Ulbricht, et même appartiendra, dans les années 1960, au Comité central du parti communiste. Il faudra qu'une fuite fasse quelque bruit en Occident pour qu'on se décide à le rejeter dans l'ombre [6].

Au total, Moscou n'avait guère de leçons à donner aux Occidentaux, tandis que cycliquement des campagnes de presse accusaient ceux-ci d'utiliser des nazis dans leurs propres zones d'occupation. D'autant que sur le plan des activités secrètes à l'étranger, l'Urss utilisait aussi d'anciens officiers du SD et des SS, pour reprendre des contacts avec leurs homologues de l'émigration et, après 1948, les persuader, en Orient arabe comme en Amérique du Sud, de travailler de nouveau main dans la main avec leurs anciens associés des années 1939 à 1941.

Plusieurs dizaines d'anciens SS s'occupaient aussi, comme supplétifs, de la nouvelle entente germano-soviétique, de la gestion des camps de concentration que Moscou avait maintenus en 1945. Il y eut ainsi onze camps, dont Buchenwald, Oranienburg, Sachsenhausen, Bautzen, Neubrandebourg, pour ne citer que les plus connus *, à accueillir quelque cent trente mille détenus politiques, accusés d'opposition au socialisme allemand. La majorité a « disparu » durant les huit premières années d'après guerre. Ce qui explique les charniers découverts en 1990.

Durant la même période, deux cent mille Allemands ont été déportés en Union soviétique. Les trois quarts ont péri d'une balle dans la nuque ou par suite de liquidations en série. Dans 70 pour cent des cas, il ne s'agissait nullement de criminels de guerre, mais de « bourgeois » en majorité catholiques, protestants, agnostiques. Et puis il y eut le camp de Fünf-Eichen (des « cinq chênes »), réservé à plusieurs milliers de jeunes gens. Leur benjamin avait douze ans, les autres, de quinze à vingt ans. Tous soupçonnés d'avoir appartenu au Wehrwolf, ce maquis mythique que l'on disait constitué au moment de la défaite allemande [7].

Ces camps apportaient un avantage supplémentaire aux services secrets est-allemands en gestation en 1947 : les identités et références familiales des disparus bénéficiaient aux agents qu'on introduisait en Allemagne fédérale ou, après 1949, dans le monde occidental.

Un étrange coude à coude, dès 1946

On ne comprend guère la docilité avec laquelle les anciens des Brigades internationales et de l'Orchestre rouge ou du Komintern ont admis ce coude à coude avec les nazis, qui se concrétise sur tous les plans à partir de 1946. Ce sont pourtant des hommes comme Richard Gyptner, revenu de Moscou avec l'équipe Ulbricht, et Otto Winzer, de la même fournée, qui sont alors chargés de « récupérer » leurs anciens adversaires. Le premier, en créant le parti libéral-démocrate – auquel appartiendra, jusqu'en 1952, moment de son passage à l'Ouest, Hans Dietrich Genscher, futur ministre des Affaires étrangères du

* Le rapport général du Sdece en date du 5 février 1948 cite chacun des onze camps et signale en plus le camp spécial le plus redouté : celui de Zwickau.

gouvernement de Bonn; le second en créant le parti national-démocrate qui sortira de la pénombre en 1989, durant les manifestations anti-Honecker.

Otto Winzer s'était appelé « Lorenz » dans les réseaux de l'Orchestre rouge, en Hollande et en France, jusqu'en 1939. Il était réapparu après 1943, dans l'encadrement du CNAL [8], et avait tenu la direction de son organe, *Freies Deutschland*, jusqu'en 1945. A présent il frayait quotidiennement avec Heinrich Homann qui, de 1933 à 1943, était un haut cadre nazi et n'avait apparemment retourné sa veste qu'une fois fait prisonnier, à Stalingrad.

D'autres, au CNAL, auraient dû se sentir mal à l'aise, puisqu'ils devaient cautionner la réhabilitation, puis le compagnonnage avec des hommes qui antérieurement se fussent réjouis d'avoir leur peau. Ainsi Herbert Grünstein, ancien des Brigades d'Espagne, ex-itinérant du Komintern en Suède puis en Roumanie, qui avait profité de ses missions à Bucarest pour séduire et épouser la fille d'Anna Pauker, à présent la pasionaria de l'équipe au pouvoir dans ce pays. De même Gottfried Grünberg, chargé des cours d'endoctrinement au CNAL, jusqu'en 1945, ne s'attendait tout de même pas, une fois ministre de l'Éducation pour la province de Mecklembourg, à s'y trouver sous la protection d'une police dont l'encadrement se composait de plusieurs anciens nazis.

Et que dire du choc de Willy Bredel, qui avait manqué mourir au camp de concentration de Fuhlsbüttel, près de Hambourg, lorsqu'il retrouve dans Berlin-Est, parmi les cadres de la police, un homme tout heureux de ses nouvelles responsabilités : le commandant de la brigade SS qui justement dirigeait son camp !

Pour répondre au bruit fait à l'Ouest sur cette découverte, la presse communiste assure qu'il s'agit là d'un symbole parfait « de la purification réussie du peuple allemand * ». Willy Bredel se tait. On va le promouvoir docteur *honoris causa* de l'université Karl-Marx. Tout en haut de la hiérarchie, la Française Rosa Michel ne dit rien. Tout est bon, qui sert la stratégie

* Dans *Stalintern*, par Ypsilon (en fait Jules Humbert-Droz), La Table ronde, Paris, 1948.

communiste. Secrétaire personnelle du maréchal Joukov et présentement épouse de Walter Ulbricht, elle ne cessera de servir aveuglément la cause, même une fois remplacée par une autre dans le lit du numéro un du PC est-allemand. Jusqu'à la fin des années 1950, elle sera la correspondante en RDA de *L'Humanité*, spectatrice enthousiaste de tous les tournants de la politique soviétique.

Le général Alexandre Paniouschkine, « parrain » de Markus Wolf

Durant ces dix-huit premiers mois d'installation du filet soviéto-allemand, deux douzaines de rescapés de l'Orchestre rouge, parmi eux Greta Lörcke, Johann Wenzel, l'installateur du réseau radio des agents de l'Urss dans tout l'ouest européen, Wolfgang Havemann (du réseau Harnack, dans Berlin), Elfriede Paul (du réseau Schulze-Boysen), etc., battent le rappel, en Europe occidentale, grâce à un système radio qui dispose encore de soixante-dix postes émetteurs récepteurs, de la Scandinavie à Brest, Madrid ou Marseille, et de Londres à Sofia. Certains agents ont été mis en sommeil. D'autres sont convoqués à Berlin ou Moscou pour faire le point. La difficulté, c'est parfois de savoir dans quelles conditions tel ou tel ont été épargnés par les coups de filet nazis, suédois, suisses ou autres, alors que leurs voisins ou amis « tombaient », entre l'automne 1942 et l'été 1943. Plusieurs de leurs protecteurs possibles – agents très haut placés dans l'appareil allemand – ont été tués ou ont disparu. De plus, une petite guerre secrète continue, au sein même des services secrets de l'Urss, entre les pro- et les antisémites, qui durera jusqu'à la mort de Staline, en 1953, avec de nombreux cadavres à la clef. D'où les épreuves auxquelles sont soumis des chefs de réseaux comme Alexandre Rado et Leopold Trepper, mais auxquelles échappent d'autres juifs d'origine, comme ceux des familles Wolf ou Gysi, à présent basés en Allemagne de l'Est.

C'est que ces derniers vivaient en Urss ou, après missions à l'étranger, y revenaient, tandis que les autres, pendant plusieurs années, ont échappé aux contrôles routiniers et directs de l'appareil. Mais il y a également des protections personnelles comme celles dont, à partir de 1946, bénéficie par exemple Markus Mischa Wolf. Certes, Lavrenti Beria et V. Merkoulov, à ce moment chefs suprêmes de l'espionnage, du contre-espionnage et de la police intérieure soviétiques, ont délégué en Allemagne occupée des personnages dont la réputation de tueurs et de répressifs est bien connue : ainsi V. Abakoumov, venu de la direction du Smersh * et Ivan Serov, exterminateur, successivement, dans les États baltes, en Ukraine, en Pologne. Mais il y a aussi le jeune général Alexandre Semionovitch Paniouschkine, quarante-cinq ans, qui depuis 1939 « travaillait » en Chine, aussi bien du côté de Tchank Kaï-chek que du côté de Mao, et qui, en 1947, va partir pour cinq ans comme ambassadeur extraordinaire aux États-Unis. Or Paniouschkine est aussi, à ce moment, grand responsable du contre-espionnage, au 2e directorat du NKVD – branche étrangère, autrement dit du futur KGB. A ce titre, il inspecte les dossiers des Allemands sélectionnés par sa base de Berlin-Est.

Nul ne se douterait que cet homme au large front intelligent, aussi élégant en civil qu'il a grande allure en militaire, play-boy souriant bien que marié et père de deux filles, est aussi un des meilleurs « penseurs » des services secrets de l'Urss. Et sait voir plus loin que l'instant. Durant l'un de ses séjours à Berlin, une douzaine de dossiers lui ont été présentés, dont celui du jeune Markus, comme futurs cadres éventuels de l'appareil allemand. C'est justement celui de Markus qu'il choisit, après avoir examiné tous les autres **. La famille Wolf est remarquablement fidèle à l'Urss. Et Markus, vingt-trois ans, vif, intelligent, ambitieux, cynique, qui ne porte pas sur ses épaules – ce qui importe considérablement dans le choix de Paniouschkine – le fardeau des rivalités, déceptions, doutes, ou routines, de nombre de vétérans ***. Mémoire remarquable, culture étendue, Mischa sait de plus, ont indiqué ses tests à Kouchnarenkovo, dominer

* Créé en 1941 pour exécuter les « traîtres ».

** Révélé par W.R. Corson et R.T. Crowley dans *The New KGB*, Morrow, New York, 1985.

*** Portrait précisé par l'auteur grâce à des entretiens privés avec des personnalités chinoises qui ont fréquenté Paniouschkine en Chine, du côté « maoïste », à l'époque.

les problèmes, au lieu de s'empêtrer dans les détails. Il sait être audacieux. Il est imaginatif. Il suffira de contrôler ses élans.

C'est ainsi qu'en 1946 Alexandre Paniouschkine devient l'invisible parrain de la carrière de Markus Wolf, tandis que sous l'œil du colonel Tulpanov et de ses adjoints, basés à l'hôpital Saint-Antoine de Berlin-Karlhorst, déguisé en journaliste, il se rode aux affaires secrètes, « sur le terrain ». Si tout évolue comme il faut, on l'enverra en temps voulu pour un stage ultime en Urss. Il suffira de deux à trois ans d'expérience en Allemagne, d'encore deux ans dans les écoles de Moscou, et il sera fin prêt pour relayer les vétérans.

Tandis que les Alliés occidentaux ne se doutent pas qu'ils ont apporté dans leurs bagages, en occupation, d'autres agents de l'Urss, Markus vit la mise en place de ces derniers dans les zones américaine, britannique et française. Il vivra dans quelques années le moment de la jonction par Berlin-Est entre les maillons allemands de l'Est et les maillons invisibles des Allemands de l'Ouest. Il saura placer dans ce filet quelques poissons de taille.

6

Des kyrielles d'agents dans Berlin

Pendant neuf semaines, du 30 avril au 7 juillet 1945, les Soviétiques ont été, par le bon vouloir des alliés occidentaux, les seuls maîtres dans Berlin [1]. Ils ont donc eu tout le temps nécessaire pour installer leurs bases sans être surveillés dans les quartiers que la Conférence de Potsdam leur attribuera par la suite. Tout loisir aussi pour creuser sous les pieds des Alliés des galeries dont l'avenir allait cycliquement démontrer qu'elles existaient bien avant l'apparition de la guerre froide.

Un des dix ou douze personnages que les services secrets de l'Urss avaient envoyés en mission dans la capitale du Reich, une quinzaine de mois avant la fin de la guerre, s'appelait Klaus Gysi. Avec courage, vu les risques supplémentaires que ccla comportait pour un juif allemand, Gysi n'avait cessé de circuler, d'adresse en adresse, pour recenser les anciens communistes encore utilisables, leur expliquer leur rôle futur et organiser leurs moyens ultérieurs de communiquer.

Comme nous l'avons précisé *, Klaus Gysi devait devenir maire-adjoint de Berlin-Zehlendorf, sous le contrôle des Américains, jusqu'en 1948... c'est-à-dire, en réalité, le discret contrôleur des Américains dans le secteur. Il ne savait évidemment pas, durant les dernières semaines de sa mission clandestine, que d'autres Allemands – ceux-là venus de l'Ouest – tissaient parallèlement dans Berlin une autre toile. Ainsi les sept hommes de la mission Hammer, montée par l'OSS, tous

* Voir première partie, chapitre 3, page 45.

communistes aguerris puisque âgés de trente à quarante et un ans et déjà au travail pour Moscou, en Europe, avant de se réfugier à Londres entre 1933 et 1939.

Les hommes « Oh So Social »...

Les dirigeants de l'OSS connaissaient leur idéologie, mais ils ne voulaient pas croire qu'ils fussent autre chose que de bons et loyaux alliés. Communistes, certes, mais indépendants. Staline n'avait-il pas dissous le Komintern en 1943?

Tout le monde sait de quelle manière des humoristes traduisaient les initiales OSS, en raison de l'origine élitiste de l'encadrement de ces services stratégiques : « *Oh So Social* * »! Toujours est-il que William J. Donovan, le créateur et directeur de l'OSS, avait dit un jour : « J'irai jusqu'à mettre Staline sur nos feuilles de paie si cela doit nous aider à vaincre Hitler [2]! »

Donovan ne croyait pas si bien dire! Grâce à ses adjoints Arthur J. Goldberg, responsable de la branche « syndicale » de l'OSS, et Joseph Gould, les communistes fidèles à Staline ne manquaient pas sur ses feuilles de paie. Il s'y trouvait des dizaines d'anciens combattants de la Brigade américaine en Espagne et, plus nombreux encore, les émigrés allemands d'avant-guerre qui, dans plusieurs pays du monde – particulièrement en Angleterre – avaient offert leurs services à l'OSS. C'est ainsi qu'avait été constituée la mission Hammer infiltrée dans Berlin en mars 1945, composée de sept hommes sélectionnés parmi les mille membres du parti communiste allemand reconstitué en Angleterre à partir de l'été 1941 dans le cercle des exilés.

C'est Jürgen Kuczynski, le frère de « Sonia » (la plus importante des agents du GRU en Europe) qui, approché par Joseph Gould, avait trié ces hommes, non sans les conseils de son second, Hans Kahle, le « militaire » de l'organisation.

Parallèlement, le père de Jürgen et de « Sonia », Robert

* *The Rise and Decline of the CIA,* par John Ranelagh, Hodder & Stoughton, Londres, 1988. Selon Ranelagh, certains traduisaient : « *Oh So Socialist* ».

Kuczynski – qui résidait comme sa fille près d'Oxford en 1940 – était devenu, à l'automne 1943, le « correspondant » en Grande-Bretagne du *Comité national pour une Allemagne libre*, constitué en Urss.

Ceci complétait cela, à présent que, d'Angleterre, l'OSS projetait ses Allemands dans Berlin ou dans le flot des armées qui, à travers la France et l'Italie, remontaient vers l'Allemagne et l'Autriche.

La branche F du MI-5, le contre-espionnage britannique, supposée surveiller les activités communistes, n'y trouvait rien à redire, même si, à la clef, se trouvait Jürgen Kuczynski, fiché dans ses dossiers, depuis le 20 juin 1940, parmi les communistes « les plus dangereux » [3]. Le responsable de ces dossiers s'appelait Roger Hollis. Il sera plus tard et jusqu'en 1965 le directeur du MI-5 *.

Le réseau Kuczynski s'installe à Berlin

La machine cependant n'était pas toujours si bien huilée que cela, du côté soviétique. C'est ainsi que deux des membres de la mission Hammer avaient, durant les dernières semaines de mars 1945, perdu le contact avec leur centrale de Londres. Et, tandis que la bataille faisait rage dans les faubourgs de Berlin, ils avaient gagné les lignes soviétiques. Mais ils avaient eu beau révéler leur identité réelle et leur qualité, demandant que l'équipe d'Ulbricht fût avertie, le commandant auquel ils s'étaient présentés les fit jeter en prison. Pour deux mois. Du moment qu'ils travaillaient pour les Américains et venaient de Londres, ils ne pouvaient être que des « espions antisoviétiques »... Enfin libérés sur ordre des enquêteurs du NKVD, ils devinrent du coup suspects aux yeux du MI-5, car il n'était pas possible que des communistes aient pu être arrêtés par les Soviétiques [4]!...

D'autres mésaventures survenaient régulièrement. Celle, entre autres, d'un certain Kurt, âgé de trente-six ans, formé en Urss, parachuté en Allemagne fin 1943, qui avait perdu les

* Voir plus loin, p. 148 et suivantes.

moyens techniques de rester en liaison avec Moscou depuis plusieurs mois. Il se retrouva partager la même cellule que ceux de la mission Hammer, sans pouvoir convaincre les Soviétiques qu'il avait mené à bien sa tâche sans faillir.

En revanche, pour la famille Kuczynski, il n'y avait aucun problème de ce genre puisque Robert, ses filles Sonia et Brigitte et son fils Jürgen travaillaient depuis presque quinze ans pour le GRU, en rapport constant avec la centrale de Moscou.

Robert, réfugié en Angleterre en 1934, professeur à la London School of Economics, lié à des personnalités travaillistes, devait fonder en automne 1943 la branche « anglaise » du CNAL récemment organisé en Urss. Il est mort à Londres trois ans plus tard. Ni vu ni connu, pour ainsi dire, du MI-5. Jürgen, réfugié lui aussi à Londres, en 1936, n'avait jamais cessé depuis son recrutement en 1931 par le « diplomate » soviétique à Berlin, Sergueï Bessonov *, de servir d'itinérant en Europe pour le GRU, de Prague à Varsovie, de Dantzig à Copenhague. Pour étoffer les réseaux britanniques du GRU, il avait placé hors parti plusieurs dizaines de recrues dans des associations diverses, telle la Ligue pour la culture des Allemands libres... ou encore dans les organisations des Quakers.

Lié au vétéran du Komintern, Gerhardt Eisler, et à sa femme Heda Massing, Jürgen ne cachait guère ses affinités idéologiques puisqu'il avait pris en main à Londres les émigrés de la Société d'amitié germano-soviétique. Il rendait même souvent visite à son domicile à Anatoli Gromov, le manipulateur de Philby **.

Bien que repéré par le MI-5, c'est à lui que Joseph Gould vint demander, en été 1944, des volontaires pour des missions secrètes en Allemagne, et l'engagea dans l'OSS. Jürgen accepta avec joie : il pourrait ainsi recommander ses amis allemands disséminés dans le monde, tous « branchés » sur lui

* D'après Roy Medvedev, dans *le Stalinisme* (Le Seuil, 1972), S. Bessonov a été arrêté en 1938 et fusillé en 1941, peu après la rupture du pacte germano-soviétique. Sans doute en savait-il trop sur les dessous de la coopération entre Allemands et Soviétiques.

** Gromov fut remplacé dans ce rôle, en 1944, par Y.I. Modine, alias Y.I. Lyudine, qui présenta à Moscou, en mai 1990, un film à la gloire de Philby.

depuis un an. En attendant, écrira-t-il dans ses *Mémoires* *, « je passais tout ce que je pouvais en matière de renseignements à ma sœur ». C'est-à-dire à Sonia, qui répercutait aussitôt à Moscou. C'est d'ailleurs lui qui avait présenté à sa sœur le savant Klaus Fuchs, et la préviendra en 1949 que Fuchs, arrêté, « a parlé », et qu'elle doit fuir en RDA.

Après avoir préparé la mission Hammer, Jürgen entre donc à l'OSS. Il est envoyé à Paris en hiver 1944 et placé sous les ordres d'un certain John Kenneth Galbraith, l'économiste (et futur ambassadeur du gouvernement Kennedy en Inde) qui le fait entrer dans son équipe. « Nous savions, admettra Galbraith en 1984, que Jürgen entretenait d'étroites relations avec les Soviétiques, mais, en ces jours cruciaux, ce n'était pas là sujet à disqualification **! »

A Paris, Jürgen servait de courrier de Moscou auprès d'agents bien placés dans la DGER, qui regroupait ses services boulevard Suchet et boulevard Lannes et, sous prétexte de liaision de l'OSS dans les recherches stratégiques, auprès des réseaux de renseignements de la France-Combattante, installé dans un appartement de l'avenue Henri-Martin. Ce réseau était alors chargé d'interroger les officiers allemands faits prisonniers et amenés à la caserne Dupleix ***.

Étonnant Jürgen Kuczynski, toujours flegmatique, parfois en civil, et dès lors en costume trois pièces bien coupé, cravate d'une discrète élégance. Nez fort dans un visage ovale, structuré comme celui de sa sœur, cheveux courts, pipe à la main, bien que âgé de quarante-cinq ans déjà, il ressemblait à un jeune professeur avec lequel il était agréable de discuter, tant il paraissait aussi objectif que bien renseigné. De quoi séduire Galbraith et ses semblables, toujours enclins à prêter leurs bons sentiments aux gens intelligents. Jürgen devait tirer avantage plus d'une fois de la naïveté de son supérieur. Ainsi en fut-il

* Jürgen Kuczynski, *Memoiren,* Berlin, Aufbau Verlag, 1983, p. 145.

** J.K. Galbraith, en juin 1984, à l'historien américain R. Chadwell Williams.

*** Il s'agit du réseau FFC « Galien », auquel appartenait l'auteur, rattaché au réseau « Kléber », sous le commandement du futur général Bertrand qui, avec les Polonais, apporta aux Anglais en 1940 une copie d'Enigma, la machine à chiffrer de Hitler.

quelques mois plus tard : une équipe de l'OSS avait ramené d'Allemagne un économiste nommé Rolf Wegenfuehr que les évaluateurs du haut commandement interallié désiraient consulter... Le maréchal Joukov l'avait appris tandis qu'il s'installait à Berlin. Il enjoignit Eisenhower, par courrier spécial, de lui rendre au plus vite cet individu qui résidait sur son territoire. Comme par hasard, Jürgen fut désigné pour convoyer Wegenfuehr à Berlin. Occasion rêvée pour, très légalement, reprendre contact avec ses vieux amis des années trente, Walter Ulbricht et Wilhelm Pieck... qui le prièrent de quitter au plus vite son uniforme américain, celui d'un adversaire, fut-il temporairement allié ! En outre, Jürgen pouvait leur rendre de meilleurs services : en ce 27 juillet 1945, une « administration allemande de l'intérieur » (on n'avait pas le droit de dire « gouvernement » puisqu'il n'en existait pas du côté occidental) était mise en place. Jürgen apprit que, *dès le mois de mai,* il avait été nommé « président du Comité des Affaires financières »... puisque le titre de ministre était prohibé *.

Jürgen fut démobilisé en novembre 1945. Il gagna sur-le-champ Berlin-Est. Son « travail » se poursuivait avec sa sœur qui continuait d'émettre de Londres, plusieurs fois par semaine, vers Moscou, ce qui assurait une meilleure sécurité que s'il avait dû entretenir sur place des liaisons avec le services secrets soviétiques. Mais tout en étant ministre du premier « gouvernement » Ulbricht, il résidait toujours dans Berlin-Ouest, et fréquentait comme auparavant ses amis de l'OSS et des administrations américaine et britannique. Ainsi cela lui permit-il de suivre de près les orientations « allemandes » de Washington et de Londres. Jusqu'en mars 1950. Date limite, car Moscou lui fit savoir que son ami Klaus Fuchs avait passé au contre-espionnage britannique des aveux plus complets qui cette fois le compromettaient personnellement. Aveux qui venaient d'être communiqués au FBI.

* Voir Henry Kisch, *German Politics under Soviet Occupation,* édité en 1979 par Columbia University Press, p. 25. Et surtout Robert Chadwell Williams, *Klaus Fuchs, Atom Spy,* Harvard University Presss, 1987.

L'Allemagne, paradis des agents doubles

Jusqu'à cette date, nul ne s'était inquiété des moyens d'existence de Jürgen qui n'était qu'un agent double parmi beaucoup d'autres, à Berlin-Ouest, où Michael Storm, alias Markus Wolf, faisait ses classes... où l'Anglais John Peet, correspondant de l'agence Reuter, jouait un rôle identique.

Ancien des Brigades internationales d'Espagne, Peet couvrit ensuite – comme Markus Wolf – les procès de Nuremberg et, jusqu'en 1950, n'eut aucune difficulté à servir Moscou. Brûlé par un transfuge, il gagna alors la RDA et il y vécut jusqu'à sa mort en 1988 [5]. Le Bureau de désinformation des services secrets soviétiques avait aussitôt pris en charge Peet, de telle sorte que pendant une vingtaine d'années il édita une *Lettre d'information* dont les « révélations » sur les affaires allemandes touchaient divers circuits de presse en Grande-Bretagne et en France, en liaison permanente avec son ami Markus Wolf.

Un autre personnage a été l'une des vedettes des bouleversements est-allemands de 1989 : l'écrivain Stefan Heym. Émigré de Saxe en 1933 à New York, en passant par Prague, membre clandestin du parti communiste américain, Heym s'était engagé en 1943 dans les services de la guerre psychologique, l'OWI. Deux ans après, il avait été chargé, pour l'OSS, d'assurer la direction à Munich du quotidien de langue allemande *Neue Zeitung*. Grâce à ce poste, il était au courant des intentions américaines en Allemagne et vis-à-vis de l'Urss, au fur et à mesure de la dégradation des rapports Est-Ouest. Sans problème. Jusqu'à ce qu'en 1951 les enquêtes menées aux États-Unis sur les infiltrations communistes dans l'administration aient débouché dans la zone américaine d'Allemagne. Heym fila en RDA où, malgré la vague antisémite qui battait son plein, il fut tout de suite affecté au service du colonel Sergueï Tulpanov et de ses successeurs, et devint même une « vedette intellectuelle du parti communiste * ».

* Alexandre Adler, dans *Libération* du 22 mars 1990. Voir le rôle de Heym dans la première partie de cet ouvrage.

On rencontrait encore mieux à Wiesbaden, momentanément le « cerveau » des services secrets américains. Un des adjoints d'Arthur Goldberg depuis 1943, « Gary » Van Arkel, s'y était installé avec sa secrétaire Erika Glaser. Tout son groupe dépendait, et allait dépendre pendant quatre années, de Noël Field, un des agents les plus actifs du Komintern, puis du GRU et du NKGB depuis les années trente. Erika Glaser était sa fille adoptive, Field l'avait amenée dans le sillage d'Allen Dulles, dès l'arrestation en Suisse, en 1943, d'un autre agent de l'Orchestre rouge dont elle était la maîtresse et l'assistante, Leo Bauer *.

En 1944, Field avait été chargé par Dulles des liaisons avec le monde communiste. Après la Libération de Paris, il avait créé en France et en Suisse un Comité de l'Ouest pour une Allemagne libre. Tout ce petit monde se retrouvait à Wiesbaden. Le brave Van Arkel n'y voyait apparemment pas malice. Ni à propos de Field et d'Erika, ni à propos de Horst Baerensprung, ex-officier de police allemand, ni de Hans Hirschfeld et de cinq ou six autres appartenant à ce groupe qui serviront sans ennuis l'espionnage soviétique jusqu'en 1949... ou 1961.

Baerensprung, alors démasqué par le FBI, disparaîtra juste avant son arrestation... pour réapparaître en Allemagne orientale, comme officier de la Stasi, c'est-à-dire de la branche répressive de la Sécurité d'État. Quant à Hirschfeld, il fera son chemin aux côtés de Willy Brandt et fut son attaché de presse à la mairie de Berlin-Ouest, en 1961. Convaincu d'espionnage, il « disparut » lui aussi dans d'étranges conditions.

Le suicide du secrétaire d'Allen Dulles

A cette énumération loin d'être exhaustive, mais qui montre bien que, dès l'occupation de l'Allemagne, l'Urss disposait d'agents judicieusement placés et très actifs à l'intérieur de l'administration américaine, on se doit d'ajouter le cas du propre secrétaire d'Allen Dulles. Certes, celui-ci avait quitté

* Voir détails supplémentaires dans le *GRU*, *op. cit.*

l'OSS à la fin de l'année 1945; cependant, pour la plupart, ses hommes y demeuraient et devaient longtemps encore servir dans la CIA. De plus, Dulles « jouait un rôle actif », selon ses propres termes, dans la création de ce qui serait la CIA, dans laquelle il entra en 1950, pour en devenir en 1952 le directeur, jusqu'en 1961.

James Speker Kronthal avait été son secrétaire à Berne, puis en Allemagne. Après 1946, il fut en Europe un des chefs des services secrets américains, chargé des secteurs allemand et autrichien. Or le KGB avait, malheureusement pour lui, découvert plusieurs scandales dont il s'était rendu coupable. L'affaire n'a été révélée qu'en 1989 aux États-Unis, sans d'ailleurs trouver d'échos dans la presse internationale...

Fils de famille d'une grande banque, la banque Speyer, compagnon d'études de Nelson Rockefeller et de Michael Straight, qui fut une des recrues de l'agent soviétique anglais Antony Blunt, James avait été chargé d'une mission particulière en Allemagne après la prise du pouvoir par les nazis : récupérer, ou sinon vendre, les œuvres d'art confisquées comme biens juifs. Il avait eu ses entrées auprès de Goering, de Himmler et de Goebbels, et mené à bien l'affaire. Sauf qu'il était un homosexuel très entreprenant et que la Gestapo en avait profité pour lui tendre un piège. Lorsque Kronthal prit, en 1947, la direction de l'antenne de la CIA en Suisse, son dossier de la Gestapo se trouvait dans les mains des services soviétiques de Berlin. Cible rêvée! Piégé par de charmants « petits Chinois * », soumis au chantage, films à l'appui. Désormais le KGB-Allemagne et le KGB-Autriche suivaient de très haut et de très près la politique allemande de Washington. Et ce jusqu'en mai 1952, date à laquelle James fut rappelé à Langley pour participer aux plans de réorganisation et perspectives du travail de la CIA : Allen Dulles venait de remplacer le général Walter Bedell Smith à la direction de l'Agence, et prévoyait de donner à James Speyer Kronthal la direction des opérations clandestines.

Le 31 mars 1953, James fut invité à dîner chez Dulles, à deux pas de son propre domicile. Le lendemain matin, on le décou-

* William R. Corson, Susan B. et Joseph J. Trento, *Widows*, Crown Publishers, New York, 1989.

vrait mort au pied de son lit, tout habillé, sauf sa veste. Son dossier, son « suicide » sont une des énigmes de la CIA. Ce qu'on en sait en tout cas prouve que, du haut en bas de l'échelle, et jusqu'aux États-Unis, bien avant la « guerre froide », Moscou n'a cessé de disposer ses pions à l'intérieur des pays et des services occidentaux. Et ne manquait pas de renseignements sur leurs projets et leur action en Europe.

L'appareil franco-allemand, au cœur du Plan « M »

Un véritable appareil franco-allemand se mettait également en place, de 1945 à 1948, dans les provinces de Rhénanie-Palatinat, de Bade, du Wurtemberg, en fonction d'un plan dit Plan « M » dans les rapports des services secrets britanniques. Ce plan secret revêtait une importance stratégique considérable, les deux dernières de ces provinces jouxtant en effet, au nord, la Belgique et la France, et, au sud, la Suisse et l'Autriche. Selon ce plan, imaginé par Andreï Jdanov, alors le « dauphin » de Staline, et le haut état-major de l'Urss en concertation avec les services secrets de Lavrenti Beria, des grèves, locales d'abord, générales ensuite, devaient prendre une ampleur européenne à partir de l'automne 1947, en touchant tous les pays dont la reconstruction était assurée par le plan Marshall. « Couler le plan Marshall » serait le mot d'ordre. Si le dispositif mis en place répondait aux espérances révolutionnaires en paralysant l'économie occidentale, donc en créant des désordres, diverses provocations amèneraient les communistes, leurs compagnons de route, les parlementaires et les syndicats à demander l'appui de l'Armée rouge pour rétablir l'ordre et la paix et annihiler définitivement le néo-nazisme renaissant *(sic)*!

Quarante-cinq ans plus tard, ce plan semble sortir d'une imagination fertile. Or il n'est pas un fantasme. Nous en apportons ici des preuves documentées. Si ce « coup de Prague » à l'échelle ouest-européenne n'a pas été exécuté, ce fut grâce à la vigilance de quelques officiers britanniques, américains et français – si mal notés qu'ils fussent alors, lorsqu'ils s'inquiétaient auprès des autorités d'une accumulation de détails alarmants. Heureusement aussi, une cascade de fuites et les révélations de deux ou trois transfuges ont fait annuler la seconde phase du Plan M, dont la première avait bel et bien commencé en 1947 par des grèves locales, puis par secteurs économiques, dans les zones occidentales d'Allemagne.

Dans sa zone d'occupation, l'administration française avait projeté, comme ses alliés, à tous les échelons, des cadres chargés de doubler les services publics allemands, de surveiller les entreprises, les communications, les douanes, les polices municipales, préfectures, mairies, etc. Chaque province avait un gouverneur à sa tête et, sous ses ordres, des délégués – autrement dit des préfets et sous-préfets, avec un personnel français autour d'eux. L'ensemble était chapeauté par un haut commissariat qui siégeait à Baden-Baden, et se composait – tel un minigouvernement – de sortes de ministres, par spécialisation.

La DST avait implanté des antennes dans chaque province; la DGER (futur Sdece, puis DGSE), les siennes. Les douanes avaient leurs cadres aux frontières... L'armée ne s'occupait que de gérer ses bases. Or, dans ce personnel militaire ou civil, tout comme dans le personnel allemand à ses ordres ou aux ordres de l'administration allemande, les communistes ne manquaient pas *. Ils avaient même deux casquettes : l'une légale, l'autre illégale. Ceux connus pour leurs convictions les affichaient, sans plus. Maurice Thorez et plusieurs communistes ne siégeaient-ils pas dans les conseils du gouvernement? Les autres, dès le début de l'année 1946, s'étaient organisés entre eux et, comme l'appareil allemand, s'occupaient déjà de renseigner leurs supérieurs basés en zone soviétique sur le dispositif et les personnels français.

Un capitaine FTPF, un général et quelques autres...

Un capitaine FTPF (les forces armées des communistes durant l'occupation de la France), ramené dans l'armée régulière au grade de lieutenant, avait réussi à se faire affecter dans

* En carte, donc officiels, on recensait au printemps 1946 : 511 000 communistes en zone soviétique; 103 700 en zone britannique; 58 000 en zone française; environ 40 000 en zone américaine. Mais il y avait aussi les communistes sans carte : l'appareil secret.

un premier temps dans le secteur français de Berlin. Au service social, ce qui lui permettait une existence assez libre du point de vue des déplacements et horaires [6]. Il n'avait alors pour consignes que de grouper en cellules disciplinées les communistes du personnel militaire et civil. D'après un rapport d'activités qu'il expédia, début 1948, à Paris (rapport intercepté et recopié – les photocopieurs n'existaient pas à l'époque, hélas pour la DGER ! – puis remis dans le circuit du courrier communiste), « on » lui avait donné trois contacts. L'un était rien de moins qu'un des généraux français en poste à Berlin, le général P. * ; l'autre, un « administrateur » chargé du contrôle de toutes les communications (PTT, radio, courriers spéciaux) entre le commandement français civil et militaire de Berlin et les plus hautes autorités de Baden-Baden et de Paris. Le troisième était diplomate et conseiller du général, chef du gouvernement militaire de Berlin.

Qu'il fut bien question d'un appareil secret ressort d'un passage du rapport du camarade Louis M., alors secrétaire responsable des cellules de Berlin, qui écrit par exemple (nous respectons le style) : « Nous sommes évidemment astreints à certaines précautions... Rien n'a jusqu'alors transpiré de notre organisation. » Il se plaint d'ailleurs de certains camarades « qui, devant une vie un peu facile, ont tendance à se laisser embourgeoiser... face aux ennemis nombreux que nous avons ici ».

Au début de l'année 1947, quatre cellules supervisaient le travail à Berlin d'une cinquantaine d'informateurs dont les questionnaires permanents portaient sur la vie, les habitudes, la famille, les affinités sociales, les convictions politiques, mœurs, faiblesses, etc., de leurs supérieurs, amis ou relations. Il fallait indiquer si un tel ou une telle étaient éventuellement approchables pour être recrutés. D'autres s'en occuperaient alors, mais surtout pas ceux qui renseignaient.

L'administrateur René M. était l'un des plus importants cadres de l'appareil berlinois puisqu'il contrôlait toutes les communications. Il parlait l'allemand et l'anglais, et apprenait le russe, avec un don certain des langues noté dans son rapport

* La loi française, fixée après 1945, interdit, même preuves en main, de citer autrement que par des initiales.

par Louis M. Un autre, Léon B., tenait le secrétariat général du gouverneur militaire français de Berlin en 1947. Un autre encore était chargé des problèmes de logement pour l'ensemble des Français... De quoi faciliter leur surveillance ; de quoi disposer aussi de gîtes pour les agents de liaison entre les cellules ou entre cellules et itinérants. Un journaliste, C. C., correspondant à Berlin du quotidien parisien *Ce soir* – et plus tard fort connu dans d'autres journaux en France – servait d'agent de liaison. Mais Louis M. lui reprochait d'aimer un peu trop son petit confort personnel.

Quatre-vingt-dix-huit cadres de cet appareil secret étaient répartis dans les provinces de la zone française, couverts par leurs fonctions civiles ou militaires, à tous les étages des hiérarchies. A Baden-Baden, haute sphère du commandement français, deux administrateurs contrôlaient la radio et la presse écrite (journaux en langue française et allemande). Plusieurs hauts fonctionnaires s'occupaient des droits ou interdits commerciaux; postes importants à une époque où nombre d'usines avaient été placées sous séquestre, d'autres fermées et leurs matériels mis à la disposition d'entreprises françaises, anglaises ou soviétiques, à titre de dommages de guerre. Sur ce plan, les complicités étaient sans prix. D'une part les Soviétiques avaient un droit de regard dans les zones occidentales... et parfois « de prise » s'ils avaient des agents bien placés pour signer des autorisations. D'autre part, des industriels et banquiers se disant « spoliés » – ce qui n'était pas toujours exact – envoyaient dans les bureaux de Baden-Baden ou des provinces des émissaires chargés de « négocier », moyennant pots-de-vin, des passe-droits leur permettant de s'attribuer des prises intéressantes ; ou pour consulter des dossiers et faire disparaître ceux qui concernaient leur collaboration avec les Allemands pendant la guerre *.

Si le rapport de Louis M. ne mentionnait, en 1947, que six cadres dans les provinces du Palatinat-Rhénanie et du Wurtemberg, du moins ceux-ci y tenaient-ils de très utiles fonctions.

* Cas vécus par l'auteur qui, durant un an, a été directeur adjoint du personnel français du Wurtemberg auprès du gouverneur général Guillaume Widmer, et fut « approché » par les intéressés.

Ainsi le délégué du cercle (ou département) de Munsingen, Raymond P., vingt-six ans..., aussi bien noté par le gouverneur du Wurtemberg que dans le rapport de l'appareil secret *. De même, le délégué du cercle de Wittlich en Rhénanie, ou encore le directeur de l'Information à Mayence. L'appareil de la province de Bade comptait en revanche soixante-deux cadres supérieurs ou subalternes, parmi lesquels plusieurs délégués de cercle, à Fribourg et Uberlingen; des officiers des douanes, des PTT et au contrôle de l'appareil judiciaire allemand. Ce dernier poste permettait de repérer hommes et femmes susceptibles d'être recrutés par chantage, ou « récupérés » si on découvrait dans leur passé des liens avec le parti communiste allemand. Dans bien des cas, les sanatoriums et les hôtels réquisitionnés par les autorités occupantes furent ainsi contrôlés par les communistes.

Un câble secret, en mars 1947

Pour toutes ces raisons, le parti communiste français n'avait aucune difficulté à gérer son réseau en Allemagne, tandis qu'en Allemagne orientale un bureau spécial gérait, lui, le personnel allemand en place dans les rouages vitaux des zones occidentales. C'est ainsi que le PCF retrouva sans difficultés un de ses cadres clandestins durant la guerre, et le fit transférer en France aux fins d'examiner son étrange conduite durant l'occupation. Il s'agissait de Lucien Iltis qui avait « disparu », et que l'on repéra à Constance dans l'entourage du gouverneur Marcel Fouché-Degliame, inscrit au parti en 1928, représentant du mouvement Combat auprès du MUR ** et, à présent, gouverneur de Constance et de sa région, aux portes de la Suisse.

* Le désordre administratif était tel que l'auteur eut pleins pouvoirs du gouverneur pour recenser le personnel français. Tel « gouverneur » d'une ville, muni de faux papiers, s'était nommé lui-même, alors qu'il avait été capitaine de la Waffen-SS! Tel autre était un illégal soviétique nanti de papiers pris à un Français « disparu » en déportation en Sibérie. Un important réseau au sein de la Sûreté française en Allemagne agissait également, en dehors de l'appareil dont nous parlons.

** MUR : Mouvements unis de la Résistance. Voir *Service B*, par R. Faligot et Rémi Kauffer, *op. cit.*

Pendant ce temps, itinérants, intellectuels, journalistes, syndicalistes et fonctionnaires des ministères français dans lesquels siégeaient des communistes allaient et venaient à travers les zones d'occupation pour coordonner le « travail ». Un ancien de la 11e Brigade internationale d'Espagne, Gerhard Léo, dit Moreau, dit Laban, résistant en France occupée (il infiltra la Gestapo de Toulouse) était un de ces itinérants. Il circulait aisément comme correspondant en France de deux revues allemandes; en fait, il était journaliste de l'appareil de Berlin-Est dans lequel Markus Wolf apprenait son métier. Il sera plus tard, et jusqu'en 1985, correspondant en France de *Neues Deutschland*, ignorant sans doute que le contre-espionnage français avait depuis longtemps découvert son jeu.

Autre « coordonnateur » : l'écrivain et journaliste Rudolf Leonhard, père de Wolfgang (le secrétaire d'Ulbricht à Berlin-Est), qui résidait à Paris. Il était correspondant de la presse allemande sous licence soviétique et publiait des articles enthousiastes sur le régime qui, en RDA, annonçait une nouvelle Allemagne; il ne semblait guère pâtir du fait que son épouse Suzanne, ancienne compagne de Rosa Luxemburg, ait été considérée comme suspecte par le NKVD et, à ce titre, déportée en Sibérie. Suzanne Leonhard devait revenir de déportation en 1948 et, suivie par son fils Wolfgang, elle passa du côté de la dissidence titiste.

Toute cette mise en place faisait-elle partie du jeu classique du communisme, à savoir que l'idéologie doit s'appuyer sur un appareil hiérarchisé, ramifié, discipliné? Ou bien ressortait-elle d'un plan révolutionnaire vers des objectifs précis, à court terme?

Un câble secret, numéro 427, en date du 28 mars 1947 *, signé d'un délégué britannique en mission à Moscou qui venait de s'entretenir avec Walter Bedell Smith, alors ambassadeur des États-Unis (et prochain directeur de la CIA), rapporte : « Le nouveau chef de l'état-major français, le général Revers, se prépare à une épreuve de force, d'ici deux mois environ, avec les communistes. » Selon ce que le général Revers avait dit à son

* Archives du Foreign Office, ouvertes aux chercheurs en février 1978.

homologue américain, le gouvernement Ramadier avait en main nombre d'éléments dont il découlait que, sous couvert de sa forte position ministérielle et parlementaire, le parti communiste français mettait sur pied une infrastructure clandestine armée, en étroite coopération avec les missions soviétiques qui, sous prétexte de recherche des nazis, de rapatriement de déserteurs, coopération économique, etc., pullulaient dans Paris et dans tous les départements d'intérêt stratégique [7]. Walter Bedell Smith tenait également l'information de deux de ses amis : André M. Poniatowski (oncle du futur ministre Michel) qui avait servi jusqu'en 1942 de liaison entre les services spéciaux de Vichy et de Washington; et le général Koenig, alors commandant en chef des Forces françaises en Allemagne occupée. L'antenne de la CIA à Paris confirma et ajouta : prétextant des revendications sociales, du combat à mener contre l'hégémonie américaine en Europe et de la protection dont bénéficiaient d'anciens nazis et leurs émules, un coup d'État devait, après des grèves et provocations à l'échelle allemande puis ouest-européenne, s'appuyer sur une soudaine révolte armée en France.

Le 5 mai 1947, le président du Conseil Paul Ramadier chassait les communistes du gouvernement où les avaient introduits le général de Gaulle. On entrait, selon les recoupements en Allemagne fournis par le Sdece (ex-DGER), dans une période de tensions extrêmes entre l'Est et l'Ouest. Des « troïkas » soviétiques s'implantaient de la Belgique à Marseille et aux Pyrénées. On ne devait en découvrir l'existence que tardivement et incomplètement, sans d'ailleurs en faire part au public. Ni des envois d'armements par les Soviétiques jusqu'au début de l'année 1948 dans plusieurs départements français * [8].

Le cœur de cet immense dispositif était l'Allemagne, avec son cerveau stratégique à Berlin-Est et son filet tendu sur toutes les zones – et jusqu'en Autriche –, tel un tremplin d'où projeter au jour J les appuis indispensables pour imposer sans coup férir une Europe unie de l'Oural à l'Atlantique.

* Archives du Centre européen d'information. Détails nominatifs, dates des parachutages, lieux de stockages, etc., y sont établis sur près de quatorze mois, y compris pour l'appareil soviétique. Un historique valable ne pourrait en être rapporté que si les archives de la Sécurité s'ouvraient aux chercheurs, pour recouper nos dossiers.

7

Le coup manqué contre l'Europe

Le 27 août 1947, un certain Wilhelm Müller est par hasard arrêté dans le secteur frontalier de la Bavière qui côtoie l'Allemagne de l'Est, au nord de Hof. Il passait clandestinement d'une zone à l'autre. La surveillance n'était pas rigoureuse à l'époque, mais ce jour-là on recherchait deux spécialistes de transferts illégaux de matériaux stratégiques vers le secteur soviétique. Manque de chance pour Müller qui portait sur lui divers documents d'apparence anodine. Trop anodine pour ne pas alerter deux finauds du tandem germano-américain du contrôle régional. Müller finit par avouer qu'il appartenait à un groupe de trois cents hommes et femmes, dit *« Funktioner Abteilung der Kommunistische Bewegung »* – Détachement des fonctionnaires du mouvement communiste –, désignation pudique d'une équipe vraiment spéciale. Tous avaient été formés ces derniers mois en vue de s'infiltrer dans les zones alliées, d'y prendre discrètement contact à certaines adresses (une par homme, ou par groupe de trois) et d'organiser à partir de là, dans leur secteur d'attribution, un appareil secret. Appareil qui ne devait à aucun prix être susceptible de compromettre le parti communiste, à ce moment légal en Allemagne. Leurs cellules devaient se répartir le travail de renseignement politique, économique, syndical et en groupes de sabotage, ceux-ci n'intervenant que sur ordre exprès de l'Est, sur les objectifs avec lesquels ils se seraient familiarisés.

Un état-major spécial, qui venait de s'installer en Saxe soviétique, à Moritzburg, issu du Politburo est-allemand, supervisait cette mise en place *.

Bien entendu, Müller n'a pas à lui seul apporté toutes ces révélations. Cependant les siennes vont ouvrir des pistes. D'autres découvertes vont en résulter dans les mois suivants. Elles ne seront d'ailleurs pas toujours prises au sérieux dans les milieux gouvernementaux.

A la vérité, le socialiste Henri Ribière, nommé en février 1946 à la direction des Services spéciaux français, s'était assez vite inquiété de la tournure des événements en Europe de l'Est et du Nord depuis la fin de la guerre. Mais, avant de maîtriser son domaine, il avait dû se débarrasser d'intrigues politiques et de rivalités de personnes entre gaullistes, giraudistes, ex-membres des réseaux de la France libre, introduits à la DGER, bientôt appelée Sdece.

Présents à tous les échelons, les agents d'influence de l'Urss attisaient rumeurs, ragots, désinformation à l'intérieur de la « maison ». Ils semaient le doute sur les premiers rapports d'officiers et d'agents en poste dans les zones d'occupation et qui annonçaient, dès 1946, des menaces contre l'Europe encore libre. Ces officiers étaient mal vus, discrédités, voire l'objet de suspension du service, sous prétexte de réduction d'effectifs ou de repasser au tamis leur conduite durant l'occupation.

Henri Ribière était socialiste, mais de la fraction nationale ** qui écarta les communistes du gouvernement à la première occasion, une fois le général de Gaulle retourné à Colombey. Le chef du Sdece avait d'ailleurs auprès de lui à son cabinet P.L. Thyraud de Vosjoli qui n'était pas socialiste ***. De son côté, la direction de la Sûreté du territoire, avec Roger Wybot, confirmait, de mois en mois jusqu'en 1947, le dédoublement de l'appareil légal des communistes, comme si le temps des actions clandestines était revenu.

Le cas Müller n'est qu'une illustration de la mise en place à

* Notice technique du Sdece à la présidence du Conseil, 5 février 1948.

** De même le gouverneur Naegelen et son frère, Max Lejeune, etc.

*** Voir *Lamia*, par P.L. Thyraud de Vosjoli, Little, Brown & Cy, Boston et Toronto, 1970, car la version française a été tronquée. Ami de l'auteur, Thyraud de Vosjoli fut ensuite chef de l'antenne du Sdece à Washington, jusqu'à sa démission fracassante en 1963.

l'échelle allemande, et bientôt européenne, d'un appareil insurrectionnel. Ainsi découvrit-on à Hambourg à l'automne 1947 une douzaine de clandestins, spécialisés dans les affaires municipales, dont les groupes devaient être prêts, à partir du 15 novembre 1947 au plus tard, à s'emparer des locaux administratifs et de communications.

Les consignes du plan « M »

Le scénario préparé en 1946, développé en 1947, avec en pointe des équipes allemandes réparties dans les zones occidentales, ressemblait comme une copie conforme à celui que les communistes de l'Internationale avaient amorcé dans la Ruhr, dans les années vingt. Mais, cette fois, ce plan visait l'Europe entière, avec des moyens techniques considérables et surtout des réseaux et des complicités au sein des gouvernements occidentaux et de leurs services secrets, ce qui n'avait pas été le cas vingt ans plus tôt.

La création soudaine du Kominform, en septembre 1946 à Belgrade, concrétisait une première phase de ces préparatifs, en portant à l'échelle ouest-européenne la stratégie en cours. Le fait que l'Italie et la France fussent les piliers de cet organisme prouvait en effet que Moscou ne visait pas que l'Allemagne. Le *Daily Mail* de Londres avait d'ailleurs – sur l'inspiration du Foreign Office – évoqué l'existence du mystérieux Plan M, selon lequel Moscou escomptait déjà que « grâce à une bataille obstinée, la classe ouvrière allemande, en collaboration avec la classe ouvrière d'Europe, s'emparerait des positions clés de la production ». A la lecture d'un texte explicatif destiné à quelques initiés, il apparaissait que la bataille ne visait pas « simplement des postes ministériels... Elle doit préparer nos positions pour la lutte finale de libération du prolétariat mondial... Le bureau de Belgrade coordonnera la lutte de tous les mouvements socialistes d'Europe... BIEN QUE LE PARTI COMMUNISTE ALLEMAND NE SOIT PAS MEMBRE DE CE BUREAU, IL TIENT UNE POSITION CLÉ DANS CETTE BATAILLE IMMINENTE... Les classes ouvrières lui fourniront l'assistance nécessaire. La tâche du parti allemand est d'utiliser cette assistance sans scrupules, partout où elle obtiendra les meilleurs résultats. Le principal objectif de la bataille d'hiver est de briser l'offensive que le capitalisme déclenche avec le prétendu plan Marshall *... »

Le protocole inter-communiste du Plan M souligne ensuite (selon le *Daily Mail*) que le centre de la bataille sera « d'abord » la Ruhr et le contrôle des moyens de transport du nord et de l'ouest de l'Allemagne, avec simultanéité des grèves de solidarité dans toutes les branches de production. Il insiste sur le fait que le parti communiste ne doit pas prendre la tête de cette offensive, mais, à son abri, renforcer son implantation et ses moyens de liaison. Enfin, le printemps 1948 est considéré comme le moment décisif.

Quoi qu'on pense du document du *Daily Mail*, qui peut-être fut apocryphe, une série de faits confirme la stratégie enclenchée par l'Union soviétique : outre l'implantation que nous avons déjà décrite d'agents secrets dans les gouvernements, administrations, services spéciaux occidentaux jusque dans leurs zones d'occupation en Allemagne et en Autriche, il y a les infiltrations interallemandes découvertes entre l'été et l'automne 1947. Il y a, fin 1947, les premiers indices qui, dans et autour de Berlin, annoncent la crise Est-Ouest dont le point culminant sera le blocus des secteurs occidentaux en 1948. Il y a enfin l'existence dans Berlin-Est d'un gigantesque appareil à six têtes qui n'a rien à voir avec le seul contrôle de l'Allemagne orientale.

Cependant l'inédit spectaculaire du *Daily Mail* n'est qu'une fusée dans la nuit. C'est le moment où le diplomate George Kennan invente, pour rassurer Moscou, sa politique du *« containment »*. Certes, on redoute un expansionnisme éventuel de l'Urss. On va donc la « contenir », mais non la combattre en tant que foyer révolutionnaire permanent. Il ne s'agit pas de refouler et de vaincre le soviéto-communisme, seulement, avec patience, de l'obliger à être raisonnable. Preuve de cette bonne volonté américaine et occidentale : des réseaux et des maquis se battent encore, désespérément seuls, dans les pays Baltes, en Europe centrale, dans les Balkans, contre l'occupant commu-

* L'habituelle langue de bois des communistes est assez claire. Il s'agit bien, à partir de grèves, d'un plan d'insurrection.

niste – et vont persévérer jusqu'en 1953, parfois jusqu'en 1957 – sans que les États-Unis et l'Europe leur viennent en aide. On va financer les mouvements de réfugiés, non pour appuyer leur combat en permettant leur liaison avec ceux de l'Est, mais pour les canaliser vers de simples protestations verbales. Il n'est pas question de retourner contre l'Urss ses propres méthodes, en fomentant en son sein une subversion permanente. Certes, elle, elle ne se gêne pas pour agir impunément en Occident... mais, si l'Ouest lui rendait la pareille, « ce serait provoquer une nouvelle guerre... ». Tel est le raisonnement *. Ce n'est pas le communisme qu'on réprouve, mais son abcès stalinien. Dans cet esprit, Kennan et ses amis volent au secours de Tito après l'été 1948, car il incarne alors la version « aimable » du communisme. De même soutiendront-ils épisodiquement Khrouchtchev, en attendant Gorbatchev.

A Berlin un cerveau pour six têtes

Jamais l'Union soviétique, même aux pires moments de la « guerre froide », n'a disposé d'un appareil aussi vaste, aussi tentaculaire que celui qu'elle a installé à Berlin-Est, alors que, Plan M ou pas, des actions d'envergure se préparent de Hambourg à Trieste, de Munich à Brest, de Constance à Toulouse. Les services spéciaux français décomptent en effet six têtes, fin 1947 :

– *La tête, en Allemagne, du MVD*, le ministère soviétique de l'Intérieur. Cette tête est chargée du contre-espionnage en Allemagne de l'Est, et aussi de prévoir un appareil identique plaqué, demain, dans tout pays ouest-européen qui basculerait sous le contrôle communiste.

– *L'avant-poste allemand du MGB* (futur KGB) et ses réseaux en Europe, en même temps qu'en Allemagne occidentale.

– *L'avant-poste allemand du GRU*. Buts identiques.

– *Un service de renseignement purement économique* qui

* L'auteur a vécu cette période et le financement (par Thomas Braden et autres officiers de la CIA) destiné à « tenir » les mouvements d'exilés.

recense au jour le jour tous les éléments touchant la production occidentale. Il doit prévoir les moyens de gérer celle-ci en cas de « victoire du socialisme » en Europe de l'Ouest.

– *Un service de renseignement et d'action interallemand* disposant de ramifications en tout genre en Allemagne de l'Ouest, sous couvert d'associations culturelles, sociales, d'anciens combattants et victimes du nazisme, etc.

– *Le Soviet Nachrichten Buro*, ou SNB, coiffé par une douzaine d'officiers supérieurs soviétiques, dont le colonel S. Tulpanov, lié à plusieurs des têtes de service précédemment citées.

Ces six têtes dépendent d'un cerveau unique : un bureau permanent civilo-militaire [1] auprès du maréchal Joukov, puis de son successeur, le maréchal V. D. Sokolovski *.

C'est le SNB qui, en 1947 et 1948, tient les commandes du tandem subversif soviéto-allemand travaillant dans les zones alliées. Jamais son existence n'a été évoquée. Il vaut d'être examiné, car c'est à l'intérieur de cet organisme que Markus Wolf et la plupart des futurs responsables de la Sécurité d'État (MFS), de sa branche policière et répressive (la Stasi et la HVA, l'espionnage et le contre-espionnage allemand dans le monde) font leurs classes.

Le SNB siège à Berlin-Weissensee, dans cinq immeubles **. Il dispose de filiales en province, à Leipzig, Weimar, Eisenach, Schwerin, et de dix-sept « antennes » dans des villes comme Dresde, Halle, Potsdam, qui sont autant de postes traitant les réseaux et les agents implantés ou envoyés en Allemagne occidentale.

Le colonel Sergueï Tulpanov est un des principaux superviseurs d'équipes strictement allemandes, sous la surveillance d'une douzaine d'officiers soviétiques. Soit plus de quatre cents citoyens allemands, parmi lesquels la moitié est attachée au bureau central, avec des salaires et des privilèges sans rapport avec ceux dont bénéficient déjà les communistes légaux. Ces Allemands animent et supervisent à leur tour agences de

* V.D. Sokolovski a remplacé le maréchal Joukov d'avril 1946 à mars 1949.

** Respectivement aux 15, 16, 72, 93 et 94, Parkstrasse.

presse, radios, correspondants de journaux, dirigeants de partis politiques non communistes, syndicalistes, mouvements culturels, associations pacifistes, religieuses qui, chacun ou chacune, ont leurs répondants dans les zones d'occupation anglaise, américaine et française. Il existe une preuve qu'il s'agit bien d'un travail subversif : en septembre 1947, tous les Allemands des cinq immeubles du SNB qui habitent encore dans les quartiers ouest de Berlin reçoivent l'ordre de s'installer au plus vite, « pour des raisons de sécurité », dans les quartiers est. Seule, la Rundfunk Haus, la radio de Berlin, depuis toujours installée dans une tour située dans la zone occidentale, reste habitée par les Soviétiques et leurs employés allemands. Pendant vingt ans, elle émettra, sous le regard des Alliés, sur toute l'Allemagne, grâce à ses puissants relais.

Dans l'un des immeubles de Berlin-Est, au 72 Parkstrasse, un Institut allemand pour les problèmes de la social-démocratie (*sic*) couvre à la fois un service officiel de traduction et de rediffusion des dépêches de l'agence Tass et le « service » du commandant soviétique Roubine qui, avec soixante Allemands sous ses ordres, téléguide en Allemagne les « socialistes ».

Action psychologique, trafics stratégiques et tueurs

Le travail psychologique sur l'Allemagne de l'Ouest et les Alliés se couvre alors du SNB, au 15 Parkstrasse, où le colonel Bespalov – puis, à partir de 1947, le colonel Koltypine – contrôle trente-huit Allemands chargés de centraliser tous renseignements susceptibles d'être utilisés pour influencer, intoxiquer, désinformer par la presse et la radio. Là, fonctionne un service d'écoutes. Des opérateurs radio, entourés de techniciens remarquables, enregistrent, décryptent, traduisent en plusieurs langues. Seuls les officiers soviétiques ont accès aux salles d'archives. L'agence ADN, comparable à l'agence Tass ou à l'AFP, dépend de cette centrale. Ses trois cents journalistes et employés et ceux des quotidiens *Nacht-Express* et *Berlin am Mittag* sont « orientés » quand il le faut sur des sujets précis, pour leurs enquêtes en Allemagne de l'Ouest, et la manière d'en rendre compte. Tout en haut de ce dispositif, sans égal dans le monde, fût-ce du côté américain, siège le major Sergueï Nikitine, de son vrai nom Anatoli Gorsky, dont le travail d'espionnage a débuté à Londres en 1936 et duré jusqu'en 1944, année de son apparition à Washington [2]. Parmi les « vedettes » qu'il traite : le diplomate britannique John Cairncrosss, Philby et ses comparses.

Celui qui s'appelait « Henry », lors de ses contacts avec le réseau de Londres, a des bureaux 93 Parkstrasse. L'une de ses recrues en 1946 est le social-démocrate allemand Arthur Pilz sorti de six années de camp de concentration nazi pour entrer au SED. Il se spécialise en 1947 dans l'achat de matériaux stratégiques en zones occidentales, car Moscou a un besoin impérieux, dans cette immédiat après-guerre, pour ses chars, de roulements à billes de toutes dimensions, surtout du format fabriqué antérieurement en Allemagne. Pilz entre dans un circuit qui ne sera démasqué par les Alliés qu'en 1951, et dont personne n'a jamais parlé jusqu'à présent. Durant plusieurs années, des wagons entiers, des camions, des voitures passent des tonnes de roulements à billes. Le pivot essentiel de ce trafic est, à ce moment-là, la zone française, car, à partir de l'hiver 1947, les Américains ont renforcé la surveillance de leur frontière limitrophe de la zone soviétique.

C'est en enquêtant à l'intérieur des filières allemandes d'évasion vers le Moyen-Orient et l'Amérique du Sud que l'auteur a découvert ces réseaux qui, de Salzbourg en Autriche et de Munich, convergeaient vers les bords du lac de Constance, soit vers Bregenz, soit vers Friedrichshafen, Constance ou Lindau-am-Bodensee. Des faux papiers assuraient, par exemple, certificats de la douane tchécoslovaque à l'appui, que les wagons, en règle pour l'exportation et partis de Prague, allaient à Zurich ou au Lichstenstein où ils transiteraient avant leur destination finale. En réalité, les wagons étaient accrochés en Allemagne occidentale à des trains réguliers, après avoir été clandestinement chargés de roulements et autres matériaux stratégiques. Ensuite, ils étaient plombés comme s'ils venaient de Prague « en transit »... Puis réexpédiés vers la zone orientale d'Allemagne par les bons soins d'ingénieurs suisses spécialistes de ce trafic *.

Ces réseaux disposaient de fonds considérables. Ainsi une saisie effectuée par hasard – les complices des polices et des douanes française, allemande et autrichienne ayant été décalés impromptu dans leurs jours de travail – fixa une amende de vingt mille deutschemarks (soit deux millions de francs), à un moment où le mark, ayant vu sa valeur modifiée brusquement, était rare sur le marché. Il n'empêche que, huit heures après la saisie, un intermédiaire venait payer et faisait libérer l'unique personnage appréhendé...

Parmi le personnel français de la police et des douanes, supposé superviser les collègues allemands et autrichiens du pourtour du lac de Constance, deux douzaines d'individus couvraient ces circuits clandestins, en parfaite coordination avec l'appareil communiste. Entre autres, un capitaine des douanes et un commissaire de police, tout-puissant dans cette région. Ce commissaire devait, plus tard, rentrer en France... pour s'occuper d'affaires franco-sarroises avec un trafiquant allemand autrefois connu à Munich. De l'autre côté de la frontière, un ancien officier des Brigades internationales d'Espagne, d'origine suisse, habitant près de Saint-Gall, surveillait les réceptionnaires et réexpéditionnaires des wagons et camions **.

La majeure partie des matériaux stratégiques expédiés ainsi vers l'Est venait de dépôts constitués à la hâte en 1944 par l'industrie de guerre allemande. Ils avaient été ensuite camouflés dans les régions forestières et montagneuses de la Forêt-Noire, des Alpes autrichiennes et de la haute et basse Bavière. Un certain docteur Grumpe quittait de temps à autre sa base de Leipzig pour inspecter le fonctionnement du réseau austro-allemand de Bregenz-Lindau où une équipe de tueurs professionnels veillait dans la plus grande discrétion à écarter ou carrément éliminer les intrus ou les traîtres. Ces sicaires s'appe-

* Tels les ingénieurs Marti et Wetli, de 1947 à 1949.

** Il se nommait Neff. Il réussit à devenir en 1954 contrôleur des Raffineries de pétrole en Autriche.

laient Félix Koukovitch * et Franz Weber. Après cette période de « rodage », ils devaient suivre des stages en Urss, puis revenir en Autriche comme subordonnés du capitaine Nikolaï Khokhlov, le chef régional du Département 13 du 1er directorat principal du MGB-KGB : celui des tueurs.

Le piège d'Aigen

J'ai rencontré Koukovitch et Weber dans les ruelles de Lindau. Toute une faune internationale avait échoué là : l'écume de la débâcle allemande, des hommes et des femmes de toute nationalité qui avaient travaillé avec Berlin, ses armées ou ses services, le plus souvent d'ailleurs pour raisons de marché noir ou avantages faciles. Le port grouillait d'intermédiaires prêts à tout, mais j'ignorais que ces deux hommes, connus seulement de vue, m'avaient déjà raté par deux fois car le réseau soviétique local me soupçonnait, en 1948, d'avoir découvert le pot-aux-roses : à savoir que le MGB-KGB d'Allemagne et d'Autriche, ainsi que son cousin le GRU, pénétraient de plus en plus les filières d'évasion vers l'Amérique du Sud et le Moyen-Orient, grâce à leurs agents allemands. Pour eux, je n'avais d'abord été qu'un jeune Français démissionnaire récent de l'administration française d'occupation, lié certes à son ancien chef de réseau, alors responsable du Sdece en Autriche, mais qui ne cherchait qu'à prolonger son séjour, sous prétexte d'affaires commerciales, tout en préparant un livre et en écrivant pour des revues littéraires **. Puis, très vite, ils avaient

* Hans Felix Koukovitch n'était pas un novice. Arrivé de Paris en Espagne, en août 1936, il y avait bien connu, en 1948, Franz Dahlem, l'un des dirigeants de Berlin-Est, et « Kurt » Franz Weber. Koukovitch et son frère Rolf s'étaient ensuite réfugiés dans la région de Toulouse avec d'autres rescapés des Brigades, en septembre 1938. Après des missions en France occupée, l'« appareil » soviétique les avait introduits en Allemagne, en 1945, sous responsabilité du « général Kotov » de son vrai nom L. A. Eitingon, chargé des opérations des tueurs, alors Spets Bureau numéro un, à Moscou.

** L'auteur tenait, sous le nom de P. Faillant, une chronique de critique historique dans la revue mensuelle *Paru*, à Paris. D'autre part, le Sdece-Allemagne lui avait fourni un certificat d'appartenance à l'agence de presse Kosmos.

appris que j'avais aidé plusieurs transfuges de deux ou trois pays de l'Est soviétisé à passer à l'Ouest, suite à des bavardages de deux de mes informateurs frontaliers de Saint-Margrethen, en Suisse.

Après plusieurs mois d'observation, les deux comparses imaginèrent un scénario moins dangereux qu'un assassinat. Du moins, leur responsable estima-t-il qu'avec la chance qui me caractérisait, outre que je me tenais sur mes gardes, mieux valait agir autrement : par le biais des deux Suisses qu'ils avaient achetés, et que leurs trafics liaient à un passeur, on devait m'attirer au nord de Linz, en Autriche, sous prétexte d'y accueillir une personnalité tchèque importante qui fuyait son pays.

Dans ce secteur, un homme nommé Benjamin Blum faisait fortune. Il avait établi un trajet semé de relais : plusieurs chalets, des fermes et des terrains en bordure des frontières tchécoslovaque et allemande qui jouxtaient celle de l'Autriche, enfoncée comme un coin entre elles, près d'Aigen... A dix minutes de là, on débouchait sur la Vltava, à quarante-neuf kilomètres de Ceske-Budejovice; vers l'ouest, on cheminait en direction de Passau, en Allemagne; au sud, à trente kilomètres, il y avait Linz.

Blum avait passé contrat avec le MGB-KGB de Vienne pour de simples trafics d'abord. Contre des kilos ou des tonnes – selon le cas – de cigarettes américaines et suisses, et surtout des conserves introuvables en zone soviétique allemande et autrichienne comme en Urss, il obtenait qu'on fermât les yeux sur ses autres trafics... dont celui du passage d'êtres humains.

Des dizaines de juifs d'Europe centrale et d'Allemagne avaient déjà utilisé sa filière, en quête de la Terre promise. D'Autriche, ils partaient vers le Brenner, l'Italie, ou – s'ils étaient riches – vers la Suisse, et de là vers l'Orient. Mais Blum faisait aussi bien passer des SS, Waffen-SS, ex-officiers de la Wehrmacht. Ses chalets, ses fermes servaient de lieux de transit. J'avais moi-même utilisé sans accrocs ses « services ». Ses associés suisses savaient que, s'il s'agissait de faire passer d'Est en Ouest une personnalité d'importance, je viendrais sur place, en compagnie d'un ami autrichien, Robert Fitzner *.

Le piège était prêt. Un vice-ministre de Prague accompagné de sa femme souhaitait profiter de la présence de sa famille à Ceske-Budejovice pour la revoir et, de là, fuir à l'Ouest en gagnant la frontière près d'Aigen. Quelques jours plus tard, Fitzner et moi arrivions dans un chalet de Blum après six heures de route. Il était dix heures du soir. On nous demanda, pour des raisons de sécurité, de nous reposer dans une chambre jusqu'à trois heures du matin, moment où le couple tchèque était attendu. Ma voiture, une magnifique Audi décapotable à quatre portes (une des sept cents fabriquées en 1944 pour les pontes du régime hitlérien) les emmènerait immédiatement vers le Vorarlberg, placé sous contrôle français. Vers onze heures et demie, Fitzner eut l'impression que Blum et ses comparses étaient venus s'assurer que nous dormions. Il se rendit sur le palier de l'étage et surprit une conversation tenue à voix basse à l'étage au-dessous. Un homme disait à Blum : « Tout est prévu. L'intervention aura lieu de suite. On les remmènera tous à Tabor (à mi-route de Prague) et les autres s'en occuperont ! »

Fort heureusement, le chalet était construit à contre-pente, et son toit bas était en fort mauvais état. Après quarante minutes d'effort, dans le plus grand silence, Robert Fitzner et moi, nous parvînmes à nous glisser au-dehors, jusqu'à ma voiture garée dans une sente en pente douce et tournée en direction de la route menant à Linz. Elle roula en roue libre, sans bruit, puis ce fut la fuite vers Linz et Salzbourg, avec la ressource, si nous étions pourchassés, de la cacher en ville et de regagner le Vorarlberg par d'autres moyens.

A partir de cette soirée, une petite guerre sournoise commença. Elle devait m'obliger, dix-huit mois plus tard, à regagner définitivement la France.

Benjamin Blum a été liquidé deux ans après, victime sans

* Robert Fitzner m'avait permis d'infiltrer les réseaux d'évasion allemands vers Le Caire et Damas où son frère officier était instructeur. Robert fut assassiné par deux Allemands de l'Est en 1950 sur la route de Munich à Ulm, zone d'occupation américaine. Voir *Historia*, spécial espionnage, 1971, article signé Fritz Büttner.

doute de son double jeu permanent et, très certainement, du retournement de la politique soviétique au Moyen-Orient, ainsi qu'Arthur Koestler me l'avait prédit une dizaine de mois à l'avance *. Koukovitch et Weber ont été démasqués et arrêtés en 1954, peu après que le capitaine Khokhlov fut passé à l'Ouest. John Barron les évoque dans un de ses ouvrages **, ainsi que l'attentat commis à Francfort-sur-le-Main, le 15 septembre 1957, contre cet ex-officier du KGB. Ce que Barron a ignoré, c'est que, grâce au fils de l'ancien ministre du tsar, Arcady Stolypine, j'ai rencontré Nikolaï Khokhlov en 1956. Tous deux sont venus sonner chez moi un soir, à Paris, pour évoquer diverses affaires « du bon vieux temps ». Il a ignoré surtout que j'étais à table avec Khokhlov ce fameux 15 septembre, dans le restaurant du jardin d'Hiver de Francfort, lorsqu'on a tenté de l'empoisonner.

Automne 1948 : « La voie romaine change de cap »

En août 1948, l'ambassadeur Pavel Ivanovitch Ierchov avait débarqué à Haïfa flanqué de seize « diplomates » soviétiques, superbe dans son uniforme noir brodé d'or. Le président Ben Gourion était venu saluer le premier représentant de l'Union soviétique en Israël. Au même moment, Mme Golda Meir atterrissait à Moscou, modestement entourée de trois ou quatre diplomates israéliens. Mais, de toutes les Républiques de l'Urss, affluaient des milliers de télégrammes de joie et de sympathie. Trois mois plus tôt, Andreï Gromyko avait dénoncé à la tribune de l'Onu la guerre déclenchée par les Arabes contre le jeune État d'Israël. Tout allait donc bien pour Tel-Aviv. Je me demandais, cet été-là, si malgré tout Arthur Koestler n'avait pas fait preuve d'un pessimisme exagéré, greffé sur quelque intoxication – on ne disait pas encore désinformation. Or, quelques jours plus tard, un dîner me mit en présence d'une demi-douzaine de personnages dont l'appartenance n'aurait fait aucun doute à qui eût entendu leurs propos. D'une des vieilles

* Voir l'avant-propos de cet ouvrage.
** Cf. *KGB*, Bantam Books, 1974, chapitre 13, pages 421-422 et 430.

poutres de l'auberge de Lindau descendit soudain, au bout de son fil, une petite araignée à proximité de mon visage. J'allais la tuer, lorsque, en face de moi, un géant blondasse nommé Zarp, qui avait appartenu au corps des volontaires danois dans les Waffen-SS, intervint : « Laissez donc! Il faut bien que l'araignée vive ! » Éclat de rire général... L'organisation Araignée, une des cinq filières d'évasion des Allemands dans lesquelles j'avais plongé mon nez depuis un an, aboutissait à ce groupe. Zarp ne se doutait pas encore de mon rôle. En fait, il monnayait sa protection par des policiers français en poste en Allemagne en dénonçant de temps à autre quelques-uns de ses compagnons d'autrefois. Mais en sélectionnant ses trahisons et, le plus souvent, en les dérivant en même temps du côté américain par le canal de son ami, installé à Munich, Klaus Barbie. Auprès de lui se tenait l'élégant comte N..., « dénazifié » par les autorités américaines, car il n'avait eu que des activités purement militaires et, de ce fait, circulait librement d'une zone à l'autre... au profit d'Eberhard von Stöhrer, ex-ambassadeur du Reich réfugié en Suisse, et de son adjoint le colonel de la SS Eugen Dolmann, placé sous protection américaine pour services rendus lors de la reddition des armées allemandes d'Italie, en 1944.

Dans la réalité, chacun de tous ces convives « doublait » ses protecteurs, qu'ils soient anglais, américains ou français. Ils se préoccupaient depuis 1945 de la sélection, puis de l'envoi clandestin en Amérique du Sud des officiers ou des civils dont Martin Bormann avait agréé la liste après la mise au point de son fameux plan, dit « de la Maison-Rouge », du nom de la réunion qui s'était tenue le 10 août 1944 à Strasbourg, place Kléber, dans l'hôtel de ce nom [3]. Zarp était l'un de ceux qui triaient les candidats à l'émigration. N... donnait les consignes au nom d'un appareil, plus ou moins déstabilisé par moments, car des rivalités de personnes et des divergences de vues opposaient parfois ceux qui, en Argentine, Suisse, Allemagne ou Autriche, se disaient les exécutants du plan Bormann.

Une des filières s'appelait la « voie romaine », du fait qu'elle passait à l'origine des confins austro-germaniques par le col du Brenner, par l'Italie. Certains « grands chefs » transitaient par la Suisse.

N... avait exceptionnellement convié tous ses hôtes en même temps ce soir-là, parce que d'importantes consignes lui étaient parvenues de l'« organisation ». Bien que Français, j'étais présent, car recommandé de longue date par les Autrichiens Rausch et Fitzner, sans lesquels la « voie romaine » eût été depuis longtemps coupée. En fait, cette voie l'était quand les services français le voulaient, c'est-à-dire lorsqu'il s'agissait de faire évader d'indéniables criminels de guerre ou, depuis peu, sur mon initiative, des Allemands au service de l'une ou l'autre des directions de Berlin-Est.

– Tout va mal en Italie en ce moment, déclara N... Il y a des fuites sur lesquelles nous enquêtons. La « voie romaine » est compromise, elle va changer de cap. A présent, ce sont les Arabes qui ont d'urgence besoin de nos experts, et non plus l'Amérique du Sud. Donc, désormais, nous allons faire passer en Suisse tous ceux qui vont nous être envoyés. L'objectif est de gagner Berne où une amie du consulat de Syrie procurera fausses identités et passeports [4]...

J'intervins :

– Jusqu'à présent Moscou et ses subordonnés à Prague, Sofia, Budapest et Bucarest ont aidé l'émigration juive vers le Moyen-Orient. Prague vient de livrer des cargaisons d'armements à la Haganah, à l'Irgoun et au Stern. Nous allons nous heurter à la fois aux réseaux juifs et à ceux de l'Urss qui ne manque pas d'informateurs par ici...

Cette observation ne troubla pas N.... Il souriait ironiquement, avec quelque condescendance, épiant toutefois mon regard. Étais-je après tout aussi innocent, aussi peu aux faits de leurs orientations profondes? Ou bien si politiquement naïf que Rausch et Fitzner avaient raison d'affirmer qu'on pouvait utiliser ce Français, amateur de bonne vie et qui cherchait avant tout à rester dans son charmant pavillon du XIIIe siècle, de Bad-Schachen, au bord du lac? Telle était ma réputation entretenue et rendue crédible par les ragots de certains officiers ou civils français de l'administration... Du moins aussi longtemps que la filière parallèle, dans laquelle pataugeaient Blum, Koukovitch et Weber, n'eût pas tiré les sonnettes d'alarme.

– Pas de panique! dit enfin N.... Je peux vous dire pour vous rassurer que nos compatriotes ont fait un excellent travail du côté de Berlin-Est. Figurez-vous que beaucoup de Soviétiques n'ont oublié ni Rapallo ni les années 1939 à 1941. Sans les sabotages de Canaris et de sa bande, nous aurions pu, ensemble, dominer à la fois l'Europe, l'Asie et, avec le Bosphore, les pétroles du Moyen-Orient. Mes chers collègues de la Wehrmacht n'ont rien compris à la portée d'une telle entente. Ils ont quasiment hurlé de joie lors de la rupture du Pacte. On voit maintenant le résultat !

Une intense satisfaction courait dans mes veines. Pour la première fois je disposais d'autre chose que d'indices et de déductions. N... me confirmait en gros ce que je n'avais vu qu'en détail : la pénétration soviéto-allemande des réseaux d'évasion, donc de l'émigration clandestine des Allemands en Amérique du Sud et en Orient arabe. Avec toutes ses implications pour l'avenir. A mon tour de sourire aux anges, mais non pour les raisons qu'imaginaient N... et l'un de ses voisins, Mahlov (dit Malaspina), dont je connaissais les liens avec Berlin-Est.

L'échec d'une stratégie

Une cascade d'événements allait confirmer ce que m'avait confié Koestler. Événements qui obligeaient Moscou à remettre *sine die* le plan Jdanov de la combinaison en Europe de l'Ouest d'agitation sociale, de grèves générales, de provocations, avec ensuite l'intervention d'un immense appareil, jusqu'à la dernière minute illégal, pour assurer un « coup de Prague » à l'échelle continentale.

Après avoir déjoué, les 3 et 4 avril 1948, une tentative de putsch qui incluait son assassinat, Tito se tournait à présent vers ses amis de Londres, et tenait tête à Staline. Or, c'est à Belgrade que siégeait l'état-major du Kominform. Une note comminatoire de Jdanov, datée du 18 août 1948, venait de menacer Tito « de l'emploi de moyens efficaces » s'il ne réintégrait pas l'orbite soviétique. Au même moment, contrairement aux prévisions de Jdanov, les Américains ne cédaient pas dans un Berlin soumis au blocus. Ils organisaient le pont aérien que l'on sait, bravant l'aviation soviétique. Douze jours après son ultimatum du 18 août, Andreï Jdanov mourait dans des conditions jamais élucidées [5].

D'autres signes annoncèrent, trois mois après, le retournement politique auquel avaient fait allusion les dirigeants de la « voie romaine ». Ainsi, la soudaine dissolution du Comité juif antifasciste constitué à Moscou pendant la guerre, et les scellés apposés sur la porte de ses bureaux au 10, rue Kropotkine, par le général-ministre du MVD en personne, Sergueï Krouglov.

Trois semaines plus tard, Salomon Mikhoels, grande figure de l'intelligentsia juive d'Urss, retour d'un séjour aux États-Unis, disparaissait dans un étrange accident de voiture. Sur une route déserte! Encore quelques semaines, et, parce qu'ils étaient juifs, cent cinquante officiers du directorat de la garde chargé de la protection de la haute nomenklatura étaient destitués. La plupart des fonctionnaires du parti et du gouvernement étaient priés de divorcer de leurs épouses juives. Les passeports intérieurs des juifs devraient désormais porter la mention « Evrei ». Puis des vagues d'arrestations débutèrent en 1949 en Hongrie, après l'arrestation de l' « espion » Noël Field *; elles déferlèrent ensuite sur toutes les capitales de l'Est pour revenir battre les murs du Kremlin durant l'hiver 1952-1953. Jusqu'à la mort de Staline.

Du « K 5 » au ministère de la Peur

Entre-temps, tout avait changé à Berlin-Est. L'appareil proprement allemand renforçait ses structures, et n'attendait plus qu'un signal pour que ses administrations deviennent des ministères, et le Bureau politique du parti, le tireur de ficelles d'un véritable gouvernement, avec sa police de la rue et sa police secrète.

La directive n° 201 du 16 août 1947, qui émanait de la mission militaire soviétique en Allemagne, avait ordonné parallèlement la création – hors « l'administration de l'intérieur », ou DVI – d'un commissariat spécial, dit le « K 5 », qui devait lutter avec encore plus de zèle contre le sabotage, les intrusions des services secrets impérialistes et la renaissance du néofascisme. De fait, un véritable contre-espionnage avec bureau cen-

* Voir l'affaire Field, dans *GRU, op. cit.*

tral à Berlin-Est et, dans chacune des cinq provinces orientales, un office régional coiffant à son tour des bureaux de districts.

Du K 5 devait naître, le 20 février 1950, le ministère de la Sécurité d'État, dit MFS. La DVI s'appelait depuis octobre 1949 ministère de l'Intérieur; son jumeau, le MFS, n'était maintenant qu'une copie du MGB, le futur KGB soviétique. L'un s'occupait de l'ordre intérieur, avec sa police criminelle, du maintien de l'ordre, de la circulation, tandis que ses bataillons, armés depuis 1948, devenaient armée régulière. L'autre doublait en secret les services d'investigation politique du premier, et couvrait de son sigle un bras répressif dont les sinistres initiales, SSD (pour StaatsSicherheit-Dienst) sont connues sous le terme de « Stasi ». Le MFS comportait aussi une organisation dont l'entrée en scène, discrète jusqu'en 1951, allait mondialement marquer la guerre Est-Ouest jusqu'en 1990 : la HVA, ou Administration principale du renseignement. Autrement dit, l'espionnage et le contre-espionnage de la RDA.

Certes une stratégie européenne de l'Urss avait échoué, et la mort de Jdanov avait fermé son chapitre, mais une autre était apparue en 1949, avec un appareil intact dans les coulisses de l'Allemagne de l'Ouest et au-delà. Si les services de Moscou doublaient encore, à tous les étages, la police et les services secrets est-allemands, il ne s'agissait plus d'un guidage permanent de leurs interventions, mais d'un contrôle de routine, avec concertation « au sommet », afin de coordonner la guerre contre l'Ouest.

C'est à cet instant qu'apparut de nouveau à Berlin-Est le très jeune Markus Mischa Wolf, général à vingt-huit ans, retour d'un dernier stage en Urss. Ses parrains Alexandre Ivanovitch Paniouschkine et Sergueï Tulpanov pourraient longtemps se féliciter de leur choix. Fidèle idéologiquement, parfait techniquement, amateur de femmes, mais sérieux dans son travail, Markus était aussi méthodique pour détruire que pour charmer, aussi persévérant pour séduire que pour tromper. Un risque-tout lucide, tête froide et imagination fertile.

Troisième Partie

La guerre des deux Allemagnes (1949-1989)

8

Trois hommes... et Markus

Que de changements en Allemagne orientale lorsqu'en 1951, à vingt-huit ans, Markus Wolf revient à Berlin, après plusieurs missions en Pologne, en Tchécoslovaquie, puis deux ans de stage en Urss, sous couvert d'un titre de premier secrétaire à l'ambassade est-allemande !

Staline a tourné le dos aux concepts jdanoviens d'offensive et de conquête de l'Europe occidentale. La zone soviétique d'occupation s'est peu à peu transformée en État. Le dispositif implanté en secret en Allemagne occidentale n'a pas changé, mais l'infiltration et le renseignement ont pris le pas sur les préparatifs insurrectionnels. Pendant deux ans et demi, en RDA, on a repassé au crible tous les fonctionnaires et dirigeants du parti, en même temps que se renforçait le quadrillage des provinces, des départements, des cantons, des communes. Interdiction, par exemple, d'appartenir à la police ou à des bureaux « sensibles » si l'on a de la famille en Allemagne de l'Ouest ou dans un quelconque pays « capitaliste ». Ou si l'on a été prisonnier de guerre du côté allié. Sauf, bien entendu, pour ceux qui ont donné des gages.

Un ministère de la Sécurité d'État (le MFS) est né le 6 février 1950, après plusieurs mois de gestation. C'est une copie du MGB (qui deviendra définitivement le KGB en 1954) sur le plan du travail. C'est la copie conforme, sur le plan structurel, de la Sécurité d'État des temps hitlériens, le RSHA de Himmler qui, au-dessous de lui, avait le Sicher-Dienst, ou SD et, la Gestapo pour bras répressif.

Le MFS possède trois sections principales : l'*Abteilung I* pour les renseignements militaires et économiques; l'*Abteilung II* pour l'agitation et les sabotages en Allemagne de l'Ouest; l'*Abteilung III* (ex-K 5) pour le contre-espionnage intérieur et extérieur. Une véritable Gestapo. Transports, garde-frontières et – en attendant la naissance du ministère de la Défense * – « troupes encasernées » et unités d'intervention ** dépendent du MFS qui a des antennes dans chacune des cinq provinces et deux autres dans Berlin.

Non seulement la RDA met en place un filet policier serré ainsi que les éléments d'une armée qui dispose déjà en mars 1951 d'artillerie, de chars légers, d'orgues de Staline et d'armes automatiques pour plus de soixante mille hommes, mais sa Gestapo (ainsi désignée jusque dans la presse des pays neutres) inaugure cette ère nouvelle avec un cortège d'arrestations et de déportations. Elles toucheront, en deux ans, plus de deux cent mille personnes.

Un jeune homme très indifférent

Lorsqu'en 1990, trente-neuf ans plus tard, Markus Wolf assure à la presse étrangère qu'il n'a rien su des exactions et des répressions commises par la Stasi, ni de l'aide à un terrorisme international dont la RDA fut pourtant le premier metteur en scène aux côtés du KGB, dès l'apparition du K5, puis de l'*Abteilung III* du MFS, son mensonge est flagrant.

Les premiers assassinats, enlèvements et sabotages survenus en Europe occidentale après la guerre – à commencer en RFA – ont eu lieu entre 1947 et 1954, sous l'autorité des supérieurs directs de Markus Wolf qui montait en grade à leurs côtés. Certes, son rôle était différent. Il devait seulement infiltrer en Allemagne de l'Ouest le gouvernement, les partis, les syndicats, les Églises, les clubs élitistes, humanistes, économiques; mais il n'y a pas d'action sans renseignements. Or, ces renseignements,

* Le ministère de la Défense a été créé en 1956.

** Au total, cent soixante mille hommes à la fin de 1950. Voir les annexes.

il les fournissait volontiers. Avec passion, même, alors qu'il était chargé des opérations pour le discret Institut de recherches économiques, ou IWF (selon les initiales allemandes), camouflé sous l'aile du ministère est-allemand des Affaires étrangères. Markus était si efficace qu'en dix mois il allait devenir le directeur de l'IWF, ensuite, en 1954, le directeur du département XV du MFS (succédant à l'IWF) et enfin le directeur du renseignement est-allemand, ou HVA, de 1956 à nos jours.

Les responsables des services secrets occidentaux ont sans nul doute éclaté de rire lorsque Markus Wolf a très sérieusement affirmé à la télévision française, en 1990, qu'en revenant à Berlin en 1951 « il ne s'attendait pas du tout au poste qu'on allait lui confier * » ! Comme si Moscou, omnipotente au chevet de la RDA, et l'appareil communiste est-allemand tenu par des vétérans du Komintern avaient pu confier à un amateur sans formation le travail et la destinée d'un service secret créé de toutes pièces ! Son passage à l'École de Kouchnarenkovo n'avait été qu'un prélude aux exercices « sur le terrain » allemand, puis polonais, puis tchèque. Et ce palmarès n'avait été que la carte d'entrée à deux ans de stage dans l'École supérieure des services soviétiques, avec les « parrains » que nous avons cités antérieurement.

Ce jeune homme est impassible tandis qu'autour de lui, au fil des années, les rangs se sont éclaircis et vont s'éclaircir encore. Certes, il a la vocation du renseignement. Il faut l'avoir dans la peau pour exercer ce métier. Mais tout de même : son retour coïncide avec les vagues d'arrestations qui ne balaient pas uniquement des communistes tièdes ou suspects de l'être, mais tous ceux d'origine juive. Au point qu'on ne sait plus – et qu'on ne saura pas avant longtemps – si les accusations portées tenaient debout.

Markus avait très bien connu Leo Bauer, jusqu'en 1950 responsable de l'appareil communiste clandestin en zone américaine d'occupation, et dont l'adjoint pour le Renseignement était Ferdinand Schindler.

Le 23 août 1950, Bauer est convoqué à la RundfunkHaus, la

* Déclaration faite sur FR 3, le 12 juin 1990.

station de la radio soviétique située en zone occidentale de Berlin, pour y rencontrer – « raisons de service » – Gerta Geffke. A quinze heures précises, il est brusquement ceinturé par des hommes qui l'emmènent de force en secteur oriental, Schumanstrasse, et jeté dans une prison souterraine du SSD, la future Stasi. Deux jours plus tard, à vingt-deux heures, le secrétaire d'État à la Sécurité, Erich Mielke, vient lui annoncer qu'il est « totalement compromis dans l'affaire de l'espion américain Noël Field, ainsi que les émigrés Paul Merker, Goldhammer et autres [1]. L'ancienne maîtresse de Bauer, infiltrée dans les services secrets américains, Erika Glaser, « disparaît » dans des conditions identiques... Markus ne pose pas de questions. Il n'est pas là pour cela. Et Kurt Müller qui, avant la guerre, avait été le numéro trois du PC allemand, et l'a payé de six ans de camp de concentration? Il avait été élu au parlement ouest-allemand, en 1948, en même temps que le falot Max Reiman, le numéro un du parti. Le 22 mars 1950, Müller a été convoqué à Berlin-Est. Il n'en est pas revenu. Deux ans plus tard, il figure parmi « les trotskistes et agents américains liés à Noël Field ». Verdict : vingt-cinq ans de prison, dont un temps s'écoulera à la prison Vladimir de Moscou. Bauer, lui, a été déporté en Sibérie. Müller et Bauer seront lavés de tout soupçon en octobre 1955.

Markus Wolf n'a pas posé de questions... En revanche, avec ses protecteurs soviétiques, il a su à merveille utiliser les souffrances des victimes, juives ou non, du stalinisme. En effet, une habile propagande a transformé ces victimes, aux yeux des libéraux américains, en excellents démocrates! Marxistes sans doute, communistes peut-être, mais communistes « acceptables ». De telle sorte que Leo Bauer, de retour en Allemagne de l'Ouest, va pouvoir grimper sans bruit jusque dans les sphères dirigeantes du parti socialiste, et devenir un intime de Willy Brandt. Au point d'entrer sur ses talons à la Chancellerie, en 1969. Il y renseignera Wolf et Moscou jusqu'à sa mort en 1972.

Il n'empêche que le jeune Markus, ni en 1951 ni ensuite, ne se souciait de ces « petits incidents de parcours » qui étaient pourtant autant de clous plantés dans la chair ou les cercueils de centaines de communistes éprouvés, aussi dévoués que lui, boucs émissaires des terribles rivalités de personnes, puis de succession, qui décimaient l'entourage de Staline, jusque dans les arcanes du KGB et du GRU.

Markus Wolf était bien l'homme qu'il fallait, inamovible derrière des supérieurs successifs, pour que « la variante germanique de l'Urss » (comme l'a définie un confrère français, d'origine polonaise *) serve aveuglément la politique de Moscou, quels qu'en soient les virages. D'autres ont été emportés dans les tourbillons. A commencer par deux des trois hommes qui, à Berlin, le rencontraient chaque semaine dans leurs bureaux, pour faire le point.

Wilhelm Zaisser, ou Berlin-Shanghai et retour

Le premier supérieur de Wolf – bien que l'IWF soit supposé dépendre d'Anton Ackermann, secrétaire d'État aux Affaires étrangères et suppléant au Politburo, mais seulement pour l'aspect politique de son travail – est Wilhelm Zaisser qui a été nommé ministre de la Sécurité d'État (MFS) le 2 février 1950.

A près de cinquante-sept ans, Zaisser est en réalité le véritable numéro deux du pouvoir en RDA derrière Walter Ulbricht, tant il est puissant et respecté. A Moscou, il est protégé par l'équipe Beria.

A l'inverse, son second, Erich Mielke, secrétaire d'État au même ministère, est haï ou méprisé par ses pairs, tant il a fait de zèle depuis 1945 à la direction du K5 dans des répressions qui frappaient aussi bien la population que des communistes suspects de ne pas l'être assez. Mielke est le responsable de l'*Abteilung III* du MFS, encore qu'il laisse filtrer à l'Ouest le bruit que le général de division Rudolf Bamler en est le titulaire. Bamler a en effet été, du 24 mai 1938 au 1er mars 1939, le chef du contre-espionnage de l'Abwehr, le renseignement militaire dirigé par l'amiral Canaris. Psychologiquement, pense Zaisser, Bamler donne ainsi une bonne image du MFS, tandis

* *La Gauche allemande, de Karl Marx à Willy Brandt*, par Gérard Sandoz, *op. cit.*

que, côté ouest-allemand, des « nazis infesteraient » l'organisation Gehlen *.

Même si Zaisser connaît Mielke depuis plus de vingt ans, il supporte plutôt qu'il ne respecte « ce flic ** » qui était déjà en Espagne l'exécuteur des basses besognes : la balle dans la nuque pour les anarchistes et les socialistes qui osaient discuter les ordres de Moscou.

Le palmarès de Zaisser est autrement plus glorieux. Il était instituteur lorsque à vingt et un ans, en 1914, il est parti pour la guerre, et l'a bien faite, au point de se retrouver lieutenant en Ukraine en 1918; et de suivre d'assez près les pourparlers de Brest-Litovsk. Les courants révolutionnaires qui se faisaient jour dans l'armée impériale le fascinaient. C'est pourquoi on le retrouve en 1919 parmi les dirigeants du Spartakus Bund créé trois ans plus tôt par Rosa Luxemburg, Karl Liebknecht et Léo Jogisches. En 1920, il est à la tête d'une brigade ouvrière, lors du putsch de Kapp.

Pour Zaisser commencent deux décennies de double vie. Le chef du « M-Apparat », la branche paramilitaire insurrectionnelle dans la Ruhr en 1922, c'est lui. Il croit que le pouvoir est au bout des fusils. Il comprend vite que les fusils ne seront pas utilisés si Moscou en décide autrement, néanmoins sa foi communiste demeure intacte. On l'envoie ensuite à travers l'Allemagne, pour d'autres missions secrètes, et c'est seulement en 1927 que la police découvre en partie son rôle. Heureusement pour lui, le 4ᵉ bureau de l'Armée rouge (plus tard le GRU) dispose de puissants réseaux dans l'administration allemande : il échappe à l'arrestation et, d'étape en étape, gagne Moscou où Ian Berzine, le directeur du Renseignement, le prépare à une nouvelle mission. En Chine. C'est l'époque où cet empire éclaté, de remous en révoltes, d'intrigues internes et

* Affecté ensuite à divers commandements, notamment en Norvège en 1940, Bamler, fait prisonnier en juillet 1944, se mettra au service de l'école antifasciste des Soviétiques à Krasnogorsk. Il habitait une datcha avec le général Seydlitz et le maréchal von Paulus. Il ne travaillera que de façon éphémère à l'Abteilung III (avril 1950-juillet 1951). L'organisation Gehlen est l'embryon des services secrets ouest-allemands.

** Conversation de l'auteur avec un ancien officier suisse des Brigades d'Espagne qui fut appelé en 1951 par l'appareil soviétique pour assurer la sécurité des raffineries de pétrole en Autriche.

externes en guerres civiles locales, va basculer dans le communisme, mais réserve encore des havres d'une apparente sécurité : les concessions étrangères. Des hommes et des femmes y vont et viennent, apparaissent puis disparaissent sans que quiconque ait le temps, ou veuille le prendre, de poser des questions. C'est le temps des aventuriers, des bluffeurs, des marchands, des escrocs, des agents doubles. Berzine y rode son petit monde. Il expédie aussi là-bas des agents qui doivent se faire oublier en Europe. Ainsi Wilhelm Zaisser ira à Shanghai pour un peu plus de trois ans. Il y fait du commerce... peut-être. Il est aussi le représentant des « Casques d'acier » au sein de la colonie allemande inquiète de la progression du communisme dans leur patrie.

Témoignage de l'efficience et de l'habileté d'une des meilleures recrues de Berzine, Zaisser s'introduit en quelques semaines dans tous les milieux, américain, français, britannique de Chine. D'une élégance raffinée sans ostentation, aimable, disert sans accaparer la parole, très averti de la politique internationale, sa présence est vite appréciée. Il incarne l'armée impériale, et, même si l'on n'aime pas toujours les Allemands, du moins cet ancien officier joint-il l'éducation au fait d'incarner une sorte de barrage aux idées et méthodes des communistes, comme ces « Casques d'acier », ces vétérans de l'armée dont le président est le vieux maréchal Hindenburg. C'est d'ailleurs chez Zaisser que Hans von Seeckt, l'ancien chef d'état-major de l'armée impériale, séjourne lorsqu'il vient à Shanghai.

Zaisser est secondé à la perfection par sa ravissante épouse, distinguée, discrète, toujours souriante. Quoi que disent ses interlocuteurs, elle les regarde avec douceur et compréhension de ses grands yeux en forme d'amande *. On se dispute leur présence dans les clubs et les salons de la colonie étrangère, et, dit-on, Wilhelm sera même invité dans une loge ouverte par les Anglais et que fréquentait le jeune Chou En laï.

Bientôt Zaisser sera mandé par l'empereur de Mandchourie désireux de bénéficier de ses conseils. En janvier 1930 arrive également à Shanghai un certain Gustav Sorge, autre envoyé

* D. J. Dallin en a donné cette image dans *Soviet Espionage*, Yale University Press, 1955. Réédité en 1964.

de Berzine, qui fera merveille quelques années plus tard au Japon, pour le compte du GRU. Et, sur ses talons, Ursula Hamburger, dynamique journaliste de l'agence Tass *. Mais vient l'heure de passer le relais. Zaisser et son épouse quittent la Chine au début de l'année 1931 et regagnent secrètement Berlin. Sous un autre nom, bien entendu.

Zaisser a-t-il recruté Roger Hollis?

Une parenthèse d'un intérêt historique s'impose ici en raison d'un mystère non résolu encore en Angleterre, en dépit de deux longues enquêtes s'étendant sur vingt ans, resurgi en 1984 lors de la parution de l'ouvrage d'un journaliste de renom, Chapman Pincher **. Selon lui, Roger Hollis, entré en 1939 au contre-espionnage britannique, le MI-5, son numéro deux dans les années cinquante, puis responsable du « service » de 1956 à 1965, était un agent de l'Urss. Il aurait été recruté en Chine par Ursula Hamburger, alors qu'il résidait là-bas.

Peu après la parution du livre de Pincher, Peter Wright, un des techniciens qui avaient été chargés dans les années soixante d'enquêter sur d'éventuelles infiltrations soviétiques au sein du MI-5, corroborait dans un autre ouvrage (interdit par Margaret Thatcher) les mêmes arguments et accusations. Personnellement, nous avons trouvé dans un livre de Roger Lamphere, officier américain du contre-espionnage qui enquêtait à la même époque sur des infiltrations similaires, d'autres précisions sur l'affaire Hollis-Ursula. En effet, arrivée en Grande-Bretagne durant l'hiver 1939-1940, Ursula s'était installée dans les environs de Londres, à moins de vingt minutes à pied du lieu où Roger Hollis était spécialement chargé de surveiller ou de détecter les agents étrangers d'origine communiste... et qui

* Ursula Hamburger, alias « Sonia », née Ruth Kuczynski, jouera en Angleterre, de 1940 à 1949, le rôle de Sorge au Japon. Chaudement accueillie par son frère Jürgen, alors éminence du parti et de l'État lorsqu'elle rejoignit en 1949 la RDA, elle le sera tout autant par Zaisser qu'elle n'avait pas revu depuis 1931.

** Chapman Pincher, *Too Secret, Too Long*, Sidwick & Jackson, Londres.

pourtant n'a pas repéré cette jeune femme qu'il avait connue en Chine neuf ans plus tôt.

Curieuse constatation : ni Pincher, ni Wright, ni Lamphere ne mentionnent, lorsqu'ils évoquent le séjour d'Ursula en Chine, celui de Zaisser. Or, en hiver 1950, un personnage que j'ai brièvement connu mais avec lequel s'est instaurée tout de suite une vive amitié, Richard Krebs, m'avait parlé de la présence de Zaisser à Shanghai. J'avais profité de son passage à Paris pour lui demander, à lui ancien cadre du Komintern, quelques conseils et renseignements. Il allait publier dans *Le Figaro* une série d'articles sur l'ombre de l'Urss en Allemagne *, et je préparais de mon côté pour la presse étrangère ** divers articles sur le personnel est-allemand. J'étais curieux de connaître son opinion sur Wilhelm Zaisser.

Nous longions tous deux les bâtiments des Invalides. Parler en se promenant malgré le vent froid qui ce jour-là balayait Paris permettait d'éviter intrus ou curieux. Krebs menait une vie difficile. Depuis qu'il avait rompu en 1938 avec Moscou, les tueurs du NKVD-KGB le traquaient. Wollweber et Mielke n'étaient pas les derniers à se soucier de ce qu'il oserait révéler sur eux. Il se montrait plus inquiet encore que de coutume, le teint gris, les yeux creux, comme las de vivre. Il s'arrêta un moment de marcher, et me dit alors : « Mes articles paraîtront aux États-Unis peu après ceux du *Figaro*. Je reviendrai vers la mi-janvier. Il faudra que nous reparlions de tout cela. En attendant, axez donc vos recherches sur la Chine, lorsque Zaisser s'y trouvait. Tout le monde parle en ce moment d'Agnès Smedley qui y était aussi, mais, à mon avis, c'est du côté des relations britanniques de Zaisser qu'il faut fouiller. Il avait pénétré ce milieu. On risque d'avoir quelque jour de grosses surprises de ce côté, car l'homme clef – bien plus que Sorge avant qu'il n'aille au Japon – c'était Zaisser, de 1927 jusqu'au milieu de l'année 1931.

Je n'ai jamais revu Richard Krebs. Trois ou quatre semaines

* Signée Jan Valtin, cette série a paru en janvier 1951 dans *Le Figaro*.
** Articles publiés en France dans *Le Figaro* en juillet 1952, puis dans *Combat* de 1952 à 1954. Sous la signature de Pierre Faillant, j'ai en effet traité particulièrement du rôle de Zaisser, Ulbricht, etc.

après notre conversation, il décédait le 2 janvier 1951 à Chesterton, Maryland. D'une pneumonie, a-t-on alors affirmé.

Ses propos me sont revenus en mémoire tandis que je consultais, pour le présent ouvrage, plusieurs auteurs ; en particulier le livre d'un spécialiste averti des problèmes de l'époque et qui en 1975 a postfacé l'ultime écrit de Krebs-Valtin : « *Sans patrie ni frontières* *. Si j'avais bien saisi ce qu'il m'avait suggéré, l'entourage britannique de Zaisser à Shanghai, Pékin, Moukden, révélerait un secret important. Zaisser était l'« aîné » des hommes et femmes du Komintern et du GRU en Chine. Il avait passé le relais à Gustav Sorge dès son arrivée. Il était donc le plus qualifié pour recruter éventuellement Hollis. Pourquoi Hollis? D'abord – comme l'a noté Chapman Pincher – la majorité de ses amis étaient des communistes, avoués ou non. Il rêvait d'être journaliste, il avait échoué et vivait d'une modeste situation à la British American Tobacco, la BAT. Si chichement qu'il tentait d'augmenter ses revenus grâce à des piges dans quelques journaux anglais ou des informations vendues à des journalistes attitrés... Le poisson rêvé pour des recruteurs soviétiques ! Simple agent de liaison au début, pour le rodage. Les as du renseignement moscovite ont toujours joué à long terme. Ce jeune homme de vingt-huit ans, effacé, souffrant d'être sous-estimé, offrait tous les avantages en ce temps où le Royaume-Uni était la cible principale de Moscou. On remarque en tout cas qu'à partir de 1934, et jusqu'en 1937, des « coïncidences » émaillent la piste Hollis. Par exemple, il connaît bien Arthur Ewert, cadre important de l'appareil. Ewert séjourne à Moscou en 1934. Hollis s'y rend « en touriste ». Ursula s'installe pour un certain temps à Moukden, Hollis y va souvent pour la BAT... Ursula est basée à Pékin à partir de mai 1935... Hollis y séjourne plus que de coutume... Coïncidences? Peut-être. Il n'empêche que Hollis, rentré définitivement en Angleterre en 1936, se marie et, dans la plus grande discrétion – pourquoi? –, se rend en Suisse en 1937... au moment où Ursula « Sonia » s'y est installée après dix-huit mois

* Éditions Jean-Claude Lattès, Paris, 1975, postfacé par Jacques Baynac. Ce dernier m'a dédicacé son ouvrage *La Terreur sous Lénine* (Le Sagittaire, 1975) en rappelant mon amitié pour Valtin.

d'une mission en Pologne. Quelques mois plus tard, Hollis entreprend des démarches répétées pour entrer dans les services secrets britanniques. Démarches qui aboutissent auprès du MI-5 en 1939. Un an après, « Sonia » débarque en Angleterre, et habite comme par hasard à dix minutes à pied des bureaux où Hollis, pour le MI-5, travaille à la section chargée de surveiller et de détecter les communistes et les agents de l'Urss. Il ne détectera jamais « Sonia »!

Merveilleuse opportunité pour renouer le contact. Il suffit d'une rencontre fortuite. Se croiser suffit. Le patron, Simon Kremer, résident du GRU en Angleterre, organise des boîtes aux lettres mortes. Relevons qu'à partir de cette date, et jusqu'en 1951 pour certains, jusqu'en 1964 et même au-delà pour d'autres agents de l'Urss en Angleterre, une protection « miraculeuse » empêche qu'ils soient démasqués. Burgess, MacLean fuiront à temps en 1951. Philby échappera à toutes les investigations jusqu'en 1963. Anthony Blunt bien après, grâce à d'invraisemblables échanges d' « informations » avec le MI-5. Il dosera, pendant dix ou quinze ans, le lest à lâcher à ses interrogateurs; manière de protéger aussi longtemps que possible tel ou tel agent qu'il a connu ou recruté en personne entre 1925 et 1937. Nous donnons ainsi aux chercheurs, avec cette parenthèse sur Wilhelm Zaisser, une piste qui pourrait compléter celles ouvertes par Pincher, Wright et Lamphere, à partir de « Sonia » *.

De l'espionnage industriel aux Brigades d'Espagne

Quelques mois après que Zaisser eut disparu de Chine, un couple avait emménagé à l'automne 1931 au 12, Wilhelmstrasse, quartier berlinois de Friedenau, dans un coquet deux-pièces. Les locataires de l'immeuble se félicitaient de leur nouveau voisin, dont la séduisante épouse, Else, née Knipp, était la fille d'un industriel de la Ruhr. Courtois, d'une discrétion de bon aloi, il saluait chacun au passage et menait une vie tranquille. Wilhelm Zaisser, retour de Chine

* Voir *GRU*, *op. cit.*

– sous un faux nom bien sûr –, était rien de moins que responsable de l'espionnage industriel dans les usines et les entreprises allemandes. Les milieux financiers d'une bourgeoisie en plein essor, après les difficultés des années vingt, prêtaient une oreille attentive à ses analyses de la situation internationale. Le nazisme était un danger, certes, mais son aile gauche apportait un aspect « social » intéressant. Le communisme avait ses extrémistes, mais aussi ses intellectuels lucides. Ce petit monsieur bien élevé rassurait. Il était modéré en tout, et toujours au fait des événements. Plusieurs dirigeants de l'IG-Farben figuraient à son tableau de chasse. Une fois de plus les agents de Berzine avaient fait merveille. Le dossier de l'ancien agitateur avait disparu des tiroirs policiers. Dont sa photo.

Une alerte cependant incita Moscou à le rapatrier en Urss, au début de l'année 1933... Trois ans passèrent, et un certain « général Gomez » prenait le commandement de la fameuse 13e Brigade en Espagne : Zaisser qui fut le dernier commandant de la base d'Albacète.

Une fois encore, il avait changé de peau. De missions secrètes en combats où l'on risque sa vie, il agissait avec toujours autant de méthode que de sang-froid. C'est en Espagne qu'il fit la connaissance de Ferdinand Schindler, l'adjoint plus tard, en 1950, à Francfort, de Leo Bauer; de Rakosi, futur « baron » de la nomenklatura communiste hongroise, après 1945 et jusque dans les années 1960; de Tadeusz Oppman, brillant opérateur de l'appareil clandestin du Komintern puis du Kominform en France, jusqu'en 1949 (sous son titre d'attaché militaire, puis directeur pour l'Europe de l'agence de tourisme Transtours). D'autres anciens des Brigades s'étaient à une époque recyclés dans les circuits d'Interflora à l'échelle européenne * à l'insu naturellement des dirigeants de ce réseau de livraison de fleurs à domicile.

Zaisser a aussi connu en Espagne, et fort bien, Walter

* Ce réseau infiltré dans Interflora a fonctionné en Europe jusqu'à la fin des années 1970. L'auteur en a dévoilé l'existence dans sa *Lettre d'information* en 1971.

Neulander, dit Roman, qui de 1947 à 1951 sera l'un des épurateurs les plus impitoyables en Roumanie *.

En 1950, de son ministère de Berlin, il pouvait constater avec satisfaction que, malgré les vicissitudes de la « ligne soviétique », l'appareil de l'Internationale avait incroyablement progressé en vingt ans, puisque la moitié de l'Europe vivait sous la loi de ses camarades ! La chance l'avait pourtant une première fois abandonné à son retour d'Espagne, en 1938. Il avait été un protégé de Berzine ; or celui-ci faisait partie de ces milliers d'officiers supérieurs et subalternes que Staline envoyait à présent au poteau, tandis qu'à Berlin le NKVD préparait en secret, avec le SD et la Gestapo, l'entente germano-soviétique, qui se verra officialisée deux ans plus tard. Suspect, Zaisser fut rejeté dans l'ombre.

Éclipse de courte durée car Lavrenti Beria, bien plus subtil que ne l'ont décrit certains historiens – il existe des bourreaux intelligents – prit l'ex-officier impérial sous son aile. Certes, durant plus de trois ans, il fut relégué à des tâches subalternes : aux archives « littéraires » de l'État soviétique. Mais, dès l'instant qu'il fut question de créer une École antifasciste où seraient traités et sélectionnés les prisonniers de guerre allemands, Zaisser sortit de la poche de Beria et fut propulsé directeur de l'école, à Krasnogorsk. En effet, qui mieux que cet ancien officier pouvait parler aux cadres de la Wehrmacht et les gagner à faire ce nouveau bout de chemin qu'il avait vécu lui-même à l'ombre de Rapallo, et sous Hitler, quand l'adversaire socialiste était beaucoup plus la cible que les nazis, puis de 1939 à 1941, lorsque NKVD et Gestapo œuvraient main dans la main pour la chasse à l'homme?

Colonel de l'Armée rouge, Zaisser s'occupe ensuite, de 1945 à 1948, de forger en Saxe et en Saxe-Anhalt – c'est-à-dire dans deux des cinq provinces allemandes sous occupation soviétique – une police qu'il veut moitié classique, moitié militarisée. Cette seconde moitié donnera naissance dans quelques années, sous le vocable de « police encasernée », à une armée qui deviendra l'une des plus puissantes d'Europe.

* Walter Neulander était le père de Petre Roman, Premier ministre roumain après le coup d'État communiste anti-Ceausescu de l'hiver 1989.

Félicité par le Kremlin en 1948, Zaisser devient ministre de l'Intérieur et vice-président du Conseil de la province de Saxe, rodage pour de plus hautes fonctions : octobre 1949 le voit intégré à l'appareil étatique de l'Allemagne de l'Est et second réel, derrière Ulbricht, au Politburo.

Son poste de ministre du MFS en février 1950 est donc la conséquence de cinq années de travail assidu. Beria a délégué auprès de lui, en permanence, le général Bogdan Koboulov, futur ministre de l'Intérieur de l'Union soviétique. Son épouse Else est nommée ministre de l'Éducation.

Le couple Zaisser connaîtra trois ans de vie paisible. Markus Wolf rencontre Wilhelm chaque semaine, Normannenstrasse, ainsi que deux de ses adjoints, dont l'un est officiel : Erich Mielke et l'autre, investi d'une mission aussi parallèle que la sienne, dans la coulisse : Ernst Friedrich Wollweber. Wolf fera chemin aux côtés de Mielke jusqu'en 1987, et aux côtés de Wollweber jusqu'en 1957. Il est, à partir de 1951, dans le secret des dieux marxistes-léninistes, mais, seul avec Mielke, il survivra aux intrigues sanglantes du long hiver stalinien et aux aléas des trente-neuf années suivantes.

Erich Mielke : un tueur professionnel

Jusqu'à l'été 1953, le second de Zaisser, c'est en effet Erich Mielke. Rien de commun avec le passé ni l'éducation de son supérieur, même si, à quarante-trois ans, il est déjà général, secrétaire d'État à la Sécurité, donc à la direction de ce qui fut l'Abteilung III, devenu le Staat Sicherheit-Dienst, plus connu, nous l'avons dit, sous le sinistre nom de Stasi.

S'il existe alors un ministère de la Peur en Urss, le secrétariat d'État de Mielke en est la copie germanique. Cet homme trapu, cynique, déjà lourdaud, incarne jusqu'à la caricature la pesanteur de la police répressive. Il en est le seul représentant à être invité à un banquet offert, en été 1950, par Andreï Vychinski, le ministre soviétique des Affaires étrangères. Les deux hommes sont faits pour s'entendre. Mielke est un tueur professionnel, recherché depuis 1932 pour un double meurtre. Vychinski, lui, a sauvé sa peau de menchevik en proposant ses connaissances juridiques au NKVD... pour bâtir des procès d'apparence légale.

Mielke est né en 1907 d'un père charron qui se tuait au travail pour élever convenablement ses quatre enfants. Communiste, il avait poussé son fils Erich à entrer dans les Jeunesses communistes dès ses seize ans. Ensuite, profitant de ses relations avec l'intellectuel Alexandre Abusch *, alors directeur de *Rote Fahne*, l'organe du PC, il obtint qu'Erich, au sortir du lycée, devienne enquêteur pour le journal. Mais le jeune Mielke rêvait surtout de bagarres. Selon le socialiste allemand Peter Herz, chef des services de presse du sénat de Berlin-Ouest dans les années soixante : « Quand Mielke frappait, La Charité [l'hôpital central de Berlin] gagnait un client ! » Chaque jour il s'entraînait au catch, à la savate, et testait ses progrès dans le plus rouge des quartiers de Berlin, à Wedding. Faits d'armes qui le firent remarquer par un des adjoints de Walter Ulbricht, Fritz Bröde, chargé des « groupes d'autodéfense » du PC qui servaient d'écran à un appareil bien plus redoutable, le T-Apparat. C'est-à-dire le service des tueurs du Komintern en Allemagne. Des tueurs qui frappaient de plus en plus.

Le préfet de police de Berlin, Albert Grzesinski ** avertissait à l'époque : « Il s'agit bien d'assassinats commis selon un plan précis... Différents groupes terroristes reçoivent leurs ordres d'une organisation centrale... » Dans son ouvrage *La Révolution mondiale*, Margaret Buber-Neumann *** note : « Conformément à la ligne imposée par Moscou, la terreur communiste

* Alexandre Abusch, né en 1902 à Nuremberg, est dans les années cinquante secrétaire général de Kultur Bund, organisation d'intellectuels utilisée par Markus Wolf pour pénétrer et influencer les écrivains, savants, journalistes de l'Allemagne occidentale.

** Voir, du même auteur, *Les Sources financières du communisme et du nazisme*. Grzesinski exerça jusqu'en 1932. Il a publié en 1934 *La Tragi-Comédie de la République allemande*, Bibliothèque du CEI.

*** Fille du philosophe Martin Buber, compagne de Heinz Neumann (haut cadre du Komintern liquidé par Staline en 1937), Margaret a été déportée en Sibérie, puis livrée à Hitler par Staline en 1940. L'auteur, basé à Francfort en 1951, écrivait alors dans la revue*Aktion* et lui doit nombre de détails sur le personnel est-allemand et diverses « taupes » d'Allemagne occidentale. Elle est décédée en novembre 1989, à soixante-dix-huit ans. La réflexion d'Ulbricht est rapportée dans *La Révolution mondiale*, de Mme Buber-Neumann, Casterman, 1971.

était moins dirigée contre les nationaux-socialistes que contre la police et les autres organes de l'État. »

D'où l'« affaire » du 8 août 1931. A cette époque, chaque jour, des troupes de choc communistes descendaient vers les quartiers du centre, et attaquaient la Schutzpolitzei, la police municipale chargée du maintien de l'ordre. Walter Ulbricht avait décidé qu'il fallait « donner une leçon à la police de Berlin, comme on l'avait fait en Saxe ». Fritz Bröde avait choisi la date, le lieu et l'heure de cette « leçon » : le 8 août, Bülowplatz, près de l'entrée principale du Théâtre populaire, où s'encastrait le cinéma Babylone; à vingt heures trente, moment des entrées et sorties des spectateurs. Il fallait créer l'incident. Aussi, bien que le préfet de police eût interdit toute manifestation politique, le parti communiste avait ordonné à plusieurs milliers de militants d'arriver par une rue adjacente. Et, pour être certain que deux officiers de police, connus pour leur anticommunisme, Paul Anlauf et Franz Lenk, seraient sur place, le PC laissa filer l'information à leurs bureaux.

A l'heure dite, les manifestants débouchent Bülowplatz, bousculent les cordons de police et se dirigent vers le cinéma Babylone. Des coups sont échangés avec les premiers groupes. Un garçon de seize ans, touché au genou par un coup de feu anonyme, tombe au sol. Lenk et Anlauf dégainent sans tirer, pour sommer les manifestants de reculer. Mielke et l'un de ses camarades font feu. Les deux officiers sont abattus. Mielke se perd dans la foule et rejoint un hôtel borgne dont le patron appartient aux réseaux de soutien du PC. Quelques heures plus tard, faux papiers et indication de points de chute en Belgique lui sont fournis. De Belgique, il repartira pour l'Urss. L'organisation T (pour Terrorisme) du Komintern avait tout prévu, assassinats et fuite à l'étranger.

Des Brigades d'Espagne à la Sécurité d'État

Un dossier figurait encore, au début des années soixante, dans les archives de la RFA : la fiche de recherches établie en 1931 par la police de Berlin, sous le numéro 500/1 Pol. A.K. 7.34/41.34. Elle concernait à la fois Mielke et Ulbricht, car ce dernier, connu pour téléguider Bröde, s'était également enfui (en Urss) le lendemain de l'attentat.

Pour le service des tueurs du NKVD (appelé « Smersh » à partir de 1941) le *curriculum vitae* de Mielke commandait son emploi. Il fut invité à suivre des cours à l'académie Frounzé. Cette éducation militaire et civile, une fois le brevet obtenu, lui permettait d'entrer comme officier dans leur service. C'est ainsi que, quatre ans plus tard, il réapparut en Espagne sous le nom de Paul Buch. Le spécialiste socialiste des questions communistes, Peter Herz, racontait en 1970 à Bonn * : « Certes, Mielke se trouvait en Espagne en 1936, mais jamais sur le front. Il s'était présenté à Zaisser, dans le secteur d'Albacète, avec le grade de chef de bataillon ayant pour mission l'instruction des recrues. Il était en réalité responsable d'une équipe de tueurs chargée d'éliminer les adversaires idéologiques, dans les organisations du parti. Les communistes allemands disaient de lui que sa passion et sa spécialité, c'était la balle dans la nuque ! »

Interné en France dans le flot des réfugiés espagnols, Mielke-Buch réussit à s'enfuir en 1940 avec Willy Münzenberg, l'un des organisateurs du Komintern les plus intelligents et les plus courageux. Il avait rompu avec Moscou en 1938, à l'heure où le NKVD assassinait tout communiste susceptible de s'opposer au pacte germano-soviétique. Le corps de Münzenberg a été retrouvé près de Saint-Marcellin, dans l'Isère. Exécuté par Mielke, dont c'était la mission avant de regagner Moscou... Il y parvint trois semaines plus tard sans difficultés, malgré les bouleversements de l'occupation allemande, tant l'appareil soviétique disposait de filières remarquables.

Début mai 1945, lorsque les premiers chars soviétiques occupent Berlin, un d'entre eux se détache de son unité, emprunte la Brunnenstrasse et s'arrête. Une tête émerge de la tourelle. Un officier soviétique en descend. Il se précipite l'arme au poing vers des immeubles à demi détruits par les bombardements, et descend dans une cave, sous les yeux de locataires terrorisés. Il fouille, puis s'en va. Erich Mielke était

* Voir l'article très documenté de Charles Hoffer, paru dans *Valeurs actuelles* le 11 mai 1970.

curieux de revoir le logement qu'il avait dû fuir dans la nuit du 8 août 1931. Les locataires retrouveront sous peu cet homme déjà lourd, dans son uniforme de général est-allemand, comme vice-président de l'administration de l'Intérieur (ou DVI, ensuite ministère de l'Intérieur), puis responsable du K5, la Gestapo rouge, puis secrétaire à la Sécurité d'État – derrière Zaisser jusqu'en 1953, derrière son successeur Wollweber jusqu'en 1957 – pour devenir enfin lui-même ministre de la Sécurité, de 1957 à 1989.

Une carrière d'une extraordinaire longévité comparée à celles de tant de communistes allemands ou des États voisins, qui, tous, à un moment ou à un autre des quarante-cinq années écoulées, ont tremblé pour leur peau, sont morts, ont été exécutés, déportés, diffamés. Au nom de la seule Vérité de l'instant : celle de Staline et de ses successeurs. Tout au long de sa vie, Mielke reste un tchékiste aveuglément dévoué à la « ligne » dominante de l'heure. A Leo Bauer, il va dire, en 1950, dans la prison souterraine de Berlin-Est : « Qu'importe que vous soyez coupable ou non, le marteau du parti a décidé de faire de vous son enclume... » C'est dans cet état de servitude qu'en juillet 1953 il arrête son ancien compagnon et supérieur Wilhelm Zaisser, sans ménagements. Et si Zaisser échappe à la mort, ce n'est pas grâce à lui, mais au fait qu'à Moscou certains officiers du KGB et du GRU estiment que ses connaissances peuvent encore être utiles. Après quatorze mois d'éclipse totale, Zaisser deviendra conseiller des services secrets soviéto-allemands pour la pénétration des États du tiers monde, mais surtout des orientations à suivre en Chine (autour de Mao) et en Corée.

Zaisser est décédé d'un infarctus, dans la nuit du 2 au 3 mars 1958, dans son appartement de Berlin-Hirschgarden, laissant trois filles et sa femme Else, écartée de toute fonction en octobre 1953, mais malgré tout titulaire d'une pension. Walter Ulbricht décédé, quelques-uns de ses compagnons, comme Heinz Hoffman, ministre de la Défense, rendront hommage à sa fidélité et à son courage. Sauf Mielke, à qui Ulbricht avait remis en 1954 l'Ordre du mérite patriotique... pour son rôle durant le putsch manqué de l'été 1953 et l'arrestation de ses propres camarades.

Épurations jusqu'en 1957

Mielke ne connaît cependant pas encore son apogée. Il reste le second personnage du MFS, chargé comme d'habitude de renforcer l'appareil répressif, à tel point que la terreur devient en RDA, comme en Urss aux pires moments de l'ère stalinienne, une méthode de gouvernement. De quatre mille permanents à son administration centrale en 1950, le ministère est passé en à peine cinq ans à neuf mille. De trois, puis cinq directions (ou administrations) principales, le MFS passe à dix-sept, avec une vingtaine de sous-directions, ou services, durant la période allant de 1951 à 1957. Markus Wolf devient progressivement le chargé d'opérations, le chef de l'IWF, ensuite le patron de son enfant, le Département XV. Enfin, le grand maître des services d'espionnage et de contre-espionnage de l'Est, la HVA.

Notons une fois de plus le silence de « Mischa », quels que soient les remous autour de lui dans les services secrets et policiers de la RDA, avant, pendant et après la mort de Staline. On ne connaît pas un seul témoignage – même venant de gens qui le détestent pour son arrogance et sa relative indépendance d'action – qui mentionne de sa part un doute, une amertume, un regret, tandis que tombent ses plus proches camarades sous le couperet de Wollweber et de son adjoint Mielke. Des dizaines de communistes dont on ne pouvait prétendre qu'ils n'avaient pas été aussi actifs que dévoués à la cause. Silence pire encore s'agissant d'un appareil politico-policier dont les cadres, jusque dans les années 1970, sont à 60 pour cent, dans les provinces comme à la centrale du MFS, issus du parti nazi, du SD, de la Gestapo.

Ainsi en est-il du colonel de la Gestapo Lange, conseiller permanent de Mielke. En 1944, Ernst Kaltenbrunner, chef de la Sécurité d'État auprès de Himmler, avait chargé Lange des représailles contre les conjurés du 20 juillet. Après 1945, il figurait sur les listes alliées des criminels de guerre ! Lange et ses techniciens, tels les commissaires Schrümpf, Schleimer et autres ont, tout au long des années cinquante, renforcé la police secrète intérieure de si étroite façon que, dans les cinq provinces (Länder) éclatées à partir de 1952 en seize districts administratifs et, au-dessous, en deux cent cinquante cantons, la future Stasi gérait des indicateurs permanents dans la plus petite commune.

Il n'y a d'exemple d'un tel filet disposant de dizaines de milliers d'agents qu'en Roumanie, sous Ceausescu. Indicateurs recrutés dans les écoles à partir de l'âge de quatorze ans, par le chantage, l'ambition, la corruption. Tout le monde devenait suspect à tout le monde. On finissait par se taire en famille. Résultat du mariage des techniques communistes et nazies, sous la haute autorité des supérieurs directs de Markus Wolf.

L'assassinat du frère de Mielke

Une affaire, étouffée dans les chroniques internationales, apporte encore un éclairage sur le caractère d'Erich Mielke. Celle de son frère Heinz qui, jusqu'en 1954, était directeur adjoint au service juridique de la chancellerie est-allemande, auprès du président de l'État Wilhelm Pieck.

Cet automne-là, en septembre, Heinz disparaît. Il s'est enfui à Berlin-Ouest. Il a osé contesté certaines mesures prises par Erich. Du coup, son frère l'accuse de « relations avec des milieux opposés à l'État ». Il est devenu suspect simplement pour avoir discuté une décision ! Heinz a pris le large, sans pour autant renier son idéologie. Mielke obtient de Wollweber que Markus Wolf, ses agents et ceux du contre-espionnage soient mobilisés pour retrouver où se cache Heinz. Il se chargera du reste. Au début de l'année 1955, Heinz est « situé ». Mielke lui fait passer un message : il lui propose un rendez-vous chez leur sœur, en secteur soviétique. Heinz connaît son frère. Il ira, mais il prend ses précautions, et parvient à s'échapper avant d'être arrêté *. Le 19 avril 1955, une dépêche de l'AFP annonce qu'on a découvert dans le secteur français de Berlin, sur la voie ferrée entre Tegel et Schulzend, un corps décapité. C'est le cadavre de Heinz Mielke. Son propre frère n'a pas lâché sa proie.

Quelques jours auparavant, le Conseil des ministres de la

* Enquête de l'auteur à l'époque, en secteur est.

RDA, présidé par Otto Grotewohl, avait diffusé un long communiqué de neuf pages à la gloire de la vigilance exercée par le SSD – Erich Mielke, en l'occurrence : « Au cours d'une vaste opération ont été arrêtés ces jours derniers cinq cent vingt et un agents des services d'espionnage et de sabotage américain, britannique et ouest-allemand implantés dans le pays... D'importantes quantités de matériel ont été saisies, notamment dix-neuf postes émetteurs et récepteurs radio, de construction américaine, des instructions secrètes, armes à feu, munitions, poisons, matériels incendiaires, fausses cartes d'alimentation, faux passeports et documents... Il ressort des déclarations des personnes arrêtées ou des dépositions volontaires d'autres agents que les États-Unis, la Grande-Bretagne et la France ont transformé Berlin-Ouest en centre d'espionnage et de sabotage de la RDA... »

Un ingénieur, un certain Arno Bade, était accusé de l'incendie qui, le 15 février, venait de détruire le nouvel immeuble de la radio de Berlin-Est... Mille deux cents bœufs avaient été empoisonnés par les agents de l' « organisation Gehlen »... Un certain Van Ackern était accusé d'avoir installé en RDA une centrale d'espionnage et de sabotage contre la Pologne.

Certes, il n'y avait pas de fumée sans feu, mais énormément de fumée pour un bien faible feu. La guerre des deux Allemagnes s'amplifiait d'année en année, au fur et à mesure de l'affirmation, de part et d'autre, de gouvernements aux conceptions opposées. Cependant l'imagination fertile d'Erich Mielke s'était à présent jointe à celle du ministre Wollweber afin de justifier le renforcement du totalitarisme en RDA. Les deux hommes étaient faits pour s'entendre, à considérer le passé de Wollweber, le troisième haut responsable d'Allemagne orientale avec lequel Markus Wolf avait à faire, chaque semaine, depuis son retour à Berlin.

Ernst Friedrich Wollweber, le loup solitaire

Au physique, aussi lourd et trapu que Mielke, Ernst Friedrich Wollweber a cinquante-quatre ans et neuf mois lorsqu'en juillet 1953 Moscou le désigne pour remplacer Zaisser. On pourrait se demander pourquoi ce secrétaire d'État à la Navigation, supposé réguler et contrôler les transports fluviaux et une marine marchande encore à peu près inexistante en RDA, devient soudain responsable de la Sécurité d'État. C'est que depuis son accession, en 1947, à ce poste d'apparence pacifique, Wollweber remplissait de tout autres rôles. De même que Wolf se camouflait à l'ombre d'un Institut de recherches économiques pour implanter des agents et des réseaux d'espionnage actifs (ou, plus tard, mis en activité), Ernst Friedrich naviguait, lui, dans des eaux beaucoup plus troubles que commerciales.

Il a d'abord organisé en divers points côtiers et intérieurs une dizaine d'écoles de sabotage *, dont la plus importante est alors celle que les services français de renseignements ont situé dans la partie nord du lac de Schwerin. Avec ses vingt-six baraquements comparables au modèle « Adrian » de l'armée américaine, cette école bénéficie, dès 1948, des cours de cinquante-six professeurs civils et militaires. Elle instruit à chaque session qui dure de trois à neuf mois, selon la sélection, un peu moins de deux cents élèves, dont les trois quarts sont allemands, le reste de diverses nationalités, dont un fort contingent de Britanniques. Tous travaillent sur des modèles réduits de docks ou de navires pour savoir saboter où et quand il faut, mais avec l'appoint de détails techniques sur les liaisons, les transmissions et l'organisation des plus grands ports d'Europe, d'Amérique et d'Asie. Plusieurs élèves des écoles de Wollweber, des classes 1947 à 1953, seront vingt ans plus tard les professeurs ou les inspirateurs de nombreux terroristes arabo-palestiniens, de la Bande à Baader et autres précurseurs de la Fraction Armée rouge.

Né le 28 octobre 1898 à Hannoversch-Münden, d'un père mineur en Silésie, Ernst Friedrich se montre à l'école primaire un élève assez doué. Mais son besoin d'action l'emportait sur la nécessité de poursuivre des études. Il n'avait pas seize ans qu'il prenait le large, attiré par la mer et surtout par l'atmosphère si particulière des ports. A Hambourg, puis à Kiel, tour à tour moussaillon, matelot ou docker, dès 1915, il vivait avec une fille facile, tout en militant dans les Jeunesses socialistes. Une ancre

* Voir en annexe : Les écoles d'espionnage, d'action et de subversion.

tatouée sur le bras gauche et, dit-on, un serpent sur la poitrine, il est fasciné par les agitateurs qui sévissent déjà en 1917 dans l'armée et la marine impériales.

Wollweber est un loup solitaire, fort en gueule, fier de sa force, de ses mains qui sont de véritables battoirs. Son physique est fruste, ses lèvres épaisses, mais son esprit est perspicace, sans cesse attentif aux développements politiques. Aussi le retrouve-t-on en novembre 1918 à bord du croiseur *Helgoland*, chauffeur en principe, mais tout de suite à la tête d'une mutinerie historiquement connue. Il entre au parti communiste où on a remarqué son activisme, non pas brouillon mais étoffé d'un jugement sûr et d'un souci de méthode dans l'action *... toutes qualités qui pourront en faire un cadre parfait dans le Komintern naissant.

1920, les recruteurs de Zinoviev l'embarquent à Moscou pour quelques semaines d'instruction et de tests. Ils le réexpédient ensuite en mission en Allemagne. 1922, le jeune Wollweber siège parmi les délégués allemands du IVe Congrès de l'Internationale révolutionnaire, en tant que patron de l'Internationale des dockers. 1923, il est coopté au Comité central du parti communiste, en même temps que Wilhelm Pieck, le futur président de la RDA, et que Walter Ulbricht, futur numéro un du parti **. Sa double vie a commencé : missions secrètes en Silésie, en Sarre, en Westphalie, en Saxe, etc. Un premier accroc en décembre 1925 à Leipzig : dénoncé, il est arrêté, condamné à trois ans de prison pour menées subversives. Fort heureusement pour lui, une amnistie permet sa libération dès le mois de mars 1926. Il profite de l'absence de coordination entre les polices des provinces allemandes pour se faire élire en 1928 à la Diète de Prusse; en 1932, il sera au Reichstag, le parlement de l'Allemagne. Excellente couverture pour Ernst Friedrich qui tire les ficelles, par-delà l'Internationale des marins et dockers, d'une organisation toute nouvelle dont il avait suggéré la création à Otto Kuusinen, des années auparavant : un bureau d'Europe occidentale qui se spécialiserait dans le sabotage des

* De dix-sept à dix-neuf ans, il a participé à la paralysie des canaux allemands par où passait du matériel de guerre, en y coulant des péniches chargées de ciment. Sans jamais être pris.

** Revue *Est-Ouest*, n° 191, mars 1958.

ports et des marines du monde « capitaliste ». Bureau dont on parlera bientôt dans les ministères occidentaux sous le nom de « Ligue Wollweber », et cela jusqu'à la fin des années 1950, c'est-à-dire pendant une vingtaine d'années.

« Fritz Koeller » pris sur le fait

Entreprenant, Wollweber participe en 1933 à la mise en place d'un double appareil clandestin du PC. La branche la plus secrète est depuis déjà un an au travail : ses membres les moins repérés entrent en masse dans la police, la Gestapo ou le SD *; l'autre branche devra classiquement maintenir des réseaux d'information ou de soutien. Il prévoit dans les deux cas des équipes de sabotage.

En 1934, il se trouvait dans le wagon-restaurant d'une ligne internationale, en Allemagne, et y rencontrait Johnie Scheer, un cadre du PC, lorsque la Gestapo surgit, interpelle Scheer qui se trouble si visiblement qu'il est emmené. Wollweber, lui, impassible, a montré ses faux papiers et affirmé qu'il parlait à son vis-à-vis sans le connaître, comme cela arrive souvent au wagon-restaurant... La Gestapo n'insiste pas, mais Wollweber, le jour même, quitte l'Allemagne vers un point de repli prévu de longue date : Copenhague.

Ce sera de Copenhague, pendant près de six années, que Wollweber va diriger l'état-major clandestin de sa vaste entreprise de sabotage qu'il a installé dans un grand bâtiment moderne, sous couvert d'une entreprise industrielle et commerciale, laquelle, bien entendu, réalise effectivement des affaires.

D'après diverses sources ouest-allemandes consultées par l'auteur en été 1953, la Gestapo disposait à l'étage au-dessous du sien d'une antenne secrète – qui fonctionna de 1936 à 1940 – sous couvert d'une firme de vente en gros de postes radio, et n'a jamais soupçonné les activités de l'étage supérieur.

* Selon M. Lemaire qui fut longtemps un des trois hauts responsables du contre-espionnage belge, authentique résistant et ami de l'auteur, 60 pour cent des cadres de la Gestapo et du SD en Belgique occupée venaient du PC. Cela explique bien des affaires de « résistance » plutôt obscures entre 1940 et 1944...

En moins de quinze mois, les cargos allemands *Phila, Nordeney, Klaus Boge*; l'italien *Felice*, les japonais *Tajima Maru, Kasji Maru*, etc., des cargos espagnols, scandinaves... qui apportaient du matériel de guerre aux franquistes, sautent en pleine mer ou durant leurs escales...

Le courtaud mais dynamique agent secret Wollweber n'en est pas moins homme. Il a épousé à Copenhague une ravissante Norvégienne, Raghild Wiik, qui servait souvent de liaison sur Oslo pour son adjoint chargé du renseignement, Michel Avatine, excellent connaisseur de l'Europe occidentale, et en particulier des personnels ministériels français au moment de l'invasion de 1940 *.

Juin 1940, époque où d'ailleurs, en raison de l'offensive allemande, « Fritz Koeller », le nouveau nom d'Ernst Friedrich, doit se replier en Suède. Mais Stockholm a l'œil sur quiconque pourrait nuire à sa neutralité, et soupçonne ce Koeller d'activités louches. Il est surveillé, pisté et pris, alors qu'il devait retrouver un de ses subordonnés dans un dépôt clandestin d'explosifs. Koeller écope de six mois de prison. On n'a découvert aucun complice. L'homme était en retard au rendez-vous. Il n'a cependant pas réussi à convaincre la police de l'innocence de sa présence en un tel lieu.

En fait, la Gestapo, en occupant les Pays-Bas, a réuni des éléments suffisants pour « situer » le rôle de Wollweber durant les dernières années et surtout celui de son épouse Raghild Wiik **. Une partie de ces renseignements a filé vers Stockholm où, par routine, la police avait surveillé Koeller, parmi cinq ou six suspects [2]. Il s'en serait tiré à bon compte si un impair n'était survenu au moment où sa peine de prison expirait. A cinq jours près. Des hommes sont pris en train de saboter un cargo finlandais en escale en Suède, et deux d'entre eux dénoncent un certain Fritz Koeller. La peine de Wollweber en sera prorogée de trois ans.

Moscou suivait l'affaire. Début novembre 1944, Alexandra Kollontaï, ambassadrice soviétique en Suède, réclame l'extra-

* Selon Boris Bajanov qui fut secrétaire de Staline jusqu'en 1926, année de sa fuite à l'Ouest, durant ses conversations avec l'auteur.

** Raghild a été arrêtée par la Gestapo lors d'une mission et fusillée, sans doute en 1942.

dition de Koeller, sujet soviétique recherché en Urss pour malversations... Elle a appris sa présence en prison... Il doit être jugé à Moscou... Quinze jours plus tard Koeller-Wollweber quitte sa cellule pour rejoindre les confortables locaux du consulat de l'Urss. Encore quinze jours et il retrouve ses amis moscovites. Cinq mois après, en mai 1945, il est à Berlin, et reprend du service. Un de ses adjoints est Olaf Holstin, alias Max Wisse, revenu d'Australie avec dans ses bagages la liste de saboteurs patentés d'origine australienne, indonésienne ou malaise.

Tout finit par se savoir

L'extraordinaire compétence de Wollweber n'a pas fini de servir les intentions soviétiques. Son organisation téléguide depuis l'Allemagne de l'Est des antennes secrètes dans vingt-deux États de l'Ouest et quinze pays du tiers monde. Elle agit en étroite liaison avec un centre soviétique basé à Leningrad et dirigé, sur le plan maritime, par le capitaine de vaisseau Lev Mirtsov. Du port de Stettin sont manipulés les agents du secteur Europe et Canada-États-Unis; du port de Gdansk, ceux du secteur Amérique du Sud et Asie. La Scandinavie dépend directement de Wollweber.

En 1947 et 1948 trente cargos et navires sont envoyés par le fond. Une douzaine d'autres le seront en 1952 et 1953. Selon un rapport du général Reinhard Gehlen, daté de novembre 1952, le seul réseau « anglais » de saboteurs dispose alors de quatre-vingt-seize marins et de dix-huit dockers en Grande-Bretagne. Le chef du renseignement ouest-allemand consacre d'ailleurs une dizaine de pages de ses *Mémoires* * à l'organisation Wollweber, car celle-ci n'est pas uniquement spécialisée dans le secteur maritime. A partir de 1947 et jusqu'à sa destitution, Wollweber mène aussi une guerre « sur terre » contre l'Alliance

* *L'Organisation Gehlen. Mémoires*, par R. Gehlen. Fayard/Presses de la Cité, 1972. Le travail de Gehlen a été examiné en contrepoint par l'expert britannique E.H. Cookridge : *Gehlen, Spy of the Century*, *op. cit.*, mais avec une telle haine qu'il a déformé certaines affaires d'espionnage au point de laver de tout soupçon plusieurs agents de l'Urss...

atlantique, et plus spécifiquement contre la RFA dans l'Alliance. Il a en outre organisé des réseaux destinés à briser l'embargo occidental sur le commerce avec l'Allemagne de l'Est, en liaison parfaite sur ce plan avec Markus Wolf.

Ce qu'ignore Ernst Friedrich lorsqu'il prend en été 1953, et pour quatre ans, ses fonctions de secrétaire d'État, et finalement de ministre de la Sécurité d'État, c'est que son second, Mielke, fait tout pour le déposséder de ses prérogatives. Il rapporte ses moindres critiques d'Ulbricht à deux de ses amis : Erich Honecker et Paul Verner, deux étoiles montantes du Politburo est-allemand. Wollweber ignore aussi qu'à l'étranger on sait quel rôle il a joué depuis 1920. On sait par exemple que l'un des agents moscovites chargé des liaisons permanentes avec lui, à partir de 1926, s'appelait Nikolaï K. Jilinski * ; que l'un de ses coéquipiers, de 1936 à 1939, était « Lambert », un des hommes les plus mystérieux de l'appareil européen de l'Urss ; et surtout la façon dont la « Ligue » était organisée et fonctionnait. Dont ces précisions :

– Les responsables du sabotage, dans chaque pays, étaient en général étrangers au pays et sans liaison aucune avec les partis communistes locaux.

– La centrale chargée de monter des opérations dans un pays n'était jamais installée dans le pays ciblé. Ainsi, celles perpétrées en Belgique étaient organisées depuis les Pays-Bas ; celles effectuées aux Pays-Bas étaient téléguidées de Copenhague ou parfois d'Oslo...

– Wollweber exigeait – et continua une fois ministre de la Sécurité d'État – que ses agents soient d'une absolue orthodoxie communiste.

– Une fois qu'ils étaient intégrés dans son organisation, les fiches des agents disparaissaient des dossiers des PC et de leurs filiales.

– Il n'utilisait que des convaincus qui étaient payés chichement. Une série de dossiers, retrouvés par les services occidentaux sous les ruines du Tribunal du peuple à Berlin, ont

* Andrew Boyle, *The Climat of Treason*, Hodder & Stoughton et Coronet Books, Grande-Bretagne, 1979.

permis de constater qu'ils étaient juste remboursés de leurs frais.

– Les saboteurs ne disposaient pas de moyens sophistiqués, à l'inverse des officiers soviétiques chargés d'opérations. Ils devaient se procurer chez des pharmaciens, des droguistes, dans les hôpitaux de quoi fabriquer bombes ou explosifs.

L'esprit méthodique de Wollweber a marqué de son empreinte les services secrets de la RDA, jusqu'en 1989. C'est lui qui, une fois en place en 1953, a exclu petit à petit du MFS tout employé ayant des liens familiaux ou personnels avec l'Allemagne de l'Ouest. Lui encore qui a obligé à un recrutement « spécialisé », c'est-à-dire dans les disciplines universitaires et les hautes écoles techniques, afin de disposer, pour le renseignement comme pour l'action, d'un personnel parfaitement adapté, qu'il s'agisse d'industries mécaniques, électriques, du nucléaire, des finances, des circuits commerciaux, etc.

Comme au temps de l'Internationale du sabotage, il exige que le parti crée et anime des cellules du haut en bas de son ministère et de ses dépendances, jusque dans les districts provinciaux. A partir de 1955, un premier secrétaire du parti est en permanence responsable du travail idéologique et quasiment policier de ces cellules : Gerhard Heidenreich, natif de Breslau, pionnier en 1926 aux Jeunesses communistes, puis cadre du PC. Arrêté en 1934, il a passé deux années en prison avant de ressortir libre dans des conditions mystérieuses. Membre en 1945 des équipes de l'école antifasciste de Zaisser, Heidenreich a été secrétaire des Jeunesses communistes de la Saxe (toujours auprès de Zaisser) et muté en 1951 dans l'IWF auprès de Markus Wolf, avec le grade de colonel, avant d'être appelé par Wollweber à la direction des cellules du ministère. Exemple d'une remarquable continuité dans un encadrement qui a sa propre vie, à l'intérieur de la Sécurité d'État : Heidenreich reste à cette fonction jusqu'en 1981. Vingt-six ans, quelles que soient les intrigues, les destitutions, mutations, promotions qui feront valser les hommes autour d'Ulbricht et de son successeur Honecker !

C'est dire sous quelles impulsions a commencé et s'est développée dès 1947, et surtout en 1949, année de la naissance de l'État est-allemand, la guerre secrète entre les deux Allemagnes. Trois hommes l'ont menée, Markus Wolf à leurs ordres, l'appareil soviétique autour d'eux, tous de formation et de psychologie différentes, mais superbement adaptés aux conditions d'existence de la « variante germanique de l'Urss ». Zaisser, Wollweber, Mielke ont été l'avers et Wolf le revers d'une même médaille : le contre-espionnage interne et international dans tous ses aspects et ses entreprises sans pitié; l'espionnage, dans la subtilité et le cynisme qui ont caractérisé « Mischa » dès l'instant où il a pris pied dans l'appareil.

9

Lorsqu'un loup en cache un autre

Durant l'hiver 1945, un avocat nommé Kemritz, qui pendant la guerre avait appartenu au contre-espionnage allemand, obtint des autorités soviétiques l'autorisation d'ouvrir une étude en secteur est de Berlin, à proximité de la Porte de Brandebourg. Il était « dénazifié » puisque rien n'avait été relevé contre lui, aucun crime de guerre. Me Kemritz devint vite un intermédiaire habile entre les autorités de l'Est et de l'Ouest, pour des familles ayant des biens ou des parents des deux côtés de l'ex-capitale. Bien entendu, les services secrets américains l'approchèrent : accepterait-il de les renseigner sur ce qui se passait en zone soviéto-allemande? et si, par hasard, des anciens officiers ou de simples compatriotes prenaient contact avec lui, pourrait-il les inciter à travailler pour l'Ouest? Réponse positive.

En quatre ans, Kemritz aurait ainsi implanté en Allemagne de l'Est plus de cent quarante agents pour le compte de la CIA, tandis que la guerre froide prenait l'extension que l'on sait. Mais, au début de l'année 1951, une rumeur parvint aux oreilles du bourgmestre de Berlin-Ouest, Ernst Reuter : trois Allemands de la zone occidentale, venus voir Kemritz en 1946, n'étaient ressortis de son étude que pour être interceptés à la porte de son immeuble et jetés dans des voitures. On ne les avait jamais revus, mais des rescapés des camps de concentration soviétiques affirmaient maintenant qu'ils les avaient connus et qu'ils étaient morts en déportation.

En juin 1951, les « disparus » étaient au nombre de quinze *, or il était impossible que Kemritz ait pu ignorer ces enlèvements dont plusieurs avaient eu des témoins ! Robert Kempner, l'ex-procureur américain des tribunaux de Nuremberg, retourné depuis à son étude d'avocat, prit la défense de son confrère. S'il admit qu'il existait bien « un cas » de complicité d'enlèvement, Kemritz, d'après lui, avait cependant contribué activement à la « sécurité de l'Occident »... Kemritz s'évanouit quelque part en RFA, et plus jamais ne fut évoquée cette affaire typique d'agent double, à une époque où derrière les querelles entre l'Est et l'Ouest, derrière les diatribes et les communiqués, les révélations, les contre-informations ou les désinformations, des drames humains se jouaient chaque mois, même chaque semaine. L'Europe occidentale attachait peu d'importance à ce qui se passait au-delà de sa frontière. Elle recouvrait force et prospérité à l'ombre de l'Alliance atlantique. Peu lui importaient ces vagues de l'affrontement secret, du moment qu'elles ne venaient pas remettre en cause son petit confort.

L'ombre de Leo Long

Et pourtant des centaines d'hommes et de femmes étaient pourchassés par des tueurs jusque dans les zones occidentales d'Allemagne. Ils étaient kidnappés, assassinés, parfois harcelés avec leurs familles restées en otage à l'Est. Des dossiers, vrais ou fabriqués, surgissaient sur les tables des Alliés pour discréditer untel ou untel. Tout cela sous l'œil de Wilhelm Zaisser, orchestré et téléguidé par ses adjoints Wollweber et Mielke qui, tour à tour, lui succéderaient à la tête du MFS. Ces deux hommes conjuguaient souvent leurs coups dans les quartiers ouest de Berlin et en RFA. Ils travaillaient pour ainsi dire « à la carte » lorsque le MGB-KGB recouraient à leurs services. Si bien qu'il était difficile de savoir les actions qui revenaient aux Soviétiques ou aux Est-Allemands.

* *La Tribune de Genève*, juin 1951. Article de Paul Werner, dit « Harold », qui fut un des meilleurs experts de la RDA jusqu'en 1970.

Avant d'en venir à quelques illustrations précises, un détail, ignoré jusqu'à présent dans les historiques des événements survenus entre 1947 et 1952, explique magistralement la facilité avec laquelle le tandem soviéto-allemand agissait sous le nez des Alliés : non seulement Moscou et Berlin-Est « récupéraient » et utilisaient petit à petit les réseaux qu'ils avaient implantés durant la guerre et le début de l'occupation allemande, dans les administrations et les services secrets alliés, mais ils disposaient, par exemple dans Berlin et à un très haut niveau, de « taupes » dont on ne devait découvrir l'existence que quinze ou vingt ans plus tard. Ainsi en a-t-il été de Leo Long qui, en novembre 1945, avait des responsabilités et un grade équivalents à ceux de général, en tant qu'adjoint du haut commissaire britannique à Berlin.

Dans l'histoire secrète, Leo Long appartient à l'équipe de cette vingtaine d'agents de l'Urss qui furent recrutés dans les années trente à Cambridge et à Oxford. Lui le fut par Anthony Blunt, en même temps que Burgess et MacLean. Avec Michel Straight, il entra dans ce fameux groupe dit des « Apôtres », dont Philby fut en quelque sorte le doyen.

Ni ceux-là ni Long n'ont jamais été détectés par Roger Hollis, supposé durant sa longue carrière au MI-5 – 1939 à 1965 – repérer puis neutraliser les communistes ou les espions de l'Urss. Deux appartenances qui, quoi qu'on en dise encore aujourd'hui, ne sont pas incompatibles, l'une menant à l'autre ou couvrant l'autre, selon les latitudes et les circonstances.

Long était, dès 1939, un important officier du MI-14, section chargée du renseignement militaire contre l'Allemagne. A partir de 1942, il fut en contact permanent avec les Américains de l'OSS. Au-dessus de lui, il y avait Blunt, voire directement le « traitant » de Blunt : Youri Modine, dit « Henry ». En novembre 1945, Long résidait à Berlin-Ouest. L'année suivante, Blunt, redevenu « civil », vint le voir pour lui transmettre diverses consignes de Moscou : « on » souhaitait qu'il entre au MI-5... Mais sa candidature fut rejetée pour des motifs techniques. Il resta donc en poste en Allemagne jusqu'en 1952, et y joua le rôle de protecteur de nombreux agents occidentaux de l'Urss, ainsi que d'actions directes engagées par les Soviéto-Allemands dans les zones alliées. Il n'eût jamais été découvert sans la confession au FBI de son ami Straight, en 1963 *. Certes, Long n'était pas l'unique « taupe ». Il n'avait pas à intervenir de manière directe. Simplement, il avait connaissance de tout ce que les services de contre-espionnage américain et anglais découvraient. Le travail du MGB-KGB et du MVD, ainsi avertis des enquêtes en cours, des recherches, des « trous » dans les dossiers, en était facilité. Les Soviétiques faisaient suivre, s'il le fallait, à Mielke ou à Wollweber.

Le cas Dowideit

Jan Valtin a raconté dans *Le Figaro* en 1951 l'une des actions menées par Mielke et Wollweber dans Berlin-Est, sur la demande du général Bogdan Koboulov qui était la liaison directe entre Berlin et Zaisser. Koboulov était furieux du passage à l'Ouest de Fritz Wolf, un expert allemand des problèmes de pétrole et de raffinage. Il chargea le MFS de le récupérer **. Ce fut le propre fils du président de la République est-allemande, Arthur Pieck, alors officier du SSD auprès de Mielke, qui prit en main l'opération avec deux de ses subordonnés, dont l'un s'appelait Dowideit. Ce dernier, bien que très antinazi, n'en avait pas moins connu plusieurs années de déportation en Union soviétique. Il n'attendait que l'occasion de brûler la politesse à un système totalitaire dont il connaissait trop bien les recettes pour les supporter plus longtemps. Erreur de choix et de psychologie de la part d'Arthur Pieck, véritable fils à papa, sans aucun talent pour le renseignement et l'action. Son poste au SSD, il ne le devait qu'à sa plate obéissance aux ordres du NKVD durant la guerre. Il prêtait aux autres sa soumission et son arrivisme sans scrupules.

* Interrogé en 1963, Long admit avoir travaillé pour Moscou « de 1941 à 1951 seulement »! En réalité, selon nous, de 1939 à 1952. Roger Hollis estima que sa confession suffisait puisqu'il était à la retraite depuis 1952. Il fit classer le dossier qui n'apparut dans la chronique journalistique qu'en 1981, lorsque Blunt lâcha ses dernières révélations. Long réitéra « ses regrets et son remords »... et son dossier fut de nouveau classé.

** *Le Figaro*, 7-8 janvier 1951. Valtin désignait souvent les intéressés sous de faux noms afin de ne pas brûler ses sources. Nous avons rétabli.

Wollweber, qui avait ses propres informateurs dans Berlin-Ouest, repéra très vite Fritz Wolf, et communiqua l'information à Mielke qui en saisit Pieck... qui envoya Dowideit en secteur ouest. Ce dernier prévint sans hésiter Wolf, et donna son coéquipier aux autorités américaines. Puis il attendit, caché dans une sordide chambre de bonne, qu'on veuille bien lui trouver une place dans un avion allié, pour refaire sa vie à l'Ouest sous un autre nom.

C'est à ce point de l'histoire que Leo Long entre en scène. Sous le prétexte de l'entente et des liaisons techniques entre Américains, Anglais et Français, il pouvait aisément être au courant de l'essentiel des « affaires » traitées, en l'occurrence par les Américains. Il lui était alors facile de freiner l'évaluation d'un transfuge. De toute façon, il existait bien d'autres Long – à l'insu les uns des autres – aussi bien dans la CIA que dans la DGER (devenue Sdece), et dans la haute administration alliée.

Le temps est primordial en matière d'espionnage. Un retard à un rendez-vous, s'attarder dans un lieu peuvent coûter cher. Or les jours passaient pour Dowideit, sans qu'une place soit disponible. Le cas n'était pas le même pour Fritz Wolf, bien protégé parce qu'intéressant vu sa connaissance des besoins et des difficultés énergétiques des Soviéto-Allemands. En revanche, petit poisson, Dowideit survivait misérablement, sans argent. Il finit par chercher du travail au noir. Le hasard et la faim – le ravitaillement était rare et cher à Berlin – l'incitèrent à bavarder avec un des commerçants qui, chaque jour, plantait son petit éventaire aux sorties des gares, et vendait au marché noir des conserves et du beurre. Le marchand le laissa venir plusieurs fois, puis il lui proposa de rencontrer un de ses amis « bien placés ». Dès cette entrevue, Dowideit repartit avec une denrée introuvable; une boîte de sardines, et la promesse d'un travail temporaire. Il lui sembla qu'il était suivi et, au lieu de rentrer dans sa triste mansarde, décida de passer la nuit chez une fille. La fille avait faim. Elle mangea les sardines... Une heure après, elle était saisie d'atroces douleurs et mourut. La police découvrit à l'autopsie qu'un poison violent avait été introduit dans la boîte. Heureusement pour lui, Dowideit n'y avait pas touché. Les Américains se décidèrent enfin à l'évacuer d'urgence en RFA.

Des pralines pour Lisa Stein

Jusqu'à ce qu'il prenne la direction du MFS en novembre 1957, Mielke estimait que le poison était la meilleure arme, soit pour tuer lorsque le rapatriement de force était inutile, soit pour « neutraliser ». Tel fut le cas pour Lisa Stein, employée à la station radiophonique américaine de Berlin, la RIAS. Gerhard Beck, vingt-huit ans, jeune agent du SSD, fut chargé d'entrer en relation avec elle. Le jour convenu, il lui offrit les pralines dont elle raffolait. Elles contenaient de l'atropine en dose calculée pour produire son effet tandis qu'elle quitterait son bureau pour rentrer chez elle. Une voiture la filerait, la ramasserait au moment où elle s'effondrerait et l'emmènerait en secteur oriental. Mal dosée, la drogue agit moins vite que prévu. C'est seulement sur le pas de son immeuble qu'elle tomba, devant des passants. Les trois hommes qui la suivaient en voiture s'enfuirent aussitôt, mais, peu avant son malaise, Lisa Stein avait aperçu l'un d'eux. Grâce au fichier de la police, elle reconnut Gerhard Beck. Arrêté, celui-ci avoua sa participation à la tentative d'enlèvement et révéla qu'elle avait été montée par des agents de Berlin-Est. Ses complices étaient repartis de l'autre côté.

Une affaire identique se déroula le 1er juin 1951 à Limbourg-Lahn, où se trouvait le centre d'une organisation d'émigrés russes anticommunistes, née dans les années trente, le NTS, alors l'une des cibles désignée au MFS par le MGB-KGB. L'ordre était d'enlever un de ses hauts responsables, Georges Okolovitch, en le droguant par piqûre. Deux des trois hommes chargés de l'opération la firent échouer. Ils avaient été recrutés dans les prisons d'Allemagne de l'Est, coutume usuelle du MFS à cette époque, Mielke estimant qu'en cas d'échec, cela n'avait aucune importance de sacrifier ce genre d'individus. D'autant que, s'ils étaient pris et parlaient, il serait facile de discréditer leurs aveux en sortant leurs dossiers. Le seul agent de ce groupe, appartenant au SSD, retourna à temps en zone soviétique *.

* Entretiens de l'auteur avec Okolovitch et Poremsky, dirigeants du NTS, en 1952 et 1953, à Francfort-sur-le-Main.

Moins chanceux, Heinz Kühn, un des dirigeants du « Bureau de l'Est » du parti socialiste, qui publiait régulièrement des notes sur les services policiers de Berlin-Est, fut piqué à la morphine et embarqué à Berlin-Karlhorst, d'où le MGB-KGB l'expédia dans les camps de Sibérie pour vingt-cinq ans de travaux forcés.

Cette technique de l'assassinat ou du kidnapping était à ce point fréquente que, le 20 septembre 1949, les autorités de Berlin-Ouest avaient promulgué une loi spéciale : serait condamnée à une peine de trois années de prison minimum « toute entreprise pour s'emparer d'un homme par la ruse, la menace ou la force, pour l'emmener ou le retenir contre son gré dans une région située hors du secteur occidental de Berlin... ». Les dirigeants de l'Est n'avaient cure de cette loi. Entre 1949 et l'été 1953, en quatre ans donc, la moyenne des rapts dans Berlin atteignait soixante-dix par an, dont trois quarts de réussite. 1953 fut une année de pointe avec mille sept cents enquêtes ouvertes dans Berlin-Ouest, sur la seule base de la loi de 1949.

L'enlèvement de Walter Linse

Ces rapts visaient aussi bien des citoyens allemands que des réfugiés de toute nationalité qui, jusqu'au jour de 1961 qui vit s'élever le Mur, gagnaient les quartiers occidentaux à raison de trois cent cinquante à quatre cents par jour. A l'évidence, Mielke et Wollweber infiltraient parmi eux des taupes. Il fallait donc enquêter au plus vite, avant de les évacuer sur la RFA. Mais le temps manquait pour un repérage sérieux. Ce que l'avenir allait démontrer cinq, dix ou quinze ans plus tard.

La terreur faisait partie des armes préférées de Mielke. Il pensait ainsi décourager les transfuges et ceux qui croyaient que, une fois à l'Ouest, ils participeraient à la guerre froide sans trop de risques, sous la protection des alliés. Le MFS pratiquait donc une politique de dissuasion en démontrant qu'il pouvait retrouver et frapper les fuyards quand il le voulait. Trop souvent, les services secrets occidentaux protégeaient fort mal ceux qui acceptaient de travailler pour eux. « On » oubliait de les former aux techniques de protection les plus élémentaires, par exemple éviter toute routine.

Règle que le docteur Walter Linse n'observa pas. Il dirigeait l'Association des juristes libres, spécialisée dans des rapports sur les atteintes aux droits de l'homme en Allemagne de l'Est. A la différence d'autres organismes du genre, nés dans les années 1970, celui-ci ne « roulait » pas pour des partis politiques... Walter Linse avait le tort de quitter tous les matins à la même heure son domicile, d'effectuer le même trajet vers ses bureaux, et cela sans aucune protection ni précaution.

8 juillet 1952, cinq heures du matin à Berlin-Ouest : cinq hommes montent dans un taxi, comme s'ils sortaient d'une boîte de nuit. Ils demandent au chauffeur de les conduire en zone soviétique. Le chauffeur se fait réticent, mais ils lui donnent un gros pourboire. Le taxi KB 060-223 les dépose quinze minutes plus tard dans la Metzerstrasse, en secteur Est. Ils prétendent ne plus avoir sur eux suffisamment de marks occidentaux, et complètent le montant de la course avec des paquets de cigarettes d'une marque introuvable dans la zone soviétique. Ils descendent du taxi. A cet instant, une patrouille est-allemande interpelle le chauffeur et l'arrête pour marché noir. Les cinq hommes repartent au volant du taxi et regagnent Berlin-Ouest où, dans un garage ami, ses plaques d'immatriculation sont posées sur une limousine Opel. Le petit commando se dirige vers la rue où habite Walter Linse. Il est sept heures du matin. A sept heures trente, Linse sort de son immeuble. Deux hommes l'accostent. Aurait-il du feu? Il n'a même pas le temps de répondre : il est assommé par-derrière, d'un coup sur la tête.

En hâte les agresseurs jettent le corps de Linse inanimé sur le siège avant droit, sautent sur les sièges arrière. L'Opel démarre en trombe, si précipitamment que la portière avant n'a pas été refermée car les pieds du docteur en dépassaient. Le conducteur venait en effet de s'apercevoir que le chauffeur d'une fourgonnette de livraison assistait à la scène. Celui-ci poursuit l'Opel, essuie un coup de feu. Affolé, il s'arrête. Deux rues plus loin, le corps de Linse est tiré à l'intérieur du véhicule qui continue sa course vers la limite du secteur soviétique. A cinquante mètres de la barrière-frontière, un motocycliste et une BMW les attendent. Dès l'apparition de l'Opel, ils font un signe aux gardes qui ouvrent la barrière. Le convoi s'engouffre, sans contrôle, vers l'Est.

L'affaire fit grand bruit à l'époque. Les autorités occidentales portèrent plainte. Le maréchal Tchouikov, alors commandant en chef des armées soviétiques en Allemagne, assura « sur l'honneur » n'avoir jamais entendu parler ni de kidnapping ni du docteur Linse. Mais, trois ans plus tard, un certain Siegfried Beuter, arrêté pour un autre motif à Berlin-Ouest, avoua avoir participé à l'enlèvement. Selon lui, il avait obéi à l' « organisation Weinmeister ». Puis on apprit par des réfugiés et des transfuges que Linse avait comparu devant un tribunal militaire soviétique, et avait été condamné à vingt-cinq ans de camp de concentration, pour espionnage.

Enfin, en mai 1960, en ce temps où Nikita Khrouchtchev voulait gagner quelques bonnes grâces en Occident, la Croix-Rouge soviétique admit que le docteur avait été retrouvé, mais qu'il était brutalement décédé le 15 décembre 1953, dix-huit mois après son « arrivée » en Urss.

« Weinmeister », la VIIIe section du MFS

Weinmeister, étrange jeu de mots, caractéristique de l'humour noir de Mielke et de Wollweber ! Car c'est ce dernier qui faisait ainsi signer la plupart des actions directes menées en zones occidentales. Les journaux de l'époque ne l'ont pas relevé : Wollweber avait depuis toujours une solide réputation de buveur; or, « Weinmeister » peut se traduire par : « celui qui maîtrise le vin ». Les journalistes n'avaient pas fait le rapprochement entre cette « signature » de la VIIIe section du MFS, lors des enlèvements et sabotages dans Berlin, en RFA, jusque dans les ports occidentaux et contre les bases de l'Otan, et Wollweber. Il fut démontré en revanche, en 1955, que la section était dirigée, sur le plan opérationnel par un certain « Paul Liebig » et son adjoint Fritz Wahle, alias Paul Schmidt. Ce dernier, arrêté neuf ans auparavant en zone Ouest pour morphinomanie, s'était évadé de la clinique de désintoxication pour se réfugier à l'Est, où il avait été « récupéré » par le grand patron de la VIIIe section, « Karl Morgenthal * ».

Mais derrière cette VIIIe section, dont Wollweber supervisait la spécialisation jusqu'en 1957, et dont Mielke réglait la bonne marche, fonctionnait un « Bureau des assassinats » couvrant l'Allemagne de l'Ouest et l'Europe, qui émanait de la IXe section « pour le terrorisme et la diversion » du KGB **. Avec à sa tête, à Berlin, un homme de trente-cinq ans, le capitaine Oleg M. Ivanov, dont les fonctions étaient de recruter et de mettre au point, avec le MFS, toutes les actions de ce type « dans Berlin-Ouest, en Allemagne du Nord et au Danemark ».

Je n'ai eu connaissance de ces précisions qu'en 1955 lorsque Arcady Stolypine vint chez moi, avec le capitaine Nikolaï Kokhlov, pour que celui-ci m'explique les étranges ennuis dont j'avais été la victime lorsque, naviguant entre l'Allemagne, la Suisse et l'Autriche de 1947 à 1949, j'avais pénétré les réseaux d'évasion allemands vers le Moyen-Orient et l'Amérique du Sud... et découvert qu'ils étaient totalement infiltrés par des nazis passés au service de l'Union soviétique.

Transfuge, après avoir appartenu à cette IXe section en Autriche, Kokhlov avait reçu l'ordre de Nikita Khrouchtchev en personne d'assassiner Okolovitch, raté en 1951 par le MFS. Depuis 1954, il n'avait cessé d'alerter les Occidentaux sur la façon d'opérer de Moscou et de ses agents des pays satellites. Sans toujours être entendu... Non sans avoir manqué lui-même en mourir.

Nous étions en effet attablés, un jour de septembre 1957, dans le restaurant du Jardin d'Hiver, à Francfort, où des amis du NTS nous avaient invités. Le serveur plaça devant chacun de nous une assiette d'huîtres que nous attaquâmes avec appétit. Quelques instants plus tard, Kokhlov tombait de sa chaise en se tordant dans d'atroces douleurs. Incapable de prononcer un mot. Il fut d'urgence transporté dans une clinique. Du thalium radioactif avait été utilisé pour l'assassiner. Il a survécu,

* Il s'appelait en réalité Karl Morgenstern (voir l'annexe sur « Les écoles d'espionnage... »). Le Groupe de combat contre l'inhumanité de Berlin-Ouest a publié sur ce sujet un rapport en 1955, qui a été repris dans de nombreux organes de presse.

** Antérieurement département XIII du 1er Directorat principal du MGB-KGB.

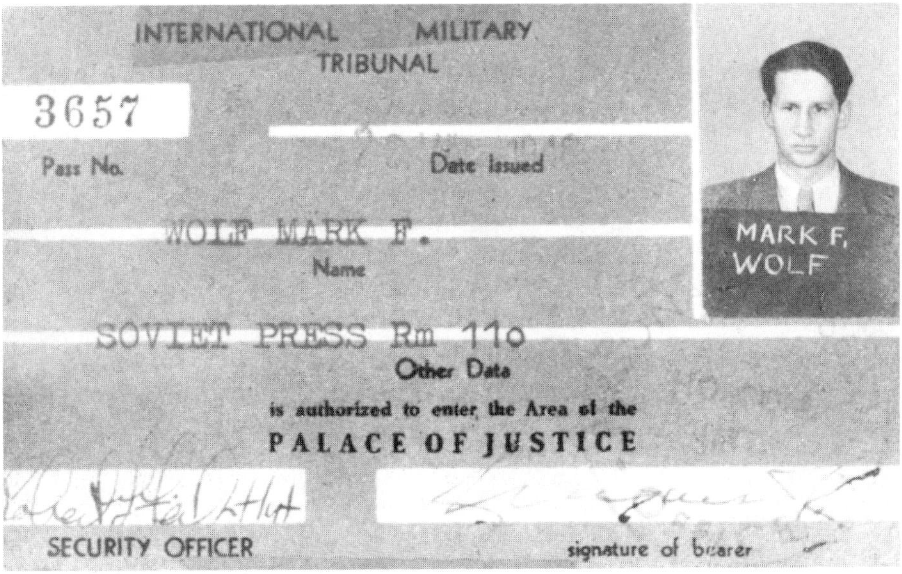

Markus Wolf, sa carte d'accréditation auprès des tribunaux de Nuremberg, en 1948, comme « journaliste ».

Markus Wolf. Durant près de trente ans, le grand maître de l'espionnage (HVA) est-allemand dans le monde. En 1988, lorsqu'il complote contre Erich Honecker.

Wilhelm Zaisser, directeur de la Sécurité d'État (SSD puis MFS) de 1950 à 1953.

Ernst Wollweber, directeur du MFS de 1953 à 1957.

Erich Mielke, directeur du MFS de novembre 1957 à novembre 1989; il a créé en 1947 le K.5, ou contre-espionnage intérieur, ensuite appelé Stasi.

Serguei Tulpanov, colonel du NKVD/KGB, le «parrain» politico-policier des hommes d'Allemagne Orientale, de 1945 jusqu'aux années 60.

L'ex-général de la Wehrmacht Vincenz Muller (à gauche) salue le chef de l'État, en tant que chef d'état-major de l'armée est-allemande (depuis 1957). A ses côtés, le général F. Dickel (ministre de l'Intérieur de 1963 à 1989). A droite, Willi Stoph qui va passer vice-président du Conseil, puis Premier ministre de la RDA, de 1960 à novembre 1989.

Helmut Poppe (à droite sur la photo) général, commandant le district de Berlin, puis des années 1970 à 1989 l'un des inspecteurs des officiers de la RDA en Afrique.

Les bâtiments de la sécurité d'État dans Berlin.

Erich Mielke en 1960, au côté de Willi Stoph (alors ministre de la Défense. Stoph a été arrêté le 19 mai 1991).

Alexander Schalk-Golodkowski : l'homme qui jusqu'en 1989 dirigeait l'empire mondial du commerce extérieur légal et illégal pour la HVA et la Stasi.

Manœuvres des « Pionniers » le 20.8.1982 à Dresde. Les enfants de 8 à 14 ans doivent obligatoirement suivre des cours de formation militaire. Ici un mini-char passe en tête d'une formation (photo DPA).

Derrière le chancelier Willy Brandt, il y avait Günter Guillaume.

Bärbel Bohley, 45 ans, plusieurs fois en prison, artiste-peintre et créatrice de Neues Forum, qui dès octobre 1989 réunit 50 000 manifestants dans Leipzig.

Herbert Schroeter et ses deux épouses : Gerda Ostenrieder et Dagmar Kahlig-Scheffer.

Helga Berger, arrêtée en 1976, espionnait aux Affaires étrangères depuis près de quinze ans.

Le couple Lutze, de 1966 à 1976, au cœur de la défense ouest-allemande et de l'Otan.

Ursula Lorenzen. Au cœur de l'Otan, de 1974 à 1985.

Le couple Guillaume : dix-huit ans de « travail » dont quatre derrière le chancelier Brandt.

Le couple Willner : vingt ans de « travail » au sein des partis CDU et FDP, puis derrière les chanceliers Helmut Schmidt et Helmut Kohl...

Jürgen Kuczynski, le frère de « Sonia », à l'époque où il était à la fois officier de l'OSS et secrètement directeur des Finances de l'Allemagne Orientale (1945/1946).

Le général Heinz Kessler, ministre de la Défense, en 1988, tandis qu'il s'opposait à Markus Wolf.

Gregor Gysi responsable du « nouveau » PC allemand s'entretient (janvier 1990) avec Markus Wolf (debout) et Wolfgang Berghofer, le maire de Dresde.

après plusieurs jours entre la vie et la mort. Aujourd'hui, aux États-Unis, il n'a pas pour autant renoncé au combat pour la Russie contre l'Urss. Son courage a sauvé de nombreuses vies humaines, car il a réussi à neutraliser plusieurs entreprises criminelles combinées à la fois par Ivanov et « Weinmeister ».

La terreur pour couvrir la subversion

Wollweber, avant comme après avoir dirigé le MFS, traitait d'autres genres d'opérations. C'est lui notamment qui télécommanda l'incendie qui ravagea le 25 janvier 1953 le transatlantique *Empress of Canada* mouillé à Liverpool; puis, trois jours plus tard, l'incendie du *Queen-Elizabeth*; lui encore, le sabotage des porte-avions britanniques *Triumph* et *Warrior*; lui toujours, le transporteur de troupes vers Malte *L'Indomptable*, qui explosa en mer, faisant trente-six blessés. A Hambourg, d'autres feux anéantiront une partie du chantier naval. Dans tous ces cas, les mêmes types d'engins incendiaires furent détectés. Signe qu'une même main dirigeait.

Wollweber s'occupait aussi de transferts illégaux de matériaux stratégiques. Dès 1951, plus de quatre mille tonnes de rails, destinés à l'amélioration des liaisons ferroviaires entre la Hongrie et Lvov (un des centres du commandement soviétique pour l'Europe), passaient en fraude à l'Est. Durant cette années-là, soixante-quinze camions furent interceptés à la frontière germano-tchèque. Deux cent cinquante autres furent repérés à temps à Nuremberg et à Osnabruck, alors qu'ils faisaient route vers l'Est... Des firmes comme celle d'Otto Kraus à Dusseldorf, « Hasengrüber » à Berlin, « Oxydase » à Zurich, couvraient d'affaires parfaitement légales aussi bien le passage d'espions d'Est en Ouest que des transferts stratégiques illégaux, dans l'autre sens *.

* Toutes firmes et opérations découvertes par l'auteur qui, pour la première fois, en a évoqué l'existence en 1951 dans les bulletins de l'Agence parisienne d'information; et en 1955 et 1956 dans l'hebdomadaire *Le Bulletin de Paris*. On dénombrait plus de cent vingt firmes spécialisées dans ces « affaires » entre 1948 et 1953. Markus Wolf a « récupéré » celles qui semblaient non repérées.

Une autre phase de cette guerre secrète s'amorce néanmoins en 1951 lorsque Markus Wolf prend ses fonctions à l'Institut de recherches économiques, l'IWF, de Berlin-Est. Avec le recul du temps, il apparaît en effet qu'à ce moment, et jusqu'en 1957, un loup solitaire – comme on disait de Wollweber – en cachait un autre : Markus. La violence et le vacarme du combat déclenché contre l'Allemagne fédérale et particulièrement contre l' « organisation Gehlen » (bientôt, le BND), avec son lot d'assassinats, d'enlèvements et d'explosions, camouflaient superbement le travail de pénétration silencieuse des rouages gouvernementaux et administratifs de la République de Bonn, de ses partis, de ses syndicats et de ses Églises. Pénétration telle qu'en 1953 le chancelier Adenauer lui-même évoquera l'existence en RFA de deux cent cinquante organisations subversives au service du communisme. Et encore, le chancelier ne soupçonnait pas ce qu'on découvrirait des années plus tard, à savoir que de très hauts personnages au sein de son propre parti, de celui des libéraux-démocrates, du SPD, et même dans ses services d'espionnage et de contre-espionnage, étaient en réalité des taupes.

En prélude à cette seconde phase du face à face allemand, les dirigeants de Berlin-Est avaient renforcé leur filet totalitaire. Il fallait que cet avant-poste de la stratégie soviétique en Europe soit imperméable, au plus haut degré, à la contamination occidentale. Trop de transfuges gagnaient l'Ouest : ainsi, entre 1949 et 1952, plus de cinq mille policiers et officiers de police du ministère de l'Intérieur; deux cent cinquante officiers du MFS; près de quatre cents officiers du ministère de la Défense; sans parler de l'hémorragie en main-d'œuvre.

Certes, Wollweber comptait sur Erich Mielke, au contre-espionnage, pour glisser des taupes dans ce flot à sens unique, mais il fallait mettre un terme à cette hémorragie qui permettait à Bonn et aux alliés d'accumuler des renseignements, et de voir clair dans le jeu et les intentions de l'Est.

C'est pourquoi, durant l'été 1952, les cinq provinces d'Allemagne de l'Est éclatent en quinze districts, avec une nouvelle répartition des forces de police en uniforme et en civil. Une loi rend obligatoire le service militaire pour les hommes de dix-huit à quarante-cinq ans et la mobilisation, si nécessaire, des hommes et des femmes de dix-huit à soixante ans. Une épuration frappe de nouveau le personnel du gouvernement et du parti. Le ministère de la Sécurité d'État compte à présent six mille hauts fonctionnaires à Berlin, et dispose de cent mille informateurs permanents dans le pays. Ceux-ci sont traités par des délégués à la Sécurité jusque dans la plus petite commune. Des spécialistes soviétiques parlant allemand sont répartis, avec la citoyenneté allemande, dans les secteurs « sensibles ». Pour dix-huit millions d'Allemands de l'Est, on ne trouve plus que six cents avocats libres, c'est-à-dire non inféodés au PC ou à la Sécurité *... Vingt mille prisonniers politiques ont déjà été jetés en prison; trois mille cinq cents autres sont déportés en Urss, entre 1952 et 1954... Une soixantaine d'universitaires sont arrêtés, ce qui amène trois mille huit cents professeurs, assistants et étudiants à fuir à l'Ouest. La terreur est devenue le moyen de gouvernement. Elle est aussi une méthode de « travail » de ses agents en Allemagne fédérale, pour démontrer que le socialisme sait triompher de ses adversaires.

L'œuvre est parachevée en 1956 par une clef de voûte constituée de deux bureaux spéciaux. D'une part, le *Bureau pour les affaires de sécurité*, près le Comité central du parti, qui surveille et synchronise le travail des ministères de l'Intérieur, de la Sécurité, de la Défense, de la Justice, et contrôle même la Police populaire (Vopo), les groupes de combat qui « protègent » de l'impérialisme les usines, et Sport et Technique, association pour la formation paramilitaire de la jeunesse et le maintien en forme des réservistes. D'autre part, au-dessus de ce bureau, le *secrétariat pour les Affaires militaires et de sécurité* supervise, pour le compte du Politburo, l'immense filet jeté sur le pays.

Erich Honecker et le quadrillage du pays

Le responsable de ce secrétariat très particulier, à partir de 1956, est Erich Honecker, l'homme qui, de 1971 à 1990, dominera la RDA, parce que c'est précisément lui qui a en posé puis serré les mailles.

* Paul Werner (« Harold »), *Tribune de Genève*, 2 novembre 1954.

Il a été d'abord, en septembre 1945, l'adjoint de Richard Gyptner, un membre de l'équipe Ulbricht, chargé de créer en Allemagne occupée par les Soviétiques un Mouvement de jeunesse comparable à celui de l'Urss. Moscou avait délégué à Berlin un colonel « Ivanov » pour conseiller Gyptner et Honecker. Sur le modèle soviétique, on organiserait ce mouvement en Pionniers pour les jeunes de huit à quatorze ans, et en Jeunesses communistes proprement dites, de quatorze à vingt-cinq ans, parfois même trente pour les cadres supérieurs.

En 1947, Honecker et son épouse du moment, Edith Baumann, qui s'occupe des Jeunesses féminines, appliquent un principe immuable dans leur travail d'encadrement : toute personne représente un risque potentiel pour la sécurité du régime ; il est donc indispensable de savoir tout sur tout le monde ; le meilleur moyen est de regrouper toutes les informations possibles à partir de l'entourage immédiat des adultes. L'entourage immédiat, ce sont les enfants. Or les enfants sont des proies et des recrues faciles. On les fait parler en classe, en récréation, dans les camps de vacances... Lorsqu'ils atteignent quatorze ans, on les convainc que bonnes notes et avenir leur seront facilités – de même que la vie de leurs parents – s'ils racontent ce qui se dit et se passe autour d'eux. Cela aidera d'ailleurs les dirigeants à mieux comprendre la population...

Des mouchards en herbe sont ainsi recrutés dans les classes. Une fois pris dans l'engrenage, l'enfant, puis l'adolescent, n'est plus lâché, sous peine de sanctions pour lui et pour les siens.

C'est ainsi qu'en vingt ans d'un régime qui a de surcroît compté deux cent cinquante mille prisonniers politiques jusque dans les années 1960 – et déporté en Urss plus de cent treize mille citoyens, de 1947 à 1957 (la moitié d'entre eux y sont morts) – le MFS a bâti son empire de la peur.

Sa Centrale passe, de 1952 à 1957, de quatre mille à dix-sept mille cinq cents officiers et cadres, dont les trois quarts sont ceux qu'on peut appeler les « actifs » de la fameuse Stasi qui synthétise, à s'y méprendre, l'ex-SD et l'ancienne Gestapo des temps nazis. En 1987, cette Centrale est forte de trente-trois mille permanents, avec, autour d'elle, cinquante-deux mille membres répartis dans les quatorze districts territoriaux de la RDA, le quinzième étant le « grand Berlin ». Soit quatre-vingt-cinq mille hommes et femmes vivant sous une stricte discipline militaire et manipulant directement cent cinquante mille agents permanents, donc appointés, lesquels manipulent à leur tour, chacun, une moyenne de cinq indicateurs. On arrive ainsi à une masse de six cent mille personnes pour « protéger » la RDA. Soit un indicateur pour cinq à dix adultes entre 1959 et 1989 *. Ce filet d'indicateurs tenus par lâcheté, chantage aux familles, nécessités alimentaires, mœurs, etc., se situe dans et autour de l'armature du parti communiste lui-même (deux millions cinq cent mille membres en 1989), des syndicats, des cellules d'entreprises, des cellules communistes de chaque ministère. Tout le monde surveille tout le monde.

Même si des nomenklaturas s'organisent, avec la corruption et leurs complicités dans la haute nomenklatura et au-dessus d'elle, chacun, après quarante ans d'un tel système, en est arrivé à se méfier de son voisin. Au point que ce système en deviendra fragile.

De vieux routiers comme Zaisser, Wollweber, Mielke, Honecker auraient dû se souvenir qu'un communiste trouve toujours sur sa route un camarade pour prétendre qu'il fera mieux que lui... et l'évincera tôt ou tard. Tous, les uns après les autres, paieront pour l'avoir oublié. Cependant Mielke a créé en 1952 une « commission spéciale » qui traite exclusivement de l' « opposition interne ». Elle lui assurera une plus longue carrière que ses prédécesseurs. L'Histoire se chargera tout de même de le culbuter au tournant de l'hiver 1989. Pour le moment, il prend dans cette commission Joseph Gutsche, ancien chef de la Criminelle de la province de Saxe, qui s'en ira à la retraite en 1970, avec le rang de général d'armée [1]. Ni lui ni ses cinq adjoints ne laisseront guère de traces dans les chroniques contemporaines. Il n'empêche que cette commission a été l'instrument principal de Mielke, en été 1953, pour accuser Zaisser de faiblesse et de fractionnisme; et, en novembre 1957 (un mois décidément prédestiné dans l'histoire de la RDA), pour éliminer Wollweber.

Les accusations pleuvent alors de tous les bords contre ce dernier, et Honecker – dès cette date et jusqu'en novembre 1989 – sera le complice permanent de Mielke dans toutes les épurations.

* Voir dans la revue *Aussen Politik*, n° 41, avril 1990, l'article à ce sujet de Karl W. Fricke, le spécialiste ouest-allemand de la Stasi.

Wollweber, le loup solitaire [2], est taxé de mégalomanie, de fractionnisme, de conspiration avec Karl Schirdewan qui dirigeait pourtant depuis 1947 l'appareil communiste légal et illégal en Allemagne fédérale et, depuis 1953, commandait la section des cadres du parti, avec siège de suppléant au Politburo. Wollweber et ses complices auraient sous-estimé la menace de l'Otan, surestimé les « raisons » de démocratiser la vie en RDA et montré leur incapacité et leurs négligences en matière de sécurité...

En réalité, Mielke et Honecker ne sont là que les exécutants serviles des décisions prises à l'un ou l'autre des trois étages de l'hôpital Saint-Antoine de Berlin-Karlshorst, où officie le KGB d'Allemagne, sous l'appellation anodine d'unité militaire 62067. L'ambiance qui y régnait était telle dans les années cinquante qu'un jour où Georges Dertinger, éphémère ministre des Affaires étrangères du gouvernement Grotewohl, avait tardé à en revenir, il répondit à l'un de ses collaborateurs inquiet : « Réjouissez-vous plutôt ! C'est bien de la chance que j'en sois revenu * ! »

Le transfuge Nikolaï Khokhlov devait révéler en 1954 quelques-uns des secrets et nombre d'identités réelles du haut personnel du KGB qui, de Saint-Antoine, contrôlait à la fois ses propres agents en RDA et ceux qu'il infiltrait en RFA, pas seulement allemands, mais aussi présélectionnés en Tchécoslovaquie et en Pologne. Dix ans après lui, le capitaine Aleksei Myagkov, du 3e Directorat du KGB (le contre-espionnage) complétera la documentation alliée à ce sujet **.

L'homme de la guerre contre Gehlen

Et pourtant, quel actif au bilan du « loup » Wollweber après quatre ans à la direction du MFS ! Soixante-deux mille poursuites et condamnations sur le plan intérieur, pour opposition politique, sabotage, tentatives de subversion. Quatre-vingt-dix

* Rapporté à l'auteur par le collaborateur en question.

** Voir *Le Droit à la conscience*, par N. Kokhlov, édition Possev, Munich, 1956; et *Inside the KGB – Foreign Affairs*, par A. Myagkov, Publis C°, Londres, 1976.

condamnations à mort. Deux cents peines de prison à vie. A l'extérieur, une guerre psychologique à laquelle participait – parallèlement à la Stasi – le département Désinformation de la HVA, désormais dirigée par Markus Wolf. Une guerre si réussie qu'elle a retardé de près de quatre ans l'autorisation par les Alliés que l' « organisation Gehlen » devienne le BND, c'est-à-dire le service d'espionnage et de contre-espionnage de l'État fédéral d'Allemagne.

Il faut tout de même admettre en passant que le jeu de Wollweber, et de Mielke après lui, puis des services de Markus Wolf après 1956, bénéficiait alors d'une aide considérable dans nombre de journaux d'Occident. En particulier dans des journaux de droite.

Le « camarade » Striganov – qui durant des années fut un des principaux recruteurs de journalistes en France... et qui essayait de me recruter au nom d'une guerre que nous avions tous deux faite dans les maquis – me citait à l'époque les articles « exemplaires » de Sefton Delmer dans le *Daily Express* de Londres, et ceux de certains confrères français qui présentaient Gehlen comme le « général de Hitler » et le tireur de ficelles du nazisme renaissant en Europe !

En fait, les pires adversaires de Gehlen ont souvent été soit une poignée d'anciens nazis passés en secret au service de l'Urss, soit des hommes politiques qui, dans la CDU mais surtout dans le parti libéral-démocrate (FDP), rêvaient, s'ils n'étaient pas des taupes *, de quelque nouveau Rapallo.

On les retrouvera, les uns et les autres, au fil de cette histoire. Gehlen était faillible, comme n'importe quel directeur du renseignement de n'importe quel État. Le BND a eu ses traîtres – moins sans doute que le MFS – dans un jeu d'avance inégal : d'un côté, la terreur comme moyen de gouvernement et la condamnation à mort ou à vie en prison, s'il n'y avait pas quelque jour échange d'espions; de l'autre, des peines dépassant rarement deux à trois ans de prison. Les espions de Berlin-Est savaient que, s'ils étaient pris, le risque d'une condamna-

* Voir pour tous détails deux ouvrages souvent opposés dans leurs vues. Les *Mémoires* de Reinhard Gehlen, Fayard, 1972 et l'ouvrage d'E.H. Cookridge, déjà cité.

tion à mort n'existait pas et qu'un jour ou l'autre, ils seraient échangés contre des étudiants ou de simples touristes arrêtés en RDA dans l'unique but de servir de monnaie d'échange. Berlin-Est a d'ailleurs découvert à la fin des années soixante qu'il était possible d'institutionnaliser, en quelque sorte, ce trafic. Un trafic inventé par l'avocat Wolfgang Vogel, intime de Honecker, et parfaitement réussi puisque en vingt ans, à raison de trois mille à quatre mille personnes par an « vendues » à la RFA, il a fait rentrer dans les caisses de Berlin-Est trente-cinq millions de deutschemarks chaque année. Vogel avait son pourcentage au passage. D'où plusieurs villas somptueuses, un parc de voitures de luxe, des comptes bancaires à l'étranger, et sa bizarre « disparition » après les événements de 1990.

Markus Wolf, admettons-le à son crédit, se gardait de tels individus. Pour lui, Vogel ou Alexandre Schalk-Golodkowski, autre pourvoyeur en devises de la RDA au hasard de ses missions secrètes ou officieuses en RFA, devaient être utilisés avec des pincettes.

Au total, le bruit, la haine, les menaces, les assassinats, les trafics douteux, c'était le « travail » de Mielke et de ses adjoints personnels, à partir des bâtiments de la Normannenstrasse. La douceur, l'amabilité, le charme, le sexe – ce qui n'empêchait nullement une impitoyable discipline pour ses officiers de la HVA –, c'était Mischa. C'était la « méthode Mischa », reflet de son propre caractère et même de sa vie personnelle émaillée de multiples conquêtes féminines. Ce passionné ne perdait jamais la tête.

10

Des semailles tous terrains

Fondé en 1947 à Cologne, le Progress Klub a servi de base durant des années aux opérations téléguidées par les services secrets du colonel Tulpanov, depuis Berlin-Est (Parkstrasse), opérations reprises et développées par Markus Wolf, une fois l'IWF dans ses mains, et surtout en 1955 lorsqu'il dirigea le Département XV du MFS.

Dans ce club, se fréquentaient, autour de l'ancien maire de la ville, L.P. Gymnich, critique littéraire bien connu pour ses sympathies communistes – mais sans plus –, de nombreux industriels, banquiers, gros commerçants de la Ruhr et d'autres provinces. Également des avocats, des juristes et des journalistes qui n'étaient pas des étrangers pour Wolf, avant qu'il ne parte à Moscou, en 1949.

L'une des priorités de Markus, à l'IWF, était de « ratisser » en Allemagne fédérale les milieux économiques, industriels et bancaires, vieilles connaissances ou surgis de l'époque trouble de l'après-guerre qui avait vu naître un immense marché parallèle dans lequel naviguaient les hommes d'affaires les plus sérieux, comme les intermédiaires les plus douteux. Jusqu'à la fin des années cinquante, beaucoup de firmes ouest-allemandes cherchaient en effet, dans des conditions difficiles, parce que réglementées par les alliés et par Bonn, à reprendre contact avec leurs centrales ou filiales de la zone orientale. Des stocks avaient été camouflés un peu partout, juste avant la défaite. La majorité des usines de base de la RDA manquaient de matériels et de machines-outils, tant elles avaient été pillées par les

Soviétiques, sous prétexte de réparations et dommages de guerre. A présent que l'Europe se figeait dans un apparent statu quo, chacune des deux Allemagnes était avide de savoir ce que pouvait lui procurer l'autre. Et, puisque les lois bloquaient ou entravaient les échanges, les transferts illégaux n'étaient pas refusés.

Aussi était-il inévitable qu'au commerce réalisé « au noir » Markus Wolf ajoutât le piment du renseignement industriel, technologique, scientifique et politique.

La course aux bonnes affaires

Dans d'autres villes, d'autres clubs, associations, firmes en tous genres servaient de couverture à ces opérations, exactement comme le Progress Klub de Cologne, où l'on pouvait rencontrer le président de la Chambre régionale de l'industrie et du commerce, ses adjoints et un banquier propriétaire d'une écurie de courses qui avait travaillé un temps pour l'Abwehr : Simming von Oppenheim. Son frère Waldemar et lui avaient réussi le tour de force en 1937 d'être promus « Aryens d'honneur »... ce que même un des frères Warburg n'avait pu obtenir ! Tout en s'effaçant derrière Robert Pferdemenges et Hermann Abs de la Reichsbank, les frères Oppenheim avaient conservé durant toute la guerre des bureaux à l'ombre tutélaire de Hjalmar Schacht, puis de Walter Funk *. A présent, ils réapparaissaient tous – hormis Funk – dans les conseils de Bonn et des alliés. Alors pourquoi pas les Oppenheim qui, avec leur ami Otto von Amerongen, guettaient les bonnes affaires à réaliser avec l'Allemagne orientale? Ils étaient d'autant mieux placés que von Amerongen était l'héritier d'une famille qui, la première, avait fondé en 1919 une Société pour le commerce avec l'Urss, et à présent rétablissait ces circuits.

Lors du retour de Wolf à Berlin-Est, les services secrets de l'Ouest dénombraient un minimum de cent cinquante firmes ouest-allemandes dont le commerce illégal avec l'Est représen-

* Voir chez l'auteur : *Les Sources financières du communisme et du nazisme*, paru en 1982, réédité en 1984.

tait près de quinze millions de dollars de bénéfices par an. Elles mettaient de côté une partie de leur production pour la vendre à la RDA. Huit des plus grandes aciéries de la Ruhr donnaient d'ailleurs des gages d'amitié à l'Est, en payant très cher d'énormes placards publicitaires dans les journaux communistes.

Rien qu'entre janvier et septembre 1950, des machines-outils d'une valeur de deux millions et demi de dollars (de l'époque) étaient parties en RDA. Toutes produites grâce au plan Marshall ! Des personnalités comme le docteur Kauffmann, directeur à Hambourg de la GEFOH (société pour le commerce avec l'Est) pleurait auprès de Bonn : « Que de milliards réaliserions-nous si l'on pouvait étendre notre commerce aux États est-européens, et même à la Chine ! »

A Francfort, la firme H.O. Krause, au capital fort modeste, trouvait cependant sans peine jusqu'à dix millions de deutschemarks pour acheter des marchandises... immédiatement revendues à l'Est. Combine identique à Berlin-Ouest, pour la firme Hasengruber... A Düsseldorf, la West-Ost HandelGesellschaft du docteur Alfred Kroth expédiait en Chine pour deux milliards de deutschemarks de marchandises (dont des camions), avec promesse d'un autre marché portant sur dix milliards, dès que le premier aurait été mené à bien. En 1951 et 1952, une moyenne, par jour, de trois mille tonnes de produits passaient à l'Est. Pour la plupart, par trafics illégaux.

Markus Wolf avait l'œil sur tout ce commerce parallèle, d'autant que des hommes comme Alfred Kroth étaient à son service, ce qu'on ne devait découvrir qu'en 1953. Certes, des mesures douanières avaient été instaurées et la moyenne des camions « illégaux » était tombée de 80 pour cent, celle des wagons de marchandises, de 50 pour cent. Restait le trafic par bateaux, plus spécialement contrôlé par Wollweber qui, avec Wolf et d'autres compères, revendait à son tour les surplus à des pays frères, prenant au passage de substantiels bénéfices qui finançaient l'expansion des services secrets contre l'Occident. C'est ainsi que lors de la prise de Pyong Yang en Corée, les troupes de l'Onu devaient découvrir les armements et du matériel stratégique qui venaient tous d'Allemagne occidentale et avaient transité par le territoire est-allemand.

Wolf et ses amis cultivaient en outre, de concert avec les services secrets soviétiques basés à Berlin-Est, le recyclage en RFA de fausses monnaies allemande ou étrangères. Après une pointe remarquable d'une valeur de 2 milliards 346 millions de deutschemarks (toutes fausses monnaies confondues de l'époque) mis en circulation en RFA en 1949, on atteignait de nouveau 1 milliard 320 millions en 1952; en 1971, 424 millions de deutschemarks, pour une circulation fiduciaire totale en RFA de 43 milliards *!

Le noyautage de l'intelligentsia

La seconde priorité de l'IWF pendant cinq années, de 1951 à 1956, consista à infiltrer l'intelligentsia d'Allemagne fédérale, afin d'y développer une campagne pacifiste assez puissante pour barrer la route au réarmement ouest-allemand et à sa participation à l'Alliance atlantique. Inutile de tenter une telle opération dans les milieux socialistes, leurs vétérans avaient trop souffert des complicités entre communistes et nazis pour accepter avec ceux de l'Est un bout de chemin. Mis à part, bien entendu, ceux d'entre eux qui s'étaient compromis en appartenant secrètement au Komintern dans l'émigration en pays scandinaves, aux États-Unis ou en Europe occidentale... avant de se refaire parfois une virginité dans la Résistance.

Markus Wolf, lorsqu'il travaillait pour la radio allemande sous contrôle soviétique, pendant le procès de Nuremberg, avait fréquenté Emil Carlebach, de la *Frankfurter Rundschau*, un quotidien de centre gauche. Par lui, il avait découvert que les Américains finançaient ce journal, ainsi que beaucoup d'autres. L'immuable principe des libéraux d'outre-Atlantique, derrière la CIA et divers organismes gouvernementaux, était certes de contrer le communisme, mais surtout pas avec des hommes ou des organisations de droite. Il fallait le contourner par la gauche : socialistes convaincus de leur messianisme, trotskistes, syndicalistes, et libéraux (dans le sens américain du terme).

L'un des premiers à comprendre la manœuvre fut effective-

* Voir la revue *Problèmes économiques* du 27 décembre 1972, la Documentation française, 31, quai Voltaire, 75340 Paris.

ment Markus Wolf. Vladimir Semionov, le grand maître de la politique allemande de l'Urss, et tous les as de la guerre psychologique qui étaient alors, à Berlin-Est, les dirigeants du MGB KGB et du GRU, partageaient son analyse.

Markus va donc développer des réseaux d'informateurs dans des organes de presse « centristes » comme la *Frankfurter Neue Press*, où travaille son ami le journaliste Richard Kirch. Et ainsi de suite dans la presse régionale libérale, voire chrétienne-démocrate. Il utilise aussi des écrivains, des artistes, des savants, des religieux, et des réfugiés de divers pays de l'Est qui tentent d'imposer leur talent ou leurs convictions. Il y aura ainsi, à Munich, l'écrivain Wolframm von Hanstein *; ou l'étrange auteur arabe, échoué de façon bizarre en RFA, Hamli Akayat, alias Abou Raad, que le colonel Tulpanov avait auparavant chargé de fournir d'excellentes informations au MI-5 et au MI-6, pour gagner leur confiance. L'orchestration de cette guerre psychologique – qui, ne l'oublions pas, couvre une opération de recrutement bien plus « pointue » – est l'œuvre de l'Association culturelle pour le renouveau de l'Allemagne ** avec trente-deux mille membres basés en RDA. La lassitude de la guerre, les difficultés de la vie quotidienne, l'amertume d'avoir été vaincu, l'arrogance américaine et la froideur britannique facilitent bien des approches. Cette masse de manœuvre potentielle compte, durant les années cinquante, en RFA, environ vingt mille universitaires, écrivains, peintres, comédiens, pasteurs, savants, sportifs, industriels, commerçants. Les trois quarts sont sans doute des naïfs, des déçus, des utopistes, des marginaux rancuniers. Et après? C'est un vivier idéal où recruter des agents.

De cercles en cercles, le neutralisme

Des clignotants s'allument alors un peu partout, qui se répondent les uns les autres. Le Cercle de Nauheim, créé en

* Infiltré dans la Ligue des droits de l'homme. Arrêté en juin 1955.

** Kulturbund für Erneuerung Deutschland, ou KED, créée en 1947 à l'initiative du colonel Tulpanov et du major Mamontov, auprès duquel travaillait un certain Egon Bahr jusqu'à l'hiver 1946-1947.

1949 par l'universitaire Ulrich Noack de Wurzburg, est l'un de ceux-là. Y gravitent aussi bien d'anciens antinazis que des nazis ayant appartenu à la gauche du NSDAP. Noack fut l'homme qui, en 1938, amena le Norvégien Quisling jusqu'à la chancellerie du Reich. A présent, il relance le thème de l'heureuse époque de Rapallo, durant laquelle Berlin et Moscou se rendaient mutuellement service. Il estime que l'Allemagne et l'Autriche doivent redevenir libres, dans une neutralité totale, et que les deux États devraient ensuite entrer dans une vaste confédération européenne, avec les États slaves limitrophes *. Le Polonais Rapacki relancera ces projets neutralistes en 1956. Ils resurgiront en 1989 du côté de Berlin-Est, de Leipzig, de Dresde, avant que les ficelles de l'opération Wolf ne lui échappent.

Il y a aussi le Cercle de Godesberg animé par Rudolf Nadolny, ancien ambassadeur du Reich à Moscou, qui reprend parallèlement ces thèmes, avec une clientèle différente. On y trouve des personnages comme Joseph Muller, devenu vice-président du parti chrétien-démocrate bavarois, après avoir été officier de l'Abwehr. En poste au Vatican durant la guerre, dès 1943 il entretenait des contacts avec une antenne secrète soviétique, dans les couloirs de la Curie. Contacts poursuivis avec Berlin-Est, au moins jusqu'en 1952, et fort utiles à Tulpanov et à Markus Wolf qui voulaient pénétrer la droite chrétienne de Bavière, le parti comme l'administration de cette province.

D'Otto Strasser au pasteur Niemöller

C'est le moment où le vieil Otto Strasser, compagnon de Hitler jusqu'en 1934, sort d'un long silence et de sa retraite sud-américaine. A son tour, il va faire campagne en faveur du neutralisme allemand. Des douzaines de manifestes et messages circulent alors en RFA, grâce à ses fidèles, tel Alfred Francke-Griesch, dont on semble ignorer que lui était resté en Allemagne, et devint une des éminences grises de Himmler. En

* C'est l'époque où Staline avait écrit au président de la RDA, W. Pieck : « Nos deux peuples disposent en Europe du potentiel le plus riche pour accomplir ensemble des œuvres d'une importance mondiale. » (13 octobre 1949.)

réalité, il travaillait pour les Soviétiques, ce qui fut découvert en 1952 lors de son arrestation, au retour d'une liaison clandestine auprès de ses supérieurs de Berlin-Est.

Le groupe Strasser : une poignée d'hommes seulement, mais d'une influence considérable durant des années car ils ont réussi à infiltrer les associations d'anciens officiers allemands, y compris la Bruderschaft, ou « Fraternelle » semi-clandestine d'environ trois cents ex-généraux et colonels *, et plusieurs partis d'« extrême droite », dont celui, éphémère, du général Remer, un des dirigeants les plus sanguinaires de la répression qui suivit l'attentat manqué contre Hitler en été 1944.

Comme par hasard, tout ce monde tire dans le même sens : en faveur d'une Allemagne dégagée de la guerre froide, d'une Allemagne « continentale » prête à collaborer avec l'Union soviétique, d'une Europe de l'Ouest qui rejetterait l'hégémonie américaine.

L'ancien commandant de sous-marin devenu pasteur, Martin Niemöller, cautionne ces entreprises, jusqu'à dire publiquement : « Si le bolchevisme s'établissait en Allemagne, le peuple allemand devrait l'accepter, exactement comme il a su accepter le national-socialisme. » Son nom figure dans la liste du « Congrès pour une neutralité active » qui réunit une trentaine d'associations, cercles, mouvements [1] dont les manipulateurs sont des « techniciens » communistes, comme Oskar Neumann ** et surtout Theo Kögler, ancien secrétaire de Ruth Fischer, grande figure du Komintern. Mais autour d'eux il y a à la fois le « doux » pasteur et Wolf Schenke, ancien cadre des Jeunesses hitlériennes, Remer bien sûr et Karl Feitenhansl, fondateur en 1948 d'un parti d'extrême droite : le Parti national démocrate allemand. Or ce dernier, comme son ami August Hausleiter, dépend du major Boldt... agent de Berlin-Est. La troïka se complète avec Gottfried Griessmayer qui a si bien infiltré le Bundestag à Bonn (dans l'entourage d'Erich

* L'auteur fut en contact, de 1948 à 1953, avec ceux des principaux dirigeants de la Bruderschaft qui s'étaient aperçus de ce noyautage, grâce au colonel Ludwig Kapfer qui résidait alors non loin de Trieste.

** Consulter à ce sujet *Vers le IVe Reich*, par J.-P. Picaper, La Table ronde, 1983. On y trouvera la liaison directe entre ces mouvements des années cinquante et leurs successeurs de 1960 à 1980.

Mende *, qui n'y voit rien) que l'IWF, puis le Département XV, donc le Kremlin, sont tenus au jour le jour au courant des délibérations et des projets du parti libéral-démocrate de la République fédérale.

Dernier exemple parmi les quelque trois cents cas que nous avons relevés en Allemagne durant les années cinquante : celui de Joachim Niehring. En 1956, il habite dans la région de Hambourg. Luxueuse maison, deux limousines avec chauffeur, plusieurs gardes du corps. Niehring est un baron qui possédait d'immenses propriétés en Prusse orientale avant 1945. A présent, monocle à l'œil, véritable caricature des films de propagande antinazie, il dirige un « Mouvement pour l'unité allemande » qu'il finance lui-même, sans qu'on sache d'où vient sa fortune. Il s'occupe à convaincre les armateurs des ports allemands qu'ils ont tout à gagner à commercer avec l'Est.

L'apogée de Niehring est aussi sa chute. Son jeu est alors percé. Nous l'avions rencontré en 1947 au milieu des ruines de Munich, sous un faux nom. Il regroupait des nazis qu'il avait connus lorsqu'il était un officier de la SS, et qui se cachaient. Il les aidait à survivre en les amenant à travailler pour les services soviétiques.

L'affaire « Volcan », ou Markus en échec, mais pas mat

Certes Markus Wolf, le général et les quatre colonels soviétiques chargés de suivre de près ses activités n'ont pas remporté que des succès. Des transfuges de la HVA, comme le capitaine Max Heim et trois autres officiers, ont en 1959 à des degrés divers amené dans leurs bagages des informations qui ont permis à Bonn et aux alliés de démanteler quelques-uns des réseaux est-allemands. Mais, de l'aveu des autorités fédérales en 1960, si, durant les neuf années précédentes, 1 799 agents de l'Est avaient été arrêtés ou neutralisés, l'estimation du nombre d'hommes et de femmes « dormants » ou en activité en RFA, durant la même période, tournait autour de 12 000 à 16 000 agents.

* Voir plus loin l'affaire Porst, p. 201.

Une autre statistique (dont on trouvera plus loin des développements) aurait dû à l'époque retenir l'attention des observateurs, car elle annonçait une technique particulière de Markus Wolf de pénétration des rouages gouvernementaux de Bonn : on dénombrait parmi les agents démasqués une moyenne de 15 à 16 pour cent de femmes. Hormis le Mossad, on ne connaît guère de service secret étranger utilisant à un tel degré les talents féminins et avec un tel succès, si connue que soit la méthode depuis les temps bibliques !

Cela mis à part, le laxisme qui caractérisait les tribunaux ouest-allemands dans les années cinquante servait considérablement les objectifs et les méthodes que Markus Wolf rodait petit à petit de sa base de Berlin-Est. On avait pu le constater en 1953 lors des verdicts rendus dans l'« affaire Volcan » qui mit en cause trente-neuf agents, et démasqua le rôle de l'« Institut » de Markus : l'IWF.

L'organisation Gehlen avait saisi le BfV (ou Bureau du contre-espionnage intérieur, dit Office pour la protection de la Constitution [2], des agissements à Francfort d'un certain Ludwig Weiss. Celui-ci fut discrètement arrêté en septembre 1952, bien que légalement installé en RFA où il représentait le ministère est-allemand du Commerce. Si habile que fût Weiss, on avait découvert qu'il « inspirait » dans une dizaine de villes de la RFA le travail de firmes commerciales qui, à l'ombre de transactions diverses, recueillaient des renseignements de tous ordres, et les faisaient passer au prétendu « Institut de recherches économiques », dit IWF. En avril 1953, un coup de filet ramasse en moins de quarante heures trente-cinq, puis trente-neuf Allemands que la soudaine disparition de Weiss n'avait pas émus outre mesure. Son bureau fonctionnait toujours... sans doute était-il à Berlin-Est où il dépendait de Lore Staimer, la fille du président de la RDA, Wilhelm Pieck, chargée alors du commerce extérieur.

Parmi les inculpés d'espionnage (pour la plupart pris en flagrant délit de dossiers truqués, de codes secrets, etc.) se trouvaient Alfred Kroth – déjà cité – et plusieurs membres du parti communiste ; ce qui, soit dit en passant, démentait la légende de l'époque, souvent perpétrée jusqu'à nos jours, selon laquelle l'espionnage soviéto-communiste n'utilisait plus de membres du parti dans ce genre d'activités. Ainsi par exemple, W. Dollmaier de la police de Stuttgart, informateur local de l'IWF; ou le libraire Johannes Kamm qui était à Munich un des pivots des courriers de l'espionnage. Or tous deux appartenaient au PC.

Dans la nasse avaient été pris une majorité d'hommes d'affaires et des cadres des industries chimique, métallurgique, automobile, militaire... Leurs filières remontaient toutes à l'IWF. Hans Eigidi, chef de la Sûreté au ministère de l'Intérieur, nous a précisé à l'époque que l'IWF dépendait « d'un petit cercle d'intimes à Berlin-Est : Wilhelm Zaisser, Walter Ulbricht, Ackermann, Heidenreich et Stahlmann *... Curieusement le nom de Markus Wolf n'était pas cité par lui ni nulle part dans la presse lorsqu'elle fut avertie du coup de filet. Nous ignorons si le rôle de Markus était ou non déjà connu des autorités fédérales. Quoi qu'il en soit, selon Hans Eigidi, l'IWF était organisée de la façon suivante : « Sa centrale dirige et protège des agents en activité en RFA, à travers quatre départements. Le premier est chargé du recrutement dans nos cercles économiques, ou de l'infiltration d'agents pour obtenir des informations concernant l'économie ou le domaine militaire. Le deuxième pénètre plus haut : la très haute banque et haute industrie, les milieux techniques et scientifiques. Le troisième département centralise documentation et fiches sur les personnalités, les firmes, les partis, à destination exclusive des services secrets soviétiques. Le quatrième s'occupe des archives, des centres d'instruction, des ateliers de faux papiers et faux documents, etc. »

On était donc loin en 1953 des quelque vingt-trois départements et sections que comptera la HVA une dizaine d'années plus tard. Quelques centaines de cadres seulement entouraient les dirigeants de la centrale. Ils seront plus de deux mille dans les années 1980, dont au minimum mille deux cents chargés d'opérations. Ils étaient peu nombreux, mais efficaces, car, au-delà de la pénétration des milieux économiques, scientifiques, militaires et journalistiques, l'IWF englobait, au moment de l'opération Volcan, ses propres agents au sein des syndicats

* Précisions qui n'avaient rien d'exclusif, en ce sens que, quinze jours plus tard, la presse pouvait se les procurer.

ouest-allemands, des sociétés de coopératives, des mouvements de jeunesse, partis ou groupuscules en tous genres. Jusqu'aux groupes qui s'acharnaient à développer la pratique de l'espéranto.

La façon dont la justice ouest-allemande traite l' « affaire » a facilité le travail de Markus Wolf et de ses associés Heidenreich et Stahlmann. Presque de suite une dizaine d'inculpés sont relâchés. Après tout, avancent les juges, les renseignements recueillis étaient-ils si secrets que cela? Celui-ci ou celui-là n'avait-il pas été traumatisé dans son enfance par la montée du nazisme ou par la guerre lorsqu'il était encore un adolescent? Et, s'il y avait eu commerce illégal, n'était-ce pas dû aux conditions de vie imposées aux deux Allemagnes? Etc. En définitive, quelques inculpés furent condamnés en 1954, pour l'un d'entre eux à quatre ans de prison; les autres se virent infliger des peines de dix à dix-huit mois, accomplies déjà en partie. Dans *Le Monde*, Alain Clément ironisait : « Une opération à grand spectacle... pour présenter les répressions [*sic*] de Bonn sous un jour avantageux... », tandis que le chef du BFV, Otto John n'en pouvait mais, car « en position difficile en raison de son passé de résistant antinazi »! Et d'ailleurs, si l'on avait aussi découvert des réseaux polonais et tchécoslovaques, « il ne s'agissait que de réseaux miniature, dont les pitoyables agents fournissent la pâture de romans-feuilletons pour les illustrés allemands * ». Malgré le laxisme des juges, Markus Wolf venait de connaître un échcc suffisamment bruyant pour que l'IWF soit dissous et remplacé par le Département XV. Mais cet échec n'était pas un mat, à considérer la suite de la partie.

Le « Comité pour raviver le commerce allemand »

Dix mois après l'affaire Volcan, l'agence de presse est-allemande ADN (sept cents correspondants légaux ou illégaux en RFA) annonçait triomphalement, le 10 février 1954, que six cents industriels et négociants venaient de se retrouver à Berlin-Est avec leurs homologues de la RDA (où n'existait plus aucun

* *Le Monde*, 12 et 13 avril 1953.

commerce privé) et de créer un « Comité pour raviver le commerce allemand ». C'est-à-dire interallemand. Ils étaient venus du Rhin, de la Moselle, des villes spécialisées dans la maroquinerie, les armements maritimes, la viticulture... et des industries métallurgiques, pour abattre les entraves commerciales. Bonn faisait démentir qu'une quelconque délégation ouest-allemande ait fait le voyage. Le nombre des participants relevait certes de la propagande. On pouvait diviser par trois les présences réelles, mais Markus Wolf relançait ainsi sa méthode de pénétration.

Un an plus tard, en janvier 1955, le Bureau fiscal de Basse-Saxe du ministère ouest-allemand des Finances arrêtait le grand patron de la très officielle firme Steg, Werner Schuman, d'origine germano-brésilienne. Les « autorités alliées » (on n'a jamais su lesquelles exactement) l'avaient chargé depuis plusieurs années de garder en Allemagne occidentale les dépôts de leurs surplus militaires. Schuman avait des filiales à Baden-Baden, Stuttgart, Munich, Bad Homburg, Usingen, ainsi que deux aérodromes privés à Bocking (Haute-Bavière) et à Nordlingen (Basse-Saxe). En dix mois à peine, il avait expédié en RDA pour une valeur d'au minimum un million et demi de deutschemarks, des pièces détachées pour avions et sous-marins, appareils radio, etc.

Schuman était un enfant de l'IWF et du colloque de février 1954. Son contrôleur occulte s'appelait Heinrich Krumm, bien connu des participants occidentaux de la Conférence économique mondiale qui s'était tenue à Moscou à l'automne 1952 – avec une forte délégation française, dont des chroniqueurs, renommés aujourd'hui encore dans la presse parisienne. Krumm était l'un des conseillers de Greta Kuckhoff, alors présidente de la banque d'État est-allemande, ancien cadre du réseau Harnack de l'Orchestre rouge en Allemagne... et liaison « technique » d'Ulbricht et de Wollweber (remplaçant Zaisser) auprès de Stahlmann, à l'IWF. Quant à Krumm, il se vantait de compter parmi ses amis en RFA une bonne douzaine de « grands patrons » du négoce, dont Otto Wolf von Amerongen, de la haute industrie, et trois fois plus encore dans leur entourage direct. Il ne semble pas qu'il bluffait. Même si les bonnes affaires ne se concrétisaient pas toujours, les semailles est-allemandes en Allemagne occidentale allaient germer entre 1960 et 1970, en progression quasi géométrique. Cela parce qu'un des principaux aspects du travail de Markus durant sa première décennie fut moins le vol de secrets militaires ou technologiques que l'implantation d'agents d'influence aux bons endroits. Là où l'économique et le politique sont étroitement liés.

C'est pourquoi on découvrira ensuite, à l'ombre de l'Ost-Politik amorcée en 1969 par Willy Brandt, des personnages comme Kurt Körber, P-DG du groupe von Amerongen, dans le « Cercle de Bergdorf », auprès de Boris Borissov, le président de la Chambre de commerce et de l'industrie de l'Urss. Un cercle qui était issu du Progress Club de Cologne, devenu « Cercle républicain » puis « Centre libéral ». L'establishment libéral-démocrate allemand, dont Otto Lambsdorff devenait la tête chercheuse au profit du patronat, couvrait innocemment par sa fascination pour les marchés de l'Est la pénétration dans ce milieu des meilleurs agents de la RDA. Un exemple suffit : celui de l'industriel Hans Heinz Porst.

L'industrieux H.H. Porst

Vers la mi-octobre 1967, le contre-espionnage de Bonn arrêtait avec discrétion un certain Alfred Pilny qu'il surveillait depuis quelque temps en raison de ses nombreux voyages en Suisse et parfois en RDA. Agé de cinquante et un ans, Pilny était un « réfugié » de l'autre Allemagne. Pendant plusieurs jours il observa un mutisme presque total face à ses interrogateurs. Mais ceux-ci furent avertis qu'à peine Pilny embarqué par la police, un certain Findeisen avait disparu de son domicile. Côté suisse – le BfV travaillait en coopération avec la police fédérale de Berne – aucune trace de Findeisen qui avait certainement gagné la RDA. Pilny se troubla en apprenant cette disparition qui prouvait une double surveillance. Il lâcha quelques aveux, et le fil remonta à son patron, le très riche industriel de Nuremberg Hans Heinz Porst.

Porst, quarante-quatre ans, avait hérité d'une affaire de famille fondée en 1925, spécialisée dans le matériel photographique, de cinéma et d'imprimerie. Des magasins dans cinquante villes allemandes, un chiffre d'affaires de cent quatre-vingts millions de deutschemarks en 1967, près de quatre millions de bénéfices pour l'année. Il vivait sur un grand pied, et s'occupait aussi de politique. Il était entré au parti libéral-démocrate, appartenait depuis 1955 à son comité directeur, exerçait sa présidence pour la Franconie. Il fréquentait donc tout le gratin de ce parti minoritaire, mais indispensable dans la balance pour assurer une majorité aux chrétiens-démocrates. Le président de l'État ouest-allemand, une vingtaine de députés, des dizaines d'industriels composaient son entourage.

Porst appartenait au premier groupe d'agents que Markus Wolf avait pris en main dès 1952. C'est un oncle de Porst, l'écrivain est-allemand Boehm, membre du Comité central du SED et haut fonctionnaire au ministère des Affaires culturelles dans les années soixante, qui avait signalé à Markus l'intérêt qu'il aurait à prendre contact avec son neveu, héritier d'une affaire prospère et politiquement bien introduit à Bonn puisque, dès 1953, il était l'ami intime d'Erich Mende, alors président du parti libéral-démocrate. Porst accepta de rendre service « au nom du rapprochement entre les deux Allemagnes ». Argument qu'il déploiera lors de son procès : il fallait apaiser la tension Est-Ouest et peut-être même empêcher ainsi une nouvelle guerre... L'histoire est classique. Elle est néanmoins exemplaire parmi des milliers * touchant la guerre secrète entre les deux Allemagnes. Elle illustre aussi le fait qu'à partir des années soixante l'espionnage est-allemand commençait à s'étendre au-delà.

Porst renseignait Markus Wolf (rencontré personnellement lors de voyages d'affaires à Leipzig, Prague et Budapest) sur les débats et desseins du FDP vis-à-vis de Berlin-Est et de Moscou, sur la psychologie, les mœurs, les faiblesses, l'influence, les ambitions de ses compagnons libéraux. Il l'aidait aussi de manière plus concrète : sa chaîne de magasins en RFA servait le cas échéant de boîtes aux lettres à d'autres agents. Il ne les

* Rappelons les affaires démasquées en RFA : 1 799 de 1951 à 1958; 1 658 rien qu'en 1958; 3 051 en 1959; 5 000 en 1971... (statistiques fédérales).

connaissait pas, mais il assurait leur protection grâce à ses adjoints, tel Pilny – Pilny, son fidèle courrier avec l'Est et vers Coire en Suisse, où son réseau avait recruté Peter Neumann, administrateur d'une petite banque et d'une firme : Administra SARL. A son tour, Markus Wolf avait utilisé ce dernier pour créer plusieurs sociétés anonymes en Suisse, et y implanter de nouveaux agents sous de fausses identités.

Porst versait scrupuleusement sa cotisation au PC est-allemand, soit deux cent cinquante deutschemarks par an, tout en finançant depuis dix ans, à raison de deux cent mille dollars par mois, le parti libéral-démocrate de l'Allemagne de l'Ouest ! Wolf en personne l'avait décoré pour « services éminents ».

L'histoire s'est conclue par des peines relativement légères. Deux ans et neuf mois de prison pour Porst, qui fut libéré en 1970 et reprit sa vie de grand seigneur industriel, proclamant plus que jamais sa fidélité au marxisme. Pour Pilny, deux ans et six mois. Quant au Suisse Peter Neumann, il fut condamné à dix mois de prison, mais une première peine l'avait déjà frappé en Suisse : dix mois également, plus dix ans d'interdiction de séjour. On était moins indulgent à Berne qu'à Bonn, où l'on n'a pas constaté, après cette affaire, que le comité directeur du parti libéral-démocrate ait regardé d'un peu plus près le passé de ses dirigeants, pour beaucoup « réfugiés » de l'Est... dans des conditions douteuses. L'avenir devait le démontrer, pas seulement pour le FDP, mais aussi pour les socialistes et les chrétiens-démocrates.

Les « Geheimer Mitarbeiter » du Bundestag

Ainsi, dix ans plus tard : un médecin de Munich, Friedrich Cremer, notable du SPD en Bavière, fut arrêté le 30 janvier 1979, après une surveillance due à la vigilance des services de contre-espionnage suédois. Cremer travaillait en effet directement pour Markus Wolf, rencontré l'année précédente en Suède. Il était considéré comme un « Geheimer Mitarbeiter » (un coopérateur secret), terme technique qui désignait, à la HVA, la crème des agents, traitée par le directeur ou les sous-directeurs du service, et non par des subalternes.

Sous le nom de Richter, Cremer avait retrouvé Markus et sa charmante nouvelle épouse Dietlinde quelque part en Suède, où fut prise au téléobjectif une photo de Mischa, la première depuis plus de vingt ans. Des protections ont cependant joué pour atténuer les sanctions contre Cremer, du fait des rapports semi-officiels interallemands et surtout des colloques de plus en plus fréquents et fraternels entre socialistes allemands et libéraux-démocrates ouest-allemands et l'équipe moscovite de Leonid Brejnev. Dans ces milieux de RFA on répétait que le numéro un de l'Urss, et à ses côtés le directeur du KGB, Youri Andropov, s'engageaient vraiment vers une démocratisation et souhaitaient une détente dans les rapports avec l'Ouest. Le chef de l'État français le répétait lui aussi depuis 1976. N'avait-il pas déposé une gerbe sur le tombeau de Lénine? Pourquoi certains dirigeants de Bonn n'agiraient-ils pas dans le même sens?

Le 20 décembre 1982, Friedrich Cremer fut gracié, sur décision du chef de l'État ouest-allemand. Son cas rappelait celui du chrétien-démocrate Franz Karl Schmitt-Wittmach, autre Geheimer Mitarbeiter, qui en août 1954 était passé brusquement à l'Est avec femme et enfant, neuf mois à peine après son élection au Bundestag. Il était l'œil de Wolf au cœur de la CDU, en tant que membre de la commission parlementaire des Affaires étrangères et surtout de celle s'occupant de la sécurité européenne.

De l'avis d'un des patrons du BND *, « Schmitt-Wittmach était considéré à l'Est comme l'un des informateurs les plus précieux implantés chez nous dans les milieux parlementaires. Il avait été recruté en 1952, avec pour objectifs les postes qu'il avait précisément obtenus. Il apportait aussi tout un réseau de relations personnelles qui permettait d'influencer les opposants aux projets de la Communauté européenne de défense... »

Il avait pour ami le prince Louis-Ferdinand, fils du Kronprinz et chef de la famille des Hohenzollern qui entretenait des rapports suivis avec les prétendus héritiers en droit des Romanov, à Saint-Brieuc en Bretagne **.

* Il s'agit d'un intime du général Gehlen.

** Tant les Grandes-Duchesses réfugiées au Danemark que les autres héritiers de Nicolas II ont, dès 1924 et depuis, contesté cette prétention de Cyrille et de son fils Vladimir.

Markus Wolf craignait, après la fuite à l'Ouest de plusieurs cadres de la RDA, que Schmitt-Wittmach ne soit découvert. Certes, au même moment, Otto John, le responsable du contre-espionnage ouest-allemand, venait de provisoirement s'enfuir à l'Est, et, dans cette petite guerre de transfuges dans un sens et dans l'autre, l'effet de ceci pouvait annuler l'effet de cela; Erich Mielke et Wollweber estimaient qu'il fallait « torpiller à tout prix les projets ouest-européens de la CED ». Des déclarations simultanées de John et du député chrétien-démocrate serviraient parfaitement ce dessein.

Une fois de plus, presque toute la presse occidentale minimisa le rôle du député. Il est vrai que le chancelier Adenauer donnait des consignes de modération. Même attitude en 1958 lorsque Berlin-Est assure avec tapage que « vingt-sept députés de la RFA avaient des contacts depuis novembre 1957 – parmi eux, un ministre – avec leurs collègues est-allemands ». Ce ministre était celui de la Justice, le chrétien-démocrate Fritz Schaeffer... qui en effet avait rencontré secrètement l'ambassadeur de l'Urss à Berlin, puis le général Vincenz Müller, vice-ministre de la Défense et chef de l'état-major de l'armée est-allemande. Müller l'avait reçu chez lui sous prétexte que son père l'avait autrefois connu. Il prétendit au *Berliner Zeitung* (contrôlé par les Soviétiques) que son hôte voulait négocier avec les autorités de la RDA un projet de neutralisation de l'Allemagne. Le vieux Schaeffer, qui avait démissionné en mars 1933 de son poste de ministre des Finances de la Bavière, par hostilité aux nazis, n'était en aucun cas un agent de Markus Wolf. Il avait été manipulé par l'Est au vu et au su du chancelier Adenauer désireux de voir jusqu'où iraient les dirigeants de la RDA dans leurs projets de neutralisation ou de rapprochement des deux Allemagnes.

Comme le nota alors l'hebdomadaire *Carrefour* : tout en semant le trouble dans les sphères occidentales, Moscou brûlait ainsi de son côté une équipe dont les stratèges du Kremlin voulaient se débarrasser, pour des motifs connus d'un petit cercle restreint autour de Khrouchtchev *. Peu après l'incident Schaeffer, l'ambassadeur de l'Urss, G. Pouchkine, et, côté alle-

* François Courtet, *Carrefour*, 26 novembre 1958.

mand, le général Müller et son ami Hermann Matern, vice-président de la Chambre du peuple, tombaient en disgrâce.

Les chiens de garde de Markus

Deux personnages ont servi de conseillers et de chiens de garde politiques et techniques auprès de Markus Wolf; l'un, durant près de cinq ans, l'autre un peu plus longtemps, alors que Markus passait de l'IWF au Département XV. Le premier s'appelait Gerhard Heidenreich, archétype de l'apparatchik, il était né en 1916 à Breslau. A dix ans, il avait appartenu aux Pionniers. A partir de 1931, le PC l'avait utilisé à des missions secrètes. Fiché par la Gestapo – qui néanmoins ne découvrit pas cet aspect de ses activités –, Heidenreich fut arrêté en 1934 et fit deux ans de prison. Un mystère plane ensuite sur sa vie. Même le spécialiste ouest-allemand Karl Wilhelm Fricke ne dit rien de lui jusqu'à sa réapparition en 1945 en Silésie, puis en Saxe où il fut chargé d'organiser les Jeunesses communistes de la province. L'historien britannique E.H. Cookridge fait de lui un SS Sturmbahnführer, transformé après la fin de la guerre – comme bien d'autres nazis – en cadre de l'appareil est-allemand. Nous n'avons pu éclaircir l'affaire.

Toujours est-il que Heidenreich devint par la suite un des adjoints d'Erich Honecker à la direction des Jeunesses communistes de la RDA, entra au Comité central du SED en 1950 et, peu après, au parlement de Berlin-Est. En 1951, Zaisser le muta à la direction de l'IWF, avec rang de colonel. Il quitta Wolf en 1955 pour devenir le premier secrétaire des cellules du parti au sein du MFS et de ses dépendances; c'est-à-dire qu'il était le patron politique des quelque neuf mille officiers et cadres du ministère de la Sécurité et des huit cents dirigeants du Département XV. Il a disparu en 1981, victime – selon le spécialiste ouest-allemand cité plus haut – du passage à l'Ouest en 1979 du lieutenant de la HVA, Werner Stiller, grâce auquel les Occidentaux ont eu connaissance d'importants détails sur les arcanes des services secrets d'en face.

L'autre « second » de Wolf venait d'un autre cru. Richard Stahlmann était un vétéran des aventures du M-Apparat, l'appareil militaire clandestin du Komintern dans la Ruhr des années vingt. Il avait alors rencontré Zaisser, l'avait précédé de deux ans en Chine, pour le retrouver en 1937 en Espagne.

A la finesse de Heidenreich s'opposaient la rigueur et la brutalité de Stahlmann, un pseudonyme adopté en Espagne – il s'appelait de son vrai nom Arthur Illner – lorsqu'il commandait avec Erich Mielke le 11ᵉ bataillon : celui des tueurs chargés de liquider les suspects de non-obédience au stalinisme. Lorsqu'il séjourna en Catalogne pour ces « activités », un certain Willy Frahm, dit Brandt, fut – à la différence de ses amis, hormis ceux qui réussirent à fuir à l'étranger et à changer de nom * – épargné, en raison de ses « éminents services ». Willy Münzenberg, l'extraordinaire organisateur du Secours rouge, hostile depuis 1937 aux tractations secrètes entre Staline et Berlin en direction du pacte d'août 1939, n'eut pas la même chance que Brandt. Il fut en 1940 assassiné dans l'Isère, victime d'un attentat monté par Stahlmann et Mielke.

La guerre d'Espagne terminée, Stahlmann reçut l'ordre de gagner la Suède afin d'y relayer Wollweber, traqué par le contre-espionnage suédois. En revanche, sa fidèle compagne, Erna Hackbart, qui avait participé à toutes ces actions depuis la fin des années vingt, reçut l'ordre de demeurer en France pour être la liaison entre Jacques Duclos et l'appareil soviétique dans notre pays **.

Revenu en Allemagne en 1945, après avoir transité par Moscou, Stahlmann fut, jusqu'en 1948, l'un des principaux traitants des agents infiltrés dans les zones d'occupation occidentales. Lui fut aussi confiée la supervision du parti communiste ouest-allemand et de ses liens avec l'Est. Il disparut dans les limbes du régime est-allemand, peu après la naissance de la HVA. On perd sa trace. Peut-être a-t-il tout bonnement pris sa retraite.

* Confidence faite à l'auteur en 1978, à Santiago-du-Chili, par un des directeurs du ministère chilien des Affaires étrangères. Il avait été, au côté de Willy Brandt, un des premiers membres du SAP, dissidence socialiste liée au PC allemand. Il avait fui au Chili en 1937, lors des purges en Urss et au sein du Komintern.

** Détail fourni par Roger Faligot et Rémi Kauffer.

11

La méthode Wolf

Tournant d'importance en Urss, en décembre 1958, pour Mischa Wolf : Ivan Serov, directeur du KGB depuis 1954, passe la main au jeune Alexandre Chelepine, quarante ans, licencié en littérature et philosophie, colonel breveté de l'Académie militaire de Leningrad. En 1952, il avait été le benjamin du nouveau Comité central. Certes, Ivan Serov n'était pas hostile à Markus, mais un intellectuel du parti remplace un policier plus connu pour ses épurations sans pitié, en Urss comme dans les pays satellisés, que pour ses qualifications en matière d'espionnage. En outre, Chelepine, né en 1918, n'a guère que quatre ans et demi de plus que Mischa. Ils sont de la même génération. Il croit qu'il faut rénover les méthodes communistes. Il est national-soviétique, et n'a cessé depuis des années, à la direction des Komsomols, d'exalter la « patrie soviétique ». Wolf, plus internationaliste, estime qu'il la servirait mieux encore s'il n'était bridé par les bureaucrates du KGB présents depuis 1950 à tous les étages du ministère est-allemand de la Sécurité d'État, 22, Normannenstrasse. Au point qu'aucune unité opérationnelle n'agit qu'elle ne soit cornaquée par un KGB qui parfois va jusqu'à retirer un dossier au contre-espionnage ou à la HVA, pour le traiter à son gré.

Tout change à partir de cet hiver 1958-1959. La HVA passe du statut de subordonnée à celui de partenaire. Markus Wolf fait simplement tenir au KGB des synthèses quotidiennes, hebdomadaires ou mensuelles, selon les circonstances. Dans quelques années, lorsque d'aimables firmes occidentales auront fourni leurs systèmes informatiques, un immense fichier central concentrera en Urss la somme du travail accompli dans le monde entier, aussi bien par la HVA que par ses « grands frères » des capitales satellites. C'est pourquoi, lorsqu'on écrira en Europe – après les événements qui se succéderont de l'été 1989 au printemps 1990 – que Markus « négocie avec le KGB ses agents de Berlin-Est », cela relève ou de la désinformation ou de l'incompétence. Non seulement il a toujours conservé sa citoyenneté soviétique, mais le KGB dispose de ses fichiers et de ses synthèses. Wolf est un général soviétique parmi d'autres, qui examine avec le haut état-major comment recycler les meilleurs éléments, écarter ceux qui sont brûlés; comment poursuivre une « affaire »; comment continuer lui-même de servir et, si la chose est impossible, prendre sa retraite.

Des approches tout à fait nouvelles

Lorsque Chelepine prend ses fonctions, le climat change en RDA parce qu'on s'achemine déjà vers l'affirmation de plus en plus constante à Moscou de la réalité d'un État est-allemand, et de sa reconnaissance diplomatique dans le monde. Cela entraîne en quelques années l'irruption générale et méthodique des espions de la HVA au-delà de la RFA : en Europe occidentale, en Amérique, dans le tiers monde, après de nombreuses incursions en Orient arabe...

Dès lors, c'est l'imagination qui est au pouvoir à Moscou comme à Berlin-Est, au lieu de la frilosité bureaucratique et des mœurs policières qui caractérisaient les méthodes de Serov et de ses subordonnés directs à Berlin-Est : Zaisser, puis Wollweber, puis Mielke. Désormais ce dernier déploie son zèle sur l'unique plan de la sûreté intérieure et du contre-espionnage. La Stasi recouvre de son appellation les sinistres initiales SSD. La HVA couvre le monde extérieur, livrée à elle-même, en parallèle avec le service de renseignement militaire qui, évidemment, dépend du ministère de la Défense.

Si Markus maintient une discipline d'une rigueur toute prussienne dans sa centrale comme dans tous les départements ou bureaux de la HVA, des méthodes apparaissent néanmoins qui vont plus d'une fois faire frémir les vétérans. Mais ils s'inclineront devant ses succès.

Pour sa rigueur, une anecdote rapportée par l'espion Günter Guillaume dans ses Mémoires montre bien la mentalité de Wolf. Cet homme, dont l'arrestation provoqua en 1974 la démission du chancelier Willy Brandt – ce qui évitait une enquête plus approfondie – venait d'arriver en 1981 à Berlin-Est, libéré par la RFA dans le cadre d'un échange d'espions longuement négocié. Wolf l'avait reçu, entouré de plusieurs de ses chefs de service, pour entendre son compte rendu des événements de 1974. Presque d'emblée, il l'interrompit sèchement :

– De toute façon, jamais vous n'auriez dû révéler votre fonction et votre rang dans nos services ! Seuls nos camarades ont droit à la vérité. Nos ennemis, jamais * !

Parfait léniniste, éminemment doué pour les services secrets, Markus a toujours estimé que la désinformation ou le mensonge sont des vertus cardinales, s'adressant au monde non communiste. Sur ce plan et celui des règles de sécurité dans le « travail », il applique la pratique des anciens de la Tchéka, du Komintern, du NKVD. Mais pour le reste, quelle créativité ! Il invente par exemple le « coup des secrétaires » qui, durant plus de vingt ans, va faire des ravages dans les rouages de la République fédérale. La chancellerie, l'administration centrale, celle des provinces, les partis politiques, l'armée, la haute industrie, le grand commerce, le contre-espionnage (BfV), le BND (l'espionnage durant et après la période Gehlen), nul ne sera épargné par les deux mille cinq cents femmes qu'il infiltre ou recrute en RFA pendant quinze ans **. Dactylos, secrétaires de direction, call-girls de haut vol, « petites mains », épouses déçues, épouses volages, toutes sont systématiquement et surtout méthodiquement employées. Bien sûr, il faut des séducteurs à côté des séductrices. Des officiers et agents de la HVA sont sélectionnés et dressés pour ce travail qui n'est pas si facile car toute passion, toute absence de discipline provoqueraient des catastrophes. Il faut donc des convaincus. Peut-être pas

* *Der Spiegel*, n° 52, 1989, citant Guillaume. Avant parution, son livre avait été passé au crible par la HVA.

** Estimation de l'auteur, sur la base des dossiers du CEI, période 1960-1975.

selon Marx et Lénine, mais convaincus de la justesse du combat de l'État est-allemand. Étrange Wolf, d'ailleurs, qui se dit sans autre patrie que l'Internationale soviétique, et dresse et manipule des fanatiques de l'État figé derrière Walter Ulbricht, et qui le sera plus encore à partir de 1971 derrière le petit Sarrois Erich Honecker.

Certes, on a connu bien des femmes dans les coulisses du Komintern, de l'Orchestre rouge, du GRU. Mais des cas isolés, pour ainsi dire. Telle « Sonia » qui n'avait rien d'une vedette de cinéma, mais avait du charme, aimait l'amour et finit tout de même par « se ranger », une fois en poste en Angleterre, avec son compagnon, puis mari, Beurton, et termina ses jours avec lui en Allemagne de l'Est.

La méthode Wolf est particulière, unique dans l'histoire de l'espionnage contemporain, car elle est érigée en système. Elle est en somme la projection de lui-même sur les autres, qualités et défauts conjugués par une grande maîtrise de soi, parce que la mission passe avant tout le reste. Il sera en effet, tout au long de sa vie, un grand séducteur, et qui aime l'être. Aucune de ses trois épouses ne le contredira, pas plus que toutes les autres femmes qui parsèmeront çà et là son existence.

Pourquoi réussit-il si bien dans l'assaut dont la petite ville de Bonn est l'objectif primordial, à côté de Francfort, Cologne et Munich, autres pôles de la vie économique, politique et secrète de la RFA? Parce que ceux et celles qu'il infiltre ou recrute entre 1958 et 1970 dans Bonn vivent ou sont appelés à vivre dans une ancienne station balnéaire, soudain surpeuplée après 1949. Elle concentre dans ses petites rues, ses habitations bourgeoises, ses résidences luxueuses, parmi deux cent quatre-vingt mille habitants, plus de cent vingt mille femmes, dont trente-cinq mille sont des célibataires *. On n'a connu une telle proportion féminine qu'à Vichy, entre 1940 et 1944, lorsque y siégeait le gouvernement français, avec donc la nécessité d'une multitude de secrétaires dans les bureaux ministériels. A Bonn, résident aussi cinq mille cinq cents diplomates étrangers (chiffre des années soixante-dix) avec leurs personnels.

Markus Wolf a pris conscience de la vulnérabilité de ce

* Statistiques 1973-1975.

microcosme au sein duquel, forcément, les intrigues amoureuses s'ajoutent aux intrigues politiques, souvent greffées les unes sur les autres, entre hommes et femmes bien sûr, mais aussi entre homosexuels. Ses « opérationnels » sauront en jouer lorsque après cinq, six, dix ans parfois, ils seront « activés ». Il leur avait été demandé tout d'abord de s'intégrer à cette société, d'y faire leur chemin vers des objectifs – c'est-à-dire des fonctions précises – pas plus! Pas de zèle intempestif, pas de vols de documents (sauf occasion extraordinaire), simplement se placer, se rendre indispensable, et attendre le moment, décidé par Berlin, d'entrer en scène.

D'éloquentes statistiques

Grâce aux hommes et aux femmes qu'il a téléguidés vers les ministres, les hauts fonctionnaires, syndicalisés, « humanistes » et même les gens d'Église, Markus devient très vite un des brillants subordonnés du directeur du KGB. Les grands espions sont toujours traités à cet échelon ou par le premier directeur adjoint du KGB; d'un moindre niveau, ils le sont par les chefs des départements appropriés. La preuve que, sous ses ordres, la HVA devient l'enfant chéri de Moscou ressort des statistiques établies « en face », c'est-à-dire par le contre-espionnage ouest-allemand. Celui-ci constate, à partir du milieu des années soixante, que 60 pour cent de la pénétration politique en RFA n'est plus menée par le KGB, mais par la HVA. Dix ans plus tard, ce chiffre s'élève à plus de 70 pour cent. L'historien risque d'ailleurs de se perdre dans le dédale de ces réseaux, souvent composés de simples troïkas qui, bien entendu, s'ignorent les unes les autres. Que choisir pour illustration parmi les mille huit cents instructions conduites par le Parquet, entre 1951 et 1959? Or ce nombre, étalé sur huit ans, sera de trois mille pour la seule année 1959, à la suite, il est vrai, du brusque afflux de transfuges importants. Il se maintiendra, dans les années 1970 à 1980, à près de mille deux cents instructions par an. Et ce n'est que la pointe de l'iceberg *. Même langue, mêmes mœurs

* A peine 15 pour cent des cas sont connus du public ou aboutissent à un jugement.

facilitent les infiltrations d'Est en Ouest, au milieu d'une moyenne annuelle de vingt mille réfugiés. Il suffit de 8 à 10 pour cent de taupes dans ce lot pour implanter des agents qui, tranquillement, vont grimper au fil des ans dans la société ouest-allemande.

La contre-offensive de Bonn n'est en rien comparable, même si, çà et là, le BND rend la pareille à l'Est. C'est que l'espionnage occidental est défensif par nature. Il veut seulement savoir ce que fait ou sait l'adversaire potentiel. En revanche, en face, on veut la révolution. On ajoute au renseignement stratégique, économique et militaire le renseignement politique et « social » pour détruire le régime adverse. Et, d'ores et déjà, le saper, le démoraliser, le déstabiliser. Par exemple en retournant une opération manquée – puisque découverte –, en la convertissant en une hémorragie exceptionnellement grave. C'est ce qui se passe de l'automne 1968 au printemps 1969 : en douze jours, six suicides, vrais ou faux, de fonctionnaires frappent les ministères ouest-allemands de la Défense et de la Recherche; huit autres « suicides » dans les mêmes milieux durant les cinq mois suivants.

« Sonny Boy » et les autres

Ces « incidents » viennent de la découverte qu'un contre-amiral ouest-allemand travaillait pour le KGB, et non pour la HVA; mais celle-ci, sur ordre, va accompagner ce climat de trahison d'une série de faux suicides, en sacrifiant quelques agents. L'idée est de discréditer Bonn aux yeux des alliés de l'Otan : cet effet domino montre que la RFA est une vraie passoire, non crédible sur le plan de la sécurité.

« Sonny Boy » était le surnom donné au contre-amiral Luedke, marié, cinq enfants, jovial, plein de vie, piégé par une hirondelle du KGB dans un cabaret de la rive gauche à Paris, à l'âge où les hommes savent que l'automne est arrivé. Des documents de l'Otan et même les éléments du missile Hawk ont filé à Moscou. Si le général tchèque Jan Sejna n'avait pas fui à l'Ouest en été 1968, ce petit jeu eût continué longtemps. Ses connaissances au Comité de coordination des pays du Pacte de

Varsovie ont permis de « situer » la source, vu la hauteur de ses révélations. Du coup, le général Wendland, numéro deux du BND, se suicide. Lui aussi trahissait depuis quelque temps. S'ensuit une véritable hécatombe. Charlotte Merkel, en mars 1969, clôt la série. Elle avait été recrutée en 1955 par le Département XV de Markus Wolf, et travaillait ces dernières années pour le secrétaire d'État Gerhard Jahn qui sera plus tard ministre de la Justice du gouvernement de Willy Brandt.

De 1970 à 1980, la vague d'une vingtaine de secrétaires de ministres, arrêtées ou en fuite, entretient ce scénario de trahison, de déstabilisation, d'insécurité. Il ne faut sous-estimer ni la raison ni la portée de ces épisodes. Grâce à la HVA, Moscou lit à livre ouvert les intentions, orientations, craintes, recherches et plans de défense de la RFA; et, par là souvent, de l'Otan, puisque les secrets volés ici recoupent ceux d'autres réseaux étrangers. Cela permet au Kremlin de manœuvrer au mieux dans ses discussions avec les Alliés au sujet des deux Allemagnes ou dans sa stratégie dont on a vite oublié en 1990 qu'elle préparait sous Brejnev une conquête éclair de l'Europe occidentale, après une période – de 1967 à 1980 – de terrorisme accentué, de désinformation systématique. Tous les rapports de l'Alliance atlantique, officiels ou secrets, en ont traité entre 1975 et 1980 *.

Avec ses hirondelles, Markus Wolf a servi à merveille Berlin-Est et Moscou. Ainsi, en 1966, une dizaine de mois avant que la CDU (contre l'avis du chancelier Adenauer qui avait pris sa retraite) ne bascule dans une « grande coalition » avec les socialistes, le Kremlin, averti par Markus, est au courant. Ordre est donc donné aux taupes infiltrées dans le SDP soit de faire du zèle pour être bien placées demain dans les ministères, soit de se réveiller. Éclatante confirmation de la coalition annoncée par Markus : le 12 octobre, Willy Brandt se rend discrètement auprès de Piotr Abrassimov, ambassadeur de l'Urss à Berlin-Est, pour lui faire part du changement de politique de Bonn, et discuter avec lui de l'avenir.

* L'auteur a durant plusieurs années appartenu à l'une des commissions de l'Association pour l'Alliance atlantique (rapport publié en 1979 : « Trois ans après Helsinki : dégel ou durcissement? »), sous la présidence de l'ancien ministre André Monteil.

Abrassimov dirige la conversation puisqu'il sait déjà ce qui va se passer, et que, derrière Brandt, il y aura son vieil ami Leo Bauer et Egon Bahr, l'ancien subordonné du colonel Tulpanov à Berlin-Est. Hans-Dietrich Genscher – que ni Markus ni le KGB n'ont perdu de vue depuis qu'en 1955 il s'est installé à l'Ouest – attendra quelques années encore avant de monter en grade. C'est seulement une fois le retour à une coalition SDP-FDP qu'il entamera sa progression vers les ministères de l'Intérieur, puis des Affaires étrangères. Jusqu'à devenir, pendant plus de quinze ans, l'indispensable pivot de la politique d'entente, de rapprochement et de coopération avec Moscou, amorcée par Brandt et Bahr...

Et puis, grâce à une taupe de Markus, en bonne place à Bonn, Sonia Lüneburg *, Moscou apprend début 1982 que les libéraux de M. Genscher vont briser avec les socialistes pour s'associer de nouveau aux chrétiens-démocrates. Ils sont minoritaires, mais avec assez de poids pour, en échange, obtenir d'importants portefeuilles. Bien entendu, Markus a déjà donné l'ordre à ses agents dans le milieu libéral-démocrate de se caser au bon moment aux bons endroits. Les « affaires » découvertes quelques années après l'ont amplement démontré.

Troïkas et duos en tous genres

L'histoire d'une troïka neutralisée en 1970 prouvait déjà que cette pénétration constante de la République de Bonn n'était pas le fruit imaginaire des obsessions de quelques partisans de la guerre froide. Le 26 février 1970, Ingeborg Weber, alias Liane Lindner, quarante-deux ans, est arrêtée au sortir de la petite gare de Bonn, retour d'une soirée au théâtre de Cologne où elle avait rencontré ses vieux amis : Heinrich Wiedemann, soixante-douze ans, et Irène Schultz, cinquante et un ans, secrétaire du ministre de l'Enseignement et des Affaires scientifiques.

* De son vrain nom Joanna M... (Le BfV n'a pas révélé son nom entier) elle a été arrêtée le 6 juin 1991 dans un faubourg de Berlin et présentée au tribunal de Karlsruhe.

Dans son sac, Liane a les comptes rendus secrets des 5 et 18 février du cabinet du gouvernement. Réunions qui avaient pour objet la mise au point de la stratégie et des concessions éventuelles de Willy Brandt lors de sa prochaine et première entrevue officielle avec Willy Stoph, son homologue est-allemand.

Ingeborg Weber est arrivée en Suisse en 1961, sous le nom de Lindner. Fine psychologue, elle est devenue presque tout de suite conseillère en recrutement de personnel pour les grandes entreprises ouest-allemandes, en particulier pour les firmes pharmaceutiques et pour une très grande maison d'édition. Voilà pour la « légende » de cette Allemande de l'Est, miraculeusement parvenue en Suisse et, de là, en RFA où, selon le droit en cours, elle a aussitôt obtenu un passeport de citoyenne ouest-allemande. En réalité, Ingeborg-Liane est un officier de la HVA envoyée en RFA pour coiffer deux personnages dont le travail est remarquable. L'un est le septuagénaire Wiedemann. Les autorités britanniques l'avaient nommé en 1946 ministre de la Justice de Rhénanie-Palatinat. Pourtant, il prend sa retraite dès 1948 pour ouvrir un cabinet d'avocat et surtout créer une société de crédit à Hambourg, spécialisée dans les prêts aux fonctionnaires et, plus tard, aux militaires de la RFA qui veulent améliorer leur confort. De quoi disposer bientôt d'une cartothèque importante.

Wiedemann, âgé de la cinquantaine, est cultivé, courtois, affable, bien introduit dans les milieux sociaux les plus huppés. Il se rend en secret à Berlin-Est en 1951, pour y rencontrer Markus Wolf, sur recommandation d'un ami commun connu lorsqu'il était ministre de la Justice. En 1956, Wiedemann a repéré Irène Schultz, parfaite secrétaire au ministère de l'Intérieur, jeune veuve de trente-sept ans qui élève sa fillette de treize ans. Elle doit, sur recommandation de son chef de service, passer incessamment secrétaire du ministre de la Recherche scientifique. Elle est l'image de la secrétaire de direction rêvée : discrète, souriante, répondant à tout sans s'afficher, rangée, méthodique, bref, indispensable. A tel point que chaque ministre, quelle que soit sa tendance politique, à la Recherche et aux Affaires scientifiques, tiendra à la garder.

En 1957, Wiedemann l'a présentée à l'un des adjoints de

Markus. Depuis, en treize ans, six cents projets et documents scientifiques – dont la construction d'une centrifugeuse capable de produire à bon marché de l'uranium enrichi * sont passés à l'Est, ainsi que tous les comptes rendus des conversations scientifiques et techniques – notamment les projets spatiaux – (auxquelles elle assistait) entre son ministre et ses homologues étrangers. Rapports également sur les conseils gouvernementaux. Chez Liane et chez Irène, la police a trouvé des faux passeports (pour les liaisons à l'étranger), des codes secrets, des minox. Toute la batterie de l'espion type. Cette troïka avait assez d'importance pour que, dès le 8 mars 1970, à la fois Moscou et Berlin-Est aient tenté de négocier sa « restitution ».

Une cible : le ministère des Affaires étrangères

Les Casanova de l'écurie de Markus Wolf des années soixante ont trois cibles prioritaires : le ministère des Affaires étrangères, le ministère de la Défense et la Chancellerie. S'ils ne réussissent pas à recruter au cœur même de ces objectifs, ils doivent s'attaquer à leurs périphéries; les partis politiques. Quoi de plus efficace que d'essaimer de façon systématique dans les thés dansants, les bars, boîtes de nuit ou clubs plus ou moins privés? Déjà plusieurs années auparavant, une pension de famille des bords du Rhin, d'où on pouvait surveiller les allées et venues d'Adenauer entre sa résidence et la chancellerie, servait aussi aux rendez-vous galants. L'affaire s'était mal terminée, en 1957, par cinq cadavres au fil du Rhin. Exécutions dues aux méthodes musclées de Mielke, et non aux services de Wolf qui, à présent, recommandait technique et patience.

Au moins 60 pour cent des secrétaires séduites et embrigadées par ces beaux messieurs ne sont entrées en activité réelle que dans les années 1970 à 1985, alors que leur recrutement remontait au début des années soixante. Il faut bien sélectionner quelques cas parmi des douzaines qui concernent l'investissement du ministère des Affaires étrangères. C'est ainsi qu'en 1967, dans le cadre d'un café dansant de Hanovre, la

* Projet mis au point entre Bonn et La Haye.

jeune Ingrid Garbe, vingt-neuf ans, un premier amour déçu, rencontre Hans Joachim Heisinger qui se dit technicien de radar dans une firme helvétique. Il se montre un séducteur attentionné et délicat, le temps d'amener Ingrid à suivre des cours de langues étrangères. Elle est douée. Quatre ans plus tard, il l'introduit au ministère des Affaires étrangères. Elle est enceinte. Il la persuade d'aller se faire avorter en Grande-Bretagne, car avoir un enfant serait interrompre sa carrière...

En 1972, Heisinger devient Klaus Scheller, pour une autre mission. Il disparaît de la vie d'Ingrid, mais, entre-temps, il l'a présentée à un relais : Christophe Wiler, fleuriste-paysagiste de Dortmund, autre officier de la HVA. Ingrid a si bien réussi que son ministère la mute à la délégation allemande de l'Otan, à Bruxelles. Qu'à cela ne tienne : Wiler change de nom et devient fleuriste à Bruxelles où il ouvre un magasin, boulevard Anspach. Il recueille d'Ingrid, dite « Iris » pour la HVA, une foule de renseignements « Cosmic » (informations venant du plus haut niveau) qui intéressent au plus haut point Berlin-Est. Par exemple sur l'arme à neutrons, les projets de désarmement des Alliés, leurs rapports entre eux. Fin de l'aventure en décembre 1980. Ingrid est arrêtée, retour de vacances en Grèce. Quatre ans de prison pour neuf ans de « travail ». Ce n'est pas trop cher, même si elle a la quarantaine à la sortie.

Helga Berger en a trente-six lorsqu'elle est arrêtée en 1976. Elle aussi sortie de ce qu'on peut appeler la « cuvée Wolf, année soixante ». Petite brunette dodue, discrète et douce, elle a été recrutée dix ans plus tôt, déjà dans la place : elle était la secrétaire à Varsovie du chef de la mission commerciale ouest-allemande, un diplomate à la cinquantaine triomphante, Heinrich Böx. Celui-ci ignorait que la charmante Helga était alors « traitée » par un soi-disant peintre d'origine allemande nommé Klaus Woehler, dont on assurera en 1976 qu'il était à la fois colonel de la HVA et du KGB... Ce qui ne fut jamais incompatible. Helga devient ensuite la secrétaire de Sigismund von Braun, secrétaire d'État aux Affaires européennes, futur ambassadeur à Paris. Elle retrouve à Bonn son très cher Böx. Son officier traitant a changé : c'est un prétendu sujet britannique résidant en Allemagne, Peter Krause. Le matin de mai 1976 où la police vient se saisir de Helga, Heinrich Böx se trouve chez elle, mais Krause a disparu.

Gerda Ostenrieder avait dix-neuf printemps en 1963 lorsqu'un certain Herbert Schroeter l'a rencontrée au sortir de ses cours à l'Alliance française, boulevard Raspail à Paris. Il a trente-sept ans, joue de son charme, la séduit et la persuade de venir à Berlin-Est. Subjuguée, elle apprend toutes les techniques : chiffres, minox, techniques de dépistage, etc. Début 1965, une place est vacante au ministère de Bonn, elle la prend. Parfaite Gerda. Ses talents comme son physique la hissent au rang de chiffreuse à l'ambassade d'Allemagne de Washington. Une mine puisqu'elle manipule documents et câbles en tous genres *. Mission identique ensuite à Varsovie où, en 1972, elle prend en somme pour la HVA le relais de Helga Berger. Gerda est si éprise de Herbert Schroeter qu'elle insiste pour se faire épouser. Le mariage aura lieu au début de l'année 1973. Il ne durera que quelques mois. Durant ses voyages entre la RFA, la France, les pays de l'Est, Herbert a piégé une autre belle, sur les bords de la mer Noire. Il disparaît. On le retrouvera bientôt... Désespérée, écœurée, Gerda – « Rita » pour Berlin-Est – confie ses malheurs et sa trahison à son ambassadeur, et demande à être rapatriée à Bonn. Cette franchise tardive lui vaut de ne pas être arrêtée. En échange, elle racontera au contre-espionnage tout ce qu'elle a vécu et su de la façon de travailler de la HVA.

Les séducteurs sur commande ne manquent pas de dévouement si nécessaire. C'est ainsi qu'en 1968 Anne-Lise Kress, quarante-six ans, secrétaire particulière de Rainer Barzel, alors chef de file des parlementaires de la CDU et candidat éventuel à la chancellerie, est dépannée sur la route par un automobiliste complaisant. Cette vieille fille pas jolie, un peu bouffie, souffrant de son physique ingrat, est bouleversée par la gentillesse de cet inconnu. Inconnu pour elle, mais lui est parfaitement au courant de ses fonctions. Ils bavardent, déjeunent ensemble, se revoient. Rudolf Reggentin lui dit être un réfugié de l'Est. Il est

* Un de ces câbles envoyé en 1971 à Bonn réclamait que le ministère intervînt pour faire expulser de Monaco le journaliste américain Hilaire du Berrier qui, avec l'auteur, avait publié des révélations sur des aspects cachés de l'entourage de Willy Brandt. Seuls des « nazis », selon l'ambassadeur, avaient pu rédiger de telles informations. L'affaire fut étouffée, les faits rapportés ne pouvant être démentis. L'affaire Guillaume l'a prouvé en 1974.

représentant de plusieurs firmes commerciales, dont l'une, française, est spécialisée dans les appareillages électriques. La vie et l'avenir de Rainer Barzel intéresse prodigieusement la HVA. Preuve en est que Reggentin ira jusqu'à épouser religieusement Anne-Lise en 1969 pour la garder à tout prix dans sa panoplie *. Panoplie il a, car il dirige d'autres agents, en liaison notamment à Zurich avec un certain Helmut Duhringer. A partir de 1973, il prend cependant ses distances d'avec Anne-Lise qui ne parvient pas à croire, quatre ans durant, à son intention de rompre. Elle ne s'imagine pas un instant qu'elle ne présente plus le même intérêt : elle a quitté les bureaux de Barzel pour le secrétariat de Manfred Abelein, simple porte-parole du gouvernement.

C'est le 1er janvier 1977 que tout s'achève entre Anne-Lise et Rudolf. Dans une chambre de l'hôtel du Coteau, à Cachan. Quelques semaines plus tard, elle est arrêtée en RFA, mais Rudolf a disparu. Le contre-espionnage ne retrouvera sa trace à aucune des adresses qu'il avait fini par découvrir. Ce qui amène à se poser quelques questions sur le personnel du BfV de cette époque puisque, dans 60 pour cent des cas portés à la connaissance du public, les « traitants » est-allemands ont toujours pu fuir à temps. Un début d'explication pourrait bien être le rôle de Hans Joachim Tiedge, qui est passé à l'Est en été 1985. Il dirigeait un des départements du BfV. Mais c'est seulement en 1979 qu'il avait été placé dans le secteur vital où étaient connues les enquêtes et où on manipulait les agents doubles. Alors qui, durant les dix années précédentes, protégeait les taupes de l'Est?

D'étape en étape, jusqu'à un ministère

Hormis le cas de l'espion Guillaume **, l'une des plus funestes périodes pour l'espionnage est-allemand en République fédérale s'étale de 1976 à 1979. Moins d'ailleurs du fait

* Rainer Barzel a été retrouvé mort en 1987 dans une chambre d'hôtel en Suisse, dans des conditions qui n'ont jamais été éclaircies.

** Voir le chapitre suivant.

de l'efficacité du contre-espionnage civil (le BfV) ou militaire (le MAD) du gouvernement de Bonn, que pour d'autres raisons. Tout d'abord, sous l'impulsion du général Wessel *, le BND, l'espionnage ouest-allemand, dispose à l'époque de quelques bonnes sources au cœur des divers ministères et services secrets de la RDA. Suffisantes en tout cas pour être souvent au courant de ce que sait l'adversaire, donc inciter le BfV à rechercher d'où viennent les fuites. Ensuite, parce que l'exploitation des renseignements obtenus des transfuges des bureaux de Markus Wolf (une dizaine en neuf ans) a éclairci plusieurs mystères ainsi que les méthodes employées par le MFS, même si ces transfuges n'étaient pas des officiers supérieurs.

Des drames passionnels ont parfois détruit des réseaux. Ainsi en 1976 : Kathryn Burger, trente-cinq ans, secrétaire de direction d'un des services de la mairie de Berlin-Ouest, dénonce soudain son mari Heinrich qui depuis six ans travaille avec elle pour la HVA. Il n'y avait guère de secrets à voler dans ce milieu, mais la guerre des agents d'influence y battait son plein depuis plus de dix ans, et se poursuivra d'ailleurs jusqu'en 1990. On oublie trop souvent que, du point de vue subversif, il ne suffit pas de connaître les plans et les projets de l'ennemi : la pénétration des partis, mouvements et familles politiques est tout aussi importante. Si ceux-ci ont quelque chance d'arriver au pouvoir, les taupes installées dans leur sillage les y accompagneront. Les orienter ou les désinformer est dès lors tout aussi fructueux que le vol de documents. Les compromettre lorsqu'il n'y a plus rien à en tirer ou pour précipiter la désagrégation d'un régime vaut plus que plusieurs divisions armées.

Heinrich Burger s'appelait « Eisenstein », et son épouse « Helena », dans le code pratiqué entre eux et Berlin-Est depuis six ans, lorsque Heinrich décida de quitter sa femme. Par vengeance, Kathryn avoua leur trahison aux autorités, ce qui permit en outre la neutralisation d'un autre couple d'agents qui travaillait avec eux. Plus dramatique sera le cas de Heidrun

* Gerhard Wessel, ancien directeur du MAD, puis représentant de la RFA auprès de l'Otan, a été jugé par ses pairs comme un génie du renseignement. Il a brillamment surmonté la crise de 1968 lorsque son adjoint le général Wendland s'est suicidé avant d'être arrêté comme agent des services soviéto-tchèques.

Hofer : employée à la centrale du BND depuis dix ans, elle comprit en décembre 1976 qu'elle était démasquée, et se jeta par la fenêtre de son cinquième étage.

Le BND, le ministère de la Défense, les services du contre-espionnage ouest-allemands sont évidemment des cibles aussi « juteuses » pour Markus que les Affaires étrangères, la présidence de la République ou la Chancellerie *. D'où son insistance permanente – et celle de la vingtaine d'officiers qui sont ses adjoints directs – à pénétrer toujours plus les trois partis politiques de la RFA qui se relaient au pouvoir : la CDU, le SDP et le FDP. Ce dernier en priorité d'ailleurs, car il est devenu la minorité parlementaire sans laquelle, à partir de 1970, aucun des deux autres ne peut durablement gouverner.

Markus Wolf l'avait compris dès son accession aux plus hautes fonctions. Il n'existera pas d'affaires d'espionnage en RFA, de 1970 à l'hiver 1989, qu'on n'y trouve, directement ou indirectement, des hommes et des femmes venus du FDP ou placés par les libéraux dans les administrations incriminées. Cependant la première vague désastreuse – de 1976 à 1979 – touche surtout la CDU : Hanna Reggentin, secrétaire jusqu'en 1977 du chef de file chrétien-démocrate Rainer Barzel; Ursula Höfs, née Schell, mariée à « Siegfried Gäbler », officier de la HVA, basé illégalement en RFA, démasquée en 1976 après quatorze ans d'espionnage au sein de la CDU; Inge Goliath, secrétaire de Werner Max, chargé de la politique étrangère de la CDU, était « traitée » jusqu'en 1978 par un officier de Wolf déguisé en fondé de pouvoir d'une firme de vente de meubles; Christel Brozley, confondue en 1976, avait été tour à tour secrétaire de Bruno Heck, le secrétaire général de la CDU, et de Kurt Biedenkopf, le numéro deux de ce parti, chargé des affaires économiques. Le lieutenant de la HVA qui manipulait Christel l'avait recrutée dans un salon de thé de Cologne. Il avait « emprunté » son nom, Konrad Kipping, à un Bavarois émigré en Argentine en 1945.

Toutes ces femmes ont pu s'enfuir à l'Est avant d'être prises. Ce qui soulève une fois encore l'hypothèse d'une sécurité ouest-allemande gangrénée. A un échelon décisif, quelqu'un est placé

* Voir le chapitre suivant.

pour suivre le déroulement des enquêtes en cours. Il faudra les événements de l'hiver 1989-1990 pour que des transfuges, des archives récupérées avant d'être détruites, permettent de découvrir enfin l'origine de ces protections au sujet desquelles des indices existaient, mais jamais de preuves.

Au cœur de la Défense ouest-allemande

La première infiltration d'une secrétaire au cœur du ministère ouest-allemand de la Défense fut, à notre connaissance, celle d'Ingeborg Offergeld en 1955. Son mari, Peter, trente-six ans, apparemment simple vendeur de voitures, était un officier du Département XV. De 1965 à 1985, plusieurs dizaines de cas identiques pourraient être exposés. Parmi les plus notables – car il s'agit de ce que nous appellerons des secrétaires baladeuses, en ce sens qu'elles séviront dans plusieurs secteurs successivement – il y a celui de Herta Astrid Willner. A vingt-sept ans, elle entre au secrétariat du ministre chrétien-démocrate de la Défense Gerhard Schroeder. Elle se maintient à ce poste en 1969 lorsque le socialiste Helmut Schmidt prend le relais. Elle le suit ensuite à la Chancellerie, où elle « exerce » jusqu'en été 1985. Elle et son mari venaient des circuits libéraux ouest-allemands. Elle ignorait qu'à la Défense, dans le même bureau qu'elle, son amie Renate Lutze espionnait aussi pour la HVA. Renate sera arrêtée en 1976. Herta « tient » encore neuf ans. Longévité exceptionnelle, car il n'est pas facile d'opérer si longtemps sans erreurs, sans faiblesses, sans révélations d'un transfuge ou d'un agent double ou sans très hautes protections.

Renate Uberlacker, quant à elle, avait à peine dix-huit ans en 1959, lorsqu'elle était arrivée avec sa famille de la province est-allemande du Brandenburg. A la recherche d'un emploi, un heureux hasard lui permit d'entrer comme serveuse à la cafétéria du parlement de Bonn. Mince, assez jolie, avenante, elle valait mieux que cela. C'est en tout cas ce que lui assura un certain Lothar qui terminait son service dans l'armée de l'air, et devait offrir ensuite ses connaissances à la Lufthansa. Lothar est un aventurier, prêt à n'importe quoi pour se procurer de l'argent. Esprit vif, beau parleur et vernis convenable, il n'hésite pas à chercher le contact avec les services secrets de l'Est. Il va d'abord « bricoler » pour eux. Puis il apprendra avec eux des techniques plus sérieuses. Entre-temps Renate présente un intérêt certain : elle est entrée au service de Gerhard Schroeder en 1967. Il la dresse à son tour. Pour Berlin-Est, Lothar devient « Charlie », et Renate, « Nana ». Ils disposent bientôt à Coblence d'un appartement dans lequel un photocopieur dernier modèle et un poste-émetteur sont d'utilité permanente. Leur réseau se développe au point qu'en 1972, lorsqu'elle épouse Lothar et devient donc Renate Lutze, il compte une douzaine d'agents, dont certains sont bien placés, grâce à son intervention. Car la petite Renate a gagné la confiance totale de Herbert Laabs que Helmut Schmidt, alors ministre de la Défense, a pris avec lui et chargé des services sociaux. Laabs embauche même le mari de Renate au département des Armements, ainsi qu'un de leurs agents, Jürgen Wiegel, qu'il fait entrer dans les bureaux de l'état-major de la marine.

Le réseau est donc devenu vraiment très important. Markus Wolf envoie à Coblence pour le superviser un de ses officiers, Frank Gerstner, qui se fait appeler Rückert. Herbert Laabs a une telle confiance en sa chère Renate qu'il lui confie clés et combinaison de son coffre-fort... où atterrissent nombre de dossiers confidentiels. Car Helmut Schmidt apprécie beaucoup Herbert, qu'il a connu petit employé au service du groupe parlementaire socialiste, et qui anime un cercle d'officiers membres sympathisants du SPD. « Copinages » et amitiés personnelles incitent à tout pardonner, et engendrent toujours des catastrophes en milieu parlementaire, sous tous les régimes, dans tous les pays ! C'est ce qui se produit en juin 1976 lorsque le couple Lutze est enfin démasqué. Les socialistes serrent les coudes avec maladresse, minimisent l' « affaire » : Ça n'en est qu'une parmi tant d'autres... et, après tout, vous aussi à la CDU, vous en avez autant à votre actif !... Pitoyable défense. Les Lutze à eux seuls ont, rien qu'en trois ans, communiqué à l'Est six mille documents, dont plusieurs centaines d'intérêt majeur. Ne serait-ce que les plans d'alerte de l'Otan, en cas de tension Est-Ouest ; la structure et les plans de mobilisation de l'armée ouest-allemande ; la synchronisation avec le commandement allié; le système d'approvisionnement des armées en carburant, avec tracé des oléoducs connus ou secrets, et points de faiblesses du dispositif; les secrets de fabrication de diverses armes, parmi lesquelles le char Léopard II, etc.

Cependant, lorsque, un an plus tard, vient le procès Lutze, George Leber – qui a succédé à Helmut Schmidt comme ministre de la Défense du gouvernement socialiste – assure que les Lutze « n'étaient que de petits employés n'ayant pas accès à des documents essentiels »! Il déclare aux parlementaires qui demandent sa comparution qu'à la rigueur il leur accordera cinquante minutes, car il a autre chose à faire! « George Leber joue de malheur », remarque alors Jean-Jacques Chouet, l'éditorialiste de *La Tribune de Genève.* « C'est lui qui avait recommandé à Willy Brandt l'espion Guillaume... Il y a enfin un autre aspect de l'affaire, ajoute-t-il : celui des relations avec la RDA et, de façon générale, avec les pays de l'Est. Force est bien de constater que " la détente " ne détend pas forcément l'intérêt que le Pacte de Varsovie porte à la défense occidentale *... »

C'est exact. Cela fait huit ans que Willy Brandt a amorcé son Ost-Politik, que son successeur Helmut Schmidt la pousse toujours plus loin, et que des rendez-vous entre frères allemands signifient, dit-on, une ère nouvelle. Or c'est bien le frère de l'Est qui manipulait le réseau Lutze... et quelques autres. Lorsque l'éditorialiste suisse fait cette remarque, il ignore encore que la « lecture » par Berlin-Est des projets et orientations de la RFA est d'autant plus aisée pour Markus Wolf – donc pour Moscou – qu'il y a des Lutze non seulement dans tous les ministères ouest-allemands et à tous les étages, mais également « au-dessus » : à la Chancellerie où, après la découverte du couple Guillaume, d'autres taupes sévissent; à la présidence de la République où si l'on n'a pas autant de pouvoir qu'à la Chancellerie, le président siège du moins dans la commission des Affaires secrètes.

* *La Tribune de Genève*, 16 décembre 1977.

12

Les secrets de l'affaire Guillaume

Enno Hobbing, qui avait été pendant quatre ans après la guerre un des hauts responsables de la CIA en Allemagne, disait en 1985, lors d'une soudaine épidémie de transfuges ouest-allemands vers l'Est (parmi lesquels Tiedge, chef de service au contre-espionnage de Bonn) : « Un cancer ronge l'Allemagne fédérale. La cause en est l'Urss, mais ce qui le nourrit, c'est la stupidité et la corruption des establishments américain et ouest-allemand. » Sans aucun doute. La stupidité, lorsque à la place de spécialistes au service de l'État s'introduisent dans la CIA ou ses équivalents étrangers des visionnaires politiquement marqués et qui pensent plus au succès de leurs idées qu'aux objectifs de leurs adversaires. La corruption, lorsque des hommes d'affaires mêlés aux politiciens et liés aux visionnaires en question, s'imaginent qu'ils vont refaire le monde tout en réalisant des profits. Les agents d'influence et les espions classiques n'ont plus alors qu'à tirer parti, au besoin par la corruption, de ces illusions ou de ces vanités qui ont pesé lourd en faveur de Markus Wolf et de ses supérieurs successifs à Moscou, pendant trente ans.

En effet, l'establishment ouest-allemand – c'est-à-dire les circuits politico-bancaires, industriels et commerciaux – a couvert ces maladies dont parlait Enno Hobbing. Bien entendu le « coup des secrétaires » que nous avons évoqué s'est accompagné en RFA d'infiltrations plus classiques, et pas seulement par la HVA : par le KGB et ses autres subordonnés des pays satellites *. Mais notre insistance sur cette « technique » ** de Wolf démontre par les faits que Bonn et l'Occident en général ont négligé d'accorder l'attention qu'elle méritait à cette opération absolument unique alors qu'avec les ministères des Affaires étrangères, de la Défense, de la Coopération avec le tiers monde, ses deux autres cibles prioritaires ont été la présidence de la République et surtout la Chancellerie.

Margarete Hoecke : vingt ans de loyaux services

Margarete Hoecke a trente ans. Elle est professionnellement qualifiée, ne manque pas de charme, d'humour et de vivacité d'esprit lorsqu'en 1964 elle entre au secrétariat de la Présidence de la République. Elle a tout ce qu'il faut pour plaire à tout le monde, car si elle est jolie avec son nez légèrement aquilin, ses lèvres sensuelles bien dessinées, son corps bien fait, musclé sans l'être trop, jamais elle ne s'affiche. Mais quel intérêt peut donc représenter un agent dans l'appareil administratif d'un président qui, constitutionnellement, n'a guère de pouvoirs en regard du chancelier qui, lui, fixe et dirige la politique du gouvernement? La réponse est double. D'abord, les services de Markus veulent avoir des agents partout, à tous les étages, dans toutes les pièces de la République fédérale; ensuite et surtout, ils savent que ce président sans pouvoirs siège cependant, au nom de l'État, dans la commission gouvernementale des affaires secrètes. Toutes les grandes questions : Est-Ouest, relations entre Bonn et ses alliés, entre Bonn et Berlin-Est, sont discutées en sa présence, bilans tirés, projets entérinés.

Margarete accède, à partir de 1968, aux rapports envoyés à Bonn par tous les diplomates ouest-allemands. Données générales, certes, mais aussi affaires plus confidentielles. Elle a

* Voir en annexe « L'appareil des services secrets de l'Urss en Allemagne ».

** Rappelons des chiffres venus de spécialistes du BND, du BfV, de divers milieux politiques ouest-allemands : dix-sept millc infiltrés de RDA en RFA entre 1969 et 1979. Deux mille cinq cents femmes entre 1960 et 1975, toutes mises en activité à tous les échelons sociaux, gouvernementaux, industriels, journalistiques de la RFA.

accès aux synthèses sur les affaires de sécurité intérieure. C'est elle qui les classe. Son « travail » s'étoffe assez pour bientôt devoir écouler ses photostats, puis photocopies, doubles, etc., par plusieurs filières situées à l'étranger, ce qui évite les risques d'une liaison directe Bonn-Berlin-Est. On découvrira parmi ses intermédiaires un agent est-allemand qui, sous un faux nom, a fait son droit à Cologne de 1969 à 1971, puis un couple installé à Lucerne en Suisse : Johann et Ingeborg Hübner. Margarete se rendait régulièrement elle-même à l'étranger – routine en matière de renseignement – pour rencontrer son principal « traitant » de la HVA. Celui-ci avait été infiltré en RFA, puis était parti en Suisse sous le nom de Franz Becker... un petit ami de Margarete... N'avait-elle pas droit à une vie privée? Plus tard, c'est à Copenhague qu'elle rencontrera Becker. Leur dernier rendez-vous aura lieu en août 1985. Ce jour-là il lui remettra mille quatre cents dollars. Une de ces primes qui, de temps à autre, remercient les bons informateurs. Margarete ne travaillait pas tellement pour l'argent ni par idéologie. Mais, comme les meilleurs agents secrets, par goût de l'aventure, de l'excitation éprouvée à participer aux secrets du monde. Du moins est-ce notre sentiment. Nous ignorons si les tribunaux l'ont partagé.

Elle est arrêtée dans la nuit du 24 au 25 août 1985, à l'heure même où les Hübner le sont à Lucerne, ainsi qu'un autre couple dans le Middlesex, Robert et Sonia Shultz, installés en Grande-Bretagne depuis 1980 et relais d'un certain nombre d'agents et réseaux des circuits auxquels appartenait Margarete. D'autres arrestations frappent à Helsinki, Vienne et Copenhague. Autodéfense de la RFA qui est secouée à ce moment par le passage à l'Est de Hans-Joachim Tiedge, du contre-espionnage : « Margarete Hoecke appartenait seulement [*sic*] à la Division II de la présidence, chargée des contacts avec l'étranger, du protocole et des services de presse... » Certes. Mais, par exemple, en 1979, elle participait en personne à l'exercice d'alerte nucléaire grandeur nature organisé par l'Otan, code « Wintex ». La HVA apprendra comment les autorités de Bonn, en cas de guerre éclair assortie de pluie de missiles, protègent aussitôt les documents, le personnel, les matériaux top secrets... où ils iront, comment, et quel sera leur code de correspondance. Tout ce plan minutieusement mis au point sera donc à modifier.

L'affaire Hoecke éclate à l'instant où trois autres secrétaires, bien placées à Bonn, viennent de gagner la RDA. Qui, tout de suite, met en marche ses batteries psychologiques en faisant remarquer sa discrétion, alors qu'au cours des dix-huit derniers mois cent soixante-huit espions ouest-allemands ont été arrêtés par la Stasi; et cela à l'heure des rapports de plus en plus étendus entre Bonn et Berlin-Est! « Seule la politique de sagesse de la RDA, déclare l'agence est-allemande ADN, a pu empêcher que ces cas d'espionnage n'aboutissent à alourdir le climat entre la RDA et la RFA. »

Margarete Hoecke va en prison fêter ses cinquante et un ans. C'est pénible à ce tournant de la vie, mais il est déjà extraordinaire qu'elle ait travaillé si longtemps. Elle n'a pas eu la chance d'Ursel Lorenzen. Cette brune de quarante ans, au visage régulier, séduisante derrière ses lunettes sévères, comme une femme dont on devine le corps malgré sa robe, a filé à Berlin après plusieurs années (de 1974 à 1985) au service d'un général britannique de l'Otan. Ursel réapparaît à la télévision est-allemande pour déclarer qu'elle était « un agent de la paix, et ne pouvait concilier les activités qu'elle avait découvertes au sein de l'Otan avec ses convictions humanistes »! La charmante Ursel, cinq ans plus tard, la RDA ayant basculé dans les bras de la RFA, doit se demander si son humanisme tenait bien la route.

L'assaut contre la Chancellerie

Un coup d'œil sur le comportement, en 1966 et 1967, des agents de Markus Wolf découverts dix et vingt ans plus tard, est révélateur. Ne serait-ce que pour une douzaine d'entre eux, dans les cas les plus connus, qui sont déjà implantés ou vont l'être durant cette période, dans plusieurs ministères de Bonn, et en particulier à la Chancellerie. Les uns « dormaient » et sont à ce moment mis en activité; les autres travaillaient déjà, mais ils montent en responsabilités dès que Willy Brandt est allé en secret avertir l'ambassadeur Piotr Abrassimov du prochain renversement de la coalition CDU-FDP, au profit d'une coalition SPD-FDP.

Ainsi en est-il pour l'aimable Mme Moser, mariée le 3 août 1957 à un officier d'aviation, et en 1967 secrétaire à la Chancellerie. Elle sort de son sommeil, à présent que Willy Brandt est vice-chancelier en charge des Affaires étrangères. Mme Moser a quelque temps navigué dans le sillage de Walter Scheel, l'homme qui, plus que d'autres, a agi en 1965 et 1966 en sorte que le FDP trahisse l'alliance avec la CDU pour basculer du côté du SPD. Elle est bien vue de son patron, tout en gardant les distances dues à sa modeste fonction en regard de cet homme qui devient ministre des Affaires étrangères en 1969, tandis que Brandt devient chancelier. Elle est bien en cours également auprès de Hans Dietrich Genscher, maintenant ministre de l'Intérieur de la coalition FDP-SPD. Son mari, Norbert Moser, nommé en 1967 officier de liaison entre son arme et le GQG de l'Otan, s'était « réfugié » d'Allemagne de l'Est en 1955. Après trois ans d'apprentissage dans les écoles de la Stasi, puis du renseignement militaire. Un « cousin » actif de la HVA *...

En dix ans, Moser a pris du grade : sélectionneur de pilotes, ensuite chargé à l'état-major de la sécurité en vol – donc au courant des qualités et faiblesses du matériel aérien. Une fois au GQG de l'Otan, il a accès aux plans d'intervention allemande en cas de conflit, aux dépôts de munitions, aux objectifs des fusées et raids aériens, à la coordination air-terre, unités de blindés, aux secrets du char Léopard 2, etc.

A la Chancellerie, la charmante Moser fait également merveille, pour le plus grand profit de la HVA. Jusqu'en octobre 1975, pendant huit ans, pas de problèmes. Elle a pu suivre, par exemple, à partir d'avril 1974, les coups et contrecoups internes de l'affaire de l'espion Guillaume. Comme d'autres secrétaires, derrière le ministre Genscher, derrière le ministre Scheel, derrière Georg Leber nommé ministre de la Défense en 1972, à la place de Helmut Schmidt. Tout ceci recoupe cela. Berlin-Est et Moscou lisent à livre ouvert les notes confidentielles des responsables socialistes et libéraux, connaissent leurs doutes, leur gêne, leurs complicités, l'orientation des enquêtes du contre-

* La Direction pour la coordination du ministère de la Défense camoufle le renseignement purement militaire. Sauf missions spéciales très rares, c'est la HVA qui en fait anime aussi cette branche de l'espionnage. En général le service de renseignement militaire s'exerce à travers ses attachés militaires.

espionnage. De quoi manœuvrer et contre-manœuvrer pour protéger les taupes. D'autant plus aisément que, par exemple en octobre 1975, lorsque le couple Moser est démasqué – par hasard d'ailleurs – Brandt, Genscher et autres se gardent d'ébruiter l'affaire [1]. Pourquoi donc avertir l'opinion que ni la RDA ni Moscou ne jouent le jeu de la détente? Ce serait troubler le climat recherché par ses partisans occidentaux!

On lit à ce propos, dans *Le Figaro* du 8 mai 1974, ces lignes évocatrices : « Impossible d'accabler entièrement les socialistes dans cette affaire Guillaume. Bras droit de Walter Scheel (qui vient d'être élu président de l'État fédéral), le ministre de l'Intérieur Genscher barbote aussi lugubrement que les socialistes dans ce scandale. Dans les enquêtes ordonnées sur Guillaume *depuis 1969* [NDLR : c'est nous qui soulignons] il s'est montré négligent, insuffisant, aveugle. Solidaires, les hommes de la coalition le sont jusque dans les erreurs... » S'agit-il vraiment de négligence, d'insuffisance et d'erreurs? Ce serait prendre M. Genscher pour ce qu'il n'est pas, puisque à lire la presse mondiale à son sujet, tant dans les années 1970 que jusqu'en 1990, il est « un esprit souple, avisé, lucide, perspicace ». Et l'on se prend à fantasmer en considérant l'étrange équipe qui règne à Bonn pendant sept années, de 1967 à 1974, autour de Willy Brandt : des dizaines d'anciens cadres des réseaux secrets du Komintern, comme Herbert Wehner, le cerveau du parti socialiste; du Komintern puis du GRU, comme Leo Bauer, ancien de l'Orchestre rouge, un des chefs de réseaux projetés d'Allemagne de l'Est en Allemagne de l'Ouest de 1945 à 1949, et qui entre à la Chancellerie dès 1969 *. D'autres encore, plus jeunes, sont des « réfugiés » : Egon Bahr que nous avons croisé dans les bureaux du NKVD à Berlin-Est, Parkstrasse, jusqu'en 1948, et dont la belle-famille appartenait à l'Orchestre rouge; Hans Dietrich Genscher soi-même, arrivé en 1952 de RDA où les derniers temps il était un des cadres d'un des partis-alibis d'Ulbricht, le parti libéral-démocrate. Une fois à l'Ouest, Genscher prendra du grade... dans ce même parti libéral-démocrate, et deviendra ministre!

* Voir *GRU, op. cit.*, pages 212, 213, 226 et 227.

Il est remarquable de constater que *jamais* aucun de ces transfuges n'a été critiqué ou qualifié de traître par Berlin-Est qui, pour tant d'autres, a multiplié insinuations, diffamations et pressions. Eux seront chaudement accueillis par Berlin-Est et Moscou lorsqu'une fois au pouvoir ils amorcent et intensifient l'Ost-Politik. C'est vraiment merveilleux, ce temps des retrouvailles. A se demander pourquoi ils ne sont pas restés à l'Est pour animer, de là-bas, la belle détente germano-soviétique et interallemande.

La Chancellerie est autour d'eux prise d'assaut par les secrétaires, et, à partir de 1969, sera investie par l'espion Guillaume, dont nous révélons plus loin ce qui fut caché à l'époque de son arrestation, et l'est encore aujourd'hui. Mais cette Chancellerie n'est-elle pas aussi facilement pénétrée que divers autres ministères, parce que le climat est tel que les taupes de l'Est se savent tranquilles. Aussi longtemps que l'impondérable ne viendra pas troubler leur amour de l'ouvrage bien fait. Pour l'Est.

L'exploitation du climat psychologique

Avant de parler de Guillaume, examinons le climat. Par qui et par quoi est-il créé? Dès 1968, il l'est par la multiplication de déclarations comme celle de Willy Brandt qui célèbre le 4 mai, à Trèves, la mémoire de Karl Marx « qui a créé la vision d'une société sans classes », et dont il demande qu'il devienne symboliquement la clef du rapprochement Est-Ouest, à commencer entre les Allemagnes. Ni Berlin-Est ni Moscou ne vont certes pas récuser Marx! Dans « le détail », il y a les déclarations de Gustav Heinemann, encore président de la RFA, qui dit à Berlin-Ouest : « Berlin devrait jouer le rôle de pont d'amitié entre l'Est et l'Ouest. La RFA devrait être idéologiquement neutre. » Un pont par-dessus le Mur, cela ne gêne en rien Walter Ulbricht, ni que la RFA soit neutre, du moment que la RDA ne l'est pas! D'ailleurs Ulbricht sait à quoi s'en tenir. Comme l'ont révélé plusieurs analystes en 1973, encore que leur opuscule * ait été étouffé par les milieux officiels occidentaux : dès 1966, le SPD tenait, grâce au PC d'Italie, des rendez-vous discrets avec les subordonnés du numéro un est-allemand, dont trois agissaient en étroite liaison avec la centrale de Markus Wolf. En revanche, les émissaires socialistes venus de Bonn discutaient à l'insu, voire contre les services, de leur propre État. Et comme les communistes polonais reprochaient à Herbert Wehner les concessions socialistes aux libéraux ouest-allemands, celui-ci de leur rétorquer : « Il ne faut surtout pas effrayer les nôtres! Comprenez bien cela **! » Il glissera néanmoins en février 1971, dans le nouveau Manifeste du SPD : « Nous vivons dans un monde que nous devons partager avec les communistes. » Pour sa part, Heinz Kühn, ministre-président de la province de Rhénanie-Wesphalie, estimera un peu plus tard : « Dans un proche avenir, il n'y aura plus une Europe de l'Est et une Europe de l'Ouest, mais une seule Europe, de Madrid à Moscou! » C'est déjà la fin de la guerre froide. Côté Ouest!

Brejnev se livrait à l'époque à un effort massif de surarmement, de décuplement des affaires d'espionnage et de subversion, puis de terrorisme dans les États occidentaux, particulièrement en Allemagne, comme le prouvent toutes les statistiques. Comme il devait sourire tandis que Youri Andropov lui rapportait tous ces échos! Et la *Pravda* du 18 août 1971 répondait du berger à la bergère : « Il existe des possibilités d'actions communes entre communistes et sociaux-démocrates, non seulement dans le cadre national, mais à l'échelle mondiale. » Willy Brandt buvait du petit lait. N'était-il pas un précurseur, lui qui, dès le 22 mai 1944, en pleine guerre, avait écrit que le temps était venu de l'unité peut-être organique entre communistes et socialistes, « car les communistes ont proclamé leur adhésion aux principes de la démocratie, et renoncent à la

* *Brandt and the destruction of NATO*, Foreign Affairs Publishing House, Londres, 1973, par W.H. Hahn, Stephan Possony, Hans Graf Huyn. Opuscule immédiatement traduit par les services chinois.

** Propos rapporté par une très haute source polonaise de Varsovie, à l'auteur, en 1972.

lutte des classes * »! Évidemment, en biffant les événements sanglants survenus entre 1945 et 1971, dans et au-dehors du monde communiste, on pouvait se dire un précurseur, dans le sens de l'Histoire tel que l'entendait Brejnev. Tel que le préparaient autour de lui Guillaume et les autres.

L'« enveloppement » de Willy Brandt

Günter Guillaume, l'espion de Markus Wolf auprès de Willy Brandt, a mis treize ans pour atteindre cet objectif primordial qu'était la Chancellerie ouest-allemande. Exemple typique des agents qui sont des investissements à long terme, tandis que d'autres passent parfois comme des comètes, brûlées à leur propre jeu dans le ciel politique où les services secrets les ont projetées. Mais, avant d'en rapporter ce que nous croyons inédit ou peu connu, l'histoire veut qu'on rappelle quelques tentatives de Moscou et de Berlin-Est pour coller au destin de Willy Brandt, avant d'en confier la charge à Markus Wolf, à partir de 1968.

Les vétérans du KGB connaissaient trop le caractère et le passé de Willy Frahm, dit Brandt, pour tenter un instant d'en faire un agent. Si l'on en croit plusieurs transfuges encore en vie, le KGB le jugeait trop instable, trop émotif, indiscipliné et aventureux, pour le recruter, depuis qu'il s'était réfugié en Scandinavie, dans les années trente – bien moins « en mission » comme il le prétend dans ses Mémoires, que, selon ses adversaires, parce qu'il aurait été mêlé à une affaire de meurtre sur un quai de Lubeck. Il eût été utile s'il avait fait carrière dans le SAP, ce petit parti créé alors, sorte de liaison entre le parti socialiste et le parti communiste. Il avait pris une autre route. Herbert Wehner, alors responsable des réseaux du Komintern en Scandinavie, surveillait ses fréquentations, ainsi que Vladimir Semionov, diplomate en poste de 1939 à 1945, ensuite haut commissaire en Allemagne occupée.

Il fallait « envelopper » Brandt, l'utiliser comme vecteur

* Département d'État, texte inédit déclassifié en 1973, numéro 3399. Communiqué à l'auteur par le comte Huyn, député au Bundestag.

d'idées ou caution d'agents sans qu'il s'en doutât. Tactique plus rentable et moins dangereuse. Dans son sillage, quelques agents pénétraient ce qu'on a pu appeler, entre initiés, jusqu'en 1947, son « cercle scandinave » qui englobait, autour de personnalités norvégiennes et suédoises, des socialistes comme Bruno Kreisky, futur chancelier d'Autriche, les Myrdal et plus tard Olof Palme.

Lorsque, la guerre terminée, il entre à la mairie de Berlin-Ouest derrière le lucide et courageux Ernst Reuter, puis devient lui-même bourgmestre régnant, Willy Brandt n'est pas seulement entouré d'un petit personnel où gravitent quelques informateurs et informatrices du KGB, il fait confiance, de 1955 à 1961, à deux hommes qui savent lui inspirer ses prises de position : Horst Baerensprung et Hans Hirschfeld. Ces deux agents seront démasqués en 1961, mais, comme par hasard, ils seront avertis à temps et fileront à l'Est. L'un d'eux réapparaîtra plus tard en officier de l'armée est-allemande *... Ils avaient incité Brandt, en novembre 1956, lors de l'insurrection du peuple hongrois, à réquisitionner un camion avec haut-parleur pour haranguer les foules berlinoises et les appeler – au nom de la raison, de la sécurité de Berlin, de l'Allemagne, de l'Europe, de la paix... – à ne pas manifester leur solidarité avec Budapest; et surtout, comme elles en avaient l'intention, de ne pas marcher sur le secteur oriental.

C'est durant cette même période que la HVA et le KGB glissent dans les bras de Willy Brandt la belle Suzanne Sievers, sortie des premières écoles de Markus Wolf. Des correspondances passionnées vont jalonner cette liaison, parallèle à son mariage. Il l'appelle « mon puma chéri ». Elle l'appelle « mon gros ours ». Et, malheureusement pour le tandem HVA-KGB, elle devient si amoureuse de Willy qu'elle en oublie sa mission. Arrêtée par ses maîtres lors d'une liaison technique à Berlin-Est, Suzanne Sievers paie sa faiblesse de huit années de détention. Dès sa libération, elle rejoint l'Ouest, mais Willy a transféré ailleurs ses ardeurs. Elle sera récupérée par le BND, auquel elle rendra de nombreux services pendant plusieurs années dans le Sud-Est asiatique [2].

* Voir *GRU, op. cit.*, page 227.

Durant tout ce temps, depuis le printemps 1956, un couple anodin fait son chemin dans les dédales de l'appareil socialiste de la RFA : le couple Guillaume. Il n'est sans doute pas programmé pour aboutir dans l'intimité de Willy Brandt, mais il sera peu à peu le mieux placé pour l'entourer de sa sollicitude, car Günter Guillaume est un travailleur ponctuel, discret, obstiné, méthodique et cultivé. L'homme qu'il faut pour tenir le secrétariat d'un Brandt plutôt brouillon et qui se disperse souvent, jusqu'à se noyer dans les détails. Une fois dans la Chancellerie, Guillaume deviendra pratiquement l'ombre qui, à l'inverse de l'habitude, devance et non pas suit un personnage. Que Brandt arrive à sept heures trente du matin à son bureau, Guillaume est déjà là, dossiers ouverts, agenda prêt. Il a réussi en décembre 1969 là où Heinz et Eleanor Sutterlin avaient échoué * lorsque après six ans d'efforts cette dernière avait essayé de passer du ministère des Affaires étrangères à la Chancellerie, quand Willy Brandt en était devenu le numéro deux. Le transfuge soviétique Evgueni Runge avait vendu la mèche...

Le KGB avait manqué sa cible, mais personne n'avait écouté le vieux chancelier en retraite, Konrad Adenauer, lorsqu'un an à l'avance il avait averti, en septembre 1966 ** : « Une coalition se prépare avec l'aile gauche du SPD qui bientôt nous gouvernera, contre nos intérêts à tous ! » Personne non plus n'écoute le général Gerhard Wessel, directeur du BND, lorsque le 7 décembre 1969, il avertit Horst Ehmke, chef de la Chancellerie (ancien « réfugié » de l'Est) qu'il pourrait être dommageable de confirmer Guillaume dans cette administration auprès de laquelle l'a recommandé le secrétaire d'État au travail, Herbert Ehrenberg. Wessel récidive par télex le 23 décembre 1969. Rien n'y fait : l'indispensable Günter Guillaume est confirmé, après avis du contre-espionnage (le BfV), au poste de conseiller à la Chancellerie, en charge des liaisons avec le parti socialiste, les Églises, les associations professionnelles.

Négligence de Horst Ehmke ? La question est posée, et le restera, comme tant d'autres. Relevons cependant que, trans-

* Eleanor a été arrêtée. Heinz s'est enfui en RDA en 1967.
** Selon l'hebdomadaire *Christ und Welt*.

gressant toutes les règles de sécurité, Ehmke profite de son rang pour introduire clandestinement de Tchécoslovaquie une fille dont il est amoureux, puis, peu après, toute sa famille. Le contre-espionnage de Prague a fermé les yeux. On sait que les services secrets de l'Est, contrôlés par le KGB, sont d'une extrême compréhension...

Qui a bloqué les avertissements du général Wessel? Admettons qu'il y ait quelque part dans la Chancellerie, avant que ne s'y installe Guillaume, un quelconque Erich Helbig. Helbig, petit administratif sans couleur ni relations, mais qui néanmoins travaillait pour la HVA, et, durant ses huit ans, sous Adenauer, rendait compte à Berlin-Est de tout ce qu'il pouvait voir et entendre. Une poussière d'agent suffit parfois à stopper une machine entière ou à la fausser. En tout cas, l'assaut contre la Chancellerie de Bonn n'a jamais cessé. Et, à partir du moment, en 1967, où Willy Brandt devient vice-chancelier, il prend bonne tournure pour la HVA, à laquelle le KGB a donné le feu vert.

Des contacts Brandt-Guillaume, dès 1955?

L'histoire Guillaume est à cet égard remplie d'invraisemblances, quels que soient les récits publiés jusqu'à présent. Même les plus défavorables aux socialistes n'expliquent pas vraiment ce qui a pu se passer. Des pans de vérité alternent avec des vides inexpliqués. La démission de Brandt tombe à point, en 1974, pour compliquer l'affaire. Il n'y a pas d'enquête approfondie. On a l'impression qu'elle gênerait tout le monde, à droite comme à gauche, dans les capitales occidentales comme à Berlin-Est.

Dix-sept ans auparavant, une piste avait pourtant été offerte aux services de contre-espionnage. Dans la nuit au 1er au 2 février 1957, puis le 8 avril, puis le 6 octobre suivant, de curieux messages radio en direction de la RFA avaient été interceptés par leurs écoutes de Berlin : sur une longueur d'ondes repérée comme étant utilisée par la HVA, cette centrale avait successivement adressé ses félicitations et vœux « à G... », puis « à G... et C... », puis « à C... ». L'un des responsables du BfV, section Berlin-Ouest, déduit après relecture des textes décryptés qu'un vrai ou un faux couple a été infiltré en RFA. Après de longues recherches dans ses fichiers, il signale à sa centrale un certain nombre de couples potentiellement suspects dont l'un avait été repéré en RDA, et qui en 1956 avait mystérieusement disparu. Il s'agit d'un dénommé Guillaume et de sa femme Christel. Tous deux appartenaient au SED, mais surtout, le mari travaillait depuis 1951 à la maison d'éditions de la RDA *Volk und Wissen*, dont le BfV sait qu'elle sert de couverture, fort souvent, à des agents de la HVA.

Le couple a pu se glisser parmi les trente mille réfugiés qui chaque année passent en Allemagne occidentale.

Le socialiste Kurt Neubauer, maire adjoint de Berlin-Ouest au moment des faits, confirme en mai 1974 qu'il a eu connaissance de la note du BfV qui signalait à ses supérieurs la liste sur laquelle les Guillaume figuraient en bonne place. Il se trouve malheureusement que cette liste n'est jamais arrivée, ou en tout cas a disparu du fichier central à Cologne.

On peut s'étonner de cette dangereuse façon de saluer des agents infiltrés à l'Ouest. Mais il s'agit d'agents supérieurs, comme tels « suivis » par Markus Wolf et l'un de ses adjoints, et simultanément par un très haut responsable du KGB de Berlin-Est. Dans les deux cas il arrivait, à l'époque, selon notre enquête, que des agents bien en cour fussent ainsi encouragés, à l'occasion. Discipline, rigueur, méthode, certes, mais tout de même un peu de chaleur humaine. Il se peut de toute façon que les expéditeurs aient eu la certitude que, même si leurs messages étaient interceptés, quelqu'un détournerait le rapport vers un tiroir. L'histoire démontre d'ailleurs, de 1953 à 1985, que le BfV n'a cessé d'être envahi par des taupes, souvent aux plus hauts postes, d'Otto John, qui en fut le directeur aux années cinquante, à Tiedge, qui en fut l'un des sous-directeurs jusqu'en 1985, depuis plusieurs années.

Lors du dernier message personnel d'octobre 1957, cela fait plus d'un an qu'en effet les Guillaume se sont « réfugiés » à Giessen, puis à Francfort-sur-le-Main. Leur vie paraît difficile. Christel a ouvert un bureau de secrétariat intérimaire et vit d'emplois temporaires. Günter vivote d'une spécialité minable : excellent photographe, il fournit à des revues des photos pornographiques d'une remarquable vulgarité. Cependant, c'est déjà l'époque où les Guillaume sont en contact avec Berlin-Est. Leurs qualifications, après des années de stage dans les écoles d'espionnage – Günter a fait ses classes à l'école du KGB près de Kiev – mériteraient mieux. Pourquoi végètent-ils ainsi? Ils ne végètent pas. Ils installent leur légende avec zèle. Légende de pauvres réfugiés de l'Est qui, sans appuis et sans relations, se débrouillent péniblement en tentant de s'insérer dans la vie sociale de la RFA. Après quinze mois de ce purgatoire, ils franchissent à l'automne 1957 une étape décisive pour l'avenir : ils s'inscrivent au SPD, et prennent pied dans son administration de base à Francfort.

Ici interviennent deux experts américains – dont les auteurs européens ont bizarrement ignoré les révélations, lorsqu'elles ont paru en 1985. Or ils fournissaient une explication plausible à la mise en scène des Guillaume au départ de leur mission, et aux protections aussi discrètes qu'efficaces dont ils ont bénéficié jusqu'à leur arrestation en avril 1974 : Willy Brandt a connu Günter Guillaume dès 1955, soit un an avant qu'il ne trouve refuge en RFA.

Une technique d'approche irréprochable

Selon William R. Corson et Robert T. Crowley *, les deux experts en question, Günter Guillaume est le fils d'un médecin qui, après 1945, vivait en RDA, devenu presque invalide; ses enfants, Elsa et Günter, lui viennent en aide. Or ce médecin avait soigné Willy Brandt à une époque de sa vie mouvementée, et s'était lié d'amitié avec lui. Tous deux étaient antinazis, socialistes, de l'aile qui voulait s'entendre avec les communistes.

Les « traitants » de la HVA – ainsi que tous les officiers

* Voir *The New KGB*, par William Morrow, paru en 1985 à New York. Corson est un ancien des unités de renseignement des marines. Par la suite, il a été conseiller de plusieurs spécialistes à la Maison-Blanche et au Congrès. Crowley est aussi connu pour le sérieux de ses sources. Tous deux évoquent l'affaire Guillaume et divers réseaux du KGB et de ses filiales dans le monde.

sérieux dans ce métier – doivent spéculer à long terme sur les évolutions politiques. En 1955, nul ne peut prévoir que dans douze ans Willy Brandt prendra pied dans la Chancellerie. Toutefois, c'est très possible. Lui-même et beaucoup de ses amis politiques sont prédestinés, par ambition ou qualification, à devenir ministres si les socialistes et leurs alliés libéraux arrivent au pouvoir. On va donc les entourer, à commencer par Brandt, car déjà en 1954 la HVA a découvert ses anciennes relations avec le père de Günter Guillaume *. On peut tenter une opération. Brandt est un sentimental, et Günter habile à créer un climat de confiance, quels que soient ses interlocuteurs. La machine se met en marche. La HVA convainc le père de Günter d'écrire à Brandt pour faire jouer la corde sensible. Sa lettre sera un cri de détresse : il meurt à petit feu, santé ruinée, à la charge de ses enfants... Son fils est un brillant sujet qui, faute de moyens financiers, n'a pu poursuivre ses études à l'université... malgré ses dons reconnus de tous, il est une victime de la guerre, de l'après-guerre, d'un monde divisé, des difficultés de la reconstruction économique à l'Est... Ne pourrait-il l'aider? C'est alors (selon Corson et Crowley) que, peu après, Willy Brandt eut la visite de Günter Guillaume et « se prit tout de suite de sympathie pour lui... ». Une fois « réfugiés » en RFA, les Guillaume ne prennent pas contact avec Brandt. Il serait trop risqué de placer immédiatement un officier de la HVA auprès de Brandt. Il faut d'abord qu'ils cheminent avec discrétion à l'intérieur de l'appareil socialiste. Jusqu'au jour où le « hasard » les remettra en présence. La patience est indispensable.

Le 12 septembre 1957, Günter prend sa carte au SPD. Sa femme y est déjà entrée comme dactylo. Ils vont faire merveille. En deux ans, il devient responsable administratif de la région de Francfort et de la moitié sud du Hesse. Il est dans les confidences de Foerster, le patron de la province; du député Birkelbach et de toutes sortes de futures personnalités, comme Georg Leber qui sera ministre des Transports de la coalition

* Karl Wilhelm Fricke, *op. cit.*, écrit que Guillaume était le fils d'un obscur musicien de la RDA. Notre enquête, conduite en 1986, n'a pu trancher, hormis le fait que, musicien ou médecin, le père de Guillaume a effectivement connu Brandt avant 1945.

CDU-SPD après 1966, puis ministre de la Défense du gouvernement Brandt, à partir de 1969. Guillaume aide astucieusement Leber, qui est anticommuniste, à éliminer les socialistes de gauche. Ainsi obtient-il l'étiquette recherchée, nécessaire pour ne pas être soupçonné d'être un faux réfugié. D'autres taupes adoptent autour de Brandt la même tactique. Ils savent que Brandt est certes partisan de l'Alliance atlantique, mais partisan aussi d'une loyale « compétition » avec Berlin-Est, ce qui induit que l'Otan se transforme « d'instrument de confrontation en instrument de négociations »... Une coexistence amicale permettrait de démontrer quel est le meilleur *. Naïf, utopique, entouré de taupes, Willy Brandt « oublie » qu'il est dans la nature du soviéto-communisme de couvrir espionnage et subversion d'une aimable diplomatie, pour détruire l'adversaire et non coexister. Sinon, il lui faudrait renier Lénine, ce que ne sont pas prêts de faire Walter Ulbricht, ni après lui Honecker, ni auprès d'eux Erich Mielke.

Les statistiques montrent d'ailleurs, après 1969, que plus Brandt développe ses relations avec Berlin-Est, plus se développent en RFA les réseaux d'espionnage est-allemand, soviétique, tchécoslovaque et polonais!

La période enchantée

En 1963, sept ans après leur entrée en scène à Francfort, Guillaume et son épouse n'ont pas encore rejoint l'orbite sur laquelle Brandt est lancé, en direction du pouvoir – avec l'appui constant des libéraux américains qui, dès avant qu'Adenauer prenne sa retraite, avaient pris contact avec lui pour le pousser très haut.

Mais les Guillaume évoluent à présent dans le climat dont bénéficie le futur chancelier grâce à ses amis du « Cercle scandinave » : non seulement Bruno Kreisky, déjà mentionné, ou le couple Myrdal, mais aussi le très honorable consul de Suède

* Discours de Brandt du 17 mars 1961. Egon Bahr amorce peu après, le 19 août 1961, une campagne identique. Il ne faut pas, selon lui, contester le Mur de Berlin, « mais composer avec la réalité ». Puis en été 1963, à Tutzing, Bavière, il proposera une entente permanente avec Berlin-Est.

Backlund qui organise en 1963 des contacts discrets entre Willy Brandt et Nikita Khrouchtchev. Backlund a prévu de prêter sa voiture de fonction afin que Brandt se déplace incognito. Si le rendez-vous tourne court, en dernière minute, c'est qu'une fuite a prévenu quelqu'un à la CDU, qui bloque cette étrange conception de la diplomatie.

Qu'à cela ne tienne, elle est reconduite à l'échelon inférieur par Leo Bauer, aussi bien placé dans l'entourage de Brandt que dans les arcanes de la HVA. Elle se poursuit avec Herbert Wehner, pivot du SPD, qui discute en secret avec l'ambassadeur soviétique à Berlin-Est, Piotr Abrassimov. Elle se prolonge avec Berthold Beitz, fondé de pouvoir de la maison Krupp (dont les « ficelles » sont nombreuses au sein du FDP), qui entend Khrouchtchev lui dire, en présence de l'ambassadeur Vladimir Semionov, en 1963, dans un des salons du Kremlin :

– Dès que Adenauer aura pris sa retraite, ce sera le moment de la réconciliation entre l'URSS et l'Allemagne de l'Ouest !

Vladimir Semionov est, on le sait, le spécialiste des relations secrètes avec le FDP, depuis 1947. Le parti libéral-démocrate ouest-allemand, le parti social-démocrate ouest-allemand ont donc tous les deux leurs entrées réservées à Moscou. « Barbe-de-bouc », comme on surnomme Ulbricht, a compris le signal. Dès juillet 1963, il proclame qu'« une nouvelle politique de Rapallo aiderait à une réconciliation générale... ». Guillaume, dans l'ombre, ne perd pas de temps pour pousser à la roue. Il conseille – partout où il le peut – avec l'aide de sa femme, des agents d'influence conscients ou inconscients, et, bien entendu, met en place des relais entre eux et lui.

Déjà lorsque Christel Guillaume était secrétaire de direction dans l'appareil socialiste de Hesse, Günter avait glissé dans ses bureaux la jeune Ingeborg Sieberg, un de ses sous-agents. En 1966, une maladresse la fait prendre en flagrant délit de détournement de documents confidentiels. Mais ni son protecteur ni Christel Guillaume ne sont inquiétés. Affaire étouffée ! Ce n'est tout de même pas au moment où le SPD accède enfin au pouvoir, en obligeant la CDU à le partager, qu'on va tolérer un tel scandale...

Trois ans plus tard, Guillaume entre enfin à la Chancellerie – contre l'avis du général Wessel, mais avec l'appui de Horst

Ehmke. Tout de suite il introduit deux secrétaires dans la place [3].

L'une, Ellen J..., s'installe au Département économique et financier. Elle se croit l'unique amour de Günter, qui l'utilise pour des contacts ou pour relever des boîtes aux lettres mortes. Après l'arrestation des Guillaume, son nom apparaît. Pourtant, l'enquête est immédiatement abandonnée sous prétexte qu'en 1971, elle avait déjà quitté la Chancellerie *.

L'autre secrétaire, Marie-Louise Müller, est placée dès 1969 auprès de Günter Gauss, chargé d'ouvrir une représentation diplomatique à Berlin-Est. Sa chère Marie-Louise avait été auparavant attachée à la personne d'Egon Bahr qui, avec Guillaume, s'occupaient des contacts, d'abord officieux, puis officiels, avec Berlin-Est et les autres capitales de l'Est. Il y a donc, dans tous les cas et de tous les côtés, officiellement et clandestinement, continuité et cohésion dans toutes les démarches **. D'autant que, jusqu'à ce qu'elle soit découverte en avril 1974, Mlle Müller secondait Gauss à son bureau de Berlin-Est. Cependant aucune poursuite n'a été engagée contre elle ! On devait bien rire, Normannenstrasse, dans le bureau de Markus Wolf. Comme dans les locaux du KGB et du GRU, section allemande...

Pour les Guillaume, cette période des années 1963 à 1974 fut, à coup sûr, une période enchanteresse. Surtout après 1969 lorsque Günter devint l'homme à tout faire d'un chancelier très occupé par la cohorte de jeunes et jolies femmes que lui procurait son « gorille », Ulrich Bochaus ***.

L'époque est aussi faste pour Willy Brandt, encensé par le

* Voir « Notes et sources » chapitre 12, note 3. Dès le 17 décembre 1973, un important transfuge, avec lequel correspondait l'auteur, signalait à ce dernier en même temps qu'à un service secret allié, le rôle manifeste de Guillaume.

** Gauss pensait que l'Allemagne était « destinée par l'Histoire et la géographie à regarder vers l'Est plutôt que vers l'Ouest ». Il dira même (*Libération* du 28 mai 1984 : « C'est de l'autre côté du Mur que les vraies valeurs allemandes se perpétuent, grâce à l'action des dirigeants d'un PC conscient de leurs missions historiques. »

*** David Binder, correspondant du *New York Times* en Allemagne, longtemps ami de Brandt, a rapporté ce fait en 1975. L'auteur en avait fait part dans sa « Lettre confidentielle » et dans la presse, en 1972.

monde occidental autant que par la presse orientale. Il ne s'aperçoit pas – et ne l'admettra pas un instant dans ses *Mémoires* * – que, s'il dispose d'éléments susceptibles d'assurer le succès de ses petits et grands pas en direction de l'Est, ces éléments lui ont été inspirés ou confectionnés par des agents de la HVA et du KGB.

Des retrouvailles sans fausses notes

Moscou et Berlin-Est savaient ainsi à tout instant jusqu'où et comment obtenir des concessions. Le Comité de coordination du renseignement des États membres du Pacte de Varsovie mettait en musique cette partition, sans fausses notes. Partition dont l'ouverture avait été composée par Egon Bahr qui, depuis 1960, rencontrait régulièrement en secret des « diplomates », tel Viktor Belitzky, alors premier conseiller d'ambassade à Berlin-Est.

Au bout de ce parcours sans accrocs, depuis vingt-deux ans qu'il est passé de Berlin-Est à Berlin-Ouest, Bahr retrouve avec joie, en mars 1969, lors de l'inauguration du jumelage des universités de Berlin-Ouest et de Leningrad, son ancien « grand patron », le colonel Tulpanov. A ses côtés, ce jour-là, souriait Jürgen Kuczynski, le frère de « Sonia », qui du coup renouait ouvertement avec quelques vieux amis allemands du temps où il travaillait lui-même dans le secteur américain de Berlin-Ouest. De même lorsque Leo Bauer multiplie en 1967 et 1968 ses rendez-vous clandestins pour le SPD – notamment en Italie – avec divers Est-Allemands, quelques-uns d'entre eux sont en réalité d'anciens partenaires du temps, il y a une vingtaine d'années, où il supervisait les projections secrètes de l'appareil est-allemand en zones américaine et française.

Admirables retrouvailles qui débouchent, après 1970, sur un concert Est-Ouest dans lequel les libéraux américains croient voir le fruit de leur habileté stratégique ! Ces libéraux de l'establishment ne voient pas (hormis quelques « taupes » parmi eux) que les services secrets soviéto-allemands contrôlent tout, de bout en bout, jusques et y compris au cœur du Département

* *Mémoires* de Willy Brandt, Albin Michel, 1990.

d'État. Les successifs avertissements des transfuges bien connus : Michel Goleniewski, Anatoli Golytsine, Evgueni Runge, ne servent à rien. Ils ne sont et ne seront pas plus entendus que certains analystes américains, anglais, français, belges et allemands. C'est ainsi qu'aux États-Unis le soviétologue Stefan Possony et l'analyste Walter Hahn demandent en vain : « Cette Ost-Politik [de Brandt] n'a-t-elle pas en fin de compte été arrangée d'avance? » Mêmes questions en Angleterre du parlementaire Geoffrey Stewart-Smith et de Brian Crozier; en Belgique, du général Robert Close... En Allemagne fédérale, le comte Hans Huyn, conseillé très écouté de F.J. Strauss, écrit – mais sur du sable, semble-t-il : « Il est prouvé sur documents que le traité [avec Moscou] du 12 août 1970, ainsi d'ailleurs que la déclaration gouvernementale d'Egon Bahr [du 20 octobre 1968] sont quasiment le mot à mot d'un plan établi en janvier 1968 par Walter Ulbricht. »

Or qui donc inspirait Ulbricht, sous couvert de la Stasi, sinon le HVA, c'est-à-dire Markus Wolf, grâce à sa cohorte d'hommes et de femmes placés à tous les étages, dans tous les rouages et jusque dans les cuisines des ministères, agences et partis d'Allemagne fédérale? Les dirigeants occidentaux ne semblent pas remarquer que leurs homologues de Moscou, Berlin-Est et pays voisins n'ont pas modifié d'un iota leur dictature policière ni leur doctrine d'armement intensif ni leur subversion dans nos pays. En témoigne, par exemple, la directive 0039, signée de Youri Andropov, directeur du KGB, qui, en date du 28 avril 1970 * demande « un recrutement accru des agents en RFA... ».

On constate en tout cas, dans les biographies d'une bonne moitié des ministres ou experts entourant Willy Brandt et, après lui, ses successeurs, qu'il s'agit de réfugiés d'Allemagne de l'Est, et que la plupart d'entre eux accueillent à bras ouverts leurs « collègues » d'autrefois. Comme si rien ne les avait jamais séparés... et réciproquement. Que Walter Ulbricht, puis Honecker se soient heurtés à Moscou à cause de leurs initiatives personnelles, n'empêche pas qu'on puisse se poser des questions.

* *Un officier du KGB parle*, par Aleksei Myagkov, Éditions de l'Albatros, Paris, 1977.

La fin d'une idylle

Lorsque le 25 avril 1974 à six heures trente du matin, neuf policiers font irruption au 106, Uberstrasse, à Bonn, les Guillaume s'apprêtaient à fuir. Prévenus par qui? La presse, même celle à scandales, ne s'est pas interrogée. Les enquêteurs n'ont pas enquêté. Dix-sept ans ont passé, et nul n'en sait toujours rien.

Günter venait de prendre quinze jours de vacances sur la Côte d'Azur, dans une villa mise à sa disposition par les syndicats ouest-allemands, sur demande de son ami Georg Leber, le ministre de la Défense. Une feinte pour faire croire à ceux qui le surveillaient – il s'en était aperçu depuis quelque temps – que sa conscience était pure? Ou l'occasion de rencontre Markus Wolf aux environs de Vallauris? Impossible de recouper cette dernière rumeur. Mais il est certain que Guillaume préparait sa fuite à l'Est : à son épouse, il avait dit de tenir prêts leurs bagages dès l'instant qu'elle saurait sa date de retour. Le reste de leurs affaires, et même les meubles, devaient être embarqués par un camionneur et les rejoindraient par une autre filière. Guillaume estimait donc qu'il avait encore du temps devant lui.

Les premières filatures repérées, il les avait d'abord portées au compte de la jalousie de Christel, car il multipliait ses escapades avec sa chère Eilen J..., au point qu'un de ses amis ironisait à chaque fois qu'il les voyait disparaître :

– Tiens, Günter part avec Frau-bis!

Guillaume ignorait cependant que le contre-espionnage de Bonn avait, en pistant un courrier humain suspect de travailler pour la HVA, découvert son contact : Christel Guillaume. En août 1973. Depuis, Günter était à son tour entré dans le système des filatures prolongées. Il avait repéré une, puis deux voitures suiveuses, relevé leurs numéros et, sans difficulté, découvert qu'elles appartenaient au parc du BfV. On a appris plus tard qu'il était allé tout droit se plaindre auprès de Brandt :

– Alors, vous me faites surveiller? Ou bien est-ce encore un sale coup du BND?

Cette démarche était peut-être aussi un moyen détourné

d'avertir le vieil ami de son père que cela « sentait le brûlé ». Les vétérans des services secrets savent se parler entre eux par simples allusions, sans chercher à savoir si l' « autre » est toujours en service ou non. De toute façon Brandt devait se sentir gêné. Nollau a raconté par la suite qu'en tant que chef du BfV il avait, dès mai 1973, averti le chancelier que Guillaume figurait sur sa liste de suspects.

Peu de temps après la plainte de Guillaume, le vice-chancelier Horst Ehmke dit à Guillaume, entre deux portes, avec un soupçon d'ironie dans la voix :

– Alors, Günter, il paraît que vous êtes un espion?

Là aussi, plaisanterie ou manière d'alerter? Car Ehmke, de son côté, venait d'être prévenu des doutes qui pesaient sur Guillaume; vice-chancelier en charge de la sécurité de la maison Brandt, il savait combien le BND, le MAD (contre-espionnage militaire) et plusieurs cadres du BfV le tenaient lui aussi en suspicion depuis qu'il avait fourni de faux papiers à sa maîtresse tchèque, Maria Hlavacova, l'avait ramenée de Prague dans sa voiture, et l'avait épousée en août 1972, après avoir divorcé *.

Ehmke entretenait d'étroites relations avec l'entourage de Fidel Castro, et accordait son soutien discret à des révolutionnaires du tiers monde, à l'instar de son ami, le parlementaire libéral-démocrate Wischniewsky, dit « Ben Wich » du temps où il portait les valises des tueurs du FLN algérien en Europe. Ehmke se défendra en 1974 de ses « faiblesses » amoureuses, au point d'utiliser ses fonctions officielles pour les couvrir et en accusant le BND de manœuvres « antidémocratiques »... Ce service n'avait-il pas espionné au moins cinquante-quatre personnalités ouest-allemandes, ce qui n'est pas de son ressort? demandait Ehmke. Certes. Mais ceux de Berlin-Est, Prague, Moscou, auxquels il tendait la main, de même que son ami Hans Dietrich Genscher, étaient-ils des modèles de démocratie?

Ce dernier, ministre de l'Intérieur en 1973 et 1974 était d'ailleurs parfaitement au courant de l'enquête ouverte contre Guillaume. Lorsque Nollau l'en avait averti, bien avant Ehmke, il n'avait pas sourcillé, mais simplement dit :

* Révélé par l'auteur dès 1971 dans sa *Lettre d'information*, et détaillé le 15 septembre 1972 dans le bimensuel *Monde et Vie*.

– Bon ! Il faudra que j'en touche un mot à Willy...

Dernière des quatre personnalités mises au fait entre l'été et l'automne 1973 : Herbert Wehner, le grand maître du SPD, qui s'était exclamé devant un intime :

– Cet idiot de Guillaume est capable de se laisser prendre la main dans le sac ! Vous voyez le scandale * !

Tout ce qui se passe ensuite – lorsque le chancelier Brandt emmène Guillaume avec lui en Norvège (où des documents secrets lui seront transmis pour avis... et que Guillaume consultera) – lorsque, dès son retour à Bonn, Guillaume décide d'aller en vacances dans le midi de la France avant de s'enfuir à l'Est... tout témoigne d'étranges comportements d'étranges personnages. Tous agissent, murmurent ou réagissent en demi-teinte. Ce sera pire durant l'instruction et le procès des Guillaume : une multitude de contradictions dans leurs déclarations. Un océan de flou.

Ultime fait dont la presse allemande ou étrangère n'a pas fait grand cas : à peine les Guillaume étaient-ils arrêtés qu'un diplomate soviétique de Berlin-Est, mandaté par Moscou, arrivait à Bonn pour proposer de les échanger immédiatement contre vingt-cinq espions ouest-allemands détenus en RDA.

On ne pouvait mieux démontrer la symbiose dans laquelle baignaient les activités, en apparence parallèles, du KGB et de la HVA ! Il y avait là une combinaison qui avait sacrifié un agent commun. Sans aucun doute, l'arbre devait cacher la forêt où un autre personnage (ou plusieurs?) bien plus important pour Moscou devait à tout prix échapper à la suspicion. Un gros scandale, si fâcheux fût-il, valait mieux que la perte d'un agent haut placé. Si Willy Brandt devait quitter son poste, un ou des relais étaient prêts.

L'arrogance de Berlin-Est

Quand, le 26 avril 1974, Willy Brandt se trouve dans l'obligation de s'expliquer devant le Bundestag, sa thèse semble

* Toutes ces citations sont authentiques et bien connues des milieux politiques de Bonn.

d'abord, comme on dit, tenir la route, même s'il trouve « normal » *(sic)* que les services secrets de Berlin-Est ou de l'Est aient placé un agent auprès de lui. Mais pourquoi « normal » si, côté soviéto-allemand, on était sincère dans son désir d'un rapprochement inter-allemand ? De toute façon, les dérapages dans la démonstration de Brandt commencent déjà. Il assure que Guillaume ne s'intéressait à lui que du fait de sa fonction de chef du parti socialiste, et non à cause des dossiers confidentiels en sa possession... auxquels d'ailleurs Guillaume n'aurait jamais pu avoir accès ! Pourtant, six semaines plus tard, à la radio-télévision ouest-allemande, le chancelier admet que, durant leur séjour en Norvège, Guillaume a bel et bien pu prendre connaissance de plusieurs dossiers secrets. Dont, par exemple, une lettre personnelle du président Nixon qui l'avertissait des dernières modifications apportées aux dispositifs de sécurité de l'Otan, face aux menées subversives et au renforcement militaire soviéto-allemand.

Réflexion du comte Huyn qui suivait de près l'affaire au Bundestag : « Guillaume lisait par-dessus l'épaule de Brandt, depuis 1970, tout ce qu'il fallait savoir pour fixer en détail, sur carte, l'implantation de la logistique de l'Otan et la façon dont la défense allemande se greffait sur ce dispositif ! »

N'oublions pas que Guillaume, capitaine de la HVA, était un technicien du renseignement. Il captait sur son transistor « Wien 999 » ou sur une radio d'apparence anodine, fixée dans sa voiture, et sur une longueur d'ondes peu fréquente, les messages adressés à lui seul par Berlin-Est. Quatre-vingt-seize de ces messages codés, envoyés à l' « opérationnel 37 », ont été présentés à son procès, ainsi que des caméras Beaulieu et Leicaflex, plus un bracelet-montre exceptionnel qui pouvait prendre trente-six clichés en quelques secondes, même par luminosité très moyenne.

Guillaume, le technicien de la HVA, « travaillait » dans un contexte est-ouest que la grande presse de l'époque a totalement « oublié », tandis que se déroulait son procès. Contexte qui démentait les sourires et le pacifisme est-allemand dont Brandt célébrait la nouveauté, pour justifier son Ost-Politik.

A l'automne 1973, le général d'armée Heinz Hoffman, ministre de la Défense, est promu au Politburo, et crée un nouveau « haut commandement des forces terrestres allemandes » rattaché au commandement du Pacte de Varsovie. Ce haut commandement n'a aucune justification, sauf si ses divisions doivent jouer un rôle précis dans une éventuelle offensive contre l'Europe.

Quelques mois après, une douzaine de colonels passent généraux. Tous se révèlent des acteurs de premier plan en été 1974, lors des manœuvres « Udar » – en traduction libre : « coup direct », dans le sens d'une guerre éclair.

Donc, ni avant ni après l'arrestation des Guillaume, on ne constate de ralentissement des moyens offensifs est-allemands au seuil de l'Europe. Pas de ralentissement non plus dans les affaires d'espionnage. En revanche, la presse communiste multiplie ses attaques contre l'Occident, et amplifie sa propagande selon laquelle les trois Grands s'apprêtent à violer les accords quadripartites du 3 septembre 1971 sur Berlin. Et, le 7 octobre 1975, Moscou et Berlin-Est signent un traité dont les articles 6 et 7 modifient les précédents accords Urss/RDA, dans un texte qui viole, celui-là, non seulement les accords quadripartites, mais aussi les accords d'Helsinki, signés trois mois auparavant par Leonid Brejnev *.

Il est vrai que des effets médiatiques masquaient aisément une stratégie peu conforme avec l'ambiance d'une prétendue détente est-ouest. Au moment du nouveau traité Moscou/Berlin-Est – publié en intégralité dans *Les Nouvelles de Moscou* – le président Giscard d'Estaing déposait à Moscou une gerbe sur le tombeau de Lénine. Sur ses talons, le président de la RFA, Walter Scheel, et son ministre H.D. Genscher (tous deux libéraux et associés au gouvernement socialiste de Helmut Schmidt) célébraient dans la solennité avec Brejnev « la continuité de l'amitié retrouvée grâce à l'Ost-Politik de Brandt et à la détente ! ». Heinz Hoffmann allait plus loin dans son offensive psychologique. En avril 1976, dans la revue *Einheit*

* En contradiction avec les accords alliés, l'article 7 exposait : « Berlin-Ouest *n'est pas une constituante de la RFA*, n'est pas et ne sera pas dans l'avenir administré par celle-ci... » Membre d'une commission de travail de l'Association de l'Alliance atlantique, l'auteur exposa ce fait en session générale (novembre 1975). Mais Raymond Aron, président de l'assemblée, estima que ce sujet ne serait pas discuté, ne figurant pas à l'ordre du jour...

(« Unité »), il soulignait sans fards : « Nous ne partageons pas le point de vue des forces progressistes du Mouvement de la paix, selon lesquelles une guerre juste n'est plus possible à l'heure atomique... Si les stratèges de l'Otan utilisaient cette arme, la réplique leur vaudrait le risque de leur propre anéantissement... L'utilisation de l'arme nucléaire étant exclue de part et d'autre, le socialisme ne peut être édifié que si la révolution socialiste est constamment prête à passer de la lutte pacifique à un combat sanglant... »

Autrement dit, avec la caution d'Erich Honecker et du Politburo est-allemand, le ministre de la Défense de la RDA préparait une guerre directe contre l'Europe dans l'hypothèse où la guerre indirecte menée par Markus Wolf, à l'ombre de la Stasi, ne réussirait pas à réaliser, d'Est en Ouest, la réunification de l'Allemagne. Cela contrairement à l'utopie de ceux qui candidement croyaient en une cohabitation pacifique, désormais permanente entre les deux Allemagnes, sous l'œil attendri des Occidentaux et du Kremlin.

Née en 1945 à Berlin, cette utopie allait mourir à Berlin quarante-quatre ans plus tard. Mais déjà en 1974, lorsque Willy Brandt sort de scène les larmes aux yeux, même s'il poursuit dans les seconds rôles sur la même voie, les indices ne manquent pas de l'effondrement à venir de tant d'illusions.

« Tout finit à Berlin »

Écoutons Rut, la jolie Suédoise et dernière épouse du chancelier qui l'avait ramenée dans ses bagages, lorsque dans son uniforme d'officier norvégien, il était arrivé dans la capitale du Reich en ruine.

Rut est brisée par le scandale d'avril 1974. Avec courage et dignité depuis vingt-neuf ans, elle a tout supporté de Brandt : ce qu'elle savait de ses mensonges et de son double jeu, y compris dans sa vie privée. Mais, au soir du 26 avril, elle craque auprès d'une amie venue la réconforter dans sa résidence de Venusberg : « J'avais raison en 1969, lui dit-elle, quand j'ai tenté de le dissuader d'accepter la Chancellerie. Je lui ai dit et redit qu'alors il ne pourrait plus se permettre le moindre faux pas, car tout se retournerait contre lui. J'ai vécu depuis dans une angoisse permanente, me demandant si tout ce qui avait commencé à Berlin en 1957 ne finirait pas un jour à Berlin. Et c'est de Berlin qu'est venu le coup!... »

Propos émouvants. Sibyllins aussi, de la part d'une femme qui a disparu avec dignité de la scène allemande, avec ses secrets. Que recouvre ce « tout » qui aurait commencé en 1957 à Berlin, où Willy Brandt était bourgmestre? Guillaume aurait-il fait signe à l'ami de son père *, ou bien quelque secret plus grave encore conditionnait-il, à partir de ce moment, l'avenir du futur chancelier?

Ce qu'ignore Rut, ce soir-là à Venusberg, c'est qu'un roman a été publié en 1972 aux États-Unis, signé d'un certain David St-John : *The Berlin Ending* (« Tout finit à Berlin ») qui offrait au lecteur un scandale identique. En scène, un personnage ministériel ouest-allemand, prix Nobel de la Paix, champion du rapprochement entre Bonn, Berlin-Est, Moscou. L'homme est progressivement piégé, puis démasqué comme agent de l'Union soviétique. En parcourant le livre, il n'est pas de lecteur qui ne pense à Willy Brandt. Or David St-John était alors le pseudonyme littéraire de Howard Hunt, ancien officier puis honorable correspondant de la CIA, parfait connaisseur des affaires allemandes. Son ouvrage a vite disparu des librairies. Il est vrai que Hunt venait d'être mêlé à l'affaire du Watergate, mais son roman n'en prévoyait pas moins, deux ans à l'avance, l'effondrement d'un très haut dignitaire.

* Le 15 décembre 1975, Günter et Christel Guillaume ont été condamnés respectivement à treize et sept ans de prison, après un procès incomplet et une pitoyable déposition de Willy Brandt qui, pas une fois, n'osa regarder en face les accusés. Ils ont été libérés en 1981 par grâce présidentielle et tout de suite expédiés en RDA.

13

L'apogée, mais ensuite ?

Ivan Anissimovitch Fadeikine, lieutenant-général du KGB, résident général pour l'Allemagne, suivait de près et depuis longtemps, les activités de Guillaume et des meilleurs agents de Markus Wolf en RFA. Selon la règle établie en 1950, les notes et les synthèses de la HVA parvenaient chaque semaine à sa base de Berlin-Karlhorst où un général et quatre colonels épluchaient les affaires signalées dans des pages qui, chacune, portait en haut et à droite les initiales « SU », indicatif de celles destinées au KGB *.

Fadeikine avait débuté durant la guerre dans une unité des maquis de Biélorussie constitués par les communistes en 1942, à la fois pour lutter contre l'occupant allemand et pour liquider les maquis nationalistes, désormais contraints à combattre deux adversaires à la fois. En 1944, il était entré dans les unités de tueurs du NKVD, celles du « Smersh ». Plus tard, affecté en Iran, il était spécifiquement chargé de surveiller les activités de la CIA, et se trouvait en place, en 1954, lorsque le gouvernement Mossadegh avait, pour un bref laps de temps, chassé le shah d'Iran. Rappelé ensuite à Moscou, Fadeikine était revenu à Téhéran en 1961, toujours sous la couverture diplomatique, avec pour mission de faire assassiner Reza Shah, à condition qu'il soit impossible de pouvoir incriminer l'Union soviétique.

Il est toujours facile de trouver quelques fanatiques de

* Précision fournie en 1979 par le transfuge de la HVA, le lieutenant Stiller.

droite, de faible formation intellectuelle et historique, pour ce genre de besogne. On a pu le constater jusque dans les années 1990, en passant par la compromission des « loups gris » turcs, manipulés par les Bulgares dans l'attentat de mai 1981 contre le pape Jean Paul II *.

L'assassinat du shah fut programmée pour février 1962, Nikita Khrouchtchev et les « organes administratifs » ayant donné leur feu vert. Heureusement, la Volkswagen placée sur le parcours du shah, entre le Parlement et le palais, n'explosa pas. Fadeikine réussit par chance à récupérer le dispositif de mise à feu et repartit le soir même pour Moscou **. Son poste suivant l'amena en 1968 à Berlin-Karlhorst, après qu'il eut été muté au Département « S » du KGB, celui des « illégaux ». Il était en effet de règle qu'un officier, résident pour l'Allemagne, appartînt à ce Département.

Arrogant et quelque peu bluffeur, Fadeikine sut gérer à son profit les opérations que réussissaient alors Markus Wolf et ses adjoints des Départements I et II de la HVA, chargés de la pénétration de la RFA, de l'Otan et des organismes ouest-européens de Bruxelles. Il réunit, durant l'été 1974, ses adjoints pour fêter l'annonce de son imminente promotion : il devait rentrer à Moscou, en automne au plus tard, et prendre le commandement du 1er Directorat du KGB, dont il serait le vingt et unième responsable depuis sa création en 1921. Il serait donc le grand maître de toutes les opérations d'espionnage dans le monde... C'était compter sans les intrigues qui fleurissaient autour de Brejnev. Fadeikine arriva à Moscou pour apprendre que sa promotion était annulée : Semione Tzvigoun, beau-frère du numéro un soviétique, premier adjoint de Youri Andropov, en avait décidé autrement. Son favori au 1er Directorat était un certain Vladimir Krioutchkov, depuis quelques années secrétaire de l'appareil du PC au sein du KGB, et qui bénéficiait de hautes protections au Politburo.

* L'auteur avait averti dans une étude de six pages, dix mois avant cet attentat, comment et pourquoi Andropov avait donné l'ordre d'une telle opération « à partir de quelque fanatique musulman ». Et il avait mis en cause les « loups gris », quarante-huit heures après l'attentat, dans le mensuel parisien *Monde et Vie*.

** *Inside the KGB*, par Vladimir Kuzichkine, André Deutsch, Londres, 1990.

Fadeikine dut se résoudre à attendre une autre affectation. Il fut placé à la direction du 3e Directorat, c'est-à-dire la direction du contre-espionnage du KGB dans l'armée. Il réapparut comme résident en Iran en 1978, sous le pseudonyme d'Ivan Fadeiev, et y fut un observateur attentif de la chute du shah d'Iran et de l'arrivée de l'ayatollah Khomeiny *.

La relève est assurée

Dans un des rapports d'ensemble transmis par Fadeikine au Kremlin, fin du printemps 1974, figurait l'affirmation que la relève était assurée à la Chancellerie, en dépit de l'affaire Guillaume, ainsi d'ailleurs que dans plusieurs ministères sensibles. Des agens avaient çà et là empêché toute éclaboussure. Ils se targuaient d'ailleurs de pouvoir retarder le procès des Guillaume. Et, en effet, le procès n'eut lieu que plus d'un an après leur arrestation; et encore, à peine engagé, il fut reporté de plusieurs semaines... sous prétexte que la ventilation de la salle d'audience était défectueuse!

Le rapport de Fadeikine, de toute évidence démarqué de celui de Markus Wolf, s'attribuait les mérites d'un merveilleux florilège. Il signalait que si Dagmar, une des secrétaires-espionnes de la HVA, poursuivait son œuvre à la Chancellerie, une autre secrétaire, Herta, jusqu'alors travailleuse exemplaire au ministère de la Défense, venait à son tour d'entrer dans le saint des saints. Une certaine « Nana » avait remplacé Herta à la Défense. Margaret Hoecke, de son côté, œuvrait toujours auprès du président de la République fédérale **.

Au contre-espionnage militaire (MAD), le colonel Joachim Krase attendait d'être promu numéro deux du service. Aux Affaires étrangères, Hagen Blau, recruté en 1960, espionnait consciencieusement et sans incidents, de poste en poste, à Londres, Tokyo, Vienne... Un autre diplomate venait de quitter Belgrade pour Edimbourg... Quatre autres – dont un ancien,

* I.A. Fadeikine assistait en 1986 au XXVIIe Congrès du PC de l'Urss.

** Bien entendu, nous donnons les noms réels et non les pseudonymes et chiffres utilisés par la HVA et le KGB.

puisqu'il avait été recruté dès 1955 par le Département XV, future HVA – s'activaient sans désemparer dans les arcanes du ministère des Affaires étrangères.

Au BND, malgré la vigilance de Gerhard Wessel, successeur de Reinhard Gehlen, « on » avait introduit Gabriele Gast, enrôlée six ans auparavant à l'université d'Aix-la-Chapelle, et qui avait alors, non sans quelque ironie, passé sa thèse de doctorat sur le thème : « La femme dans le parti communiste (SED) est-allemand » *. Toujours au BND, deux autres « taupes », Alfred S..., trente-quatre ans, œuvrait à la logistique, et son frère Ludwig, quarante-six ans, servait de courrier vers la HVA. Le premier depuis 1968, le second depuis 1972, étaient d'excellents agents aussi dévoués que Lothar M..., quarante-sept ans, liaison de Gabriele Gast vers Berlin-Est **.

Dans le secteur militaire et le chiffre, Wolf Heinrich Prellwitz, quarante ans, terminait sa troisième année comme agent de la HVA au département des Recherches et Développement des nouveaux armements. Un autre agent servait depuis 1972 comme programmateur à la Bundeswehr. Quant à Hans Helmut Werner, il progressait dans les rouages de l'Alliance atlantique. Et le couple Joachim et Gisela Preuss rendait d'insignes services, à la base militaire aérienne de Cologne, grâce à leur emploi dans l'atelier où étaient imprimés notes, manuels et consignes. Leurs indications recoupaient celles d'une nouvelle recrue au centre de calculs de la Bundeswehr ***.

Pour sa part, Markus Wolf signalait qu'après deux années de travail assidu une de ses équipes avait au total détourné vingt mille papiers d'identité et passeports vierges, dans divers services et mairies de la RFA, et disposait bien entendu des tampons et numérotations indispensables pour que de futurs illégaux aient en main de quoi voyager sans ennuis ****.

* Hagen Blau a été arrêté en été 1990. G. Gast a été démasquée en novembre 1990.

** Les frères S... ont été arrêtés en février 1990.

*** Les Preuss ont été arrêtés en mars 1991, et Prellwitz en avril suivant.

**** Fin 1976, le volant de la HVA totalisait 26 977 papiers d'identité.

Palmarès impressionnant, dont nous n'énumérons que les cas devenus pour ainsi dire publics en 1991. Mais il faut répéter que l'orientation politique de Bonn se prêtait à cette surmultiplication sans freins de l'espionnage et de la subversion soviéto-allemande. En avril 1968, Walter Scheel (président de la RFA en 1974) avait au cours du congrès du parti libéral-démocrate préconisé que la RDA soit reconnue sur le plan diplomatique... Willy Brandt, juste avant d'être chancelier, avait, en septembre 1969, annoncé que le SPD se trouvait à présent « au seuil d'une mission véritablement historique ». Mission dont le chroniqueur français Paul Dehème devait dire qu'elle n'était pas une politique vers l'Est, mais une politique *pour* l'Est *.

L'état d'esprit était tel au moment de la chute de Willy Brandt que les deux mille quatre cents cadres et employés du BND, à Pullach, Bavière, se posaient des questions de confiance et de conscience. Depuis plus de deux ans, le chancelier ignorait visiblement tous leurs rapports, et presque autant ceux du MAD ou du BfV. Brandt avait d'ailleurs fait chapeauter leur service par quatre sociaux-démocrates qui étaient peut-être de braves gens, mais veillaient avant tout à l'application du principe : « Pas d'histoires à l'Est ! » Donc pas de vagues ni de zèle si l'on découvrait par-ci, par-là des taupes, voire des taupinières. L'un d'eux d'ailleurs s'intéressait avant tout à la botanique ! Mais, à la différence de Jim Angleton, le chef tant haï du contre-espionnage américain, contraint de démissionner en 1974, qui lui aussi courait les fleurs et les papillons, sa minutieuse recherche en botanique ne lui inspirait pas une méthodologie identique en matière d'espionnage.

Brandt avait fait dissoudre la 14e section du BND qui était jusqu'alors chargée de centraliser – en parfaite entente avec le Mossad – tous renseignements sur l'apparition dans le monde de groupuscules, cellules, cercles semi-clandestins à couverture anarchiste ou trotskiste. Ils masquaient un terro-

* Dans *Valeurs actuelles* du 20 août 1973.

risme rodé d'abord auprès des réseaux arabo-palestiniens ou sud-américains, et qui, à présent surgissait en Europe *.

Peter, le jeune fils de Willy Brandt, n'était pas le dernier à se féliciter de cette dissolution de la 14e section, puisqu'il gravitait ouvertement dans ces milieux, dont on découvrira en 1990 qu'ils couvaient, dès la fin des années 1960 mais surtout en 1970 et ensuite, un terrorisme encadré ou utilisé, selon le cas, pour la Stasi et la HVA.

Mais, de 1972 à 1986, les cercles libéraux et les socialistes de la RFA niaient que le KGB ou Berlin-Est fussent les parrains des attentats de l'époque **.

Dagmar et son bigame

Dans quelles conditions la belle Dagmar, signalée dans le rapport de Wolf et de Fadeikine comme « active » au cœur de la Chancellerie, a-t-elle été recrutée? L'histoire vaut d'être contée car elle illustre la manière dont le moindre renseignement humain, collecté par des agents ou des compagnons de route d'un service étranger, permet et facilite une approche.

Dagmar Kahlig-Scheffer, jolie blonde de la Thuringe, venait de briser un mariage qui, sur le plan physique et sentimental, n'avait été que déception. Elle avait donné sans joie naissance à une petite fille. A présent qu'elle était libre, les fonctionnaires de la Chancellerie tournaient autour d'elle comme des guêpes. Elle saisit l'occasion de vacances pour prendre le large sur les bords de la mer Noire. C'était en 1973, époque où des clubs occidentaux s'installaient en Bulgarie, le long des plages. Confort relatif, mais plages magnifiques sur lesquelles, chaque soir, de longues tables étaient dressées en buffets, le tout pro-

* Dans le magazine belge *Spécial*, en 1973, puis dans une série (aujourd'hui épuisée) parue en quatre tomes en 1976, *Histoire secrète des organisations terroristes, 1945-1975*, l'auteur démontrait l'opération mondiale d'encadrement de ces milieux par le KGB et ses filiales.

John Barron, Brian Crozier, Roger Moss, Arnaud de Borchgrave, le comte Huyn et Claire Sterling ont écrit à ce sujet jusqu'en 1980. D'autres auteurs ont abondamment pillé ces articles et ouvrages, sans citer leurs sources, bien entendu...

** Voir le chapitre 14.

tégé des « indigènes » par des grillages. Les touristes s'empiffraient allégrement sous le regard de dizaines de femmes et d'enfants qui dévoraient des yeux les mets somptueux auxquels ils n'auraient jamais droit et qu'ils n'avaient jamais goûtés après vingt-huit ans de socialisme. Dagmar faisait partie de ces privilégiés insouciants.

Le « hasard » provoqua sa rencontre avec un certain Herbert Richter, cadre de la firme Krupp. D'abord distante, elle fut vite touchée par la délicatesse de son interlocuteur qui ne semblait pas vouloir tenter une aventure, mais chaque jour la saluait, bavardait et s'éloignait sans insister. Il finit par la séduire. Célibataire, heureux de vivre, il lui confia son rêve : qu'on partageât sa réussite sociale, ses plaisirs. Le plaisir. Une découverte pour Dagmar qui devait avouer peu après son arrestation, quatre ans plus tard :

– Je n'avais pas besoin d'argent, mais de tendresse, d'un véritable foyer. Herbert m'a donné tout cela!

Elle ajouta plus crûment à une amie :

– Herbert m'a fait connaître mon premier orgasme *!

Inondée de joie, corps et cœur en fête, Dagmar n'essaya même pas de comprendre, une fois de retour à Bonn, pourquoi son cher Herbert s'intéressait aux secrets de la Chancellerie. Jusqu'à l'inciter à les partager avec lui... histoire de faciliter les rapports Est-Ouest, par-delà les préjugés idéologiques.

Herbert l'épouse. Elle va désormais lui fournir en trois ans cinq fois plus de documents que les cinq cents recensés qu'il avait obtenus, de 1967 à 1973, de son autre épouse, Gerda Ostenrieder. Car Richter n'était autre que Schroeter, cet officier de la HVA dont on a lu qu'il avait recruté puis épousé Gerda, maintenant abandonnée **. La HVA avait facilité sa rencontre avec Dagmar en lui fournissant toutes les données psychologiques et en le plaçant sur la trajectoire de ses vacances. La méthode Wolf, une fois de plus.

Les conceptions et les projets de Bonn en matière de désarmement, de 1974 à 1977; le degré de confiance entre le chancelier Schmidt et le président Carter; les réactions et les mesures

* Propos rapportés en 1979 par le *Bild Zeitung*, RFA.
** Voir le chapitre 9.

de Bonn en regard de l'extension est-allemande et soviétique dans plusieurs pays du tiers monde; les projets et contre-projets de la RFA dans ses rapports avec Berlin-Est et Moscou; ce que pensaient Paris, Rome, Bruxelles, Londres, Washington..., rien n'échappait aux yeux et aux oreilles de Dagmar, aussi habile, ponctuelle, zélée, qu'elle était amoureuse. Pareille productivité obligea la HVA, déjà comblée par Schroeter (qui menait de front d'autres informateurs et informatrices), à installer à Dusseldorf un couple de faux Britanniques, pour la recueillir et la faire suivre.

Le 9 mai 1977, cette belle toile s'est déchirée. Car, tout de même, à force de travail et de compétence, les spécialistes du BfV parvenaient à coincer quelques-unes des taupes lâchées dans Bonn.

Dagmar fut littéralement assommée, durant son interrogatoire, lorsqu'elle apprit que son Herbert adoré était bigame. Du coup, elle raconta tout ce qu'elle savait. Elle devait même accepter de tourner pour la télévision fédérale un documentaire de vingt minutes, intitulé *Il n'est jamais trop tard*, où elle mettait en garde contre les séducteurs de Markus Wolf. Documentaire tourné avec sa rivale, jusqu'alors inconnue d'elle : Gerda Ostenrieder *.

L'itinéraire à travers les partis politiques

Une autre méthode pour infiltrer les ministères de Bonn relevait des placements à long terme. Première étape : s'infiltrer dans l'administration des partis politiques. Deuxième étape : s'attacher à une personnalité, ministrable ou d'avenir, en sorte de la suivre dans son ascension.

Ainsi en fut-il de Suzanne Rau, à la fois intime de Henrich Lummer (grande figure de la CDU pour Berlin-Ouest) et placée dans l'entourage de Gert Löffler, responsable CDU à Hambourg et physicien de premier plan. Il y eut aussi Klaus Franke.

* Dagmar, condamnée en 1979 à quatre ans de prison, fut remise en liberté. Peine légère comparée aux dizaines d'années infligées par Berlin-Est aux espions occidentaux, voire à la peine de mort dont fut victime Egon Plombick, espion du BND, en 1975.

Bien que remarqué en 1967 pour ses contacts avec l'espion Heinz Sutterlin, il cheminait toujours en 1974 dans l'appareil de la CDU. Cependant le cas le plus lourd de conséquences est celui de Herta Astrid, future épouse Willner, « active » pour la HVA de 1967 à 1973 au ministère de la Défense. Elle entre à la Chancellerie peu avant la chute de Brandt, et servira ses successeurs – dont Helmut Kohl, jusqu'en 1985. Même lorsque Dagmar est arrêtée, on n'estime pas utile, parmi les gens du pouvoir, de repasser au crible le personnel de cette institution où le « travail » de Herta double et complète celui de Dagmar, bien entendu à l'insu l'une de l'autre.

Alors âgée de trente-quatre ans, Herta n'a rien d'une starlette sophistiquée. Elle est beaucoup mieux : élégante, distinguée, vive, sachant tenir son rang, toujours souriante. Sage, très sage, car elle est amoureuse d'un certain Herbert Adolf Willner, un célibataire qui frise la cinquantaine, considéré comme un des cerveaux du parti libéral-démocrate. Elle l'épouse en 1975. S'agit-il d'un mariage de façade : une séductrice professionnelle de Markus Wolf épousant un politicien naïf, dont le poste présente un intérêt? Non, l'union est réelle, entre deux agents de la HVA dont les destins se croisent.

Né en Chine en 1924, à Daïren, Willner s'était engagé en 1944 dans une unité d'élite des Waffen-SS, le 18e régiment de chars et grenadiers. Fait prisonnier par les Soviétiques, il est envoyé dans un camp où le Comité national pour une Allemagne libre vient le chercher, afin de le former. Quatre ans passent, Willner entre à l'université Karl-Marx de Leipzig, section radio et journalisme. Une section dans laquelle la HVA puise ses futurs cadres, après 1950.

En effet, les recruteurs de l'IWF (devenu la HVA en 1956) l'ont repéré et engagé. En 1961, ils l'introduisent en RFA, après plusieurs stages dans les pays de l'Est. Willner vivote avant de réussir à décrocher un poste d'attaché de presse chez Philips. Ce sera ensuite la rédaction du magazine *Der Spiegel*. Bien entendu, son véritable objectif n'est pas la presse. Si sa future épouse dépend du Département I de la HVA – qui vise l'appareil gouvernemental ouest-allemand –, lui dépend du Département II, chargé de la pénétration des appareils des partis politiques, des syndicats, des Églises, des fondations dites humanistes. Dans ce schéma, sa cible, c'est le parti libéral-démocrate. Objectif atteint en 1965. Vu sa formation et ses capacités intellectuelles, il en devient en cinq ans un des patrons. En 1970, il rédige plusieurs points des accords que Willy Brandt proposera à Moscou et à la RDA, cela avec l'appui total du FDP.

Sa base est la fondation Friedrich-Naumann, lieu où les gourous libéraux, liés aux milieux bancaires et industriels de mêmes convictions, mijotent propositions de lois, perspectives géopolitiques, progression du commerce avec l'Est.

A dire vrai, le but de Willner était relativement facile à atteindre. Plus de la moitié des dirigeants du FDP sont originaires d'Allemagne de l'Est, et leur majorité se compose d'hommes réfugiés entre 1952 et 1957. Les uns parce qu'ils se rendaient compte que, même inscrits au petit parti libéral est-allemand (alibi du SED), leur carrière resterait bouchée s'ils n'acceptaient pas d'être de simples pions dans le jeu d'Ulbricht et de Moscou. D'autres sont tout bonnement des « taupes ». D'autres enfin sont des enfants de Rapallo – du point de vue historique – et en particulier de Karl Georg Pfleiderer, maître à penser du FDP ouest-allemand de 1946 à 1960.

J'ai assez bien connu Karl Georg, du temps où il était le chef de file de ce parti. Ce n'était pas une taupe. Pire : il était anticommuniste mais depuis toujours partisan d'une entente germano-soviétique, quelles que soient les circonstances. Il était « de droite », mais voulait ignorer les idéologies. Un homme connaissait cet état d'esprit : Vladimir Semionov, grand maître du jeu allemand du Kremlin, derrière le maréchal Joukov, jusqu'en 1946, ensuite haut-commissaire pour l'Allemagne et vice-ministre des Affaires étrangères jusqu'à la période khrouchtchévienne.

Ce fin lettré, parlant allemand, anglais, français, était un amateur d'architecture, de peinture et de musique – de ce fait très jalousé par les primaires des services policiers *.

* Très habile dans ses rapports avec l'Ouest, Semionov réapparut dans les affaires de désarmement durant les années soixante-dix.

La nostalgie des idylles germano-soviétiques

Semionov méprisait Ulbricht qu'il qualifiait en privé de « Lénine de marché aux puces * ». Il se méfiait des socialistes allemands fascinés de façon endémique par ceux qui n'attendaient que leurs tentatives d'approche pour les dévorer. Selon lui, mieux valait convaincre la droite, voire l'extrême droite allemande, de rejouer les scénarios de Rapallo puis du pacte de 1939, que de s'imaginer qu'avec la gauche occidentale on arriverait à des compromis fiables et utiles pour Moscou. Il y aurait toujours au dernier moment des « sociaux-traîtres ». Tandis que s'appuyer sur les dirigeants ouest-allemands qui tenaient à l'Alliance atlantique (et étaient tenus par elle) – et en particulier sur les libéraux –, quelle caution pour mener le jeu de l'Urss en Europe!

C'est ici qu'apparaissait Pfleiderer, vieille connaissance de Semionov puisqu'il avait débuté dans la diplomatie en 1926 comme secrétaire d'ambassade à Moscou, lorsque les clauses secrètes de Rapallo prenaient leur plein effet.

Semionov avait de nouveau rencontré Pfleiderer en novembre 1940. Il accompagnait Ribbentrop venu revoir avec les Soviétiques certaines clauses du pacte de 1939, relatives notamment aux zones d'influence respectives des deux alliés, dans le Sud-Est européen et en Baltique.

Nouvelle rencontre en Suède. Semionov s'y trouvait au consulat soviétique de Stockholm en 1941. Durant l'été 1943, Himmler et un clan nazi veulent sonder l'Urss sur une éventuelle paix séparée **. Face à Semionov et à divers agents du NKVD/KGB, se trouvent Peter Kleist, un diplomate aux ordres de Himmler, Edgar Claus, un agent double entre Berlin et Moscou... et Pfleiderer.

Troisième temps, tout aussi discret : la période durant laquelle Semionov est basé à Berlin-Est, et Pfleiderer, à Bonn.

En 1950, le chancelier Adenauer propose à Pfleiderer une ambassade à Londres. Il refuse. 1952, l'ambassade de Belgique.

* K.G. Pfleiderer à l'auteur, en 1950.
** Révélations faites à l'auteur par Pfleiderer en 1951.

Il refuse. Pourquoi? Parce que Semionov a repris contact avec lui, comme d'ailleurs avec deux douzaines d'industriels, de banquiers, de grands commerçants fréquentés avant guerre. Toutes personnalités liées bien entendu au FDP ou aux comités et cercles humanistes ou d'affaires, tel celui qui les rassemblera en 1961, autour de l'industriel Körber, dans le fameux Cercle de Bergdorf.

Pfleiderer est l'homme qui durant deux ans a préparé en secret le premier voyage officiel du gouvernement de Bonn en Urss, lorsqu'en 1955, cédant aux pressions, le chancelier Adenauer s'est rendu au Kremlin. Auparavant, l'aimable Semionov avait facilité la rencontre, quelque part en RDA, de Pfleiderer et du général Vincenz Muller, alors inspecteur général de la « police encasernée », camouflage transparent de la nouvelle Wehrmacht est-allemande. Muller n'avait-il pas été le supérieur direct de Pfleiderer lorsque, sous Hitler, il commandait la VIIe armée?...

On discutait de l'avenir des relations germano-soviétiques, dans l'optique que la direction du FDP proposera officiellement douze ans plus tard. L'ignorer, c'est ne pas vouloir comprendre qu'il y a, certes, une Allemagne européenne derrière le chancelier Kohl, mais qu'il existe aussi une Allemagne « eurasiatique » qui soutient à la fois la politique européenne de Gorbatchev et celle des amis ouest-européens de Gorbatchev. Vers une « maison commune », très différente de celle qu'on imagine, en prêtant à Gorbatchev les bons sentiments que l'on nourrit soimême.

Écoutons un des fils politiques de Pfleiderer, lorsqu'en février 1968, par deux cent seize voix contre huit et vingt-quatre abstentions, Walter Scheel est plébiscité par son bureau directeur au congrès du FDP. Sa ligne, applaudie, est celle-ci : « Surmonter la division de l'Allemagne, non pas en vue de restaurer l'État national d'autrefois, mais par la détente avec l'Est. » On ne saurait mieux dire : pas d'État unique, mais, à court terme, deux États allemands et Moscou, main dans la main.

Ceux qui applaudissent alors le plus fort sont des libéraux qu'on retrouvera bientôt au pouvoir avec les socialistes, puis avec le chancelier Kohl en 1983. Il y a l'aile FDP où brillent

Wolfgang Mischnik et Hans Dietrich Genscher, tous deux issus du FDP de l'Allemagne de l'Est; et l'aile plus à gauche, où les députés Moersch et Schoellewer, et le sénateur Hoppe (de Berlin-Ouest) réclament la reconnaissance diplomatique de la RDA, l'abandon de Berlin-Ouest à Berlin-Est, une armée ouest-allemande transformée en milice territoriale, la neutralisation des deux Allemagnes. En un mot, un Nouvel Ordre européen dont les Allemagnes seraient le pivot et non pas seulement l'un des éléments.

Willner grandit et prospère dans ce milieu, dont il inspire et soutient les vues. On a peu remarqué dans la presse occidentale, qu'exprimées telles qu'en 1968, au Congrès libéral, elles furent applaudies avec frénésie par deux mille membres des Jeunesses socialistes, exceptionnellement présentes dans la salle. Qui donc avait invité ces jeunes socialistes à un congrès FDP?

Du coup, Kurt Hager, l'idéologue du Politburo est-allemand, réunit le lendemain ses chefs de section du Comité central et les prévient que « du côté de Bonn, on s'engage dans un tournant historique ». Et Semione Tsarapkine, ambassadeur de l'Urss à Bonn, fait savoir d'urgence à Moscou la teneur d'une conversation avec Willy Brandt : une fois élu chancelier – ce dont il ne doute pas –, il veillera en personne à la mise en œuvre d'une politique dont les FDP ne sont pas les seuls partisans.

Trois ans plus tard en effet, Willy Brandt mène cette politique que soutient sans nuances le FDP, au point que Hans Dietrich Genscher devient pour une quinzaine d'années le ministre des Affaires étrangères, aussi bien des socialistes qu'ensuite de la CDU. Il faut bien voir quels étaient les calculs de Berlin-Est et de Moscou dans cette affaire. Les émules de Marx d'un côté, de l'autre, les enfants de Rapallo, s'imaginaient jusqu'en 1989 que l'entente germano-soviétique, les deux Allemagnes incluses telles que déterminerait le sort de l'Europe! Non comme composantes, mais en élément moteur. Surtout si le gouvernement Kohl était battu aux élections, et si le socialisme allemand de l'Ouest s'alliait dès lors au socialisme est-allemand et à celui de l'Urss.

C'est bien à quoi pensait Gorbatchev lorsqu'en 1988 il disait à la *Pravda* et à *Der Spiegel* : « Les relations germano-soviétiques détermineront le climat général en Europe et même au-delà *! », tout en rappelant la paix de Brest-Litovsk et la Conférence de Gênes en 1922... à l'ombre de laquelle fut discrètement signé le traité de Rapallo. H.D. Genscher disait de son côté au *Time* : « Nous [les Allemands] avons la responsabilité spéciale d'établir la confiance entre l'Est et l'Ouest **. »

Honecker salue le « front invisible »

Bien entendu, Willner, agent de la HVA, ne l'oublions pas, et orientateur principal de la politique étrangère du FDP, cultive autour de lui cette vision germano-soviétique qui eût fait basculer l'Europe entière dans un vaste ensemble socialo-communiste si Kohl avait perdu le pouvoir en 1987, et si le peuple allemand de l'Est n'avait balayé, après l'éviction de Honecker, le plan dont Markus Wolf était le chef d'orchestre. Rien qu'en RFA, l'investissement secret de la RDA avait pris à ce moment de telles proportions, avec en complément les réseaux soviéto-satellites, qu'on se demande par quel miracle cette Allemagne fédérale, si prospère économiquement mais si fragile stratégiquement, ne s'est pas effondrée dans les galeries creusées par tant de taupes.

Car Willner n'a pas été un cas unique au FDP. De longue date, par exemple, un personnage comme William Borm, ex-officier de la Wehrmacht, œuvrait dans le même sens que lui. Président après la guerre du parti libéral-démocrate organisé à Berlin, il avait été l'un des informateurs des services secrets français. Arrêté par la Stasi en 1950, condamné à neuf ans de prison, Borm, sitôt libéré, refait carrière en RFA, est élu député en 1965, et appartient dès lors aux commissions parlementaires de la Défense et de la Sécurité.

Or Borm a été « retourné » par les services de Markus Wolf. Il recommande sa secrétaire, Sonia Lüneburg, à son ami Martin Bangemann, le grand maître du FDP, qui deviendra ministre de l'Économie.

Comme Willner, Sonia est un agent de la HVA. Elle a pris

* Cité par *Le Figaro*, 25 octobre 1988.
** *Time* du 18 mai 1989.

l'identité d'une autre Allemande, autrefois immigrée à Colmar, « disparue » au moment où Sonia avait besoin de son nom, et surgit en RFA, où des amis (de la HVA) la recommandent à Borm...

En 1985, Sonia se réfugiera en RDA, avertie à temps – par qui? –, ainsi que deux douzaines de secrétaires et autres illégaux, d'une arrestation imminente.

Borm n'a pas d'ennuis alors qu'en 1973 son attitude aurait dû éveiller les soupçons : il avait prévenu un spécialiste du commerce stratégique illégal avec l'Est qu'il allait être arrêté. L'homme s'était enfui en RDA avec sa famille. Cela n'a pas empêché Borm de fêter paisiblement ses quatre-vingt-dix ans en juin 1985, et de recevoir trois mois plus tard, à l'université de Leipzig, le titre de docteur *honoris causa*. La RDA n'avait plus à se gêner pour reconnaître en ce nonagénaire un des siens!

Et que penser de la décision du nouveau ministre de l'Intérieur Gerhard Baum lorsqu'en 1978 il décide la destruction – sous prétexte de protéger la vie privée des citoyens – des fichiers du contre-espionnage dont il ne ressort pas expressément qu'il s'agit d'espions?

De tels exemples expliquent le salut grandiloquent d'Erich Honecker, en février 1980 à l'occasion de l'anniversaire de la création de la Tchéka par Félix Djerzinski, « au front invisible [...] pour ses succès contre les plans militaires et anticommunistes des Occidentaux ».

Succès en matière d'espionnage, succès dans l'intoxication et la désinformation, telle l'opération dans laquelle on retrouve en 1981 à la fois Gabriele Gast et Herta Willner, auprès du chancelier Schmidt qui se dit persuadé « que chaque jour Honecker se sent de plus en plus allemand * ».

L'état de siège polonais, décidé par Moscou dès septembre 1981

Depuis 1979 Gabriele Gast était le courrier personnel du BND auprès de Helmut Schmidt, et le sera jusqu'en 1990

* Propos tenus à l'époque par le chancelier à la presse internationale.

auprès de Helmut Kohl, s'agissant de notes ou synthèses ultraconfidentielles. A charge de développements verbaux, si nécessaire. C'est ainsi que le 8 décembre 1981 elle apprend que Helmut Schmidt doit effectuer un séjour « privé » auprès d'Erich Honecker, dans un luxueux pavillon de chasse de la RDA, à partir du 12. A ce moment, le monde entier redoute que l'Union soviétique n'envahisse la Pologne avec des divisions supplémentaires. Gabriele apporte justement au Chancelier une information du BND qui avertit que, « sur injonction du Kremlin », Jaruzelski doit déclarer l'état de siège « avant Noël ». La note du BND précise : les affiches proclamant cette décision « ont été imprimées en polonais, en septembre dernier, en Urss * ». Helmut Schmidt n'en est pas moins persuadé qu'il doit maintenir son séjour à l'Est et surtout ne rien dire et ne rien faire, si l'état de siège est effectivement déclaré à Varsovie, qui puisse entraver ses bonnes relations avec Berlin-Est et Moscou. C'est ce qu'un rapport de Gast, daté du 9 décembre, assure à la HVA. Rapport recoupé par une note de Herta Willner à cette centrale de l'Est, car elle suit du plus près possible les réactions et les décisions du chancelier.

Nous ignorons qui, de Gabriele ou de Herta, a le plus influencé Schmidt dans ce sens. Ces indications sont en tout cas parvenues à l'auteur courant janvier 1982, d'une source personnelle de l'Est. Les spécialistes occidentaux sont à même d'en contrôler l'authenticité, et les archives est-allemandes démontreront plus tard la sûreté de nos informations. Toujours est-il que le jour où l'état de siège est officiel à Varsovie, Honecker sort de sa poche, devant Helmut Schmidt, une proposition de communiqué commun dont le texte est publié le 14 décembre, et dont l'effet délibérément recherché met l'Urss hors de cause. Le général Jaruzelski aurait agi « de son propre chef », contre les initiatives « déstabilisatrices » (*sic*) de certains milieux polonais...

Le chancelier sait que c'est faux. Cela ne l'empêchera pas de déclarer, le 3 janvier suivant, au *New York Times*, que Jaru-

* L'auteur l'a révélé dans *Le Matin* du 3 janvier 1982, tout en ignorant à ce moment les rôles de Gabriele et de Herta. La presse continuait néanmoins en 1990 d'assurer que la décision fut une initiative personnelle et spontanée de Jaruzelski.

zelski « est d'abord polonais, ensuite militaire, enfin seulement communiste »!

Or, ses grades, Jaruzelski les a gagnés pour avoir choisi de propos délibéré en 1942 – contre l'avis de sa mère et d'une sœur qui, quarante après, refusait encore de lui parler – l'armée soviéto-polonaise plutôt que l'armée Anders. Il a vite pris du galon, de lieutenant à général, pour s'être engagé après 1945 dans les KBW, unités spéciales constituées sous encadrement du NKVD dont la tâche fut de harceler, arrêter, assassiner ou déporter plus de deux cent mille Polonais dont le seul crime avait été d'appartenir à l'AK, cette armée secrète qui, dès l'automne 1939, fut la première résistance clandestine d'Europe contre le nazisme et le communisme.

Était-il vraiment besoin du sang des Polonais et de cet hommage à un faux héros pour assurer une prétendue « détente » avec le « bon » Brejnev? Cette période qui s'étend de 1970 à la fin de l'année 1985 marque véritablement l'apogée des succès de Markus Wolf dans les arcanes de la RFA et dans le monde, avec une fois encore des agents de pointe dans les lieux les plus sensibles : chancellerie, ministère clefs et au BfV même où, malgré les mises en garde, Hans Joachim Tiedge devient le responsable au Département IV des agents « retournés » de la RDA. Les protège donc et, par eux, distille intoxication et désinformation dans les milieux dirigeants. Au cœur aussi de MAD où, comme l'annonçait le général Fadeikine dès 1974, le colonel Hase est devenu le vrai directeur du contre-espionnage militaire.

Et puis Willner est toujours actif dans le cerveau du FDP et auprès de ses ministres, tel Hans Dietrich Genscher que – dans un rapport critique de cinquante-quatre pages, déposé en janvier 1987 au Bundestag – le parlementaire Hans Huyn définit comme étant un véritable chancelier-bis *.

Sa politique vers Berlin-Est et Moscou ne connaît ni limites ni réserves, s'étonne ce parlementaire qui n'en finit pas de relever les concessions sans contreparties de Genscher, et combien la gauche de SPD s'en félicite, au fil des ans.

* H.D. Genscher, *Bilanz einer Eigenmächtigen Aussenpolitik*, janvier 1987. Document aimablement remis à l'auteur par Hans Graf Hyun.

D'ailleurs, en mai 1989, le « chancelier-bis » de Bonn, à l'occasion de sa quinzième année à la tête de la diplomatie ouest-allemande, affirme : « Je crois en Gorbatchev », et insiste : le numéro un de l'Urss mérite d'être soutenu et protégé car « il est allé plus loin encore dans le processus de démocratisation » qu'on ne le prévoyait...

Ce n'est guère l'avis, en ce printemps 1989, de l'opposition démocratique en Urss, encore moins celui des populations de l'Est, en tête celle de la RDA, puisque c'est l'instant où, d'accord avec Gorbatchev pour récupérer puis encadrer les Allemands de l'Est, Markus Wolf complote pour substituer une équipe de communistes à une autre, sous prétexte d'une évolution nécessaire, mais à usage exclusif de celle-ci.

Jusque-là, c'est l'apogée des espions, subversifs et tueurs de la Stasi et de la HVA, en Europe et dans le monde. Mais que se passera-t-il ensuite?

14

Du tiers monde au terrorisme

Le terrorisme qui frappe en Allemagne, en 1990 et en 1991, n'est pas le fruit du hasard ou d'une réaction spontanée due aux conditions sociales d'une réunification trop vite accomplie. Il est l'ultime produit d'un long itinéraire est-allemand qui passait par le monde arabo-palestinien dès la fin des années soixante, avec, à son chevet dans la décennie suivante, une cellule spécialement constituée entre le Département XXII de la Stasi et le Département X de la HVA. Quoi que prétende Markus Wolf, il ne pouvait ignorer ce terrorisme et sa trajectoire à la fois directe de Berlin-Est vers la RFA, et de Berlin-Est vers Beyrouth, Damas, Bagdad, Le Caire, avant de revenir également en RFA.

Pour bien situer la Stasi et la HVA dans ces affaires, il faut reconstituer ce long cheminement. Les Allemands de l'Est ont d'abord fait irruption dans le tiers monde – le monde arabe en particulier – dès 1948. Mais, pour des opérations ponctuelles, téléguidées par le KGB et le GRU, avec Wilhelm Zaisser puis Ernst Wollweber pour intermédiaires. Moscou entendait contrer les ex-officiers du SD, de la Gestapo, de l'Abwehr ou de la Wehrmacht qui, dans un immense exode clandestin, partaient en exil au Moyen-Orient comme en Amérique du Sud en tant qu'instructeurs ou conseillers. Manière de refaire sa vie loin du pays vaincu, en offrant ses compétences à un monde arabe qui voulait sa revanche contre Israël, et à un monde latino-américain qui rêvait de s'émanciper de la tutelle yankee.

L'Afrique noire constitue un cas à part jusqu'au milieu des années cinquante. Lorsqu'un Ignace Feld, vétéran allemand du

Komintern, sillonne ce continent de Dakar à Matadi, son but est uniquement de recruter çà et là des agents qui permettront à Moscou de profiter de l'inéluctable décolonisation des territoires encore français, belges ou portugais. Ici pas de terrorisme en vue, alors que dans le monde arabe une succession de guerres ouvertes se double inévitablement de l'élément terroriste – surtout à partir de 1960 quand la RDA pénètre cette région du monde, du Maghreb au golfe Persique, d'abord techniquement et commercialement, puis diplomatiquement.

Goldenstein, le savetier du Caire

L'auteur a assez vécu la première période, jusque dans les années 1950, auprès des Allemands, pour savoir comment et dans quelles conditions cet exode vers le monde arabe à partir des zones occidentales d'occupation a été pénétré par certains anciens nazis, qui étaient en fait au service de Berlin-Est. Infiltrés à partir de Hanovre, de Stuttgart, de Francfort-sur-le-Main, de Munich, etc., ils avaient pour tâche d'éliminer, souvent physiquement, leurs anciens camarades, s'ils devenaient un obstacle aux visées révolutionnaires de l'Urss en Orient arabe, de se substituer à eux pour entraîner les nouveaux régimes dans le sillage de Moscou et, à partir de 1949, pour contrer l'État d'Israël [1].

Plusieurs dizaines d'assassinats perpétrés là – tout comme en Amérique du Sud – dans le milieu de l'émigration allemande, ont été souvent imputés au Mossad ou à des règlements de comptes entre « héritiers » des trésors nazis... En fait, une vraie guerre secrète opposait sur ces terrains l'Allemagne de l'Est et celle de l'Ouest. C'est seulement à partir des années 1960 que l'Organisation Gehlen, devenue le BND, a pu récupérer des hommes partis, pour leur majorité, individuellement à l'étranger.

D'anciens généraux – tel le général Schmidt de l'état-major du maréchal Rommel – d'anciens colonels et commandants ont été en effet recrutés directement, entre 1947 et 1950, par des « antennes » arabes fixées en Suisse, la représentation diplomatique de la Syrie se révélant la plus active.

Schmidt partit ainsi de Berne en Égypte, sous le nom de Goldenstein, savetier au Caire et fournisseur des autorités en chaussures et babouches. Avant et après lui, de la même façon, une trentaine d'officiers supérieurs devenaient les conseillers d'Anwar el-Sadate, de Nasser, de Neguib et d'un des frères Mohieddine, tous décidés à renverser le roi Farouk *. Or l'autre frère Mohieddine, Khaled, travaillait pour Moscou dans ce nid d'intrigues. Il fit comprendre, en 1952, à Nasser qu'il avait tout intérêt à basculer du côté de l'Urss. Il faut dire que l'Urss et Berlin-Est avaient la partie facile. La stratégie léniniste impliquait que commerce et diplomatie ne soient que les paravents de la révolution en marche. Le monde occidental l'oubliait, et les alliés occidentaux jouaient chacun pour soi, parfois l'un contre l'autre, Washington rêvant de supplanter Londres et Paris dans ces régions; Londres rêvant de maintenir son emprise politique et pétrolière; Paris rêvant à de bonnes affaires.

L' « Orchestre rouge » sur la scène arabo-africaine

Dix ans après 1948, deux des six écoles africaines de l'Urss sont basées en Allemagne orientale, à Bernau et à Bautzen. Mais déjà, depuis 1954, la RDA a imposé des centaines d'ingénieurs agricoles ou des mines, hydrographes, techniciens radio et de l'armement, dans dix-neuf États du tiers monde, dont quatorze l'ont reconnue diplomatiquement en 1969 [2].

Les bases de la Stasi et de la HVA sont le Caire, Damas, Bagdad, Khartoum, Saana, Beyrouth **. Les chefs d'orchestre de la partie découverte de l'iceberg sont Heinz Schmidt et le docteur Wolfgang Kiesewetter, vice-ministre des Affaires étrangères. Un comité allemand de solidarité afro-asiatique travaille en parallèle. Au-dessus, il y a Otto Winzer, ministre des Affaires étrangères depuis avril 1965. Or cet ancien typographe né en 1902 a appartenu durant la guerre à l' « Orchestre rouge » en

* L'auteur a suivi de bout en bout, grâce à plusieurs de ces Allemands, l'évolution du complot contre Farouk, dont les émeutes du Caire en janvier 1952.

** De l'auteur, dans *Valeurs actuelles* du 28 juillet 1969 : « La RDA, courtier soviétique au Moyen-Orient. »

France et aux Pays-Bas. Il s'appelait alors « Lorenz », et ne put s'échapper que de justesse en Urss, en 1943 *.

Revenu en 1945 à Berlin dans le sillage de Walter Ulbricht, Winzer est un ami du maréchal Gretchko qui sera vingt-quatre ans plus tard le véritable grand maître de la RDA. Winzer est un fanatique des thèses du professeur Ernst Niekisch, ex-national-bolchevik, à présent membre du Comité central du PC est-allemand, qui écrivait avant la guerre : « L'Allemagne doit être asiatique ou africaine. Pour être africaine, elle doit au préalable assurer sa domination en Europe, contre la France. Pour y parvenir, elle doit inévitablement parcourir une longue distance, de concert avec la Russie asiatique. »

Très habile, Otto Winzer, secondé par la HVA, ne travaille pas durant ces années contre la France, mais en liaison à Paris avec divers milieux gaullistes de gauche, partisans de la coopération franco-soviétique et qui veulent contrer à la fois l' « hégémonie américaine » et l'intrusion de Bonn au Maghreb, en Orient arabe et en Afrique noire.

Winzer et son ami Markus Wolf profitent aussi du messianisme décolonisateur d'une cohorte de politiciens ouest-allemands libéraux-démocrates et socialistes; les uns utopiques, les autres des « taupes » qui apportent leur caution morale, et souvent leur aide logistique, aux révolutionnaires du monde arabe et africain. C'est ainsi que pendant dix ans, de 1954 à 1964, ils soutiennent les réseaux terroristes algériens en Europe, et, ensuite, l'extension des guérillas dans le continent noir. Ils ferment les yeux, au cours de la décennie suivante, sur l'implantation des Allemands de l'Est, spécialistes militaires ou des services secrets, en Angola, en Éthiopie, Mozambique, puis dans toute l'Afrique australe, à l'ombre de Cuba et de Moscou. Ils ne veulent pas voir les camps d'instruction du Liban, de Syrie, d'Irak qui ne forment pas seulement des terroristes arabes, mais aussi des jeunes Allemands de l'Ouest, venus aussi bien des premiers réseaux anarchistes ou trotskistes que d'une extrême droite dont la culture se réduit à des slogans primaires. Nous en parlons plus loin.

En 1977, le parlementaire ouest-allemand Hans Huyn a

* Voir la fin du chapitre 5, pour Otto Winzer.

déposé au Bundestag un memorandum de vingt-quatre pages qui démontrait que le parti de Willy Brandt aidait sur le plan financier un « Institut pour la Namibie », basé en Zambie, à Lusaka, mais en réalité couverture des guérilleros noirs formés en Urss et en Allemagne de l'Est. Ces hommes étaient ensuite répartis en commandos de tueurs et envoyés dans le Sud-Est africain. A ce memorandum, Egon Bahr, éminence de la direction du SPD, répondait : « Nous aidons et nous aiderons les mouvements de libération en Afrique australe. La pression armée est la seule réponse possible à l'action de la minorité blanche. *Même si leur chemin est communiste*, nous devons aider les peuples de cette région ».

Une nouvelle fois, Egon Bahr retrouvait, dans ce détour arabe et africain, ses collègues de Berlin-Est des années 1945 à 1947 *. Et parmi ceux-ci, Werner Lamberz, titulaire du Politburo est-allemand, commissaire suprême aux opérations conjointes soviéto-allemandes en Afrique, dont l'activité ne s'est à jamais interrompue qu'à la suite d'un accident d'avion, le 6 mars 1978. C'était alors son sixième voyage en seize mois vers l'Afrique australe...

Vingt-trois « sociétés d'amitié internationales » ont été créées en RDA entre 1958 et 1963. Une douzaine d'entre elles avaient couvert avec minutie la pénétration de la HVA dans le tiers monde, en priorité en Afrique et dans le monde arabe. Dans ces pays, les hommes de la Stasi et des services de Markus Wolf étaient devenus, dès 1978, numériquement les seconds, après ceux du KGB. Comme l'ont signalé deux auteurs français **, Markus Wolf et son adjoint pour ces secteurs, le colonel Otto Ledermann, suivaient souvent sur place les développements d'une sorte d'armée de six mille Est-Allemands basés en Angola ***, Éthiopie, Mozambique et Zambie, et de plusieurs

* Les informations sur cette période ont été publiées par l'auteur dans *Le Spectacle du monde* du mois d'août 1979 et dans plusieurs séries de *L'Aurore*, de 1977 à 1979, ainsi que dans le mensuel *Monde et Vie*.

** Roger Faligot et Rémi Kauffer, dans *KGB, objectif Pretoria*, éditions P.M. Favre, Paris-Lausanne, 1986.

*** Selon un envoyé du Bundestag en Angola, on dénombrait en mars 1991 encore cinq cents cadres de la Stasi autour du gouvernement communiste de Luanda.

centaines d'autres implantés dans les pays arabes. D'où le séjour de Wolf au Yémen, en novembre 1979.

Berlin-Est consacrait alors deux cent cinquante millions de dollars par an à l'aide aux révolutions en Afrique noire, où le lieutenant-général Helmut Poppe, un des vice-ministres de la Défense, inspectait régulièrement ses experts. Les révolutionnaires noirs et arabes venaient parfaire en RDA, dans les provinces de Mecklembourg et du Brandebourg, leurs précédents stages en Urss. Le général Heinz Hoffmann, alors ministre de la Défense, n'avait-il pas promis, fin mai 1979, lors d'une inspection en Zambie des cadres futurs du Zimbabwe, devant ses vingt experts de l'« institut » financé par les socialistes de l'Allemagne de l'Ouest : « Nous armerons jusqu'aux dents les États socialistes du Zimbabwe et de la Namibie. Notre aide militaire se poursuivra une fois l'ennemi vaincu, pour défendre leur souveraineté ! »

La connexion germano-arabe

On était loin du temps où Kurt Enkelmann, émissaire secret de Wilhelm Zaisser, prenait timidement pied au Caire, en février 1954. Car Zaisser, déchu de ses fonctions de ministre de la Sécurité d'État, mais « récupéré » par le KGB, était alors chargé de créer les conditions d'une connexion permanente germano-arabe, tandis que d'autres s'occupaient spécifiquement du continent noir. C'est grâce au travail de Zaisser que Berlin-Est a sans difficulté, peu à peu, contrôlé la première, puis la seconde génération des tueurs allemands qui ont sévi sous l'enseigne de « Fraction Armée rouge ».

Grâce aux entretiens d'Edward Jay Epstein avec Jim Angleton, on sait aujourd'hui qu'un des meilleurs spécialistes est-allemands des assassinats politiques, Karl Hanesch, fut – à la suite d'une entente entre le KGB et la Stasi– « détaché » en Libye en 1969, dès après la prise de pouvoir par Kadhafi, aux fins d'organiser ses services de sécurité, puis de manipuler l'officier de la CIA, Edwin Wilson, qui devait en quelques années gagner une dizaine de millions de dollars en détournant vers la Libye des matériaux stratégiques – dont les explosifs tout à fait nouveaux appelés C-4, munis de détonateurs miniaturisés. Supervisé par Hanesch, Wilson lança des tueurs contre les adversaires en exil de Kadhafi. Il obtint aussi d'un ex-analyste de la CIA, Waldo H. Dubberstein, durant trois ans, les notes confidentielles de la DIA (le service de renseignements du Pentagone) au profit de Kadhafi, de la HVA et du KGB.

Découvert, Dubberstein s'est suicidé en 1980, a révélé Epstein; mais Hanesch poursuivit son travail avec des gardes du corps est-allemands qui, par deux fois, en 1979 et en 1981 * ont sauvé la vie du colonel libyen.

On retrouve cette connection germano-arabe en Irak lors de la guerre du Golfe. En janvier 1991, la télévision britannique, Canal 4, fait parler un ancien officier de la Stasi qui raconte comment, en 1980 et après, un centre de la Stasi, à Massow près de Berlin, servait à l'entraînement spécial des terroristes arabes, d'abord sélectionnés dans les camps d'Irak, Syrie et Yémen où se relayaient des instructeurs est-allemands. Les Irakiens arrivaient à Massow par petits groupes de quinze à vingt. Certains apprenaient à manipuler des explosifs à substances chimiques, telles que le Sarin et l'hypérite, ou biologiques, comme des germes destinés à répandre la fièvre jaune ou l'anthrax, à déposer dans des châteaux d'eau.

Les États arabes, liés à la connection germano-soviétique, prêtaient leurs valises diplomatiques et leurs ambassades et consulats pour qu'armements et explosifs soient mis à la disposition des tueurs d'une Internationale dont les terroristes allemands sont devenus, après 1978, une des composantes en Europe.

La filiation, de Rudi le Rouge à la Fraction Armée rouge

Lorsque le doux pacifiste Gustav Heinemann, l'animateur des campagnes neutralistes des années cinquante et ministre de la Justice de 1966 à 1969, prodiguait ses affectueux conseils et

* Edward J. Epstein, *Intox CIA-KGB*, Stock, 1989, et Jefferson Adams, *op. cit.* Mais ce dernier fait erreur en situant en 1978, et non en 1979, la première tentative d'assassinat de Kadhafi.

à sa protection à Rudi Dutschke, prenait-il conscience des conséquences de son indulgence pour ceux qui, à Berlin-Ouest, brandissaient des drapeaux rouges, des drapeaux noirs, des drapeaux vietcongs?

Dutschke est le père putatif d'une génération d'adolescents qui, des manifestations de rue et de la casse des vitrines, est passée directement aux assassinats ciblés. Ils sont soixante mille dans Berlin-Ouest en 1967! Ils seront quatre-vingt-dix mille dix ans plus tard, en majorité de faux étudiants *. Dans leurs rangs, Inge Viett, Angela Luther, des jeunes gens et des jeunes femmes de la Bande à Baader, dont Gudrun Esslin, qui ont débuté en 1968 en incendiant deux grands magasins de Francfort, mais qui, à partir de 1972, ne cesseront plus de poser des bombes et de tuer.

Trente attentats en 1976. Quarante-huit en 1977. Soixante-dix-sept en 1980. Cent vingt-neuf en 1981. Une pause... Reprise en 1985. Déjà au bilan, des symboles sociaux et politiques qui parlent d'eux-mêmes : un président de tribunal, un procureur, le président de la Dresdner Bank, un haut dirigeant du patronat, un fabricant d'armes, parmi bien d'autres tués et des centaines de blessés.

L'abcès s'est fixé au début des années soixante autour du *Konkret*, un magazine de la gauche révolutionnaire, assez bien fait, dirigé par Klaus Rainer Roehl et Ulrike Meinhof, chroniqueuse, qui sera l'épouse de Roehl jusqu'en 1968. Un premier fait aurait dû avertir l'opinion si les services spécialisés n'avaient pas gardé par-devers eux leurs renseignements : à savoir que *Konkret* était financé par Berlin-Est, même si l'argent faisait un détour par Prague. Autre information non divulguée : le fait que Roehl, bien qu'expulsé en 1964 du parti communiste allemand pour avoir osé critiquer certains aspects de la RDA, n'en continuait pas moins à garder ses contacts avec l'appareil secret du PC **.

* Lire *Vers le IVe Reich* par J.P. Picaper, La Table ronde, 1983. Très documenté sur la gauche allemande, malheureusement sans références de sources... dont les nôtres, puisqu'on y retrouve nos informations parues dans la presse parisienne de 1977 à 1982.

** Confidences à l'auteur, en 1972, d'un officier de la CIA en Europe – recoupées en RFA, de 1973 à 1975, auprès de plusieurs officiers du BND.

Roehl rompt en 1970 pour entrer au parti social-démocrate. Son épouse Ulrike brise avec lui, emmène leurs deux enfants et fait ravager ses bureaux et son appartement par des commandos. Roehl ne cède pas et se venge à son tour. En 1975 il publie un ouvrage qui sera vite étouffé : *Fünf Finger sind keine Faust*, « Cinq doigts ne font pas un poing », qui confirme la participation de Dutschke à l'agitation des années 1970 et aux attentats. « Je n'imaginais pas, écrit-il, que les mots se transformeraient d'un coup en balles de 9 millimètres ! »

Ulrike s'était liée à la Bande à Baader (Baader purgeait trois ans de prison pour incendies et pillages, avec ses complices). C'est elle qui, avec l'avocat Horst Mahler, a fait évader Baader, le 14 mai 1970. Mahler s'était déjà distingué en défendant le jeune fils de Willy Brandt, Peter, affilié au parti communiste, et Beate Klarsfeld, bientôt célèbre et adulée dans les salons parisiens pour avoir fait profession de chasseuse de têtes des nazis en exil. L'avocat n'avait d'ailleurs jamais caché ses opinions. Depuis les années soixante, il se tenait au premier rang des manifestations dans Berlin, contre la guerre du Vietnam, contre le shah d'Iran, la presse Springer, l'Otan, etc.

La prise en main par l'appareil soviétique

Il est essentiel de souligner ici que, contrairement à ce qu'assure la presse ouest-européenne en 1991, la connection du terrorisme allemand avec Berlin-Est n'a pas débuté en 1980, mais dès 1970. Ainsi, c'est à Berlin-Est, et non en Italie, qu'Ulrike Meinhof a trouvé asile et protection juste après l'évasion de Baader. Un des cadres du PC est-allemand (le SED), Manfred Kapluck, s'est alors chargé, sous couvert du Politburo, d'organiser le nouveau chapitre de la vie d'Ulrike et de certains de ses camarades.

Il n'était pas question – selon les dogmes léninistes – d'aider le « terrorisme individuel » ni d'accueillir à l'Est tous ses amis anarchistes. Ils seraient protégés à condition d'accepter un minimum de discipline et de suivre des cours de formation dans les camps arabo-palestiniens plutôt qu'en RDA; cela pour ne pas attirer l'attention des autorités de Bonn. On ne leur demandait pas d'être marxistes, simplement de participer à des opérations d'intérêt stratégique, pour lesquelles Berlin-Est et « ses amis » fourniraient logistique et moyens armés... Autrement dit, les terroristes passant par la filière ouverte à présent grâce à Ulrike, s'intégraient à l'Internationale des terroristes, dont Moscou et les satellites ne soutenaient les opérations que si le KGB, le GRU et leurs filiales en imaginaient ou en cautionnaient le scénario. Les autres attentats étaient et seront répudiés.

J'ai dénoncé cette prise en main et ce distinguo, dès 1979, dans une série d'ouvrages et d'articles et dans des conférences en France et à l'étranger. Mais il semble que la mer des événements ait absorbé ces précisions... Or c'est bien à partir du moment où Ulrike Meinhof et une douzaine de ses complices de RFA « disparaissent » à tour de rôle dans des camps arabo-palestiniens, de fin 1970 à 1972, avant de revenir sous de faux noms en RFA, Belgique, France, Danemark (Copenhague devient un pivot opérationnel dès 1975), que s'amorce l'intégration à l'internationale de ce qui devient alors la Rote Armee Fraktion, ou RAF, ou Fraction Armée rouge, aux côtés de groupes similaires nippons, italiens, etc.

Le premier pas dans ce sens est accompli lors d'assemblées, soit ouvertes soit plus secrètes : par exemple les 11/13 février 1972 à Versailles, sous le prétexte d'un « Congrès mondial contre la guerre du Vietnam ». Soixante-dix Américains, dont Jane Fonda, y sont présents, parmi des parlementaires qui, aux Etats-Unis, soutiennent les Weathermen, les Panthères noires, les castristes; les 27 et 28 mai 1972, clandestinement, près de Dublin, où la connection avec l'Ira devient organique; parallèlement, en mai aussi, la conférence dite de Badawi, au Liban, à l'instigation d'Abou Ayad, Abou Djihad, Georges Habache. Le groupe de Baader, l'Armée rouge japonaise, l'Armée de libération turque, le Front de libération de l'Iran, etc., y sont représentés.

Quels sont les objectifs prioritaires de l'Urss à ce moment-là? Surarmer, tout en clamant son désir de détente avec l'Ouest; réaménager si possible, grâce à la coopération avec l'Occident, une économie qui donne des signes certains de déclin; infiltrer et manipuler, au cœur de l'Ouest, les jeunes gens en mal d'activisme contre la société, qu'ils soient d'ailleurs de droite ou de gauche.

A titre d'exemple, Bernard Schlottmann, trésorier à Berlin-Ouest d'une organisation néo-nazie, avoue en 1961 être arrivé de RDA deux ans auparavant pour une mission de provocation. Même cas en 1980 lorsque le dirigeant néo-nazi Karl Heinz Hoffmann, quarante et un ans, est arrêté après un attentat à Munich, imputé à son groupe. Ancien membre des Jeunesses communistes d'Erich Honecker, il s'était « réfugié » en RFA en 1956 avec six autres de ses futurs adjoints, dont Erwin Schönborn, âgé de soixante-six ans lors de cette arrestation. Ce dernier, directeur de l'Action unie pour la nation Europe (ANE), bien entendu très antisémite, avait travaillé jusqu'en 1951 à Berlin-Est à la maison d'édition Kultur und Forstchritt (« Culture et progrès »), groupe dans lequel l'espion Guillaume avait lui-même fait ses classes, sous l'aile du Département XV de la HVA. Schönborn s'était infiltré en RFA en 1970, dans le but d'étoffer le travail de Hoffmann.

Complément à de telles manipulations, dans lesquelles extrême droite et extrême gauche surenchérissent, s'accusent, se heurtent : l'orchestration médiatique. Le Département A du KGB, chargé de la désinformation, travaille ici main dans la main avec son équivalent de la HVA, dont le général-lieutenant Günter Halle, soixante-deux ans en 1990, est un des coordinateurs, à cheval entre les services de Markus Wolf et ceux de la Stasi.

Dans la presse occidentale, il est entendu que les manifestations gauchistes et, derrière elles, les attentats qui débutent et vont s'amplifiant, ne sont que l'épiphénomène d'une société malade. Le voleur apprend à crier au volé; le tueur, à hurler qu'il est une victime. Dans cette opération, le KGB, le GRU, la Stasi, la HVA ne manquent pas de journalistes bien placés dans la presse, les chaînes de radio et de télévision. Et il se trouve, durant ces années soixante-dix, que si l'appareil soviéto-satellite entretient ces thèmes, l'appareil « psychologique » de la CIA en Europe les cultive souvent aussi lorsque ses dirigeants veulent « prouver » – comme en mai 1968 – que décidément tel ou tel gouvernement ouest-européen n'est pas un allié solide... L'auteur a sur ce point recueilli des confidences, parfois des précisions nominatives, aussi bien du côté de transfuges réels ou potentiels du KGB que d'officiers de la CIA, tous quelque peu écœurés de la facilité avec laquelle ils payaient ou influençaient des directeurs de rédaction et des journalistes très connus *. Des intellectuels entraient dans ce cortège avec une inconscience ou une légèreté remarquables. On voit l'écrivain Heinrich Boll accuser la presse « de droite » de créer un climat de haine contre des jeunes gens en mal de vivre... L'avocat Horst Mahler brandit un manifeste qui justifie les actes révolutionnaires dès l'instant qu'ils sont dirigés « contre les riches et les puissants »... Au sommet de cette fanfare, des vedettes comme Gerhard Baum, le ministre ouest-allemand de l'Intérieur depuis 1978 (comme par hasard lui aussi réfugié de RDA), qui cosigne en 1980, avec Horst Mahler, un ouvrage qui préconise « la neutralisation du capitalisme » pour arriver à une démocratie du peuple ! C'est-à-dire populaire. Comme celles dont on devra attendre les bouleversements de 1989 pour admettre qu'elles ne l'étaient pas tellement...

Logistique et sélection des cadres

L'Occident vit au jour le jour, dans son confort bien établi. La révolution, elle, avance à pas comptés, sans hâte, lorsqu'elle est vraiment la Révolution. D'abord en organisant sa logistique et en sélectionnant de plus en plus sévèrement ses cadres. C'est pourquoi sa machine à tuer ne multiplie pas au hasard ses opérations. Elle ne prend véritablement la route, contrôlée par les soviéto-allemands, qu'au milieu des années soixante-dix.

Pour la logistique, l'Urss et ses associés constituent d'abord dans le monde occidental des points de rencontre et des boîtes aux lettres tout à fait à part des circuits du renseignement. Ensuite, d'immenses dépôts d'armements légers et d'explosifs – qui seront ventilés aux cellules terroristes récupérées ou téléguidées par les spécialistes du KGB, du GRU et, dans notre cas, par la Stasi et la HVA.

* Rapporté par l'auteur en 1982, durant une émission TV sur A2 consacrée à la désinformation, avec l'amiral Lacoste, ex-responsable de la DGSE, et l'ex-officier du KGB au Japon Stanislas Levchenko.

Entre 1976 et 1980, c'est la Libye qui entrepose, sous l'œil de Hanesch, jusqu'à mille tonnes de Semtex, cet explosif très maniable que l'on peut disposer en feuilles minces dans des armatures de bagages ou en boule dans des trousses de toilette *. Lorsqu'on sait qu'avec deux cents grammes de Semtex on peut détruire la moitié d'un Boeing 747, la dramatique puissance de ce seul produit, mis à la disposition des terroristes, est évidente. D'autant que les fameux détonateurs C-4 sont aussi présents en Libye. Plus des grenades d'un type nouveau, à retardement si l'on veut, fabriquées dès 1971 en RDA, à Zwickau, et fournies aux tueurs après 1973 **. Ajoutons le maximum d'armes, achetées sur les marchés non soviétiques.

La Corée du Nord, à l'autre bout du monde, est également un très important dépôt, tandis qu'elle instruit elle aussi des terroristes, à l'instar des camps créés ou agrandis en Pologne, Tchécoslovaquie, Hongrie, Roumanie et Bulgarie. Plus besoin désormais du détour par les camps arabes.

Une seconde génération entre en scène

Après leur évasion, Baader et trois de ses amies, Ulricke Meinhof, Gudrun Esslin, Astrid Proll, s'étaient réfugiés en France dans l'appartement parisien de Régis Debray, alors en résidence surveillée en Amérique du Sud... car peut-on appeler prison un lieu où l'on peut recevoir presse et télévision? Ils se réintroduisent en RFA où les attentats reprennent, avec un feu d'artifice en 1975. Dix-sept morts à Hambourg. Trois Américains à Heidelberg. Des policiers abattus. Un commando occupe l'ambassade ouest-allemande de Stockholm. Un dirigeant de la CDU de Berlin, Peter Lorenz, est enlevé puis relâché contre la libération de cinq terroristes... Tout cela en quelques semaines. La BKA (office antiterroriste de Bonn) réussit tout de même à cerner, puis à arrêter une seconde fois Baader et ses amies.

* Confirmé en avril 1991 par Peter Mostak qui, de 1976 à 1986, a dirigé la fabrique de Semtex en Tchécoslovaquie.

** Précision donnée par l'auteur à la session générale de l'Association pour l'Alliance atlantique, en Belgique, en 1975.

Des cris d'orfraie retentissent alors en Europe occidentale. L'ex-président et ministre Gustav Heineman, écrit à Ulrike Meinhof dans sa prison pour réconforter la pauvre enfant... Jean-Paul Sartre se rend sur place... Klaus Croissant, devenu l'avocat des condamnés, le cinéaste Volker Schlondorff, l'écrivain Luise Rinser, Daniel Cohn-Bendit, depuis longtemps compagnon de Rudi le Rouge, multiplient démarches, harangues, pétitions... Mais Günter Grass, pourtant « de sensibilité de gauche » comme on dit dans les rédactions parisiennes, réprouve hautement. Catastrophe! Grass a senti le pouls de l'opinion qui rejette massivement l'assassinat comme moyen d'imposer ses idées. Un an de grand silence s'abat. Le 18 octobre 1977, Baader, Meinhof, Esslin, Proll se suicident dans leurs cellules. Rudi Dutschke s'est retiré du « jeu ». Il meurt à son tour au Danemark en décembre 1979, d'une crise d'épilepsie, pendant qu'il prenait un bain.

C'est la fin d'une génération. Mais, dans l'ombre, avance déjà la seconde, plus structurée, plus méthodique, avec Brigitte Mohnhaupt, Christian Klar, Adelheid Schulz, Inge Viett, pour ne citer que les plus connus et qui ont eu une importance. Ceux-là, en scène de 1977 à 1982, sont des produits plus élaborés. Ils ont été pris en main, formés, par la Stasi et la HVA. C'est le lieutenant-colonel Helmut Voigt qui les « drive » – notamment Inge Viett, laquelle, contrairement à ce que rapporte la presse en 1991, ne s'est pas rendue en RDA en 1978 pour quémander le premier appui « jamais accordé » par Berlin-Est aux terroristes... puisqu'il existait déjà dans les faits depuis neuf ans! Elle est simplement venue chercher des consignes, étant donné que, deux mois auparavant, une pluie d'arrestations en France, aux Pays-Bas, en Autriche et au Danemark avait désorganisé son réseau. Ils n'étaient plus que trente-trois à être encore en liberté et à agir en Europe, en liaison avec les Arméniens de l'Asala, les Palestiniens d'Abou Nidal, d'Habache, d'Arafat. Copenhague était pour eux des plaques tournantes de l'Internationale des tueurs *. Suzanne Albrecht, participante dans l'assassinat du banquier Jürgen Ponto, le

* Détails publiés par l'auteur dans plusieurs hebdomadaires parisiens et étrangers en novembre 1977.

30 juillet 1977, Inge Viett, Christian et Adelheid avaient leurs visages affichés sur tous les murs d'Allemagne. Que devaient-ils faire après cette hécatombe?

Il faut rappeler que ce réseau a été « victime » d'une décision inspirée par le comte Alexandre de Marenches, à l'époque directeur de la DGSE : tenir régulièrement entre responsables alliés de même fonction que lui une sorte de table ronde, au cours de laquelle chacun exposerait, cartes sur table, ce qui pourrait aider à tendre un filet commun sur les tueurs en Europe *.

Entre l'assassinat, en octobre 1977, de Hans-Martin Schleyer, président de l'Association des employés ouest-allemands, et la reprise des attentats imputables à ceux dont nous parlons, à partir d'août 1981 (contre la base américaine de Ramstein, quinze blessés), on constate une pause. Mais en 1981, et surtout de 1986 à 1991, des meurtres techniquement parfaits démontreront qu'on est loin de l'amateurisme désordonné des années précédentes. La seconde, puis la troisième génération de terroristes, sorties des écuries est-allemandes, sont totalement intégrées à l'appareil de l'Internationale, leurs coups choisis et perpétrés à la perfection.

Les camps du Département XXII

Suzanne Albrecht, arrêtée sous une fausse identité en ex-RDA en juin 1990, alors qu'elle revenait de Moscou, avait vingt-six ans lorsqu'elle avait participé à plusieurs assassinats, dont une tentative, en 1978, contre le général Haig, alors commandant en chef de l'Otan. Elle s'était réfugiée définitivement en RDA en 1980, ainsi qu'une douzaine de ses camarades, parmi lesquels Inge Viett qui, en mars 1982, devient Maria Sommer et, plus tard, Eva Maria Schnell.

Autour de Helmut Voigt et de ses adjoints, ce noyau demeurait le cerveau des nouvelles recrues qui vinrent en stages en

* Adelheid Schulz et Klar ont été arrêtés en novembre 1982, l'une à Francfort, l'autre à Hambourg. Monhaupt l'avait été en 1978 à Utrecht. Inge Viett a pris son relais.

RDA, puis repartirent en mission à l'étranger. De 1982 à 1990, une jeune femme servait de liaison entre Inge Viett et les cellules mobiles de la RFA : Ingrid Jakobsmeier. Pour le secteur Afrique noire, c'est Hermann Axen, secrétaire et membre du Politburo de Honecker qui, après 1979, remplace Werner Lamberz comme inspecteur suprême de l'aide aux guérillas. Quant à l'ensemble de l'aide logistique, du recrutement, de l'hébergement, de l'instruction des cellules terroristes d'Europe occidentale, RFA comprise, et pour l'éventuelle coopération entre elles et les réseaux arabo-palestiniens, c'est le général Bruno Beater (jusqu'à son décès en 1982), puis son successeur, le général Gerhard Neiber (son adjoint depuis 1980) qui coiffent l'appareil de coordination – au-dessus du général-lieutenant Voigt – entre le Département XXII de la Stasi, le Département X de la HVA et les départements ou sections des deux organismes qui, pour des raisons techniques et matérielles, sont mêlés à ce genre d'opérations *.

Neiber fut auparavant, de 1961 à 1980, général-major chargé d'un des quinze districts régionaux de la Stasi : celui de Francfort-sur-Oder. Puis il mit au point les projets dits Stern I et Stern II, qui ont intégré les hommes et les femmes qu'Inge Viett amenaient en RDA **.

Cela n'empêchait pas Neiber de stigmatiser en public le terrorisme. Sa bruyante insistance aurait dû éveiller la suspicion des commentateurs occidentaux... Encore eût-il fallu que les journalistes européens ne se joignent pas, le plus souvent, aux campagnes des libéraux américains et de leurs affiliés de l'Ouest qui accusaient William Casey, directeur de la CIA, d'aménager les indices à seule fin de mettre en cause la « main de Moscou » dans le terrorisme international. Même à l'intérieur de la CIA, Casey était contesté par ses propres analystes. Nancy Reagan n'était pas la dernière à l'accuser, lui, et Caspar Weinberger, alors secrétaire à la Défense, d'embarquer le président des Etats-Unis, dans une nouvelle « guerre froide », pour compromettre la détente.

* Voir organigrammes et précisions en annexe.

** On notera l'appellation « Stern », c'est-à-dire « Étoile », qui justement est la marque de la Fraction Armée rouge.

L'un des camps réservés aux Est-Allemands se trouve, à cette époque, aux environs de Francfort-sur-Oder, à Briesen. Il y a là plusieurs bungalows et des garages, une maisonnette divisée en deux appartements, dans une île considérée zone militaire, à laquelle on ne pouvait accéder que difficilement. Cet ensemble, dit la « cabane sur l'eau » accueillait parfois des terroristes arabo-palestiniens quand il s'agissait d'organiser des actions communes, ou de support à la FAR allemande.

Voigt, colonel puis général, supervisait depuis le Département XXII de la Stasi (situé à Berlin-Hohenschönstrasse, Ferdinand Schultzestrasse) sous prétexte de « protection contre le terrorisme »! Il avait pour principaux adjoints une pléiade de colonels : Günter Jäckel, Harry Dahl, Horst Franz, Gerhard Plohmann, et les capitaines Gerd Zaumsell et Hans Dieter Gaudig, tous deux spécialistes des explosifs à déclenchements électro-mécaniques ou électroniques.

A Briesen et autres camps, les élèves s'habillaient en tenues de l'armée est-allemande. Suzanne Albrecht, Werner Lotze, futurs « repentis » de la FAR, ont été parmi les premiers bénéficiaires d'un entraînement intensif, dans une ambiance d'austérité systématique où l'on apprenait le judo, le maniement d'armes en tous genres, en plus de celui des explosifs.

C'est enfin le colonel Frank Weigand, transfuge en RFA durant l'été 1990, qui, à l'époque, organisait les contacts avec les Arabo-Palestiniens lors des actions communes, comme l'attentat à la bombe commis en 1986 contre la discothèque La Belle, à Berlin-Ouest, fréquentation habituelle des soldats américains. Cet attentat fit cent soixante-quatre blessés.

Honecker, Mielke, Markus Wolf et plusieurs membres du Politburo qui ont sévi jusqu'en 1989, et même jusqu'à la fin du printemps 1990, mentent effrontément lorsqu'ils prétendent avoir ignoré le monde du terrorisme durant les dix dernières années de leur règne.

Quatrième Partie

Le plan Gorbatchev en échec

15

Les dessous d'une opération secrète

Lorsque au printemps 1990 Erich Honecker explique à deux compositeurs est-allemands venus le voir à l'hôpital de Beeltitz, près de Berlin (où il s'est réfugié sous la protection du KGB, avec son épouse Margot Feist), que son éviction du pouvoir a été le résultat « d'un complot de vaste envergure, dont les tireurs de ficelles se tiennent encore dans l'ombre * », il a raison.

Les buts et l'esprit de ce « complot » naquirent dans le bureau de Youri Andropov dès qu'il remplaça, en novembre 1982, Leonid Brejnev à la direction du parti et de l'État, après avoir dirigé le KGB pendant quinze ans. Même si ce plan a subi quelques variantes au fil des ans et un arrêt de dix mois après la mort d'Andropov, il ne visait pas au départ Honecker, mais la majorité des hauts dirigeants des pays de l'Est; et il reprit son cours définitif en 1987, une fois Mikhaïl Gorbatchev bien en selle. Avec, « dans l'ombre », les mêmes protagonistes au sein du KGB, plus puissants que jamais puisque Gorbatchev les avaient promus à des grades supérieurs.

Un des premiers initiés du complot d'Andropov à Berlin-Karlhorst a été le général-lieutenant Guennadi F. Titov, nommé numéro deux du KGB/Allemagne à l'automne 1984, et après résident. Ce spécialiste en adulation et flatterie de ses supérieurs ** avait appartenu cinq ans auparavant au cabinet de

* *Honecker sous le feu croisé des questions*, par R. Endert et W. Herzberg, éditions Aufbau, Berlin, décembre 1990.
** Voir Christopher Andrew et Oleg Gordievsky, *op. cit.*

Vladimir Krioutchkov lorsque celui-ci siégeait parmi les vice-directeurs du KGB, auprès d'Andropov. Après un détour au bureau Scandinavie du 1er Directorat du KGB (l'espionnage antioccidental), il a développé, de sa base berlinoise, les fils d'une politique andropovienne qui devait se poursuivre en 1987 dans tous les pays de l'Est, jusqu'aux bouleversements de 1989.

Un scénario monté de longue date

Dès 1982, Youri Andropov avait en effet perçu que l'empire extérieur de l'Urss dérivait vers de tragiques impasses, à la fois sur le plan économique et du point de vue du personnel satellite. A ne plus savoir qui, du déclin de la production soviétique ou de celui des États de l'Est, entraînerait dans la faillite. Les statistiques fournies à Moscou étaient truquées dans les deux cas. Andropov le savait mieux que personne, mais Brejnev, Chernenko, leurs hommes liges dans les capitales de l'Empire, refusaient de voir la vérité. Leurs subordonnés, des États baltes à la mer Noire, n'étaient plus que des vieillards cramponnés à leurs privilèges, dans une corruption dont l'Occident ne découvrira l'étendue qu'après 1989.

Youri Andropov estimait qu'il fallait progressivement pousser dehors, en Urss comme dans ses colonies, des hommes aussi usés qu'incapables, et leur substituer de nouvelles générations de cadres recrutés grâce aux dossiers du KGB. Et cela dans tous les appareils. Il fallait de la prudence et du temps. Le chef du parti savait que, à partir du moment où des coups d'État intérieurs fissurent l'apparente cohésion d'un bloc monolithique, le pire est à redouter si l'adversaire et ceux qu'on veut sacrifier s'aperçoivent avant terme d'une pareille opération.

Prématurément décédé, Andropov avait initié Mikhaïl Gorbatchev, placé par lui à la direction effective des « organes administratifs ». Il avait également associé à son dessein son autre protégé, Vladimir Krioutchkov. C'est ainsi que, lorsque Gorbatchev nomme Krioutchkov à la tête du KGB, au début de l'année 1988, la boucle est bouclée jusqu'à Berlin où Guennadi Titov appartient lui aussi au groupe des « réformateurs ».

A l'origine et jusqu'en 1987, le scénario allemand n'envisageait pas l'éviction de Honecker. Moscou misait au contraire sur lui. Markus Wolf avait persuadé Andropov que l'Allemand était, pour le moment, le seul dirigeant capable de mener à bien une opération d'une telle envergure, puisqu'elle visait à profiter de l'émotion considérable à l'Ouest si surgissaient, partout à l'Est, des « réformateurs », pour pénétrer les pays occidentaux plus intensivement. Et, pensait Wolf, Berlin-Est pouvait servir de brise-glace. On avait testé le degré d'influence de Honecker sur le chancelier Schmidt au moment de l'état de siège en Pologne... De plus Honecker avait compris l'erreur commise par Walter Ulbricht lorsqu'il avait fait de la RDA une sorte de bastion menaçant, au seuil de l'Europe.

D'autre part, puisque l'Ouest tolérait que la RDA soit, en dépit de son attachement au communisme, de son Mur, de ses barbelés, le « treizième partenaire de la Communauté européenne » – bien qu'elle réalisât 70 pour cent de son commerce extérieur avec l'Urss et ses satellites –, il fallait inverser le scénario : la RDA devait s'ouvrir sur les plans économique, culturel et diplomatique à la RFA. A une seule condition : que la RDA soit désormais et définitivement reconnue comme « État souverain ». On passerait ainsi de la passivité et d'un commerce actif, mais plus ou moins honteux tant il était souvent illégal, à un activisme bien conduit. La Stasi de Mielke veillerait à tout danger de « contamination ». Wolf et la HVA se chargeraient du reste.

Que le feu vert ait été donné par Andropov ressort de signes visibles * : en avril 1983, sur ordre de Honecker, une phrase est glissée pour la première fois dans le texte de célébration de l'anniversaire de Karl Marx : « La cause de la paix passe avant les changements sociaux ! » Jamais encore n'avait été ainsi signifié que la révolution était remise à plus tard et que la coexistence, plutôt que l'affrontement entre les deux Allemagnes, était admise.

En outre, peu après cette surprenante déclaration, surviennent des mutations dans le personnel d'encadrement est-allemand et dans l'appareil soviétique de Berlin-Est. Elles

* La *Lettre d'information*, éditée par l'auteur, avait annoncé ce « tournant » en 1983 et 1984.

viennent confirmer l'évolution. Des « modérés » entrent au Politburo de Honecker. L'ambassadeur P. Abrassimov, sa bête noire, rappelé à Moscou, laisse entendre que Honecker pourrait se rendre en voyage officiel en RFA – le premier voyage jamais entrepris par un dirigeant est-allemand –, ce qui implique sa reconnaissance diplomatique à part entière...

De fait, lors des obsèques d'Andropov, Honecker ne cesse d'évoquer devant des interlocuteurs étrangers – dont le ministre Claude Cheysson, le diplomate américain Richard Burt, l'ex-Premier canadien Pierre Elliot Trudeau et même Helmut Kohl – l'éventualité d'une prochaine « visite » en RFA.

Le blocage des policiers du parti

Cependant personne n'a prévu l'accession au pouvoir du zombi Chernenko, imposé par l'appareil des « organes administratifs » auxquels il était lié depuis toujours. Chernenko s'opposa au scénario d'Andropov. Gorbatchev, le numéro deux des « organes » (sous couvert de son titre de secrétaire à l'Agriculture) est encore trop jeune pour peser d'un poids suffisant. Il lui faudrait du temps pour prendre en main la toile tissée dans et autour de l'Empire. Chernenko a cristallisé autour de lui, durant ses dix mois de règne, la vieille garde de la police secrète qui avait débuté dans les répressions des années trente, et dominé jusqu'à la mort de Staline. A chaque dérapage de la stratégie communiste, elle reprenait du poids. Contre Khrouchtchev. Puis contre la Jeune Garde qui avait participé à l'éviction de Khrouchtchev. Maintenant, elle manœuvre avec l'appareil du complexe militaro-industriel et avec des maréchaux et des généraux arrivés en haut de la hiérarchie, moins pour leurs qualités que pour leur soumission au parti.

Les seuls vrais stratèges parmi eux, le maréchal Ogarkov en tête, ne rêvent que d'un national-soviétisme impérialiste fondé sur la militarisation totale de l'économie de l'Urss et la subordination sans faille des « barons » des pays satellites, que d'ailleurs ils méprisent tout en les utilisant. En un mot, l'inverse de la souplesse préconisée par Markus Wolf.

A Berlin, ils soutiennent Willi Stoph qui a été ministre de

l'Intérieur de juin 1955 à novembre 1963 et qui, devenu Premier ministre, met ses amis en garde « contre le nationalisme de Honecker »! Seul point exact de leur analyse : Erich Honecker glisse à ce moment dans la paranoïa. A l'écoute des projets tracés par Andropov et soufflés à son oreille par Wolf, il commence à se croire l'indispensable et irremplaçable atout d'une manœuvre géniale. Il finit par s'imaginer qu'il en est l'inventeur.

Durant « l'intermède Chernenko * », en été 1984, éclate alors une polémique qui témoigne des premières fissures dans la nomenklatura soviétique. Un numéro de la *Pravda* stigmatise soudain l'« esprit chauvin » des Allemands qui rêvent d'un rapprochement avec Bonn. La RFA est accusée d'« utiliser des moyens économiques pour imposer sa prédominance et saper la souveraineté de la RDA ».

Décidément, la vieille garde n'a rien compris. Les *Izvestia* répliquent en approuvant une étude de Lev N. Tolkounov, président d'une des deux chambres du Parlement de l'Urss, lequel, au contraire, a favorablement analysé le rapprochement envisagé entre Berlin-Est et Bonn. Que cette étude ait paru dans *Sovietskaïa Kultura*, l'organe de l'intelligentsia du parti, témoigne du poids de Tolkounov qui, en effet, n'est pas un fonctionnaire quelconque. Nous l'avions rencontré en 1946 dans un des couloirs de la Parkstrasse à Berlin-Est lorsqu'il secondait le colonel Tulpanov aux services d'action psychologique du NKVD/KGB. Il contrôlait à la fois la presse, où travaillait un certain Egon Bahr, et les débuts de Markus Wolf.

La mort de Konstantin Chernenko en 1985 met fin à la politique allemande figée des policiers et des bureaucrates de Moscou. Le scénario Andropov va être repris. Il sera corrigé par Gorbatchev et Markus Wolf à partir de 1987.

Dès qu'il remplace Chernenko, Gorbatchev demande aux services spéciaux de remettre à l'ordre du jour la stratégie plus souple imaginée par son « parrain ». Mais Viktor Chebrikov, depuis trois ans directeur du KGB, se cramponne à son poste,

* Titre expressif d'un chapitre de l'ouvrage des transfuges Vladimir Solovyov et Elena Klepikova, *Inside the Kremlin*, Dodd, Mead & C°, États-Unis, 1986.

soutenu par la véritable mafia qui, sous Brejnev et Chernenko, s'était installée dans les rouages des appareils. Vladimir Krioutchkov s'attelle aussitôt à saper ce gêneur, à l'intérieur même du KGB, puis à l'en évincer, ainsi que du Politburo. Il met prudemment en route les changements de personnel prévus dans les États satellites, et distribue ses consignes de désinformation et d'intoxication pour convaincre dans le monde les libéraux (au sens américain du terme) et leurs séides ouest-européens – particulièrement en RFA – que, grâce à Gorbatchev, l'empire évolue; mieux encore : qu'il court au-devant de leurs vœux d'un nouvel ordre mondial *.

Gorbatchev à l'écoute de Markus et d'Alexandre

La démocratisation, dit-on alors, est d'actualité au Kremlin. Or, si provisoirement la liberté d'expression pointe à présent du brouillard soviétique, Gorbatchev est persuadé qu'il est possible de la tolérer, comme une sorte de soupape de sûreté, mais qu'il faut la tenir bien en main afin de la refermer lorsqu'il en sera temps. Ce sera l'une de ses erreurs d'appréciation. Les Occidentaux en commettent d'autres, au point d'ignorer la part de ses discours dans laquelle il répète qu'il *est, reste* et *restera communiste*, et s'opposera à quiconque voudrait sortir du communisme. L'Ouest ignore ou feint d'ignorer que le KGB infiltre suffisamment les groupuscules et partis qui naissent en Urss pour les contrôler de l'intérieur, et soit les faire éclater en morceaux le jour opportun, soit les pousser à des provocations qui « justifieront » des répressions.

Un argument apparaît déjà en 1986 et 1987, à l'usage des Occidentaux : toute déstabilisation intérieure de l'Urss et du camp dans lequel sont retenus ses satellites constituerait un danger pour l'Europe... et pour le nouvel ordre en vue. En outre, que deviendraient les investissements « capitalistes » auxquels Moscou ouvre ses portes?

Ainsi Gorbatchev dit et fait dire aux Occidentaux ce qu'ils souhaitent entendre. Du parfait léninisme! Mais il n'a pas

* Voir Edward J. Epstein, *op cit.*

prévu qu'à partir de 1989 le couvercle de la boîte de Pandore lui échapperait, que la peur changerait de camp; que les peuples de l'Urss et de l'empire allaient descendre dans les rues, en masse, malgré matraques, procès, menaces, fusillades. L'Occident en revanche, acharné à soutenir Gorbatchev, plutôt que les rescapés d'un immense goulag, a rejeté les analyses de Vladimir Boukovski, les avertissement de Sakharov et d'Elena Bonner, et censuré dans les médias ce que j'appelais les « non-dits de la vie et de la pensée de Mikhaïl Gorbatchev * ».

Le point le plus sensible et le plus décisif de la stratégie du numéro un de l'Urss est évidemment le brise-glace allemand. Dans ce domaine, comment n'écouterait-il pas Markus Wolf puisque, de 1985 à 1987, tout ce que prévoit la HVA sur la façon dont l'hameçon de l'ouverture sera happé par la majorité des dirigeants de la RFA se voit confirmé de trimestre en trimestre?

En mars 1985, le ministre libéral-démocrate de l'Économie, Martin Bangemann (dont la secrétaire est un des meilleurs agents de la HVA), rend une visite discrète à son homologue est-allemand Günter Mittag qui, par-dessus l'épaule d'Alexandre Schalk-Golodkowski (chargé de la « coordination commerciale », dite Ko-Ko, entre la RDA et l'étranger), couvre une immense opération dont Markus Wolf est le contrôleur direct.

Bangemann revient enthousiasmé de ses conversations. Le commerce inter-allemand « va doubler, voire tripler. Honecker le souhaite »! Il ne se renseigne même pas sur ce cher Alexandre, alors que l'homme met déjà au point la venue en RFA et en Sarre du secrétaire général du PC est-allemand, qui sera reçu en chef d'État. Il ignore tout d'Alexandre qui ne cesse d'aller et venir, sans bruit, en RFA depuis qu'en 1983 il a

* En 1986 et 1987, l'auteur relevait régulièrement ce qui n'était pas publié à l'Ouest des discours de Gorbatchev. Une synthèse ainsi que plusieurs aspects cachés de sa vie – notamment ses liens avec le KGB dès l'université – ont été publiés en 1990 par l'Institut d'études de la désinformation, suite aux assises internationales de cet organisme, tenues à Nice et au cours desquelles le journaliste soviétique V. Bolchakov, colonel du KGB, prit à partie l'auteur, puis l'attaqua ensuite nommément dans la *Pravda* en novembre 1990 et février 1991.

obtenu le premier milliard de deutschemarks que Bonn ait jamais accordé à sa jumelle communiste *.

Or que sont Alexandre et la Ko-Ko, dans le jeu Est-Ouest? Cela représente trois mille employés à sa centrale, qui gère une douzaine de firmes basées en RDA, mais surtout plusieurs douzaines dans le monde, avec des prête-noms, en Suisse, au Portugal, dans les Caraïbes et des maisons à tiroirs en Europe de l'Ouest. Vingt-deux milliards de deutschemarks à l'actif. Même s'il s'agit de monnaie est-allemande, le magot pèse lourd, d'autant qu'il cache, à l'insu des administrateurs légaux des bureaux, 17-22 Wolstrasse à Berlin-Est, vingt et une tonnes d'or et, quelque part à l'étranger, environ un milliard sept cent millions de dollars. De quoi alimenter les finances de la Stasi et de la HVA, qui puisent également dans les stocks d'armements d'IMES-GMBH – firme de la Ko-Ko spécialisée dans les ventes d'armes – de quoi équiper certains commandos. Mittag supervise, pour le compte de Honecker, dont le compte secret numéro 1628 à la Deutsche HandelBank atteint, en 1989, deux milliards trois cents millions de deutschemarks...

Sigrid Schalk-Golodkowski, épouse d'Alexandre, approvisionne, par le canal de la firme Delta-GMBH, la haute nomenklatura est-allemande en produits de luxe. La Kunst und Antiquitäten (KUA) de Gerhard Wiechert et Dieter Uhlig rapporte des devises en tous genres, par des ventes frauduleuses à l'étranger d'œuvres d'art, de meubles anciens, de timbres rares, etc.

La Stasi et la HVA gèrent les activités d'Alexandre qui draine vers la RDA, bien entendu illégalement, technologies et fruits de l'espionnage économique. A la HVA, c'est le général-colonel Horst Vogel qui établit la demande, puis évalue la réponse... Il a auprès de lui les généraux Albert Schubert et Heinrich Weber, de la division scientifique et technique, créée

* Schalk-Golodkowski révélera, le 2 janvier 1991, à la TV ouest-allemande que ce cadeau sauva la RDA d'une banqueroute imminente, car toutes les statistiques de production et les bilans étaient truqués. On doit dire aussi que si Franz Josef Strauss a été l'inspirateur de ce crédit, il exigea de Honecker qu'il supprime en compensation des grillages truffés de mines aux frontières, sur lesquels sautaient les Allemands qui tentaient de passer à l'Ouest – détail resté secret, révélé à l'auteur par Hans Graf Huyn.

en 1971 et plus prospère que jamais grâce à Alexandre et à Markus, son vrai patron, qui n'a pas oublié son expérience des années 1950 à la direction de l'Institut de recherches économiques (l'IWF).

Le colonel Herwig, de la Stasi, serait alors la liaison permanente entre tous ces personnages et Alexandre. Le quotidien *Die Welt* a rapporté la plupart de ces faits au printemps 1991. Nous les avons complétés au mieux. Une chose est sûre : ni Martin Bangemann ni le ministre ouest-allemand des Affaires étrangères ne s'intéressent, de 1985 à 1989, au-dessous des cartes de leur interlocuteur Alexandre : étrange légèreté !

Deux premiers actes joués à la perfection

Le premier acte de l'opération « Brise-glace » est joué à la perfection. La naïveté de certains ministres de Bonn étonnait certains observateurs étrangers. Elle surprend plus encore en 1990, une fois le Mur tombé. Saura-t-on vraiment un jour si les services d'espionnage et de contre-espionnage ouest-allemands mettaient en garde les dirigeants de Bonn? Et, dans cette hypothèse, pourquoi ceux-ci n'ont-ils jamais écouté leurs avertissements?

En mai 1985, Willy Brandt estime ne pas devoir être en reste en matière de rapprochement avec Honecker. Il se rend en RDA auprès de ce vieux compagnon d'autrefois, et discute avec lui d'une Europe susceptible, de la Scandinavie à la mer Noire, de Brest à l'Oural, de glisser demain dans un socialisme diversifié, mais complémentaire *. Cette conversation est si « productive » que Honecker invite Brandt à revenir en septembre. Et cette fois, Brandt est reçu comme s'il était encore chef de l'État. A Berlin-Est, à l'instar des milieux ouest-allemands séduits par Honecker, la perspective est alors la même : les élections en RFA, en janvier 1987, ramèneront les socialistes au pouvoir. Quelle joie d'en préparer les consé-

* Analyse qui n'est pas écrite après coup. Dans ses *Lettres d'information*, début 1986 et en 1987, l'auteur a fait part de ces conversations et perspectives. Mêmes analyses sous sa signature dans *Monde et Vie*.

quences en discutant d'égal à égal, juste avant cette visite mise au point sous la caution du chancelier Kohl, avec la bénédiction des libéraux américains.

Le second acte s'ouvre à peu de temps de l'arrivée de Honecker en RFA. Il est éclairé par Theo Sommer, rédacteur en chef du journal libéral de Cologne *Die Zeit* : des pages entières (avec photos en gros plan) sont consacrées à ses entretiens avec le nouvel héros d'un « socialisme convenable » qui proclame que « la division de l'Allemagne est un bonheur pour l'humanité » ! Propos séduisant pour tous ceux qui craignent une Allemagne réunifiée, communisme en moins, donc – selon eux – forcément néo-nazie.

Theo Sommer pousse plus loin encore. Ses affiliations avec les clubs élitistes internationaux lui ont ouvert des chroniques régulières dans l'hebdomadaire américain *Newsweek*. Il en profite pour saluer le « réalisme de Honecker », et conclure : « Si Gorbatchev donne son feu vert [à la visite en RFA], ce sera une bonne nouvelle pour le monde. Cela signifiera que Gorbatchev veut sérieusement offrir une chance nouvelle à la détente ! »

Markus Wolf avait vu juste. Les élitistes d'Occident n'ont rien appris ni rien retenu des leçons des années vingt, durant lesquelles Lénine cachait Staline et, tous deux, la Guépéou et le NKVD, puis le KGB. Rien compris des manœuvres, de Brest-Litovsk à la NEP. Le brise-glace est-allemand s'est mis en marche. Les Occidentaux se chargent eux-mêmes de faciliter sa pénétration. Les pilotes connaissent d'avance où déjouer les obstacles et jusqu'où conduire leur bateau. La preuve en est que l'affaire Tiedge, en août 1985, celle du réseau des secrétaires qui s'enfuient à l'Est avant d'être arrêtées et même la découverte d'autres espions à Bonn, n'entament aucunement l'euphorie générale. Même dans la CDU, des dirigeants bien-pensants comme Leisler Kiep de Hambourg, membre de la fondation Konrad-Adenauer, saluent les bénéfices de l'extension du commerce interallemand, dont les « allègements humains » aux frontières seraient dus à l'amabilité de Honecker. H.D. Genscher surenchérit : « Tout cela sert la détente... Honecker a le droit de mener la politique qui lui plaît. La qualité de ses rapports avec Moscou n'est pas notre affaire ! »

Pourquoi dès lors la Stasi et la HVA se gêneraient-elles ? On découvrira demain que Markus Wolf, grâce à ses taupes, menait le jeu de Honecker et en accroissait les atouts par des moyens sur lesquels le gouvernement de Bonn a préféré garder le silence. Ainsi, lorsque de leur propre initiative des personnalités ouest-allemandes se rendaient en secret à l'Est, y tenaient des conversations dont les « ouvertures » n'étaient absolument pas concertées avec la Chancellerie et laissaient entendre que, une fois au pouvoir ou plus haut placées, elles ne manqueraient pas d'activer l'entente RDA-RFA, des enregistrements vidéo gardaient en mémoire leurs avances. De quoi, plus tard, les faire chanter...

La plupart de ces visiteurs spéculaient, eux aussi, sur un retour du balancier en faveur des socialistes et de la gauche des libéraux. Le socialiste Egon Bahr annonce de ce fait, en décembre 1986 : « Si le SPD gagne, nous dénoncerons de suite les accords concernant les projets de défense spatiale signés par Kohl avec Reagan... »

Wolfgang Mischnik, le président du groupe parlementaire du FDP, se rend alors de son propre chef auprès de Honecker, sans se douter, semble-t-il, que l'espion Willner, son maître à penser, a « préparé » cette entrevue, des deux côtés à la fois.

Les couacs du troisième acte

Ces démarcheurs ambitieux ou manipulés ignorent, au seuil de cette année 1987, que des couacs se produisent dans la coulisse est-allemande. C'est le moment où le général-major Guennadi Titov et Markus Wolf s'inquiètent : la tête de Honecker lui tourne de plus en plus. Entouré d'une petite cour d'inconditionnels, il devient irascible. Il n'écoute plus les conseils ni de Wolf ni même de Mielke et de ses adjoints de la Stasi. Il se prend pour le grand stratège qui a su piéger Bonn. Le concert de louanges, dont Theo Sommer a donné le *la*, le convainc que, sans réformer en rien le système économique de la RDA, sans même desserrer l'étau de sa police secrète – ainsi que le recommandent Titov et Wolf –, il mènera une politique européenne dont la RDA sera, sous sa conduite exclusive, le pivot indispensable entre l'Ouest bientôt neutralisé et l'Urss en proie à ses difficultés internes *.

Tous les rapports de Mischa qui lui permettent de manœuvrer avant, pendant et après sa visite en RFA, Honecker les prend comme une confirmation de son génie visionnaire... alors que sa vision dépend de ce que voit, sait et prévoit la HVA. Ainsi les renseignements recueillis dans l'entourage de Roxane Ridgway qui, venue de l'establishment libéral de New York, a été ambassadrice en RDA et inspiratrice de la première caution morale et financière des États-Unis au rapprochement avec Honecker; ainsi les indiscrétions obtenues par Wolf dans les coulisses de l'Institut Aspen et du groupe de Dahlem à Berlin; ainsi ce qu'il apprend, en mars 1987, par Gaston Plissonnier (éminence grise à la direction du PCF), sur les personnalités gouvernementales et des partis qui, en France, sont bien disposées à son égard; ainsi ce qu'il sait des discussions au sein du « Club de Bergdorf » (créé en 1961 par l'industriel allemand Kurt Körber pour « aménager » un rapprochement entre les deux Allemagnes); ou encore des vues de Horst Teltschilk, conseiller du chancelier Kohl, etc. Toutes ces précieuses appréciations et informations sont issues, dans l'esprit de Honecker, de sa perception géniale des hommes et des événements! Il est même persuadé que seule sa stratégie personnelle a permis la rédaction du document théorique commun que le SPD et le PC est-allemand signent en août 1987.

Ce document est d'ailleurs un choc pour Heinz Gessler et nombre de membres importants de la CDU et de sa sœur bavaroise, la CDU. Leur sursaut de lucidité est nettement traduit par le jeune Wolfgang Schaüble, ministre allemand à la Chancellerie, demain ministre de l'Intérieur, qui le 13 septembre 1987, à l'encontre de l'euphorie générale, avertit ses compatriotes qu' « ils ne doivent pas se faire d'illusions : le Mur est toujours là... l'ordre de tir aux frontières, toujours en vigueur... La liberté de circulation n'est pas encore admise »!

* Cette analyse était déjà rédigée lorsque Gorbatchev en personne déclare au quotidien ouest-allemand *Bild*, le 14 mai 1991, que, selon Egon Krenz lui-même, Honecker « se prenait pour le sauveur de la patrie, le numéro un du socialisme, voire du monde, mais ne voyait pas ce qui se passait ».

Les dessous d'une opération secrète

Le Livre blanc que publie tous les ans le contre-espionnage (BfV) souligne d'ailleurs que la RFA est devenue le « terrain opérationnel » de la subversion et des attentats : deux cent vingt et un en 1985, trois cent quinze en 1986, plus encore en neuf mois de 1987. Or il s'agit de sabotages et d'incendies parfaitement ciblés : distribution énergétique, voies ferrées, transports militaires. Rien d'anarchique. Un plan et une méthode. Plus de manifestations de masse. Des cellules disciplinées. Le tout masqué par cinquante-trois organisations communistes, légales ou non, et une nouvelle gauche qui totalisent ensemble plus de soixante mille partisans permanents, au sein desquels dix-neuf noyaux durs sont tenus au secret.

Ce monde et une extrême droite minoritaire, pénétrée par les agents de la Stasi et de la HVA, mènent le même combat, avec les mêmes slogans *. Le national-bolchevisme, dont rêvait le théoricien Ernst Niekisch dans les années vingt, communistes et nazis main dans la main – et dont il avait repris les thèmes en RDA, de 1950 à 1961 – s'annonce-t-il pour demain, dans l'ombre du rapprochement inter-allemand?

Les succès économiques de la RFA masquent, autant que leur minimisation par la presse ouest-allemande, ces phénomènes qui deviendront très dangereux si la manœuvre « allemande » de Gorbatchev réussissait après 1987. Il se trouve seulement qu'elle est freinée en deuxième semestre de cette année-là du fait de la paranoïa de Honecker et par un second facteur : Markus Wolf est formel, la CDU et le FDP ont trop le vent en poupe, dans l'opinion, pour qu'on puisse miser avant longtemps sur un retour des socialistes au pouvoir. Tout en « rénovant » en RDA, il faut intensifier et accélérer le « jeu » avec la coalition gouvernementale, compte tenu des rapports des taupes, et limiter les relations avec les seconds.

Erich Mielke, en retard d'une époque

Le problème Honecker a été l'une des raisons majeures du rendez-vous clandestin de Markus, de Vladimir Krioutchkov,

* Analyse complète de ce rapport par Joël-François Dumont dans le bulletin hebdomadaire *Désinformation-Hebdo*, du 12 novembre 1987.

de Hans Modrow et autres protagonistes, chez le savant Manfred von Ardenne, le 18 juin 1987 *. Des retouches sont nécessaires dans le scénario. Il faudra évincer Honecker en douceur, au moment crucial, s'il ne se soumet pas au « réformisme » qui doit prendre son vol lorsqu'on passera des préparatifs psychologiques à la phase active préparée par Markus Wolf.

Cependant, un autre grain de sable surgit dans les rouages de l'opération. Les conjurés n'en prendront conscience qu'au dernier moment : Erich Mielke a été chargé par le KGB, après sélection discrète dans la Stasi de plusieurs équipes, de mettre au point un dispositif de sécurité qui n'entrera en action qu'à l'heure H du jour J. Or Mielke n'a en fait rien compris du scénario prévu. Il croit que Markus Wolf, à présent déchargé de la direction de la HVA, devenu agitateur itinérant en RDA, joue simplement une opération de désinformation, limitée dans le temps et dans ses effets possibles. Il ne saisit pas qu'elle doit conduire, non à l'abandon du communisme, mais à des changements d'hommes et de méthodes, en reprenant le fil interrompu après 1947 lorsque les fronts nationaux des pays de l'Est ont été absorbés, broyés, par les appareils des PC.

Mielke n'a pas compris ce que signifiait, en hiver 1987-1988, la mise à l'écart de Viktor Chebrikov et son remplacement à la direction du KGB par Vladimir Krioutchkov. Pas compris le pourquoi du vibrant hommage, quelques mois après, de Gorbatchev – devant le XIXe Congrès du PC soviétique – « au travail du KGB et du GRU, dans l'étape actuelle de notre société et du processus démocratique ».

« Étape », en langue du parti, cela signifie quelque chose. « Processus démocratique » lié au KGB et au GRU, cela veut dire qu'on contrôle toutes les manœuvres. Qu'on va changer d'hommes, mais que l'appareil d'encadrement subsistera derrière des « nouveaux », peut-être même des non-communistes. Mielke, lui, ne pense qu'aux bonnes vieilles méthodes du temps où les communistes épuraient d'autres communistes. Il va donc exécuter les ordres dans un esprit dont les conjurés vont apprendre, catastrophés, la nature exacte, lorsque l'exode est-

* Voir la fin du chapitre 2.

allemand de l'été 1989 débouche sur l'automne du *Wende*, du « grand tournant ».

Les coulisses de l'Octobre allemand

Le 4 octobre 1989, une réunion clandestine rassemble à Berlin-Est pour la première fois, une dizaine d'initiés, au lieu des rendez-vous habituels à trois ou quatre. Il y a notamment Mielke, Markus Wolf, Egon Krenz (à ce moment responsable au sommet du parti de toutes les affaires secrètes et de sécurité, poste autrefois détenu par Honecker), le général Horst Felber (responsable des cellules du PC au ministère de la Sécurité d'État, c'est-à-dire de ses quatre-vingt-cinq mille cadres) et, semble-t-il, Lothar Ahrendt, l'un des adjoints du ministre de l'Intérieur F. Dickel, dont il va d'ailleurs prendre la place.

D'entrée, Mielke déclare qu'il est temps d'en finir avec le désordre. On lui a demandé d'en prévoir les moyens, ils sont prêts. La seule question : quand faut-il agir? Maintenant ou après la visite officielle à Berlin-Est de Mikhaïl Gorbatchev, prévue pour le 7? Un participant lui demande :

– Quel est votre plan pour assurer la sécurité générale, lorsqu'on va changer de personnel, du haut en bas du parti et du gouvernement?

Très simple, répond Mielke. Il a dressé la liste d'une dizaine de milliers d'agitateurs, avec adresses, habitudes, horaires de déplacements, etc. Un immense coup de filet peut être effectué à n'importe quel moment... Il a non seulement fait rouvrir d'anciens camps de concentration, mais aménager de nouveaux camps où les interner. Il suffira, en même temps que ce coup de filet, d'accuser Honecker et sa camarilla d'incompétence et d'aveuglement, donc de responsabilité dans une anarchie qui exige cette masse d'arrestations. Et de procès.

Les conjurés sont atterrés. Comment rendre crédible l'opération qui doit séduire les Occidentaux, en rééditant les méthodes staliniennes, au vu et au su du monde entier? Ce que veulent Gorbatchev, Krioutchkov, Markus Wolf et leurs amis, c'est une éviction de quelques hommes et leur remplacement, sans toucher aux masses d'où surgiront des pasteurs, des humanistes, des écrivains, des artistes... déçus par le stalinisme et par ses succédanés : Jivkov à Sofia, Gierek à Varsovie, Kadar à Budapest, Ceausescu à Bucarest et Honecker à Berlin. Au lieu de cela, Mielke veut rouvrir les camps de concentration dont le monde a fait l'image du nazisme *! Ces camps ne sont pas « envisagés » par Mielke. Ils sont déjà prêts. En mai 1990, plusieurs journalistes constateront leur existence en plusieurs points de la RDA, ainsi que des « camps de travail » aménagés pour les tris des premiers jours **.

A partir du lendemain, 5 octobre, sans que Mielke s'en rende compte, c'est Markus Wolf qui prend en main les opérations. Il prévient Gorbatchev de l'imminence de l'éviction de Honecker. Le 14 octobre, Egon Krenz et deux autres membres du Politburo sont chargés de préparer, en réunion plénière, la mise à l'écart de celui qui se croyait irremplaçable. Mise à l'écart « légale » puisque décidée par un vote de la haute nomenklatura, le 18 octobre ***.

Jusque-là, tout va bien. Le coup d'état de Markus se déroule sans heurts durant encore un mois. Cependant dans le ciel apparaissent des signes que tout observateur averti des affaires communistes sait interpréter. La machine mise en place s'emballe, débordée par des éléments que l'on croyait contrôler. Ceux qui pensent devancer l'Histoire en truquant ses cartes sont, en RDA comme en Urss, et avant peu dans tout son empire, dépassés par un phénomène irrésistible : le communisme éclate, mosaïque aux joints desséchés. Trop de « barons » se sont installés trop longtemps dans leur petit confort facile, leurs privilèges, la corruption. Ils se dressent contre ces « nouveaux » qui voudraient les remplacer. Sous Staline, c'était simple. On fusillait assez de gens pour que les autres, envoyés en camps, se taisent. A présent, on leur demande gentiment de prendre leur retraite. La plupart, une fois à la retraite, ne resteront pas inactifs.

* Image faussée pour occulter que de tels camps naissaient en Urss dès 1919.

** Voir notamment la synthèse de Karl Wilhelm Fricke dans *Aussen-Politik*, n° 41, 1990.

*** Date confirmée par Krenz, le 2 mai 1991, durant le procès à Berlin de Harry Tisch, ex-responsable des syndicats est-allemands.

Parmi les « nouveaux », les conceptions ne sont pas non plus toujours à l'unisson. Et si un appareil secret a été plus ou moins mis en place à l'intérieur de la Stasi et de la HVA, dès novembre 1989, la cohésion désirée se dissout parfois dans l'opportunisme et le double jeu. D'où la facilité avec laquelle des bandes anarchiques – mais, en leur sein, quelques groupes téléguidés par des services étrangers – s'empareront d'une partie des dossiers de la Stasi, dans six de ses quinze centres régionaux *.

Le « flou » qui a fait tomber le Mur

Contrairement à ce qu'assurent divers commentateurs, ni Gorbatchev, ni Markus Wolf, ni d'autres de leurs affidés n'ont voulu que tombe le Mur de Berlin. Mais simplement qu'il s'ouvre à petites doses bien réglées, pour servir l'opération séduction de l'Ouest et apaisement du mécontentement en RDA. Preuves en sont, par exemple, les questions que se pose Yves Moreau, éminent spécialiste, dans la presse communiste française, lorsqu'il assiste, le soir du 9 novembre 1989, à la conférence de presse donnée par Günter Schabowski, du Politburo du PC pour « expliquer » les derniers événements. Car il s'agit désormais d'utiliser les relations publiques, la « communication », à la place de la langue de bois ou des diktats sans appel.

Dans l'après-midi, Egon Krenz avait lu, devant un Comité central aussi abasourdi que désemparé, un texte confus intitulé « Décision sur la modification de la réglementation des sorties définitives des citoyens de la RDA vers la RFA et la Tchécoslovaquie ». A Schabowski la rude tâche d'expliquer ce texte à la presse étrangère. Il l'a reçu en dernière minute. Il le lit. La police a reçu l'ordre « de donner sur-le-champ des visas de départ à ceux qui en feront la demande »... A ce moment, il s'aperçoit avec stupéfaction, mais trop tard, que le texte inclut Berlin dans son application. Il le dit, et se noie ensuite dans des balbutiements et des explications si filandreuses et floues

* Pour le détail, voir le chapitre 4.

qu'Yves Moreau, un peu plus tard encore, dans *L'Humanité* *, demandera : « Pourquoi la suppression de la ligne de démarcation n'a-t-elle été annoncée qu'en termes peu clairs, comme à la sauvette? Pourquoi aux points de passage [de Berlin] tant de flottements et d'hésitations, les gardes cédant ici et là, comme au Check Point Charlie, tandis qu'ailleurs ils ne bougeaient pas... ? »

L'ouverture limitée, qui devait servir de soupape de sûreté, explose dans le flou des improvisations qui, au jour le jour, s'efforcent d'endiguer des manifestations devenues à présent des révoltes populaires.

Déjà, le 7 novembre, des milliers de Berlinois hurlaient dans les rues, au nez d'une police désarçonnée : « *Die Mauer müss veg* » (« Il faut abattre le Mur »). A la fin de l'après-midi du 9, la rumeur court qu'il va être ouvert. L'imprécision des propos de Schabowski, en début de soirée, provoque une marée humaine vers le Mur et ses portes de passage, aux cris de « *Tor auf* » (« A bas la porte »).

Heinz Kessler, toujours ministre de la Défense, interloqué par l'attitude d'un Politburo disloqué, ordonne alors à ses généraux de préparer des unités de répression. Elles devront utiliser, dès le 11 novembre, la « méthode chinoise ** ». Quelques généraux obtempèrent, d'autres se dérobent, les officiers subalternes refusent.

Après sa piteuse conférence de presse, Schabowski s'est précipité vers le Mur. « La RDA se vide ! » constate-t-il à haute voix, tandis que de l'autre côté, à Berlin-Ouest, des vagues de Berlinois se précipitent au-devant de ceux qui ont déferlé pardessus le Mur. « Vous étiez le peuple », écrira un an plus tard Yves Moreau, dans *L'Humanité*, en accusant la RFA d'avoir programmé à la fois la « ruine de la RDA » et son annexion. Mais comment refermer les vannes?

En réalité, à partir du 9 novembre et durant sept semaines, Hans Modrow, Markus Wolf et leurs amis luttent avec désespoir pour reprendre en main la situation. Combat d'arrière-

* *L'Humanité*, 9 novembre 1990.

** Terme révélé par le pasteur Rainer Eppelman qui fut son successeur durant quelques mois.

garde. Ils ne peuvent plus compter, pour empêcher la renaissance d'une seule Allemagne, que sur ceux des Occidentaux qui envisagent leur nouvel ordre avec deux Allemagnes, dont l'une resterait communiste.

Modrow révèle d'ailleurs l'existence de ce plan lorsque, devant deux mille sept cents cadres est-allemands réunis à la hâte, il dit en martelant ses mots : « J'avertis solennellement ceux qui veulent une Europe prospère et pacifique qu'il est hors de question de faire de l'unification allemande un thème des prochaines élections. La réunification est un anachronisme qui partout suscite une peur justifiée. La France et la Grande-Bretagne se prononcent clairement pour le maintien de deux États allemands. Le président Bush aussi *... » Avertissement assorti d'une mise en garde contre toute tentative du chancelier Kohl de s'ingérer dans les affaires intérieures de la RDA.

L'Ouest au secours du communisme

Cette semaine du 9 au 16 novembre montre sans équivoque que Modrow et ses amis, s'ils ne sont pas suivis par le « peuple », le sont par des dirigeants occidentaux, pour lesquels la liberté des Allemands et des autres pays assujettis au communisme passe après leur attachement à la stabilité des pouvoirs en place. Le *statu quo* géopolitique, c'est la garantie de la stabilité de leurs marchés et de leurs monnaies... Ces populations n'ont qu'à faire preuve de patience. On demande aux prisonniers d'être « raisonnables », aux affamés de taire leur faim, aux victimes de témoigner de la compréhension à l'égard de leurs bourreaux... Puisque ces derniers promettent qu'il fera beau demain, pourquoi ne pas attendre que le jour se lève?

Le ministre français des Affaires étrangères, Roland Dumas, se précipite à Moscou. Il assure Gorbatchev et son ministre Chevardnadze de la compréhension de Paris vis-à-vis d'une évolution pas à pas. Son ami le ministre allemand des Affaires étrangères, Hans Dietrich Genscher, se réjouit de l'initiative

* *Daily Telegraph*, 9 décembre 1989.

française de réunir un « sommet » européen « en sorte que ce processus de réformes se déroule dans un cadre stable »! Jacques Delors, au nom de la CEE, déclare à la télévision que tout « scénario du bonheur » *(sic)* implique « l'intangibilité des frontières, y compris celle des deux Allemagnes, et que la RDA poursuive et développe ses rapports économiques avec l'Urss dans le cadre du Comecon * ». Laurent Fabius, président de l'Assemblée nationale, profère, en conférence à Moscou, que « les temps de l'Histoire doivent être respectés, et qu'on ne doit pas chercher à profiter des difficultés intérieures de l'Urss ** »...

Gorbatchev n'en demande pas plus. Les Allemands et les peuples satellisés doivent se résoudre à vivre dans le communisme, puisqu'il est « rénové ». « C'est Gorbatchev qu'il faut soutenir, un point c'est tout! » dit et répétera Roland Dumas (en 1991 encore), lors de différentes déclarations aux journalistes. Ceux qui veulent sortir du communisme, qu'ils soient russes ou d'autres nationalités, n'ont qu'à bien se tenir. Ainsi que l'écrivait la très « libérale » Flora Lewis en 1981, au moment de l'état de siège en Pologne : « Les Polonais n'ont qu'à se taire. Et travailler! »

Au tour des Allemands de l'Est d'en faire autant...

Valentin Faline apporte les consignes

Les conjurés de l'équipe Wolf multiplient alors les stratagèmes pour que leur stratégie – c'est-à-dire celle de Moscou – rattrape le train de l'Histoire. D'où, notamment, la présence de Valentin Faline à une réunion secrète, le 12 novembre 1989, à l'ambassade de l'Urss de Berlin-Est, avec Markus Wolf, Modrow et quelques autres.

Valentin Faline est alors le numéro deux du département des

* Télévision française, TF1, émission « 7 sur 7 ».

** Laurent Fabius ajoute aussi : « La destruction du Mur de Berlin signifierait la guerre » (6 novembre 1989). Plus lucide, l'ancien ministre Édouard Balladur dit : « Le problème de la réunification ne se pose peut-être pas pour les chancelleries, mais il se pose pour le peuple allemand » (*Le Monde*, 1er décembre 1989).

Affaires internationales de l'appareil soviétique. Ancien ambassadeur à Bonn après avoir longtemps dirigé l'agence de presse APN, filiale du KGB, il était le plus désigné pour discuter des décisions à prendre. Faline participait autrefois aux réunions du Club de Bergdorf déjà mentionné, et qui avait ouvert en 1970 ses concertations discrètes à quelques sommités soviétiques. Il s'y rendait parfois avec Georges Arbatov, le conseiller de Brejnev, et avec Guennadi Borovik, le président du Comité de la Paix, beau-frère de Vladimir Krioutchkov. Il y retrouvait Theo Sommer, Helmut Schmidt et Egon Bahr parmi les socialistes; et Horst Teltschik, jeune et brillant technocrate de l'aile gauche de la CDU, qui débutait dans les conseils du futur chancelier Kohl.

Faline et Titov, résident général du KGB à Berlin-Est, sont donc absolument qualifiés, ce 12 novembre 1989, pour modifier leur équipe allemande, compte tenu de ce qu'ils connaissent des intentions occidentales à l'égard de Gorbatchev et de sa politique de maintien de l'empire.

C'est ce jour-là qu'est scellé le sort d'Egon Krenz. Tous sont d'accord : Krenz est mou, indécis, incompétent face à la RFA et à ses alliés, et trop marqué par deux décennies auprès de Honecker, pour rendre crédible l' « évolution » de la RDA. En revanche, Gregor Gÿsi, lié à Markus Wolf, est l' « inconnu ». Il peut incarner l'apparition d'un parti communiste rénové, qu'on va baptiser « parti socialiste démocratique ». Pour écarter Krenz sans fracas, la clique va décréter la dissolution du parti. Comme si l'on faisait table rase du passé. Plus de PC, donc plus de raison que Krenz ait un titre quelconque.

Reste à constituer un gouvernement est-allemand d'un type « nouveau ». Qui de mieux que Hans Modrow pour en devenir le directeur? Il a été chaudement reçu en RFA en 1988 par les milieux industriels auxquels il avait présenté les « succès » des industries de Saxe. Mais, surtout, on a pu lire quelques jours auparavant dans l'*International Herald Tribune* une étude fort intéressante psychologiquement qui, somme toute, reflétait les vœux de la coterie mondialiste de l'Institut Aspen, filiale de Berlin-Ouest : « Un gouvernement communiste en RDA, dirigé par exemple par le réformateur Hans Modrow, garantirait l'existence de l'État est-allemand... Un traité de paix pourrait [ensuite] assurer une fois pour toutes l'ordre issu de la dernière guerre. Il maintiendrait l'équilibre entre les puissances, et rendrait possible des changements progressifs... » L'étude est signée de Margarita Mathiopoulos [1]. Quelle coïncidence de perspectives entre les mondialistes de l'Institut Aspen et l'équipe gorbatchévienne de Berlin-Est !

Margarita Mathiopoulos, trente-deux ans, jolie Grecque, intime de Willy Brandt, a été en mars 1987 la raison de la brusque démission de l'ancien chancelier de sa présidence du SPD. Brandt croyait pouvoir imposer Margarita en tant que porte-parole du parti socialiste, alors qu'elle n'était même pas de nationalité allemande, mais la fille d'un journaliste de ses amis.

La belle Margarita parlait certes allemand, français, italien, et sortait de Harvard et de la Sorbonne. Mais, à part Egon Bahr, les dirigeants du SPD n'admettaient pas ce caprice de leur patriarche, sujet une fois de plus à un coup de cœur. Brandt, furieux, leur avait jeté sa démission à la figure. Margarita n'était d'ailleurs pas socialiste. Elle visait à l'époque un poste de direction au ministère (chrétien-démocrate) de la Recherche, et s'était fiancée à Friedbert Pflüger, porte-parole du président de la République, Richard von Weizsaecker, et membre de la CDU.

Nul, à notre connaissance, ne s'est soucié d'éclaircir l'étrangeté du cas Margarita Mathiopoulos, à la fois protégée de Willy Brandt, introduite à la CDU et prophète de l'Institut Aspen, au point d'être immédiatement entendue par les conspirateurs de Berlin-Est.

Vingt jours après cet article, Hans Modrow devient Premier ministre de la RDA. Le 13 décembre suivant, le secrétaire d'État américain James Baker prend son petit déjeuner à Berlin-Ouest avec le chancelier Kohl. Ensuite, il se rend à Potsdam où il assure Modrow de « son appui à ses transformations démocratiques ». James Baker croit à l'existence d'un communisme démocratique ! François Mitterrand aussi, qui le 21 décembre se rend à Leipzig et dit en public à Hans Modrow qu'il est « l'homme de l'équilibre entre les puissances... ».

Trois mois passent et, le 18 mars 1990, l' « homme de l'équilibre » est balayé par les premières élections libres qui se soient jamais déroulées en RDA. Plus de 69 pour cent des voix se portent sur les listes opposées au maintien d'un État est-allemand. Cinq mois encore et, le 31 août, l'Urss est contrainte par cette irrésistible poussée populaire de parapher à Berlin-Est un traité d'unification.

Le 2 décembre, le premier scrutin législatif pan-allemand depuis 1932 réduit la représentation parlementaire communiste à dix-sept députés sur six cent cinquante-six ! Le « peuple » en a décidé ainsi. Contre les augures officiels. Contre le plan Gorbatchev. Contre son metteur en scène Markus Wolf.

16

Mais où sont donc passés les espions ?

Ni Moscou, ni Berlin-Est, ni aucun des partisans occidentaux d'un rapprochement avec l'Urss n'ont prévu que les événements de 1989 déborderaient leurs plans et leur concertations. Peut-être le peuple d'Allemagne de l'Est n'aspirait-il pas au « capitalisme », mais en tout cas il savait ce dont il ne voulait plus ! Plus porté que son jumeau de l'Ouest à la discipline et au travail, il a pris conscience, en passant de l'ordre noir à l'ordre rouge, que les deux ne menaient qu'à la servitude. Pas plus Gorbatchev que Markus Wolf ou que les patrons des autres capitales satellisées n'ont réalisé que 1989 n'était pas 1945 ou 1947. Qu'on ne peut rejouer avec succès un scénario simplement remanié, alors que l'environnement n'est plus le même. Au sortir des ravages de la guerre, les hommes ne pensaient qu'à revivre – après avoir survécu. Chacun pour soi. Ignorant ce qu'il advenait réellement de leurs voisins. Or les années quatre-vingt sont plus que jamais l'ère des radios et des télévisions sans frontières, en dépit des interdictions et des brouillages. Aux premières loges, les Allemands de l'Est qui savent comment on vit de l'autre côté du Mur. Ils savent que le « socialisme » d'aujourd'hui, comme celui d'hier, ne mène pas à l'épanouissement de l'homme, mais à celui d'une nomenklatura qui, casquettes modifiées, n'est que la copie de la précédente. Ils ont vu qu'à Gdansk en 1979 et 1980 l'arme d'une grève passive, mais massive, déroutait la machine à répression. Qu'on peut enfermer des hommes individuellement ou en groupe, mais que cela ne règle en rien les problèmes d'une économie bloquée. Sous Staline et jusque dans les années cinquante, on pouvait allégrement fusiller et déporter les foules de pousseurs de brouette, de pelleteurs, de piocheurs. On en trouverait toujours pour les remplacer. En revanche, à l'ère des technologies de pointe, tributaire à la fois des scientifiques, des cadres et des ouvriers spécialisés, seuls capables de les appliquer, comment anéantir une armature indispensable – armature déjà insuffisante en RDA, comme dans tout l'empire – si elle se révolte?

La révolte qu'on voit enfler en RDA de 1983 à 1989, Markus Wolf croyait la récupérer, la canaliser, l'employer, en devenant son chef d'orchestre. L'illusion se dissipe dès qu'une étincelle tombe sur ces traînées de poudre.

Le feu aux poudres

L'étincelle, c'est le chancelier Kohl qui la provoque lorsqu'il profite du désarroi qui règne à l'Est pour offrir aux deux Allemagnes, le 28 novembre, un plan en dix points de réunification progressive. L'étincelle devient flammèche en quelques jours, des hameaux aux faubourgs des cités industrielles lasses d'une grisaille infinie.

Le 19 décembre, alors que Markus croit n'ouvrir qu'une petite lucarne bien contrôlée en admettant une visite de Helmut Kohl à Dresde, c'est l'explosion. Dès la sortie de l'accueil officiel à l'aéroport, « Hans Modrow blêmit à vue d'œil * ». Le grand maître d'un des bastions de la RDA n'avait pas imaginé que la rumeur de cette première visite d'un chancelier à Dresde amènerait des dizaines de milliers d'Allemands de tous âges et de toutes conditions, et qu'ils sortiraient de leur poche, non le drapeau de la RDA, mais celui de l'Allemagne – aux cris de « *Einheit! Einheit!* » (« Unité ») et de « *Deutschland einig Vaterland* » (« L'Allemagne, une seule patrie »). Pas d'émeutes, pas de violences, pas de pillages. A Dresde, comme hier à Berlin, il n'y a que l'aspiration de vivre. Tout le reste est propagande ou littérature.

Il est hautement symbolique qu'un chapitre de l'histoire allemande se soit arrêté dans Berlin en 1945, et qu'un autre s'ouvre

* *Le Point*, rétrospective du 31 décembre 1990.

ce jour-là à Dresde, ville martyrisée par des bombardements sans raisons stratégiques, ville vitrine de plusieurs siècles d'Histoire et d'une culture proprement européenne.

Il en est qui se gausseront, dix-sept mois plus tard, de voir le chancelier Kohl, de nouveau en Allemagne orientale, accueilli par quelques centaines de visages fermés et des lanceurs de tomates *. Ignorent-ils ce qui s'est passé durant ces dix-sept mois, et qu'à l'intérieur du coup d'État de Markus Wolf un second mécanisme avait été mis en place, depuis quatre ans, dans le dessein d'entrer en action une fois les deux États admis dans la « maison commune européenne »? Mécanisme aussi efficace à présent que l'Allemagne est réunifiée.

Selon la chronologie officielle, une première étape a régi l'Est, du 13 novembre 1989 au 18 mars 1990, sous la conduite de Hans Modrow. La seconde a été la préparation des élections pan-allemandes de décembre 1990. La troisième, l'avènement d'une Allemagne « unifiée » qui a rétabli les provinces orientales (à la place de leur ancien éclatement en districts), désormais égales en droit et en fonctionnement aux provinces (Länder) de la RFA. Avec, en priorité, l'accrochage de l'économie de l'Est à celle de l'Ouest.

Sur ce dernier plan, la lenteur et les difficultés reprochées au chancelier Kohl ont une explication indiscutable. Il a fondé ses promesses de décembre 1989, et donc sa politique, sur les estimations et les statistiques fournies par ses conseillers – et même par plusieurs économistes occidentaux. Estimations gravement surestimées. L'économie est-allemande n'était pas au niveau de celle de l'Ouest à 45 ou 50 pour cent, mais, dans les meilleurs cas, à 25 ou 28 pour cent. Du point de vue des matériels industriels, infrastructure ferroviaire, routière, des télécommunications, du bâtiment, des services publics... tout est à refaire.

Les économistes et les journalistes l'ont admis en 1991. Ils ont oublié cependant autre chose, qui est le sujet central de ce livre. Ce quelque chose, c'est l'existence d'un immense appareil secret, installé d'avance et mis en œuvre à partir du moment où

* Matthias Schipke, numéro deux des Jeunesses du SPD de Halle, a démissionné de ses fonctions dès que la télévision a passé un film qui montrait son visage, à la tête des manifestants. Il avait nié toute participation aux incidents.

les cartes officielles ont échappé à Markus Wolf et à ses amis, et du même coup au Kremlin.

La « Firme », ou le nouveau Sphinx

Pour l'histoire officielle, le ministère de la Sécurité d'État, donc la Stasi, a été mis en liquidation dès l'hiver 1989 et, le 23 février 1990, la HVA a procédé à son propre sabotage *, après que les assauts populaires se furent portés contre leurs centres régionaux et contre les quarante et un bâtiments où, dans dix mille bureaux, 22, Normannenstrasse à Berlin, travaillaient les responsables des trente-deux départements et subdivisions du MFS.

Remarque : la « Firme », comme on appelait le MFS, disposait aussi dans l'ensemble du pays d'environ trois mille maisons, immeubles, entreprises, commerces, hôpitaux, cliniques, abris secrets; de vingt-trois mille voitures en majorité « banalisées » et de stocks d'armements considérables; d'un budget annuel d'un milliard de dollars (valeur 1989); d'un gigantesque service de contrôle postal, avec deux mille cents employés, placés à Berlin sous le commandement d'un général-major, et superviseurs dans chaque district de la RDA. Rien qu'à Dresde, près de quatre mille lettres étaient ouvertes chaque jour. A Suhl, au moins deux mille cinq cents, etc. Existait aussi la surveillance des téléphones, des télex, etc. confiée à mille cinquante-deux spécialistes équipés de matériel d'écoutes simultanées, enregistrant une moyenne de cent communications à la fois.

Le Département Principal VIII de la Stasi, dit l'« Observatoire », s'occupait sous la direction d'un général-major de la surveillance (et du noyautage) des écoles, des librairies, magasins, stations d'essence. Le Département XX, notamment de celle des Églises, des organisations sportives et culturelles. En plus du réseau serré d'indicateurs qui couvrait le pays depuis quarante ans, il y avait la masse des deux millions et demi de membres du PC (SED) et du million et demi de membres des Jeunesses communistes, où chacun épiait son voisin, avec des

* Voir les détails au chapitre 4.

cadres secrets du haut en bas de ces hiérarchies *. Toute une partie de ce petit monde de spécialistes et de militants, d'employés, de marginaux, semble figée sur place après mars 1990. En réalité, 80 pour cent des cadres les plus intéressants du point de vue de la guerre secrète interallemande et internationale disparaissent. Quelques-uns trouvent accueil sur les bases de l'armée soviétique (trois cent soixante-dix mille hommes contrôlent encore 20 pour cent du territoire de la RDA), d'autres partent en Urss, dans les pays satellites, voire sous de faux noms à l'Ouest. Le gouvernement de Bonn ne déploie guère de zèle pour « situer » ces gens, sauf exceptions évoquées plus loin.

Quatre des cinq premiers adjoints d'Erich Mielke, par exemple, ne paraissent pas susciter l'attention des conseillers de Helmut Kohl. Ainsi le général Wolfgang Schwanitz qui pourtant siège depuis trois ans au sommet de la Stasi, et, de décembre 1989 à mars 1990, a dirigé la Nasi, éphémère substitut de la précédente police, à l'heure où Berlin-Est s'imaginait encore demeurer à jamais un État souverain. Ainsi les généraux Gerhard Neiber qui débuta dans la haute hiérarchie en 1961 à Francfort-sur-Oder, Gerhard Niebling sorti de l'ombre en 1988 et Rudi Mittig, depuis 1977, premier adjoint de Mielke. N'en savent-ils pas autant que Hans Karlson et Heinz Pommer, du bureau personnel de l'ex-ministre du MFS? D'ailleurs certains ont soudain si peur, à la direction des quinze districts, que Peter Koch (Neubrandenburg) se suicide le 3 mai 1990, et que Josef Schwartz (Erfurt) prend la fuite...

En revanche, le général Werner Grossmann, qui, en 1987, avait remplacé Markus à la direction de la HVA – sans toutefois prendre rang de premier adjoint de Mielke qui s'en méfiait –, reste à son bureau. Comme s'il n'avait rien à voir avec ce qu'on peut reprocher à l'ancien régime. Grossmann est un leurre. Les observateurs étrangers n'en prennent pas conscience. Ils ne savent rien des techniques de désinformation des vieux routiers de l'appareil. Ils s'imaginent que ces hommes et ces femmes de la nomenklatura policière et des services secrets qui, depuis deux

* Le PC (futur SED) comptait cinq cent onze mille membres en RDA en 1946. Il est retombé à ce chiffre fin 1990, à 1 ou 2 pour cent près.

ou trois décennies ou plus ont tout sacrifié à une cause à des objectifs précis, vont gentiment admettre qu'ils sont battus et se rendre aux raisons de l'Occident.

Il faut vraiment appartenir aux coteries des salons occidentaux, où quelques intellectuels découpent les cheveux en quatre et s'extasient sur leur nombril, pour croire à un tel harakiri. La révolution en marche vient de perdre des wagons, mais la locomotive poursuit sa route. Le communisme agonise sur les plages de l'Europe et du tiers monde, mais son appareil reste. Werner Grossmann le sait. Il sait que la « Firme » est en train de renaître de ses cendres. Il est de règle, depuis soixante-dix ans, qu'un cadre communiste en cache un autre, qu'un appareil en cache un autre et que des réseaux sortent de leur sommeil quand les précédents ont été brûlés.

Mielke, Honecker, Grossmann et d'autres

Certes Erich Mielke est à ce moment du printemps 1990 toujours chez lui, à Berlin-Est, sans ordre d'évacuation. Pour des raisons très simples : d'abord il n'a pas été totalement initié aux secrets du nouvel appareil organisé depuis 1986; de plus, il a quatre-vingt-trois ans, il est malade, usé, fini, et même s'il retrouvait ses moyens intellectuels, il ne parlerait pas. Un fidèle inconditionnel.

Pour Erich Honecker, même génération, il en va autrement. Rancunier, il serait capable, perdu pour perdu, de se venger des conspirations montées contre lui, en lâchant quelques vérités gênantes. Le KGB l'a prié de se réfugier avec Margot Feist, sa seconde épouse, à l'hôpital militaire soviétique de Beeltitz, près de Berlin. Il est là, protégé... et surveillé *.

Quant à Grossmann – que les fichiers de la Stasi ortho-

* Comme l'avait prévu le comte Huyn dans un ouvrage paru à Munich en 1990, *Die Deutsche Karte*, Honecker a été « transféré » début 1991 en Urss alors qu'il était inculpé. Juste au moment où allait être exigé de Moscou qu'on le laisse entre les mains de la RFA. De hautes complicités à Bonn ont joué et pris la justice de vitesse. En avril 1991, lui et sa femme résidaient à Krasnogorsk, à dix kilomètres à l'ouest de Moscou. Le directeur du KGB est venu lui rendre visite à plusieurs reprises.

graphient parfois Groszmann, comme s'il était d'origine juive polonaise –, s'il n'est âgé que de soixante et un ans, sa longue pratique du renseignement, mais jamais des répressions, lui permet de jouer avec le feu. Par ses taupes encore au travail, il sait jusqu'où risquer de se brûler. Issu d'une famille de militants communistes de Silésie, Grossmann appartenait à seize ans aux ultimes milices territoriales des derniers combats des nazis; mais, dès 1946, il s'est inscrit au PC est-allemand. Ses supérieurs l'ont envoyé dans une école du parti, puis à l'université de Dresde où les recruteurs de la Sécurité d'État ont remarqué ses capacités. Il n'avait pas vingt-cinq ans, en 1952, lorsqu'il fit ses premières classes à l'Institut de recherches économiques (IWF), dont Markus Wolf était déjà le numéro deux, un œil braqué sur le monde industriel et politique de la RFA. Ses aptitudes le désignent ensuite pour diriger une des écoles d'espionnage. En 1965, il prend le commandement du Département IV, chargé de la pénétration de la Bundeswehr et de l'Otan; cinq ans plus tard, il prend la direction du Département I, celui qui pénètre le gouvernement de Bonn. Après quoi, de 1977 à 1987, Grossmann supervise la manière dont sont « traités » les agents recrutés au sein des services secrets américain, anglais et français. C'est dire qu'il partage dans de nombreux domaines les succès de Markus. Il en est d'ailleurs devenu l'ami intime et l'accompagne en Suède, en 1978, sous le nom de docteur Kurt Lenkheit *.

Werner Grossmann n'est donc pas un innocent. Lorsqu'en mars 1991 on découvre Wolf Heinrich Prellwitz au cœur du ministère ouest-allemand de la Défense (il y était entré en 1971), la presse qui fait état de son arrestation omet deux détails : Prellwitz a été un « poulain » de Grossmann jusqu'en 1990, et c'est sur les conseils de ce dernier qu'il avait quitté la HVA pour le KGB.

Le 4 octobre 1990, Grossmann est embarqué par hélicoptère à Karlsruhe pour y être interrogé. Il est remis en liberté le 6, à condition de « pointer » chaque semaine au commissariat voisin de son domicile et de ne pas quitter l'Allemagne. Depuis lors, il se tait. Cependant, au début de l'année 1991, il s'est livré à plusieurs opérations de désinformation, dont l'hebdomadaire *Der*

* Détail communiqué par Roger Faligot et Rémi Kauffer.

Spiegel s'est fait l'écho pour l'une d'entre elles. Pourquoi se serait-il caché? Il n'avait jamais agi que dans le cadre de la légalité. C'est d'ailleurs avec des groupes dits de travail sur la sécurité ou des comités de citoyens, agréés par Bonn, qu'il a, de mai à juin, « réglé les problèmes administratifs » relatifs à la HVA dissoute... On aurait ainsi, en à peine quatre mois, liquidé les dossiers des cadres de plus de quarante ans de l'espionnage est-allemand! Il y a aussi cet aveu, toujours à *Der Spiegel* : « On a détruit les dossiers devenus inutiles ou qui mettaient en danger ceux qui ont travaillé pour nous. On a, chaque fois que c'était possible, discuté avec la plupart de nos agents en RFA et fait en quelque sorte nos adieux... Si certains de ces agents se sont tournés vers le KGB, c'est sous leur seule responsabilité. » Vraiment? Existerait-il quelque nouveau Guillaume recruté à Bonn depuis 1974? demandent des journalistes occidentaux. Sourire de Grossmann :

– On n'a jamais recruté de second Guillaume!

Le manteau de Noé

Merveilleux petit monde en train de naître où sont si facilement gommés quarante-quatre ans d'histoire secrète. Les spécialistes du contre-espionnage ouest-allemand ne sont pas dupes un instant. Ils savent que c'est le général Rudi Mittig – dont nul ne parle plus – qui a pris en main, à partir de 1986, la vaste opération dont nous allons brosser le canevas. Ils savent qu'avec G. Neiber, autre adjoint de Mielke, il figurait parmi les quinze plus hauts salariés de la Stasi et de la HVA, avec en outre un budget spécial considérable *. Ils se demandent où se trouve le général Horst Felber qui dirigeait depuis neuf ans les cellules du parti au sein de la Stasi. Où se cache le général Fritz Streletz qui, de 1960 à 1989, supervisait pour Honecker, puis sous les ordres d'Egon Krenz, le travail du MFS, du ministère de la Défense, du ministère de l'Intérieur **. Et où est donc passé le

* Voir annexe XI.

** Streletz a finalement été arrêté le 20 mai 1991, au sortir d'une base soviétique près de Berlin.

général Niebling, étoile montante de la Stasi ces dernières années? Et Kratsch, le technicien des attentats au HA.II de la Stasi, en coordination avec le Département XXII? Et deux douzaines encore de même importance?

Mais voilà, les dossiers saisis de la Stasi ont été placés, sur ordre de Bonn, sous le contrôle exclusif de commissions dont les membres ne sont pas des experts des affaires secrètes, mais de braves gens qui, au fil des mois, s'apercevront qu'ils sont entourés de taupes. Ni le BfV ni le BND n'ont droit d'accès à leurs dossiers. On veut, dit-on autour de la Chancellerie et au ministère des Affaires étrangères, éviter la chasse aux sorcières et ne pas irriter Moscou qui a daigné souscrire à l'inévitable « unification ». De fait, Gorbatchev, en pleine faillite, pouvait-il se permettre le luxe de refuser et de reprendre la guerre froide?

Est aussi suggéré qu'après tout ces pauvres Allemands de la Stasi et de la HVA ont été « victimes » du camp où les événements de 1945 les ont placés... en oubliant qu'il s'est trouvé tout de même des milliers de ces « victimes » pour martyriser leurs compatriotes! On met sur le même plan un État totalitaire qui rivalisait avec l'Urss, la Roumanie, l'Albanie ou le Vietnam, en fait de camps de concentration, et les polices et services secrets de l'Ouest qui, s'ils ont leurs défauts et connu des bavures, n'ont pas enfermé dans des goulags des millions d'êtres humains.

A considérer ce manque de lucidité de Bonn, on constate que Leonid Brejnev avait raison lorsque, le 11 octobre 1971, il avait assuré au parti de Moldavie : « La crise de la démocratie bourgeoise, la désintégration de la machine politique capitaliste n'ont probablement jamais été aussi évidentes, et aussi bien leur crise idéologique et morale. » Au point de se rendre aux raisons de l'ennemi pour sans cesse l'excuser et l'apaiser! Cette obstruction, non à une chasse aux sorcières qui serait stupide, mais à une hiérarchie des responsabilités de quarante-quatre ans de totalitarisme, n'est-ce pas avant tout la peur du scandale? Le scandale si, en exploitant les dossiers et les révélations de transfuges, le monde découvrait dans toute leur nudité les personnalités politiques, industrielles et gouvernementales qui, en RFA, n'ont cessé de travailler avec la HVA et la Stasi ou, en tout cas, d'en être les meilleurs agents d'influence.

Une copie de l'opération Gladio

Néanmoins des « affaires » émergent de temps à autre. Elles révèlent l'ampleur du plan à long terme imaginé par Andropov et mis à exécution par Gorbatchev. Chaque matriochka * découverte en recèle une deuxième, puis une troisième, jusqu'à pénétrer dans le secret des secrets.

La première a été décrite ici : infiltration systématique après 1990 des oppositions politique, sociale, culturelle, religieuse, etc. en sorte de prévoir des fronts nationaux type 1945 ; prendre les devants, les téléguider derrière des non-communistes afin d'accréditer l'idée du « changement », tel que l'affiche Gorbatchev. Mais, derrière ces paravents, mise en place d'un appareil-bis implanté dans les deux Allemagnes – en sommeil aussi longtemps que ses supérieurs (qui, en cas de catastrophe en RDA, prendront le large) ne les activeront pas.

Telle est la copie de l'opération Gladio, qu'en 1991 les partis communistes et leurs compagnons de route en Europe de l'Ouest dénoncent comme ayant été un vaste complot d'extrême droite, couvert par l'Otan dans les années cinquante. Que fut en réalité Gladio? La mise en place, hors des services spéciaux des pays de l'Otan, et dans chacun de ces pays, de petites cellules d'initiés qui restaient dormantes, mais seraient, en cas d'invasion éclair par l'Urss, les pôles déjà prêts d'une résistance efficace.

Mais Gladio était *défensif*. Le plan repris par Gorbatchev est *offensif*. Et cela dans tous les pays du glacis, à partir de décembre 1989. Il réussit en Roumanie où des communistes prétendus dissidents récupèrent le désir populaire de sortir du communisme **. En Bulgarie où l'un des chefs de file des « réformateurs » Anatoli Loukianov, n'est même pas citoyen bulgare, mais né soviétique et jamais naturalisé ! Il est plus subtil en Pologne où l'appareil communiste fait admettre que, lors des élections « libres », il aura de toute façon, et quels que

* On connaît cette poupée russe qui en recèle une plus petite, puis encore une plus petite, etc.

** Voir *Autopsie du coup d'État roumain*, par Radu Portocala, Calmann-Lévy, 1990.

soient les résultats, 65 pour cent des sièges au nouveau Parlement. Il échoue à moitié à Budapest et à Prague, encore qu'on ne cessera en 1990 et 1991 de découvrir des taupes haut placées autour de Josef Antall et de Vaclav Havel.

La matriochka est-allemande réussit le tour de force que ne soient pas poursuivies, ne serait-ce que quatre ou cinq douzaines des généraux et cadres qui dirigeaient les 98 344 membres de la Stasi selon les fiches de paie découvertes en 1990.

Comment l'équipe de Markus a-t-elle réalisé l'opération appareil-bis? A partir de 1986, peu à peu, quelques officiers triés ont été placés hors cadre de la Stasi et de la HVA, et initiés à son plan. Ensuite, plusieurs centaines, puis des milliers (en trois ans) d'officiers et d'agents ont été recyclés dans le civil selon leur métier d'origine ou leurs aptitudes. Ils se sont ainsi réinsérés dans la vie sociale de la RDA, hors des régions où ils étaient connus, devenant ou redevenant ingénieurs, professeurs, employés, simples policiers, etc.; quelques-uns deviendront même « dissidents ». Celui-ci quittera Rostock pour Dresde ou inversement; celle-là – car il y a beaucoup de femmes – émigrera d'Erfurt à Berlin-Est... Tous ont le mot de passe pour le jour où un patron anonyme les « réveillera ».

Les plus importants d'entre eux possèdent, par région, des moyens radio avec longueurs d'onde, des codes *. Certains initiés ont reçu pour consigne de gagner la RFA et d'y dormir jusqu'à nouvel ordre, en profitant de ce temps mort pour faire leur trou dans des secteurs aussi bien politiques que sociaux, techniques ou administratifs. Ces gens s'appellent des OiBE (*Offizier im Besonderen Einsatz*, « officier d'unité spéciale »). Des preuves en seront trouvées au milieu de l'année 1990, dont l'ordre numéro 6/86 qui émanait d'un bureau de la Normannenstrasse et qui aurait dû être détruit. Plusieurs couples d'OiBE ont été démasqués au printemps 1990 dans les provinces ouest-allemandes. D'autres se sont infiltrés dans les commissions et comités agréées par Bonn pour assurer une transition administrative et technique en RDA.

* La *Lettre d'information* du CEI comme les conférences de l'auteur ont, dès décembre 1989, exposé cette opération en Allemagne et dans les pays de l'Est.

« La mer toujours recommencée »

Observateurs et contre-espionnage occidental se demandaient à un moment : mais où sont donc passés les espions? Réponse vite obtenue. Hormis la seule nuit d'un étonnant silence, celle du 6 juin 1990, le rythme des messages radio, codés et envoyés de l'ex-RDA, s'est non seulement maintenu, mais s'est même amplifié. Des flashes dans la nuit, émettant en quelques secondes des groupes de cinq chiffres, vers les provinces de RFA et d'autres pays d'Europe.

Les milieux informés, selon la formule consacrée, estimaient à sept mille les agents de l'espionnage est-allemand implantés en Allemagne en 1990, dont environ deux mille OiBE en RDA. Près de deux cents agents de la Stasi et de la HVA se sont rendus d'eux-mêmes au contre-espionnage de Bonn. Aucun d'entre eux n'était un « gros poisson ». Rien qui permette une synthèse définitive. Cent soixante-deux actifs ont malgré tout été neutralisés entre l'hiver 1989 et l'été 1990. Ainsi Michel Kreiser, arrêté dans un café de Mannheim. Il vivait en RFA depuis deux ans et venait de recevoir l'ordre de recruter en milieu estudiantin. Quelqu'un l'avait réveillé.

Gabriele Gast, du BND, Hagen Blau et quatre autres diplomates démasqués à cette époque sont des vétérans. Rien à voir avec les OiBE. Mais, en septembre 1990, on découvre quelque part en Allemagne de l'Est un incroyable centre d'écoutes souterrain qui fonctionnait depuis longtemps sans besoin de personnel à demeure. Un ingénieux système permettait en effet de le manipuler à distance – avec code, bien sûr – comme on manipule avec un simple boîtier n'importe quel poste de télévision. Ce centre enregistrait, entre autres, les communications téléphoniques du lieutenant-colonel Klaus Dieter Heyde, attaché aux services de l'Otan à Bruxelles; ou encore celles du maire de Hambourg, qu'il téléphonât de son bureau, de son domicile ou de sa voiture...

Le fait que ce système soit toujours en activité montre qu'encore en fin 1990, l'espionnage est-allemand continue d'entretenir des agents, à la fois en RFA et dans l'ex-RDA.

Un des cas particuliers : l'arrestation, en janvier 1991, de Stephen Laufer, trente-six ans. Il a été recruté par la HVA en

1977, et a été repassé au KGB car son « travail » touchait à un secteur très sensible. Il vivait avec la fille du général commandant les unités américaines basées à Berlin-Ouest. Laufer a été l'organisateur des visites parlementaires et de la venue du président Reagan en 1990 à Berlin-Ouest et Est. On touche ici à l'étroite symbiose entre les services secrets est-allemands, le KGB et le GRU, alors qu'à Bonn et autres capitales ouest-européennes on feint d'ignorer que Gorbatchev ne manœuvre qu'en fonction des rapports établis par ces divers services.

Le transfuge du KGB, Oleg Gordievsky, rappelle ainsi, le 4 janvier 1991 dans le *Berliner Zeitung*, qu'environ cinq cents à sept cents officiers du GRU et du KGB opèrent en Allemagne, sous différentes raisons « sociales » ou diplomatiques. Une centaine réside à Bonn et dans ses environs, les autres sont disséminés à Munich, Hambourg et Cologne. Ajoutons, après enquêtes personnelles : à Francfort, à Dusseldorf et aux abords du lac de Constance. Car l'espionnage soviéto-allemand, c'est « la mer recommencée », pour reprendre à Paul Valéry une de ses images.

A preuve, la découverte, en avril 1991, du chef du secrétariat de la Chancellerie, Thomas Gundelach, en poste là depuis huit ans, et dont Mielke, dans une synthèse datée du 6 août 1984, notait avec satisfaction son « travail » dans ce « milieu » depuis peu de temps. Gundelach est l'un de ceux qui ont pris le relais des époux Willner lorsqu'ils durent fuir à jamais, en 1985.

Mais on apprend aussi, en mai 1991 – sans que rien paraisse à ce sujet dans la presse ouest-européenne – que des « anciens » (?) de la Stasi se sont tranquillement introduits au cours des élections libres, dans les parlements des provinces reconstituées en ex-RDA. Ainsi onze députés sur soixante-six en Mecklembourg, douze sur cent six en Saxe-Anhalt et vingt en Saxe, onze en Brandebourg, trois en Thuringe. Ailleurs, au Parlement de Berlin, Hans-Peter Wolf a été élu sur les listes du FDP. Il démissionne en admettant que depuis des années il renseignait effectivement la Stasi en informations sur son parti. En Brandenbourg, les biographies des élus de même origine ont été « simplifiées » en sorte de camoufler leur rôle au sein de la Stasi. Le bulletin *Le Monde du Renseignement* édité à Paris *,

* In *Le Monde du Renseignement*, bimensuel, numéro 170, 22 mai 1991. Publié par Indigo Publications, 10, rue du Sentier, 75002 Paris.

révèle à ce sujet que des anciens de la HA.VI (contrôle des passeports) et de la HA/PS (Sécurité de la Nomenklatura) ont conservé leurs emplois dans l'administration nouvelle, régie par Bonn, aussi bien que des dizaines de procureurs et juges de l'ordre ancien. Au motif qu'on n'a pas trouvé en nombre suffisant d'éventuels remplaçants. Et pour les élus, que leur immunité parlementaire interdit désormais toute enquête!...

Terrorisme et sabotage, modèles 1991

L'assassinat, en avril 1991 de Detlev Rohwedder, le P-DG du groupe Treuhand, chargé de la privatisation de près de huit mille entreprises en RDA, n'a en soi pas posé de problèmes à l'appareil de Markus Wolf et de la Stasi, puisque le contre-espionnage de Bonn a découvert qu'au moins deux cents de ses mille deux cents employés étaient, ou sont encore, des OiBE. Des informateurs parmi eux ont téléguidé un commando de la Fraction Armée rouge.

Une semaine avant l'attentat, le chef de la sécurité de Treuhand avait reçu des menaces de mort, anonymes évidemment. Deux de ses adjoints avaient alors été victimes d'accidents de voiture inexplicables. Des leurres. La vraie cible s'appelait Rohwedder.

Cependant, le moyen de sabotage le plus efficace, depuis 1990, est venu des infiltrations dans les organismes provisoires de contrôle et de gestion de l'administration publique et des industries et commerce rendus à la liberté. Dieter Stein, chargé par le gouvernement Modrow * (et reconduit par son successeur Lothar de Maizière) de « démocratiser » la police et de démanteler la Stasi, était en secret un officier de ces organismes. P.M. Diestel, ministre de l'Intérieur, l'avait couvert. Modrow lui-même, bien que entré au Bundestag après les élections pan-allemandes de décembre 1990, a rang de commandant dans l'appareil clandestin de la Stasi... Les services de renseignement français étaient-ils si peu à jour qu'ils n'ont pas averti

* Modrow a été accusé le 6 juillet 1991 par le procureur de Saxe de manipulations des votes aux élections municipales est-allemandes de mai 1989.

François Mitterrand qu'il était préférable de ne pas en prononcer le panégyrique, en décembre 1989? Et si Lothar de Maizière n'était peut-être pas un informateur de la Stasi, du moins Ibrahim Böhme, confirmé comme responsable du SPD en RDA par Willy Brandt (et reçu à ce titre par le Sénat américain en 1990) était bel et bien une taupe... De même quatre ministres « non communistes » du gouvernement de Maizière, plus une soixantaine de députés du dernier Parlement de la RDA. Wolfgang Berghoffer aussi, maire de Dresde, qui avait pour fonction particulière de maintenir un discret contact à Paris avec Georges Marchais, par l'entremise de Francis Wurtz, le secrétaire du numéro un du PCF.

Exemple d'autres circuits : lorsque les restaurants et cafétérias de Berlin-Est sont rendus au secteur privé, ils sont un à un rachetés par un étrange millionnaire qui n'est autre que l'ancien gérant pour le PC de ces mêmes commerces autrefois étatisés! Avec quels fonds? Ceux de la trésorerie secrète de la seconde matriochka ou ceux de l'appareil de la Ko-Ko d'Alexandre Schalk-Golodkowski?

Un fichier monumental au service du « Poing rouge »

Une autre Allemagne s'efforce de naître au cœur d'une Europe toujours incertaine. Gorbatchev souhaite qu'elle soit sa compagne privilégiée dans une « maison commune ». Encore faudrait-il, puisque l'espionnage et la subversion soviéto-allemands se poursuivent, que cette maison commune ne serve pas d'accueil facile à des opérations contre ses locataires. D'autant que le KGB a bénéficié pour son service 1179 d'un énorme fichier transféré à temps à Moscou sur l'ordinateur géant de Markus Wolf, disquettes gonflées de trente années de recherches en commun avec les capitales de l'Est. Six millions d'Allemands de l'Est, deux millions d'Allemands de l'Ouest, avec leurs caractéristiques personnelles, familiales, défauts, faiblesses, affiliations, possibilités d'approche, de recrutement, de chantage, sont désormais entre les mains des hommes du Kremlin. Ajoutons deux cent mille « anticommunistes dangereux », non des individus en mal de démagogie électorale, mais ceux considérés comme nuisibles de par leurs recherches, leurs analyses sur la révolution en marche, ses appareils et ses hommes.

Si l'idéologie communiste est devenue un bois sec, son appareil survit et n'a pas fini d'agir. Tel est le sens des messages clandestins émis en 1991 en Allemagne par l'un des noyaux de la Stasi-bis, dit le « Poing rouge », et qui n'est pas le seul poing prêt à frapper encore. Certes, trois ou quatre membres de l'ancien Politburo est-allemand ont été appréhendés, comme Harry Tisch, ex-responsable du syndicat unique de la RDA. Il a d'ailleurs été aussitôt remis en liberté. Certes le vieux Willi Stoph, qui fut ministre de l'Intérieur de 1952 à 1955 et Premier ministre jusqu'à la fin de 1989, a été arrêté. Également, en mai 1991, le général ministre de la Défense depuis décembre 1985, Heinz Kessler, qui s'était opposé au coup d'État envisagé par Markus Wolf; plus deux ou trois généraux. Mais ce ne sont pas les figures les plus en vue qui sont les plus dangereuses parce que les plus efficaces. Les seconds ou troisièmes couteaux sont autrement redoutables, toujours en activité après que leurs maîtres ont été neutralisés. Que faire, par exemple, d'un octogénaire comme Erich Mielke, recherché pour crime depuis 1932, à présent qu'il attend en prison un improbable procès? Physiquement brisé, moralement abattu, hébété, il passe ses journées le regard dans le vide, jouant avec des ours en peluche et des téléphones d'enfant. Il incarne une idéologie morte, si tachée de sang qu'elle soit, tandis que deux cent cinquante généraux de la Stasi ont pour la plupart « disparu ».

S'il n'y a pas de justice dans les vengeances sans fin des chasses à l'homme – dont certains se font une spécialité –, du moins s'effraie-t-on du manteau de Noé qu'une large partie du gouvernement de Bonn tente de jeter aujourd'hui sur quarante-quatre ans d'une impitoyable dictature d'Allemands devenus les bourreaux d'autres Allemands, avec au moins deux cent mille morts bien avant le Mur de Berlin, avec les torturés de prisons comme celle de Bautzen II, avec les corps déchiquetés sur les grillages minés ou au pied du Mur qui séparait l'Allemagne. Sans parler des assassinats et enlèvements perpétrés à l'étranger. L'apaisement entre l'Est et l'Ouest impliquerait-il que les chefs des bourreaux et leurs exécutants s'intègrent gentiment à la nouvelle Allemagne, aux côtés des familles de leurs victimes?

Quelle Allemagne, demain?

Le 16 mai 1991, la Rhénanie-Palatinat et Hambourg, deux des seize provinces de l'Allemagne unifiée, constituent un gouvernement de coalition socialiste et libéral contre la CDU. Deux autres également, avec l'appoint écologiste. Pour la première fois depuis dix ans, tous les sondages donnent battu le gouvernement du chancelier Kohl en cas de législatives immédiates. Un commentateur parisien s'empresse de spéculer sur cette bascule, et la projette sur la législature de 1994, car au total dix des seize provinces d'Allemagne penchent déjà dans ce sens. L'observateur étranger, moins encore l'historien, n'ont à choisir. Cependant un constat s'impose : c'est sur cette bascule que comptaient Gorbatchev et Markus Wolf pour 1987. Leur déception fut immense, l'échec venu. Il faut croire qu'ils avaient des raisons de la souhaiter, pour un enjeu autrement plus important qu'une simple joute électorale! Alors, jeter le manteau de Noé sur les activités de la Stasi et sur le grand dessein de Markus Wolf, c'est favoriser la maturation d'un abcès, au lieu de l'apurer. Un abcès bien plus grave qu'une rivalité entre partis politiques.

Une « vieille Allemagne » existe, dans les partis et les cercles d'influence de la RFA et de la RDA, qui ne cesse de rêver d'un nouveau Rapallo qui, cette fois, serait germano-franco-soviétique, et non plus germano-soviétique. Qui privilégierait donc l'alliance avec l'Urss au sein de la « maison commune », face à l'Amérique et au Japon. Avec une Urss restée communiste, et non avec la Russie.

Une « jeune Allemagne » existe aussi, qui réunit dans un même combat l'extrême gauche et l'extrême droite à relents trotskistes ou verts. Celle-là reprend à son compte les thèses d'Ernst Niekisch, ami à la fois de Goebbels et des frères Kippenberger – responsables, dans les années trente, de l'appareil secret des communistes –, et qui écrivait : « L'Allemagne ne saurait se reconquérir qu'en favorisant en Europe la poussée russo-asiatique *. » Par haine des libertés occidentales et déjà aussi de l'Amérique.

* *Entscheidung*, par Ernst Niekisch, Witerstand Verlag, Berlin, 1930.

Il est impossible de ne pas se souvenir de Hermann Matern, l'un des seconds d'Ulbricht, lorsqu'en 1958, au vu des succès remportés par la Stasi et la HVA, il s'écriait au Comité central : « Si nous arrivons à étendre le socialisme à toute l'Allemagne, la voie lui sera ouverte dans toute l'Europe ! » Au nom du « socialisme diversifié », le *Nouveau Manifeste* du SPD rédigé en 1971, à l'inspiration de Willy Brandt (derrière lequel se tenait Guillaume) d'Egon Bahr (vieux collaborateur de Tulpanov) et de Herbert Wehner (vétéran du Komintern) reprenait le thème : « Nous vivons dans un monde que nous devons partager avec les communistes. »

Depuis 1974, il est flagrant que la fraction libérale-démocrate menée par Hans Dietrich Genscher a fait sienne ce manifeste.

Ces utopies peuvent conduire loin, très loin. Et d'ailleurs, partager quoi avec les communistes? En cette fin de siècle, ce que désirent les peuples, ce n'est pas d'être fourrés dans des tiroirs, étiquetés et classés dans des dogmes sectaires, sous des slogans simplistes, semblables à l'étoile jaune imposée aux Juifs ou au costume rayé des bagnards. C'est tout simplement de vivre dignes et libres, dans une prospérité due au travail et non à l'assistance publique.

L'Europe de demain ne peut-elle intégrer l'Allemagne à son destin, sans étiquettes partisanes, dans une coopération nécessaire entre États et non dans la soumission à des idéologies messianiques? Ce serait rendre l'Allemagne à ses vieux démons, chacun de ses voisins aux leurs, et en revenir aux truquages et aux combinaisons qui ont été la cause du sang versé durant ce siècle.

En guise d'épilogue

Une image me revient. Un confrère britannique, Michael Hartland, cheminait un jour de l'été 1990 dans Berlin-Est, au côté d'une vieille dame de quatre-vingt-trois ans. Elle regardait, étonnée et inquiète, un groupe de jeunes manifestants. Quelques-uns la bousculent au passage, naturellement sans s'excuser. Ils ignorent que cette femme est l'une des plus grandes espionnes de notre temps : Sonia, alias Ruth Werner, de son vrai nom Ursula Kuczynski et que son frère Jürgen était un brillant économiste, lui aussi espion de l'Allemagne de l'Est et de l'Urss, pendant une quarantaine d'années.

Désemparée, Ursula murmure en trottinant :

– Où pouvons-nous donc aller maintenant, nous autres?

Je l'avais vue bien plus sûre d'elle, au début de cette histoire, lorsque prévenue que le contre-espionnage britannique l'avait démasquée, elle s'était rendue clandestinement aux abords de la frontière germano-tchèque pour y organiser, avec son frère venu de Berlin-Est, son retour, en 1949, dans le giron soviéto-allemand *.

« Sonia » a fini par prendre sa retraite. Elle a écrit des Mémoires remplis de blancs, comme se le doit tout espion. Elle a vécu avec son mari Len, ses enfants et ses petits-enfants, loin des luxueux avantages de la nomenklatura. Elle avait cru, tout

* « Sonia », jusqu'en 1949 à Londres, avait été mystérieusement protégée. Un an et demi auparavant, des policiers s'étaient rendus à son domicile et lui avaient dit : « Bien entendu, vous n'espionnez plus, maintenant? »

vécu, tout risqué. Pour rien. Bousculée maintenant par l'Histoire.

Peut-on vraiment s'apitoyer sur cette triste fin et sur le sort de ses anciens camarades, quand on songe aux millions d'êtres humains victimes de leur système? Je pense à ce creux de l'Elbe, au cœur de Dresde, face au palais Zwinger, où j'ai eu si peur tandis que venait m'y rejoindre Sigrid Büttner, après avoir dérobé quelques-uns de ses secrets à un général du NKVD-KGB qui assurait la sécurité de la région, installé dans la maison d'où avaient fui ses parents. Je pense à cet angle de la Buchstrasse et de la place du Vieux-Marché, à Schwerin, où, attendant un rendez-vous, j'ai eu si froid, à l'abri du surplomb d'une vieille maison du XVIIIe siècle, tandis qu'il pleuvait des cordes. Je pense à Jean Gavignet, mon chef de réseau pendant la guerre, revenu de Dachau pour diriger l'antenne de la DGER à Feldkirch, en Autriche; au père du futur Premier ministre Michel Rocard, alors évaluateur auprès de nos « services » des savants et techniciens en fuite; à son fils encore en culottes courtes, dressé contre la discipline que lui imposait son père; au chef d'orchestre Herbert von Karajan et à sa compagne, lorsque à Sankt-Anton, dans l'Arlberg, nous plaisantions parfois ensemble de ces hommes de toutes nationalités, vraies ou fausses, espions, agents doubles, escrocs éphémèrement riches, qui s'épiaient, s'estimaient ou se détestaient; et à ceux qui, en mission, ont disparu.

Il y avait aussi, dans le flot de millions de Russes, Baltes, Ukrainiens, ressortissants de tous les pays en voie de subjugation qui avaient fui devant l'Armée soviétique, des Allemands venus de l'Est et des Autrichiens qui bénévolement renseignaient les Occidentaux. En s'imaginant qu'ils les aideraient à se libérer d'une dictature étrangement jumelle de la précédente. Mais Arthur Koestler avait été le premier à me dire, comme je l'ai rapporté au début de cette histoire, qu'il ne fallait rien attendre de nos gouvernements et à me faire comprendre, comme Jan Valtin et quelques autres, que le jeu était truqué.

De fait, ce n'est pas l'Ouest qui a libéré l'Est, mais des peuples qui se sont mis en marche, envers et contre les complicités Est-Ouest, et parmi eux des Allemands. Du coup je pense à cet homme trapu qui un soir, à la sortie du vieil Opéra de Berlin-Est, me dévisageait avec insistance, en passant, comme on cherche où l'on a donc vu déjà un visage. Une heure plus tard, « Michel » – si vous vivez encore –, vous me demandiez pourquoi, au restaurant Neva, je semblais ne pas avoir faim. C'est que le même homme trapu venait de s'attabler à la table voisine de la nôtre, loup solitaire qui de nouveau m'observait. Je me demandais si vous ne m'aviez pas tendu un piège. Cet homme s'appelait Erich Mielke.

La sérénité existe. Mais des années plus tard.

25 mai 1991.

Notes et sources

Avant-propos

1. L'un des fondateurs en automne 1940 de la « Dernière Colonne » auprès de Jean Cavaillès et d'Emmanuel d'Astier de Lavigerie, comme représentant de son réseau d'étudiants (constitué à Clermont-Ferrand et Vichy dans les facultés et collèges), l'auteur a ultérieurement appartenu à l'Armée secrète-Vercors (1943) et comme agent P 2 a tenu la Centrale du réseau de renseignements stratégiques « Galien », des Forces françaises combattantes. Réseau rattaché fin 1944 à « Kléber » dont le responsable était le général Bertrand, qui en 1940 avait apporté à Londres le premier modèle de la machine à chiffrer de Hitler dite « Enigma ».

De 1944 à 1947, l'auteur a appartenu à la DGER, puis à l'Administration d'occupation en Allemagne, et fut ensuite honorable correspondant des Services secrets français en Allemagne, Autriche et pays voisins, jusqu'à l'hiver 1949-1950, puis correspondant de presse en Allemagne, jusqu'à son entrée à l'AFP, en 1952. Croix de guerre 1939-1945 avec une citation à l'ordre du corps d'armée qui énumère ses différentes actions, l'auteur est également titulaire de la croix du combattant volontaire de la Résistance, et de la croix du combattant volontaire 1939-1945 avec barrette.

2. La famille Orsödi-Meixner est passée ensuite en Suisse, et quelques années plus tard s'est installée à Bruxelles. L'épouse de Ladislas est clandestinement repartie en Hongrie, dès l'insurrection d'octobre 1956, et a combattu dans les maquis jusqu'au printemps 1957. Elle a pu s'évader alors, durement atteinte, pieds et jambes gelés durant les derniers froids, avant de passer par chance la frontière d'Autriche. L'auteur a perdu le contact avec eux au milieu des années 1960.

3. L'auteur ignore dans quelle mesure ses renseignements ont été utilisés.

4. Lazlo Rajk fut arrêté le 3 juin 1949, Noël Field venait de l'être à Prague. Comme me l'avait annoncé Koestler, les premiers procès de l'Est confirmant le retournement pro-arabe de l'Urss ont alors commencé, avec Field comme accusé majeur, pour la seule raison que la majorité de ses amis de l'Est et de l'Ouest étaient d'origine juive. C'est Janos Kadar en personne qui arrêta Rajk, et après lui avoir promis l'indulgence en échange de ses « aveux » lui fit connaître les pires sévices.

Première Partie : Le coup d'État de Markus Wolf

1. – Le détonateur hongrois

1. *Die Troïka, Markus Wolf*, Aufbau Verlag, Berlin-Weimar, 1989.

2. *Crisis and resurgence : East German Security*, Revue *Intelligence and Counter Intelligence*, vol. 2, n° 4-1988. Stroudsburg, Pennsylvanie, USA, par Jefferson Adams.

Les Nouvelles de Moscou du 13 juillet 1990 ont confirmé notre version des événements de juin 1953 en RDA, telle que parue dans nos précédents ouvrages, et rapportée ici, avec un complément utile et inédit. L'hebdomadaire soviétique révèle en effet :

« En 1953, peu de temps après la mort de Staline, un document signé par Lavrenti P. Beria donnait des directives pour un changement radical en RDA. Dans un contexte économique et politique troublé ce programme devait mettre un terme à l'option " de construction accélérée du socialisme ". Ce document a été retrouvé dans les archives de l'ex-parti socialiste unifié (SED)... »

Selon l'hebdomadaire, ce document est daté *« de mai 1953 »* et porte en marge « de nombreuses annotations d'Otto Grotewohl, à l'époque un des leaders du SED... ». Le programme de Beria énumère ensuite cinq points de mise en œuvre dont : 1) Renoncer à la politique de construction accélérée du socialisme. 2) ... se limiter à la politique de création d'une Allemagne unifiée, démocratique, pacifique et indépendante. 3) Cesser l'implantation artificielle et injustifiée des coopératives agricoles qui provoque le mécontentement des paysans. 4) Reconnaître que la politique d'éviction du petit et moyen capital est prématurée. Assurer en revanche la participation du capital privé à différentes branches de l'industrie, à l'agriculture et au commerce. 5) Élaborer un ensemble de mesures en vue de renforcer la loi et le respect des droits civiques... »

Un programme plus avancé que les propositions de Gorbatchev trente-six ans plus tard! L'hebdomadaire de l'Urss précise que les « 5 et 6 juin, le Bureau politique du SED réuni à Berlin a approuvé ce programme dans sa totalité. Rudolf Herrnstadt était chargé de mettre en place sa réalisation. Il était prêt dès le 13 juin... ».

3. *Les Pourvoyeurs du Goulag*, tome II : *Le Ministère de la Peur 1945-1953*, par Pierre de Villemarest. Éditions Ferni, Genève 1978.

4. *Lettre d'information* de P. de Villemarest, octobre 1989, qui annonçait dès le 3 octobre que Hans Modrow deviendrait Premier ministre dès que Honecker serait évincé.

5. Propos de Gyula Horn, rapportés le 15 janvier 1990 dans le *Washington Post* par Blaine Harden. En 1991, Horn est président de la commission des Affaires étrangères du nouveau parlement.

2. – Le scénario du loup

1. A la radio-télévision de la RDA. Table ronde du 14 novembre 1989.

2. Interview, *Les Nouvelles de Moscou*, 12 janvier 1990.

3. *Id.*

4. *Die Zeit*, 2 mars 1979, Michel Naumann.

5. *Die Staatsicherheit – DDR.*, par Kark Wilhelm Fricke, Cologne, 1984.

6. Archives du Centre européen d'information, articles de presse et séries de *la Lettre d'information* de P. de Villemarest en 1972, 1974, 1978.

7. Interview de Wolfgang Leonhard, automne 1989, par Roger Faligot et Rémi Kaufer.

8. Lénine, *Sur la route de l'insurrection*, Librairie de l'Humanité, 1924, Paris. Ouvrage de la bibliothèque du CEI.

9. Stephan Possony, dans *Defense and Foreign Affairs*, juillet 1989.

10. Jefferson Adams : « Intelligence on the invisible front – The Soviet-East German relationship », conférence tenue à Wildbad-Kreuth Bavière, 29 novembre 1989.

11. Voir de l'auteur : *GRU, le plus secret des services soviétiques*, Stock, 1988, et de Robert Chadwell Williams : *Klaus Fuchs, Atom Spy*, Harvard University Press, 1987.

3. – La chute d'Erich Honecker

1. Günther Buch, haut fonctionnaire du ministère des Relations interallemandes. Entretien avec *Le Figaro*.
2. A la télévision ouest-allemande, chaîne 2, puis au journaliste Klaus Golombek pour *Forum libéral*.
3. *Problems of communism*, mars-juin 1989, étude de Vladimir Tismaneanu, collaborateur de la revue internationale *Orbis*, pp. 88 à 111.
4. Le pasteur G. Krusche a changé de position début 1990. Voir son interview à la télévision française, le 16 mars 1990. Ses propos sont exactement contraires à ceux de la période précédente.
5. Bulletins d'information *L'Église en détresse*, agence Apic, 1989.

4. – Le repli sur Moscou

1. *La Lettre d'information* de P. de Villemarest, 29 octobre 1989, sous le titre « Egon Krenz, transition utile », p. 7.
2. Agence Reuter, Berlin-Est, 2 novembre 1989, agence UPI même jour.
3. Agence est-allemande ADN, 14 novembre 1989, 12 h 09 GMT.
4. Allocution publique à Berlin-Est, 4 décembre 1989. Commentaires sur ses propos par Markus Wolf lui-même, dans *Les Nouvelles de Moscou* du 12 janvier 1990.
5. *Les Nouvelles de Moscou*, 12 janvier 1990.
6. Cité par Herbert Romerstein et Stanislav Levtchenko dans *The KGB against the Main Enemy*, Lexington Books, MA.USA. 1989.
7. Ainsi A. Chelepine, discours du 7 novembre 1964, moment crucial où Khrouchtchev vient d'être limogé, et V. Tchebrikov, directeur du KGB, le 7 novembre 1985, lorsque Gorbatchev engage un tournant décisif en direction d'une perestroïka contestée par les conservateurs. De même Youri Andropov, directeur du KGB, a saisi l'occasion de la célébration de l'anniversaire de Lénine, les 21 avril 1976 et 21 avril 1982 pour intervenir dans les crises qui respectivement opposaient Podgorny à Brejnev, et ensuite les héritiers de Brejnev entre eux.
8. Selon l'expression de K.W. Fricke dans son ouvrage déjà cité.
9. W. Herger, né le 10 août 1935. Ses adjoints sont alors : Peter Miete, membre du SED, en poste depuis juillet 1987; Siegfried Otto,

général-major, en poste depuis avril 1982, membre du SED; Fritz Renckwitz, général-major, en poste depuis 1977, membre du SED.

10. Voir, de Wolfgang Leonhard, *Die Revolution entlasst Ihre Neuanflage Kinder*, Cologne, 1955.

Deuxième Partie : Des taupes creusent leurs galeries

5. – Le retour des vétérans

1. Récits de transfuges du CNAL, dont celui de Jesco von Puttkamer, dans *Irrtum und Schuld*, Michael-Verlag, Berlin-Neuwied, 1950. Voir aussi la revue *Documents*, 1950.
2. *Id.*
3. *Id.*
4. Wolfgang Leonhard, en 1989, à Roger Faligot et Rémi Kaufer.
5. *Id.* Voir aussi W. Leonhard, *Die Revolution entlässt Ihre Kinder*, Neuauflage, Cologne 1955 et 1981.
6. Revue *Est-Ouest*, 1er au 15 octobre 1959; *La Libre Belgique*, mars 1960, correspondance de Bonn.
7. L'auteur a sillonné de 1945 à 1947 la Forêt-Noire, la Bavière, les Alpes autrichiennes, sans trouver autre chose que des dépôts d'armes et de munitions. Plus une tonne de dossiers camouflés dans une grotte de la région de Calw (en 1946) en Forêt-Noire. Ils concernaient divers collaborateurs « économiques » français, dont plusieurs noms très connus depuis. Comme l'assurait en 1988 le comte de Marenches, jamais ces dossiers n'ont été exploités par la justice française. En tout cas le Wehrwolf n'a jamais existé en tant que maquis armé.

8. *Le CNAL* : Parmi les onze communistes qui contrôlent le CNAL à sa création : Wilhelm Pieck, Walter Ulbricht, Erich Weinert auprès de 11 officiers dont 3 seulement sont officiers supérieurs, et 16 sous-officiers. Ils sont rejoints en septembre 1943 par les généraux von Seydlitz, von Daniels, Otto Korfes, von Latmann, et plus tard von Paulus. En Suisse apparut alors une petite feuille, produite par les émigrés allemands favorables aux CNAL et hostiles ouvertement à l'état-major allié. En revanche à New York, également début 1944 : le Conseil pour une Allemagne démocratique était pro-américain autour de Paul Tillich, chrétien de gauche, Albert Greszynski, ex-ministre de l'Intérieur de Prusse sous Weimar, l'actrice Elizabeth Bergner et l'écrivain communisant Léon Feuchtwanger.

6. – Des kyrielles d'agents dans Berlin

1. Voir *Dossier Éclipse*, par Cornelius Ryan, dans *La Dernière bataille*, paru chez Laffont. Trois mois avant les accords de Yalta, l'état-major allié prévoyait (10 novembre 1944) d'abandonner d'avance à l'Urss 40 pour cent du territoire, 36 pour cent de la population et 33 pour cent des moyens de production de l'Allemagne. Le 5 mai 1945, le général Eisenhower intimait l'ordre aux armées américaines non seulement d'arrêter leur avance, mais de se replier en sorte d'abandonner Berlin aux seuls Soviétiques. Méfiant, Staline fit dire à Ike que son ultime offensive aurait lieu vers Dresde, et non vers Berlin. Il ordonna l'inverse à Joukov et Koniev.

2. *OSS*, par R. Harris Smith, University of California Press, 1972.

3. *Klaus Fuchs, Atom Spy*, par Robert Chadwell Williams, Harvard University Press, 1987. Mine de renseignements uniques sur l'affaire Fuchs et la famille Kuczynski.

4. *Piercing the Reich*, par Joseph E. Persico, Ballantine Books, New York, 1979.

5. Notice nécrologique de Reuter, parue dans le *Sunday Times* du 2 juillet 1988.

6. La copie du rapport indiqué et résumé dans cette page et les suivantes figure dans les archives du Centre européen d'information, dont l'auteur est directeur depuis sa création, en 1972.

7. L'auteur a (dans un ouvrage épuisé depuis, paru à Genève en 1978 : *Le NKVD dans la guerre et les guérillas, 1941-1948* qui en fait couvre la période d'après-guerre jusqu'en 1953) donné tous détails sur cette infrastructure clandestine.

On y lit notamment ceci, p. 125 : « En France, à la veille de la démission forcée du général de Gaulle, déjà plus de 60 “ troïkas ” – soit 180 techniciens soviétiques des combats de rue et de la subversion – sont implantés dans une quarantaine de départements clés. Elles attendent le “ top ” dont rêve Jdanov. Leurs hommes doivent servir de conseillers au jour J, tandis que les anciennes formations FTPF et l'appareil secret du PCF lanceront dans Paris le coup qui, quinze mois plus tard, va si bien réussir à Prague. Mais les lendemains qui chantent n'arriveront pas... Les masses ouvrières françaises ne sont pas sorties de la guerre pour entrer dans la guerre civile. 1947 se passe sans que le “ top ” soviétique soit donné. Les communistes ont été exclus du gouvernement. Le plan Jdanov a subi deux autres échecs, etc. ».

8. Un rapport détaillé, remis en été 1948 à un attaché militaire

étranger, qui devait le transmettre à Moscou mais fut appréhendé, concernait l'*évaluation* par l'appareil du PCF de la sympathie ou non et du moral de la *hiérarchie militaire d'active.* Selon le PCF « une quinzaine de généraux en poste » servaient ses orientations politiques et protégeaient autour d'eux divers sympathisants ou agents. Également 16 pour cent des colonels, mais seulement 13 pour cent des commandants, 7 pour cent des lieutenants, etc. En revanche 20 pour cent des sous-officiers obéissaient aux consignes secrètes. Ces pourcentages, dont nous faisons état tels que, étaient plus élevés dans l'armée de l'air que dans les forces terrestres, et très minimes dans la marine.

Un autre rapport – dont copies figurent dans les archives du CEI – traitait de même le secteur police et sécurité. Il établissait qu'une douzaine de commissaires d'échelons supérieurs ou moyens, étaient « aux ordres », dans les zones d'occupation françaises d'Allemagne et d'Autriche. Quelques-uns ont été découverts en 1949 ou parfois vingt ans plus tard, parmi ces commissaires, et divers policiers (inspecteurs, police municipale) à l'époque en fonction en France ou en occupation. Ils avaient en tout cas disposé de plus de trois ans après 1945 pour eux-mêmes placer des recrues dans les services de police et de sécurité. Malheureusement même dans ses *Souvenirs* (rédigés par Philippe Bernert), Roger Wybot, directeur de la DST, n'a donné aucune indication là-dessus.

En ce qui concerne la DGER (ultérieurement Sdece, puis DGSE) dès le 19 février 1946, une circulaire MB-n° 353 de l'appareil du PCF (vraisemblablement l'équivalent en France des Organes administratifs qui existent dans tous les PC du monde) demandait à ses correspondants au sein des secrétariats des sections de Paris d'étudier cas par cas les demandes d'anciens (ou actifs) officiers de la DGER, de l'attitude à prendre vis-à-vis du PCF, c'est-à-dire d'y adhérer ou non. L'auteur possède copie de la circulaire des quatre-vingt-douze officiers dans ce cas, supposés sympathisants ou non. Mais ne la publie pas pour éviter toute exploitation ou déduction erronée. Notre source, implantée dans l'appareil communiste durant l'occupation, active jusqu'aux années 1950 assez haut dans l'appareil, est décédée depuis.

7. – Le coup manqué contre l'Europe

1. Le « bureau permanent » en question ici siège à Moscou, mais se déplace fréquemment à Berlin. Il s'agit du KI ou Comité pour l'information, dont seuls les spécialistes américains John J. Dziak et Raymond G. Rocca ont en 1988 souligné l'importance momentanée

dans *Chekisty*, Lexington Books. Créé fin 1946, le KI se compose de V. Molotov (délégué du Politburo), Ya. Malik, A. Vychinski et V. Zorine et jusqu'en 1948 coiffe jour et nuit le travail du MGB-KGB, du Kominform, de l'ensemble signalé par nous à Berlin, et du GRU, aussi bien que du MVD. Mais le GRU reprend son autonomie en septembre 1948, et peu après le KI disparaît, sans doute en raison de l'échec de la stratégie dont Andrei Jdanov était le promoteur en Europe.

2. On trouvera tous détails sur Gorsky-Nikitine dans les ouvrages de D. Dallin, de Chapman Pincher, de Brian Freemantle, et autres œuvres mentionnées dans cet ouvrage.

3. Archives personnelles de l'auteur, utilisées sous sa signature dès 1955 et 1956 dans l'hebdomadaire *Le Bulletin de Paris* et dans divers ouvrages épuisés dès tirage et non réédités, mais néanmoins pillés sans la référence par de nombreux confrères, ces dix dernières années. Le colonel O. Wagner, ancien responsable de l'Abwehr, a été une des sources à ce sujet, dans des lettres adressées à l'auteur.

4. Toutes précisions disponibles, chez l'auteur, pour les mêmes raisons que ci-dessus. Ou, pour ceux qui la posséderaient dans la série *Histoire secrète des organisations terroristes*, tome 3, Éditions Famot, Genève, 1976.

5. Voir *La Marche au pouvoir en Urss, de Lénine à Brejnev*, par P. de Villemarest, Fayard, 1969.

Troisième Partie : La guerre des deux Allemagnes

8. – Trois hommes, et Markus

1. Voir *GRU, le plus secret des services soviétiques* pp. 158, 177 à 183, 185-186, 211-212, 226-227, 243. Stock 1988. Voir aussi *Klaus Fuchs, Atom Spy*, par Robert Chadwell Williams, Harvard University Press 1987, p. 171 à 175.

2. Voir *The New KGB*, *Morrow*, par W.R. Corson et R. Crowley, New York 1985, pp. 253 à 255.

9. – Lorsqu'un loup en cache un autre

1. La commission spéciale contre l'opposition se composait comme suit, sous la direction de *Joseph Gutsche* : les conseillers *Blankert, Gabelin*; les commissaires principaux *Bube, Nosseck, Sommer.*

Elle disposait d'équipes spécialisées dans les enlèvements et recrutait des agents ou les infiltrait dans les mouvements et cercles d'opposition. (Archives CEI-Allemagne réunies par l'auteur de 1945 à 1961.)

Dans son ouvrage *Die Staatschherheit*, le spécialiste Karl Wilhem Fricke situe Joseph Gutsche comme responsable, en 1954, du bureau de Dresde pour le MFS, chargé de la province de Saxe. Autre précision, du même auteur : au début des années 1980, Joseph Gutsche a rang de général-major et son propre fils Rudolf est colonel, toujours dans le cadre du MFS, mais en charge, parmi quelques autres officiers supérieurs de la Direction principale III, pour les unités de sabotage et de diversion en cas d'actions hors de la RDA. Selon nos recherches, Gutsche est mis à la retraite entre 1985 et 1987. Nous n'avons pas de traces depuis de son fils Rudolf.

2. Reinhard Gehlen décrit ainsi Wollweber : « Il a peu d'amis. Il aime rester dans l'ombre. Il n'a confiance en personne. Par précaution, il fait surveiller jusqu'à ses amis. Les pièces où il vit sont en permanence verrouillées. Il considère les femmes comme de simples distractions passagères. Il s'amuse souvent avec les dames de petite vertu à l'hôtel Johanneshof, Johannstrasse. On l'y voit souvent danser... » (Selon H. Zolling et Heinz Höhne, en 1971.)

10. – Des semailles tous terrains

1. Détails publiés par l'auteur à l'époque, dans les bulletins de l'Agence parisienne d'information, dirigée par J.P. Vigier et Georges Broussine. Derrière Ulrich Noack, on trouvait notamment outre les quelques noms cités dans ce passage : Joachim von Ostau pour le Bloc d'unité nationale; la doctoresse Fassbinder, pour le Mouvement mondial des mères; Helen Wessel, Zentrum; Wolf Schenke, Troisième Front (ex-Jeunesses hitlériennes); Edith Boereth-Menge, conseillère municipale à Munich, membre du « Comité d'Essen »; MM. Rereke et Rossaint, Groupe pour la liberté occidentale; une dizaine d'écrivains et juristes. La secrétaire et amie de G. Dertinger, ministre est-allemand des Affaires étrangères, F. Bubener, participait discrètement à ces réunions.

2. A la tête du BfV, ou Office pour la protection de la Constitution : Otto John, imposé par les services secrets britanniques, avec lesquels il était en rapport depuis la guerre, en même temps qu'il était mêlé aux projets d'attentats contre Hitler, et lié à un réseau soviétique. Selon la revue *Intelligence Digest* de septembre 1954, John avertit Himmler du complot de l'été 1944, et Himmler garda pour lui l'information car il tentait déjà de se ménager une porte de

sortie du côté des Alliés. En tout cas Himmler laissa John repartir pour Madrid, après cette confidence, tandis que son frère Hans était arrêté et fusillé. Logé en Angleterre par les soins du MI-6, il courtisa à la fois sa logeuse, une chanteuse anglaise (divorcée d'un directeur de la Dresdner Bank) et sa fille, puis épousa la mère entre autres mariages. Car il fut plusieurs fois marié, comme son ami le docteur Wolfgang Wolgemuth, dit Wo-Wo, gynécologue de Berlin, amateur avec lui de « parties » chaudes, éventuellement avec des homosexuels, qui en été 1954 le fit passer à Berlin-Est.

Selon John, qui une fois de ce côté multiplia les déclarations contre Bonn, son réarmement, les néo-nazis de RFA, le général Gehlen, le BfV « dégénérait en service de contre-espionnage dirigé contre l'Est, au lieu de s'élever contre le renouveau de l'extrême droite ». (En 1970 à la revue *Espionnage* n° 3, disparue depuis, Paris.)

Secrètement approché par le docteur Wolgemuth, en mars 1956, j'ai rencontré, 175, Uhlandstrasse, à Berlin, dans le bureau même de ce peu recommandable personnage, deux amis du docteur (à ce moment à Berlin-Est) qui tenaient à prouver qu'Otto John était venu de sa propre volonté du côté soviétique. Une série de lettres et notes signées Otto John avaient précédé son passage à l'Est. Il s'imaginait, me rapportaient les intéressés, qu'il pourrait réconcilier les deux Allemagnes, pour une neutralité organisée par les vrais démocrates des deux bords. Selon eux, le baron Wolfgang von Putlitz, ex-diplomate nazi et agent double au profit des Soviétiques, vieil ami de John, avait joué un grand rôle dans l'attitude de l'ex-chef du BfV.

Arrêté le 11 février 1958 lors d'une visite discrète à Berlin-Ouest, Wo-Wo devait passer en jugement. A la différence d'Otto John (condamné à quatre ans de prison après sa réapparition à l'Ouest, dans des conditions rocambolesques) il fut acquitté des accusations de complicité d'enlèvement, après avoir prouvé ce que j'avais moi-même publié en novembre 1956, notamment dans le quotidien *Combat*. A savoir que John n'avait nullement été « enlevé ».

12. – Les secrets de l'affaire Guillaume

1. Précision donnée par K.W. Fricke (*op. cit.*) : les Moser ont été arrêtés le 15 octobre 1975 à Bielefeld, en même temps que deux « résidents » de la HVA qui sous les pseudonymes de Harmut et Ingeborg Müller « traitaient » le travail des Moser. Le frère de Norbert Moser était alors capitaine du MFS (Stasi) en province de Magdebourg.

2. Selon un ami de l'auteur, Frank A. Capell, ancien officier du

contre-espionnage américain (correspondance datée du 1er juin 1978) Suzanne Sievers, alias Suzanne Jansen, aurait reçu cent douze mille cinq cents dollars pour ne pas publier les Mémoires qu'elle venait de rédiger. Ultérieurement les hebdomadaires ouest-allemands *Bild Zeitung* et *Quick* ont porté le chiffre à cent soixante mille dollars...

3. *Le 17 décembre 1973*, Michel Goleniewski rappelait à plusieurs spécialistes de la CIA, dans un mémorandum dont j'ai eu connaissance peu après, qu'il avait dès 1962 signalé ce qui suit à ses interrogateurs britanniques, après en avoir parlé aux Américains « ... Cet agent s'est établi à Francfort-sur-le-Main, et avec l'appui d'agents soviétiques a réussi à développer d'importants contacts dans les cercles politiques, particulièrement au sein du SPD de Willy Brandt, où il a fini par prendre des responsabilités... Je ne me souviens pas du nom mentionné à l'époque (en comité de coordination du renseignement, état-major du Pacte de Varsovie) mais ce dont je suis certain, c'est que son prénom et son nom commençaient tous deux par la lettre G... Il est placé sous supervision du résident soviétique (illégal) en Allemagne de l'Ouest, dont le nom de code est " Omega ". Il dirige un important réseau féminin. Son épouse est elle-même un rouage important du réseau... »

Plusieurs mois avant l'arrestation des Guillaume, l'auteur de cet ouvrage a évoqué, grâce à ces renseignements, dans la *Lettre d'information* du CEI, l'existence d'un espion auprès de Willy Brandt, sans toutefois donner son nom. Mais l'indication était fort claire et suffisante pour éveiller l'attention...

14. – Du tiers monde au terrorisme

1. *Sur l'exode secret des Allemands en Orient arabe, après 1945.* Les premières révélations à ce sujet ont été publiées par l'auteur (sous le nom de Pierre Faillant) dans *La Parole*, publication israélienne, puis reprises et complétées en 1956 dans *Le Bulletin de Paris*, hebdomadaire de Paris, et le quotidien *Combat*. De 1947 à cette époque, l'auteur était en relations directes avec plusieurs anciens généraux et colonels de la Wehrmacht et de l'Abwehr, spécialistes avertis de ces régions, clandestinement partis au Caire, à Damas, à Bagdad.

2. *A propos de l'expansion de la RDA dans le tiers monde.* Une société germano-africaine a été fondée en RDA le 17 mars 1961, en présence des représentants de dix États africains, sous présidence du Pr Walter Markov, de l'université Karl-Marx, de Leipzig. (Signalé dans la *Revue parisienne Est & Ouest*.) Parmi les autres sociétés de

même type, nées entre 1958 et 1964 : *la Société germano-arabe* (1er octobre 1958), destinée « à préparer des relations normales entre la RDA et les États arabes; le *Comité de solidarité avec les peuples d'Afrique* (créé le 22 juillet 1960), surtout chargé des relations avec les milieux estudiantins et syndicalistes; le *Comité national des africanistes de la RDA* (en 1963); la *Société germano-sud-est-asiatique* de la RDA, en 1963; la *Société germano-latino-américaine* en RDA (créée dès le 19 juin 1961), avec implantation immédiate à Cuba, au Mexique, au Chili et au Brésil; la *Société d'amitié RDA-Inde, RDA-Ceylan, RDA-Indonésie, Nigeria-RDA* (créées en 1962).

Quatrième Partie : Le plan Gorbatchev en échec

15. – Les dessous d'une opération secrète

1. Bien avant les conseils donnés par Margarita Mathiopoulos dans l'*International Herald Tribune*, en 1989, on lit dans un éditorial du *New York Times*, le 8 juin 1984 : « Berlin-Est sait que la stabilité et le maintien de son niveau de vie, plus élevé que partout ailleurs en Europe, dépendent de l'aide économique généreuse de Bonn, qui lui permet de surmonter ses difficultés économiques croissantes... Pour éviter que ce coin allemand n'ouvre une faille entre Bonn et Washington, les États-Unis devraient, au lieu de s'inquiéter, développer plus activement leur commerce avec la RDA, exactement comme avec l'Urss... »

Une démonstration éloquente de cette volonté de sauver le communisme sous une forme ou une autre, sous prétexte de stabilité de l'Europe, est donnée dans *Roumanie : l'autopsie d'un coup d'État*, par Radu Portocala, Calmann-Lévy, 1990, le meilleur ouvrage selon nous jamais publié sur les événements roumains de décembre 1989 au printemps suivant.

Démonstration plus évidente encore, par le Premier ministre hongrois Jozef Antall, dans son entretien avec *Le Monde* du 21 mai 1991 : « Les services secrets et les hommes politiques occidentaux prévoyaient une période plus longue encore [que le Forum démocratique créé en 1987-1988] quant à la chute du régime communiste... Si Dieu me prête vie, j'écrirai dans mes Mémoires combien de dirigeants, encore actifs aujourd'hui, ont essayé de nous dissuader de faire preuve de fermeté aussi bien à l'égard de l'Urss que du système communiste... »

Et, concernant la période actuelle : « Les gens de la nomenklatura disposaient de certains biens qu'ils ont pu utiliser au moment des privatisations. Les sociétés mixtes ou à capitaux occidentaux les emploient volontiers; ils connaissent le milieu et ils n'ont pas de complexes; ce sont de très bons partenaires pour les hommes d'affaires étrangers, car ils manquent totalement de colonne vertébrale. Ils font tout ce qu'on leur demande, sans avoir de scrupules à l'égard du pays... »

Une des « chasseuses de têtes », très connue en France de nombreux P-DG, et spécialisée dans la sélection de cadres à leur hauteur, nous disait en mai 1991 combien ceux-ci, particulièrement les Allemands appelés à commercer avec l'Est « libéré », apprécient d'avoir à traiter avec les apparatchiks communistes puisqu'ils savent tout des structures anciennes et des « pratiques » antérieures...

Annexes et organigrammes

I. Les passages d'armes clandestins de 1948 à 1950.
II. Les écoles d'espionnage, d'action et de subversion, de 1947 à 1957 (premières écoles, cours sélectifs, les formateurs, l'école spéciale de Wollweber).
III. « Alerte aux Républicains ! »
IV. L'appareil des services secrets de l'Urss en Allemagne (1953-1989).
V. Statistiques sur l'espionnage est-allemand en RFA (1953-1986.).
VI. Le ministère de la Sécurité d'État (MFS), la Stasi, la HVA : a) bref historique ; b) ministres successifs et vice-ministres de 1950 à 1989.
VII. Répartition et fonctions, Stasi et HVA, de 1979 à 1989.
VIII. L'espionnage est-allemand (HVA) en 1989 (organigramme simplifié).
IX. Le ministère de la Défense (bref historique ; ses dirigeants en 1979 et en 1989).
X. Le ministère de l'Intérieur (bref historique ; ses dirigeants en 1979 et en 1989).
XI. Budget et personnel de la Stasi en 1989 (budget et nombre d'employés par directions de la Centrale, sections, sous-directions et agences).

I

Les passages d'armes clandestins de 1948 à 1950

Une note de renseignements partiellement démarquée en sorte d'être communiquée aux journalistes spécialisés signalait, le 14 avril 1950 : « Le bureau du général Pulkanine, responsable du MVD en RDA, basé à Fürstenberg (Mecklembourg), sert de centrale pour un trafic qui par Neuenbourg, Dietershof et Hof, aboutit en Allemagne du Sud; et par Lubeck et Tresbourg, dans le Harz, en Allemagne de l'Ouest. Les adjoints du général, les commandants Sawitzki et Chodolenko se rendent fréquemment à Berlin, dans une limousine marquée au titre du MVD, pour y rencontrer leurs agents de liaison Tabatschnikov et Milichtchenko. De même, une Volkswagen amène régulièrement à Blankenberg un certain Smaguine, qui dirige les transports d'armes clandestins à destination de Dortmund.

C'est à Dortmund que réside le directeur allemand d'une filiale commerciale du parti communiste, dont les subordonnés sont basés à Passau, Salzbourg et Graz, et un bureau plus important à Munich. Il est chargé de répartir les armes à différentes sections du KPD et à l'inverse de transférer à l'Urss tous armements nouveaux des puissances occidentales. Une alerte l'a contraint en août 1949 à s'éloigner rapidement de Munich, où les autorités venaient de découvrir un plan d'exportation illégale vers la RDA, pour une somme de vingt-cinq millions de marks, d'appareils spéciaux sous séquestre, qui venaient de l'ancienne Lutwaffe.

L'intéressé est en relations avec un groupe d'achats argentin lié à Otto Skorzeny. D'autres filières de même trafic passent de Hongrie en Autriche, puis de Passau et Salzburg en Allemagne occidentale... »

Remarque : Cette note émanait vraisemblablement des services du général Gehlen, ou des services spéciaux américains en Bavière, ou des deux. Mais elle pouvait aussi bien provenir d'un agent double au profit des Soviétiques et permettre d'avertir, sur la base de révélations partiellement authentiques, que ces filières étaient désormais totalement brûlées... Nous écrivons partiellement vraies, parce qu'en effet le général Pulkanine, les officiers Sawitzki et Chodolenko, et même Smaguine existaient réellement, en 1949, et de même les filières indiquées, jusqu'à l'été 1949. Cette information a notamment paru dans *Echo der Woche*, hebdomadaire à sensation de Munich, ce qui à l'époque nous a inspiré la seconde hypothèse. Divers trafiquants étaient ainsi incités à couper toute relation avec ces circuits.

II

Les écoles d'espionnage, d'action et de subversion, de 1947 à 1957

1. – *Les premières écoles* de formation des cadres destinés à servir soit dans la police secrète du parti ou celle du gouvernement, soit dans les services d'espionnage et de contre-espionnage, soit encore dans les services Action en RDA comme à l'étranger, ont été mises en place de 1947 à 1949, sous la haute direction du MVD (ministère de l'Intérieur soviétique). Elles n'ont existé en tant qu'écoles purement allemandes qu'*à partir de 1952* lorsque le président de l'État, Wilhelm Pieck, vint en personne à Bogensee, près du lac de Wandlitz, inaugurer une session de cours pour trois cents jeunes gens arrivés clandestinement d'Allemagne occidentale, après sélection du PC ouest-allemand. Ils apprenaient les techniques de sabotage et de contre-espionnage. Cette session fut placée sous la direction de Heinz Schirmag, vingt-neuf ans; de Heinz Wenzel, spécialiste en économie générale, et de Kurt Kraemer, pour la formation politique.

Il était interdit de correspondre hors du camp, sans passer par la censure. Les cours se succédaient de huit heures du matin à vingt-deux heures. Des sorties étaient autorisées une fois par mois, seulement dans la région, par groupes de cinq, dont un responsable disciplinaire.

Une école de formation d'espions fonctionnait sous la supervision du MFS et du GRU à Neueruppin. Elle traitait les agents recrutés en Allemagne de l'Ouest, après feu vert des antennes de l'IWF (Markus Wolf) et du service parallèle de Wollweber, second de fait de Zaisser, puis son successeur en été 1953. Ces antennes secrètes étaient basées à Munich, Essen, Hambourg, Stuttgart, Karlsruhe et Hanovre.

La formation plus spécialisée des futurs tueurs ou saboteurs se faisait à Dresde et à Wurzen, et, à plus haut niveau, à Lodz en Pologne.

2. *Trois sortes de cours sélectifs existaient* :

A) La recrue, venue des Jeunesses communistes, passait d'abord un mois en *Kurzlehrgänge*, ou session de quatre semaines achevée par un examen sur les fondements et objectifs du communisme.

B) Si l'examen était réussi, la recrue passait dans une autre école, dite *Kreisjugendschule*, durée six semaines, avec un entraînement cette fois paramilitaire.

C) Les bonnes notes en fin de deuxième cours conduisaient la recrue à une troisième école, dite *Bezirksjugenschule*, pour trois mois d'exercices pratiques : maniements d'armes, combats de rue, guérillas, sans oublier l'instruction politique. L'élève bien noté pouvait alors aspirer à une école supérieure, soit pour le secteur des centrales révolutionnaires, soit (sur avis des inspecteurs du MVD, du futur KGB ou du GRU) pour le secteur de l'espionnage et du contre-espionnage.

Des formateurs de premier plan

L'école de la région du lac de Wandlitz, dite école supérieure Wilhelm-Pieck, était placée, de 1952 à 1954, sous la surveillance du capitaine du MVD Svontkine et dirigée par les Allemands Hans Gossens (du MFS), Max Stoll, Herweg Kurzendörfer. Ce dernier, venu des Jeunesses nazies, passé côté soviétique en 1945, avait exercé ses talents de saboteur en Allemagne occidentale de 1948 à 1951. Les cours de l'école se distribuaient de cette façon :

– *Contre-espionnage* : Karl Morgenstern, officier du SSD (Stasi);
– *Travail illégal* : Hans Gossens;
– *Stratégie militaire* : capitaine Svontkine;
– *Examen des « forces sociales » en RFA* : Herman Axen (Politburo est-allemand);
– *Services secrets américains et ouest-allemands* : Gerda Sredski (elle s'était signalée dès 1946 dans les zones alliées d'occupation en échappant plusieurs fois aux recherches sous des noms différents);
– *Le sabotage des administrations américaines et britanniques en RFA* : Erich Honecker, alors numéro un des Jeunesses communistes est-allemandes;
– *Les problèmes de la sécurité en RDA* : Erich Mielke, secrétaire d'État;
– *Le sabotage derrière les lignes ennemies* : Max Stoll;
– *La guerre des partisans* : capitaine Svontkine.

Une école comme celle de Hartenstein, en Saxe, accueillait cent élèves par session, tous destinés au sabotage, à la guérilla ou à l'espionnage. Ils étaient groupés en cellules de trois, hommes, femmes ou mixtes. La moitié d'entre eux venait d'une sélection opérée par le SSD, l'autre par le MVD en Allemagne. Déjà en 1953, l'instruction englobait les techniques et problèmes de la guerre chimique. L'école était dirigée par Herbert Gröner, de longue date un agent de Wollweber. Il était secondé par Franz Gellert (d'origine hongroise, élevé en Urss) et par Fritz Tappert. Ces cours de formation portaient sur :

– *La guerre chimique* : major Gringer;
– *Les données fondamentales du travail illégal* : Ernst Wollweber;
– *Le contre-espionnage* : Richard Stahlmann;
– *La CIA* : major soviétique Glaviniï;
– *Le comportement à suivre en cas d'arrestation* : Theo Heide.

Richard Stahlmann, de son vrai nom Artur Illner, était l'un des adjoints de Zaisser en Allemagne après 1923. Il le suivit en Chine jusqu'en 1931, ainsi que son épouse Erna Hackbart qui, elle aussi, appartenait à l'appareil. Tous se retrouvèrent en Espagne de 1936 à 1938. Ils se réfugièrent en France d'où Stahlmann/Illner partit rejoindre Wollweber à Copenhague. Il le suivit en Suède. Dès l'arrestation de son supérieur, il orienta ses agents sur le renseignement en Allemagne. Sans avoir été découvert, il revint à Berlin en 1945. Son épouse Erna, selon les historiens Roger Faligot et Rémi Kaufer, était demeurée en France, et servait de liaison entre les cellules du PC des réfugiés allemands et Jacques Duclos.

Parmi d'autres écoles : celle de Pieros, près de Königswusterhausen (région de Hartenstein), formait, par groupes de cinquante au plus, les recrues destinées à s'infiltrer en RFA dans les milieux universitaires, syndicalistes et politiques.

Les fonctionnaires communistes suivaient des cours supérieurs de même ordre et de toutes disciplines au château de Schmerwitz, près de Belzig. Leur centre répondait à l'appellation anodine d'« École centrale pour les coopératives de consommation ». On pourrait énumérer encore deux douzaines d'autres écoles, dont nous rappelons que, dans tous les cas, elles formaient les cadres aux techniques du travail illégal et de la subversion. Ainsi celle des syndicalistes à Schmöckwitz, près de Berlin; du « parti paysan » à Borkheide (tous les partis non communistes avaient leur école); des « Ligues féminines » à Potsdam-Caecilienhof, etc.

L'école spéciale de Wollweber

En prenant ses fonctions de ministre du MFS en été 1953, Ernst Wollweber avait estimé qu'il devait avoir sous la main une école spéciale pour ceux qui poursuivraient son travail « maritime ». Cette école fut installée à Ladebow, sous sa propre direction, mais avec des officiers aussi bien soviétiques qu'allemands dans les cours de formation. C'est ainsi que le vice-directeur était le lieutenant-colonel du KGB Iessoupov (transcription phonétique), entouré du colonel du SSD König et du major Treitschke de la Police du peuple (Volkspolizei). Parmi les chargés de cours de l'année 1953-1954, quelques noms méritent d'être cités : Selma Blumenthal qui avait été une des maîtresses de Gustav Sorge et sa collaboratrice en Chine et au Japon. Envoyée ensuite en Iran, elle réapparut en Allemagne en 1952. Autre professeur : Walter Fanselau qui fut un des principaux chefs d'orchestre de l'espionnage soviétique dans les pays scandinaves dans les années trente.

Bien entendu, divers ex-officiers de la Wehrmacht, du SD, des SS, de la Gestapo ou de l'appareil militaire soviéto-allemand, venaient périodiquement donner des conférences dans l'une ou l'autre de ces écoles, y compris à celle de Berlin-Kaulsdorf, strictement réservée au personnel féminin devant s'infiltrer en RFA. Ainsi le général de brigade Heinz Zorn, ex-commandant de l'armée de l'air du maréchal Goering, passé côté soviétique durant la guerre, condamné à mort par contumace pour désertion, et qui, dès 1945, était professeur à l'école Antifa de Krasnogorsk.

Au début de l'année 1954, un nouvel adjoint au haut commissaire soviétique en Allemagne fit son apparition à Berlin, et vint rendre de fréquentes visites aux écoles est-allemandes : Evgueni Petrovitch Pitrovanov, général du KGB. Jusqu'en 1958, il sera résident à Berlin, avant d'occuper des fonctions identiques à Pékin, de 1959 à 1961. Ensuite directeur de l'école principale du KGB, il s'occupera, de 1972 à 1989 – sous le couvert de la chambre de commerce soviétique – de l'infiltration à un très haut niveau des firmes et chambres de commerce ouest-européennes et américaines.

Sources : Enquêtes de l'auteur en Allemagne de l'Est, entre 1947 et 1952; informations fournies à l'auteur par Kenneth de Courcy, de 1950 à 1970 (directeur de l'Intelligence Digest, Grande-Bretagne); les chercheurs et historiens Roger Faligot et Rémi Kaufer.

III

COMITÉ DE VIGILANCE RÉPUBLICAINE EN ZONE D'OCCUPATION FRANÇAISE

Alerte aux Républicains!

Le Comité de Vigilance et d'Union Républicaine et Démocratique, réuni le 1er juillet 1947 à Baden-Baden, en séance extraordinaire, face à la nouvelle conspiration des ennemis de la République, conspiration qui ne le surprend pas, mais est la péremptoire démonstration que les menées factieuses antirépublicaines qu'il a dénoncées à maintes reprises, n'étaient que trop fondées.

DEMANDE : que les « Cagoulards du Maquis Noir » soient rapidement démasqués publiquement;
– que toute collusion d'hommes, si haut placés soient-ils et à quelque milieu qu'ils appartiennent, soit dénoncée sans faiblesse;
– que ces conspirateurs soient justement châtiés à la mesure de leur forfaiture.

EXIGE : que soit entreprise sur-le-champ une épuration rapide et efficace des milieux militaires et civils de la Zone Française d'Occupation, dont quelques personnages constituent le noyau de l'ANTI-FRANCE;
– que l'Administration civile ne soit plus subordonnée à l'autocratie militaire.

S'ENGAGE à saisir en ce qui le concerne la 2e Commission Parlementaire, des faits connus ou dénoncés par lui.

FÉLICITE à nouveau le journaliste Jacques MONEL, de « FRANCE D'ABORD », qui a révélé avec netteté et courage dans une série d'articles dont on comprend mieux aujourd'hui l'interdiction en Z.F.O., le noyautage factieux des vichystes, collaborateurs et intrigants fascistes installés aux postes clés de notre occupation.

IV

L'appareil des services secrets de l'Urss en Allemagne (1953-1989)

• *A partir de la fin de l'été 1953*, l'appareil soviétique est centré comme suit :

– Antenne principale du renseignement KGB-Europe de l'Ouest, à Berlin-Potsdam ;

– Contre-espionnage en RDA et en RFA : centrale à Berlin-Babelsberg et centrale à Berlin-Karlhorst, 18, Frankenstrasse.

– Services d'action psychologique sur la RFA, camouflés dans un des bâtiments du Comité central du SED, sous supervision du major soviétique Tolstikov, animé par l'ex-lieutenant de la Wehrmacht, Klaus Willerding. (Ce service disparaîtra peu après, les Soviétiques reprenant leurs officiers, et les Allemands le leur, au sein du MFS.)

Le KGB (alors MGB, jusqu'en 1954) anime également un service spécial dit « Allgemeine Information und Plannungsamt » ou AIPA, dont les responsables allemands sont l'ex-colonel Walter Spicher, secondé par Kurt Hasel. Mission : infiltrer la vague de réfugiés en direction de la RFA sous condition que ces agents n'aient jamais appartenu au parti communiste ni à ses filiales. Après 1957 l'AIPA passe sous contrôle de la HVA, sauf agents que le KGB a décidé de continuer à manipuler lui-même en RFA.

• *De 1947 à 1954*, la centrale de Berlin-Karlhorst disposait de trois étages dans l'ancien hôpital Saint-Antoine, sous le nom : « Unité militaire 62067 », avec entourage d'habitations totalement investies par les Soviétiques. Cet hôpital est resté jusqu'à 1989 le cerveau principal du KGB pour l'Allemagne.

• Transfuge en *1973*, le capitaine Aleksei Myagkov, qui appartenait au 3e Directorat principal du KGB-Allemagne, a révélé en 1976 (dans *Inside the KGB*, opuscule publié en Angleterre par la Foreign Affairs Publishing Company, 139, Petersham Road, Richmond Surrey) qu'*entre 1969 et 1974* le KGB disposait pour l'Allemagne, à partir de Berlin, de soixante départements, sections et bureaux totalisant mille cinq cents officiers, le tout calqué sur ceux de la Centrale moscovite du KGB. Neuf cents de ces officiers appartenaient au 1er Directorat principal (espionnage dans le monde occidental, département Allemagne, Berlin-Est) et six cents au 3e Directorat, celui des missions spéciales de contre-espionnage militaire, de surveillance politique des forces armées de l'Urss, et d'opérations diverses. Quatre cents officiers s'occupaient en effet du contre-espionnage à l'intérieur de la RDA, et une moyenne de deux cents des opérations de ce type dans Berlin-Ouest et en RFA.

Cet appareil, selon Myagkov, manipulait environ trois mille cinq cents Allemands en RFA sur la moyenne de dix mille à douze mille qu'au total les services secrets de Berlin-Est (MFS, dont la HVA) et des autres pays du Pacte de Varsovie manipulaient contre Bonn et les services alliés basés en RFA.

• Selon le spécialiste américain Jefferson Adams (conférence tenue en Bavière du 20 novembre au 1er décembre 1989) l'hôpital de Berlin-Karlhorst compte *début 1989*, environ huit cents officiers du KGB cependant que le GRU (renseignement militaire), dont la centrale est installée depuis des années à Berlin-Wünsdorf, dispose de deux cent cinquante officiers, avec pour objectif principal pour eux tous, la manipulation d'agents en RFA.

Le GRU agit à partir de cinq antennes extérieures, situées alors à Neueruppin, Eberswalde, Stahnsdorf, Prignitz et Brecken, et supervise également le SR militaire est-allemand, comme le KGB a, de son côté, droit de regard sur le travail de la HVA de Markus Wolf, puis de son successeur en 1987, Werner Grossmann.

• Il faut tenir compte également de *la représentation diplomatique de l'Urss en RFA*, en constante progression numérique une fois les socialistes entrés dans un gouvernement de coalition (1967), puis au pouvoir (1969) jusqu'en 1983, surtout lorsque le gouvernement de Bonn autorise l'ouverture de consulats à Berlin-Ouest et à Hambourg, et de missions commerciales à Cologne.

Ainsi en 1974, tandis que la RDA compte quatre-vingt-quinze représentants à Bonn, l'Urss en a deux cent trente-trois, dont au moins 30 pour cent sont en réalité des officiers du KGB et du GRU, qui manipulent d'autres agents que ceux téléguidés déjà depuis Berlin-Est ou d'autres pays voisins de l'Allemagne, où les Soviétiques comme les Est-Allemands ont des officiers traitants illégaux. (En 1969, il n'y avait encore que cent quatre-vingt-six Soviétiques).

Huit ans plus tard, il y a quatre cent huit « diplomates » et membres de missions permanentes de l'Urss, en RFA, inclus quarante-neuf officiers de missions militaires en séjour permanent, pour raisons diverses, à Francfort, Baden-Baden, Bonn et Berlin-Ouest. Plus sept journalistes à Berlin-Ouest et vingt-trois autres en RFA, et cent quatre-vingt-deux cadres et fonctionnaires de missions commerciales ou étatiques, tels Aeroflot, Sovexport, Intourist et Sovfracht. *En 1983*, sur cent vingt diplomates postés à Bonn, cinquante-huit sont identifiés par le BfV et le BND comme appartenant au KGB ou au GRU. Sur trente-quatre postés à Hambourg, dix-huit; sur dix-neuf à Berlin-Ouest, cinq, etc. Au total, sur quatre cent huit précités, cent quatre-vingt-cinq sont officiers du KGB ou du GRU.

Nous pouvons d'ailleurs révéler qu'alarmés et irrités en 1969 par la façon dont ces officiers agissaient depuis un an pour accroître le nombre de disparitions et de « suicides » qui à l'époque ont fait la chronique des médias, une équipe du contre-espionnage de Bonn a pris sur elle de provoquer l'accident de la route qui, le 25 février 1969, a envoyé dans un fossé, après un choc contre une rambarde, la voiture du conseiller d'ambassade Youri N. Vorontsov, officier du KGB, mêlé à ces opérations de déstabilisation. (*Sources CEI.*)

V

Statistiques sur l'espionnage est-allemand en RFA (1953-1986)

De 1953 (année de l'extension en RFA du travail direct du Département XV, ensuite HVA) *à 1961*, le contre-espionnage ouest-allemand a neutralisé ou arrêté 16 000 agents, dont 15 pour cent dépendaient du KGB, du GRU ou des divers services secrets des pays satellites.

L'un des plus gros « coups » fut facilité par la saisie du carnet d'adresses de Willy Sheebaum, lié aux développements de l'IWF, institut qui a donné naissance au Département XV.

En 1959, 2 802 agents allemands ont été arrêtés ou neutralisés.

En 1963, 1 380 policiers et militaires sont passés de RDA en RFA, en réaction contre un nouveau durcissement du régime.

De 1966 à 1986, la moyenne d'infiltrés *par année* en RFA tourne autour de 10 000 Allemands, dont petit à petit 3 000 sont progressivement devenus « actifs », de période en période, selon neutralisation des précédents, ou amplification des opérations demandées par Moscou ou Berlin-Est.

En 1969, sur *768 agents démasqués*, 608 travaillaient pour la HVA, 71 pour Prague, 29 pour Moscou, 29 pour Bucarest, 18 pour Varsovie, 5 pour Budapest, 5 pour Sofia, 2 pour Belgrade.

Dans 35 pour cent des cas il s'agit d'espionnage militaire; 15 pour cent, politique (infiltration gouvernement, administrations, agences, etc.); 7 pour cent, secteur industriel et technique; 30 pour cent, opérations de contre-espionnage.

En 1970, 1 320 agents sont arrêtés ou neutralisés, dont 396 en secteur militaire, 344 en secteur politique, etc.

Aleksei Myagkov révèle qu'une fois Moscou certain que le gouvernement Brandt signera vers l'été suivant un traité avec l'Urss, une circulaire de Youri Andropov (membre du Politburo et directeur du KGB) datée du *28 avril 1970*, sous numéro 0039, demande à Berlin-Est « de faire un effort décisif pour recruter des agents en RFA... ; de développer plus activement le recrutement et le travail des agents doubles dans les agences gouvernementales ouest-allemandes; d'activer plus amplement les citoyens ouest-allemands d'intérêt opérationnel... »

Ce dernier point concerne les clubs, associations, cercles intellectuels, etc., aussi bien que divers réseaux plus tard appelés à servir la logistique des opérations terroristes.

En 1974, avant de quitter ses fonctions de ministre de l'Intérieur, Hans Dietrich Genscher (FDP) admet que de 1972 à 1974 les affaires d'espionnage ont augmenté de 79 pour cent en RFA, par rapport à la période 1970 à 1972.

En 1976, 1 386 espions est-allemands sont arrêtés ou neutralisés 37 ont fui à temps, mystérieusement avertis, tandis que 115 ont été arrêtés d'un seul coup dans 7 villes...

En 1980, le transfuge est-allemand de la HVA, le lieutenant Werner Stiller, estime à près de 500 les agents est-allemands opératifs dans le secteur industriel de la RFA. En 1985 le procureur ouest-allemand Kurt Rebmann triplera ce chiffre.

En 1986, M. Hellenbroich, qui vient de quitter ses fonctions à la direction du BfV, estime à environ 3 000 les espions actifs en milieu gouvernemental et politique, en RFA. Ce chiffre est sensiblement le même en 1989, selon nos sources à Bonn.

Note de l'auteur : Il est évident que ces chiffres, recueillis soit auprès du BfV, soit dans la presse spécialisée, soit au cours de nos enquêtes en RFA, sont indicatifs. On notera en 1982 l'apparition des *services secrets chinois*, avec six officiers de Pékin priés de rentrer chez eux. *En 1990*, nous estimons à 4 000 les officiers espions de la RDA qui depuis l'hiver 1989 se sont infiltrés en RFA ou maintenus sous des faux noms dans l'ex-RDA, une fois mutés à disposition des centres du KGB et du GRU, ou sur les bases des armées de l'Urss en Allemagne orientale.

VI

Le ministère de la Sécurité d'État (MFS), la Stasi, la HVA

A) Dès son apparition en 1950, le Ministerium für StaatsSicherheit (MFS) est communément encore appelé SSD, suivant ses précédentes initiales, puisqu'il s'appelait antérieurement StaatsSicherheit Dienst, ou Bureau de la Sécurité d'État. Mais on l'appelle ensuite communément Stasi. Celle-ci est en réalité la Sûreté intérieure (police secrète et contre-espionnage) mais le MFS coiffe également la HVA, ou Administration principale pour le renseignement (espionnage à l'étranger), dont le directeur a rang de général et de vice-ministre du MFS.

La *HVA* est issue de l'IDF (Institut de recherches économiques) créé en 1951, ensuite appelé « Département XV » et finalement, en 1958, HVA.

La *Stasi* est issue du Département dit « K5 » créé en 1947 et parfaitement copié sur les structures de l'ancienne Gestapo.

Le MFS s'est installé en 1950 dans les quarante et un bâtiments du 22, Normannenstrasse, immense complexe ouvrant sur quatre rues, avec au départ environ trente mille personnes à sa centrale ou ses annexes, en périphérie de Berlin, et bientôt cinquante mille autres cadres et subordonnés, répartis dans les quinze districts territoriaux de la RDA. Chacun de ces districts était commandé par deux cents à deux cent cinquante officiers, dont plusieurs généraux.

A partir de 1960, un *Comité de la Défense nationale*, présidé par Erich Honecker, alors numéro deux du parti communiste (SED) avec pour adjoint le général Fritz Streletz, supervise à la fois le MFS et les ministères de la Défense et de l'Intérieur. Lorsque Honecker remplace W. Ulbricht à la direction du parti, Egon Krenz remplace Honecker à la supervision de ces trois ministères. Streletz est resté à ses fonctions, et de plus est devenu, en 1979, vice-ministre de la Défense et chef de l'état-major des armées jusqu'en décembre 1989.

Au total douze membres du Politburo et personnalités militaires et policières siégeaient au C.D.N.

B) MINISTRES SUCCESSIFS

Wilhelm Zaisser,	né en 1893,	1950-1953
Ernst Wollweber,	né en 1898,	1953-1957
Erich Mielke,	né en 1907,	nov. 1957-nov. 1989

VICE-MINISTRES

Erich Mielke,	né en 1907	1950-1957
Otto Last,	né en 1906,	1955-1959
Otto Walter,	né en 1902,	1955-1963
Bruno Beater,	né en 1914,	1955-1982 †
MARKUS WOLF,	né en 1923,	1960-1986
Fritz Schroeder,	né en 1915,	1964-1975
Alfred Scholz,	né en 1921,	1975-1978
Rudolf Mittig,	né en 1925,	1977-1989
Gerhard Neiber,	né en 1925,	1980-1989
Wolfgang Schwanitz,	né en 1930,	1987-1989
Werner Grossmann [1]	né en 1921,	1988-1989
Gerhard Niebling,	?	1988-1989

1. Werner Grossmann, nommé en février 1987 à la direction de la HVA, n'est promu vice-ministre qu'en avril 1988.

VII

Répartition et fonctions, Stasi et HVA, de 1979 à 1989

	En 1979	En 1989
MINISTRE	*Erich Mielke*, promu à ce poste en 1957, au Politburo en 1976, général-colonel	*Erich Mielke*, général d'armée
VICE-MINISTRES	*Bruno Beater*, depuis 1955, promu à ce rang comme 1er vice-ministre en 1964. Général-lieutenant. Stasi	*Bruno Beater*, décédé en 1982
	Markus Wolf, depuis 1955 général-major du Département XV (appelé HVA en 1958) dont il est directeur jusqu'en hiver 1986.	*Markus Wolf* a été remplacé en février 1987 par Werner Grossmann. Promu vice-ministre en avril 1988, *HVA*.
	Rudi Mittig, promu en août 1977, général-major, Stasi. Entré en avril 1986 au Comité central du SED	*Rudi Mittig*
		† *Gerhard Neiber*, général-lieutenant promu en 1980. Stasi.
		† Wolfgang Schwanitz, général-lieutenant, juin 1987. Stasi.
		† Gerhard Niebling, général-lieutenant, promu en 1988. Stasi.

A l'échelon au-dessous, mais directement autour de Mielke, et influents par leurs connections avec le Politburo :

1) *De 1955 à 1981* : *Gerhard Heidenreich*, premier secrétaire du SED pour l'appareil du parti dans la Stasi et la HVA. Général-major.

2) *De 1981 à 1989*, Horst Felber, mêmes fonctions et grade.

3) *De 1975 à 1986*, le général-major *Bernhard Elsner*, commandant du bataillon d'élite Dzerjinski, chargé de la protection des hauts dirigeants et des bâtiments du MFS.

4) *De 1986 à 1989*, le général-major Günter Wolf, son remplaçant.

Remarques. Équivalences de grade : général-major = général de division français; général-lieutenant = général de corps d'armée; général-colonel = général d'armée.

Le général Schwanitz fut responsable de l'éphémère Nasi, de décembre 1989 à sa disparition en mars 1990. On n'a plus parlé de lui ensuite, ni des généraux Mittig, Neiber et Niebling. Parmi les quinze responsables de districts, celui du Neuebrandenbourg, Peter Koch, s'est suicidé le 3 mai 1990. Celui d'Erfurt, Schwarz, a disparu. Les autres sont passés sous protection des bases soviétiques d'Allemagne, exception faite pour Neiber. Sauf indications qui seraient données après publication de l'ouvrage.

VIII

L'espionnage est-allemand (HVA) en 1989 (organigramme simplifié)

Liaisons « Organes administratifs » du SED et *Comité de la Défense nationale*	*Directeur :* 1954-1987, Markus Wolf 1987-1989, Werner Grossmann *État-major :* général Heinz Geyer ? – 1989	*Liaison permanente/ KGB :* I Général + 4 colonels.

Administration centrale : 1 800 cadres

HVA I : Pénétration gouvernement RFA ; colonel H. Folk [1], puis Bernd Fischer

HVA II : Pénétration partis, syndicats, fondations, Églises, clubs, instituts, etc. RFA. Colonel Fritz Schulze

HVA III : Pénétration diplomatie, presse, étrangers en RDA

HVA IV : Pénétration Bundeswehr et Otan. Colonel Horst Jänicke

HVA V : Espionnage économique et technologique + Division scientifique et technique créée en 1971, dont :
Section XIII (espionnage

1. Certains noms sont purement indicatifs. Valables en général entre 1983 et 1986. Ainsi Grossmann dirigeait la HVA IV de 1965 à 1978. Le colonel Rolf Peter Devaux était présent comme haut responsable entre la direction et la HVA I encore en février 1990. De même Fritz Peter aux organismes « de liquidation » de la HVA, qui en 1989 comptait *6 500 officiers* en poste à l'étranger.

industriel), Section XIV (informatique, électronique), Section XV (technologie militaire de point); Département GO5 (Surveillance et traitement des affaires d'électronique), etc.

HVA VI : Infiltration des espions. Général Heinz Neffe (ou Günter, ou Jens?)

HVA VII : Analyse, évaluation, traitement du renseignement, colonel Irwin Maletzky

HVA VIII : Communication avec les agents. Techniques opérationnelles. Colonel Helmut Hartwig

HVA IX : Contre-espionnage, manipulation d'agents au sein des services secrets occidentaux. Général-major Harry Schütt

HVA X : Contrôle et traitement du terrorisme

HVA XI : Espionnage USA/Canada

HVA XII : Espionnage Amérique latine

? : Afrique et Maghreb. Moyen-Orient.

Section désinformation
Chiffre
Archives et fichier central; général Fritz Peter
École des cadres et formation d'agents
Banque de données (profil d'agents possibles, agents recrutés, adversaires à surveiller dans les pays étrangers, environ 200 000 noms
Section 4 : unités spéciales d'intervention en Europe (Spetsnaz).
Contrôle unités clandestines des PC européens...)

Sources : Archives CEI. Ouvrages de K.W. Fricke, Cologne. *Die Welt*, 17 octobre 1990. Documents fournis par Clifford A. Kiracoff.

IX

Le ministère de la Défense

1/4 Schnellerstrasse, Berlin. Créé en 1956, après avoir été camouflé au sein des forces de police de l'Intérieur, de 1948 à fin 1955. La Nationale VolksArmee ou NVA comptait *173 000 hommes* en novembre 1989. Le ministère de la Sécurité d'État (MFS) siège dans ses structures à raison d'un délégué au commandement de chaque division. Comme dans tous les ministères, un Premier secrétaire du PC (SED) contrôle les cellules du PC au sein de l'armée, du haut en bas de ses structures. De 1956 à 1960 le vice-président du Conseil *W. Stoph*, nommé général d'armée, contrôlait ce ministère, avec pour adjoint l'ex-général de la Wehrmacht *Vincenz Müller* et l'ex-commandant de la Wehrmacht *Bernhard Bechler*, venu du Comité national pour une Allemagne libre. A partir de juillet 1960, le général d'armée Heinz Hoffmann, né en 1910, communiste dès l'âge de quinze ans, chef de bataillon durant la guerre d'Espagne, agent du Komintern en France jusqu'en 1939, puis en Scandinavie, venu ensuite de la police populaire, devient ministre.

	Situation en 1979				*En été 1989*
Ministre :	*Heinz Hoffmann,*	promu en 1960, SED,	général	d'armée	*Heinz Kessler,* 12.1985
Vice-ministres :	*Heinz Kessler*	en 1957, SED,	gal-col	adm. politique	*Horst Brünner,* 4.1986
	Werner Fleissner	en 1963, SED,	*id.*	armements et technologie	*Jürgen Goldbach* 11.1979
	Horst Stechbarth,	en 1972, SED,	*id.*	armée de terre	*Horst Stechbarth*
	Wolfgang Reinhold		*id.*	armée de l'air	*Wolfgang Reinhold*
	Wilhelm Ehm	en 1972, SED	amiral	marine	*Wilhelm Ehm*
	Wolfgang Neidhart	en 1978, SED	gal-lt	intendance	*Manfred Graetz* 2.1986
	Klaus D. Baumgarten	en 1979, SED	*id.*	troupes des frontières	*Klaus D. Baumgarten*
	Fritz Streletz	en 1979, SED	gal-col.	chef de l'état-major	*Fritz Streletz*

Délégué permanent auprès du Pacte de Varsovie : général-lieutenant *Kurt Lange*, SED, mars 1973
Service du renseignement militaire : général-major *Alexander Karin* (depuis janvier 1981)
Commission de Contrôle du PC (SED) : général-lieutenant *Martin Panke* (depuis déc. 1973. Il y a 11 sections du PC – agitprop, culture, jeunesse, etc. – dont celle des Organes administratifs directement branchée sur celle du Comité central).
La section dite *Administration 2 000* est chargée de la liaison avec la Sécurité d'État (MFS).

Notes. En automne 1989, le vice-amiral *Theodor Hoffman* est brusquement apparu en public comme vice-ministre de la Défense et chef de la Marine, puis en hiver est passé ministre de la Défense.

Le 15 mai 1990, le vice-ministre Goldbach s'est entretenu avec les journalistes américains du *San Jose Mercury News* des problèmes de désarmement.

Le ministère de l'Intérieur

29/32 Mauerstrasse, Berlin. Créé en 1946, élevé au rang de ministère en octobre 1946. Chargé de l'ordre public. Comptait dès 1960 plus de 150 000 h. pour 17 millions d'habitants, répartis en police des frontières, police d'intervention, police de sécurité publique sous l'autorité d'un ministre, un 1er vice-ministre et 3 à 5 vice-ministres selon les périodes.

Ses ministres successifs ont été : *Erich Reschke*, 8.1946 à 7.1948; *Kurt Fischer*, 7.1948 à 10.1949; *Karl Steinhoff*, 10.1949 à 23.5.1952; *Willi Stoph*, 5.1952 à 6.1955; *Karl Maron.* 6.1955 à 11.1963, puis Friedrich Dickel.

Parmi les vice-ministres notoires à différentes époques, dans cette chronologie : *Erich Mielke*, *Ernst Wollweber*, *Willi Seifert*, *Richard Stahlman* (passé en 1950 à l'IWF, auprès de Markus Wolf), *K.H. Hoffmann* (futur ministre de la Défense).

	En 1979		*En 1989*
Ministre :	*Friedrich Dickel*, né en 1913, promu	en 1963, général-colonel, SED	*F. Dickel*
1er vice-ministre :	*Rudolf Riss*	en 1977, général-lieutenant, SED	*Lothar Ahrendt*, 7.1986
Vice-ministres :	*Günter Giel*	en 1974, général-major, SED	*G. Giel*
	Ernst Marterer	en 1970, général-major, SED	
	Werner Reuther né en 1925	en 1974, général-lieutenant chef de l'administration politique	*W. Reuther*
	Willi Seifert	en 1957, général-lieutenant, SED	
	K.H. Wagner	en 1977, chef de l'État-major, SED	*K.H. Wagner*
			K.H. Schmalfuss 8.1985
			H. Müller 8.1986

Premier secrétaire des cellules du SED (PC) : *Erwin Primpke*, promu en juin 1969 général-major, Vopo.

Des généraux ou colonels coiffent à leur tour, sous cet appareil, chacun des 15 districts de la RDA

Lothar Ahrendt remplace Dickel fin novembre 1989, jusqu'à février 1990.

XI

Budget et personnel de la Stasi en 1989

1. Le budget global du MFS pour 1989 portait en compte, pour *98 344 salariés* de la Centrale et de ses départements, sections, agences, 1 747 060 545 marks du point de vue ventilation officielle. On n'oubliera pas en effet que, comme en Urss, certaines affectations des dépenses sont couvertes par divers commerces et trafics illégaux, telles les rentrées fournies au MFS par les entreprises dont Alexandre Schalk-Golodkowski assurait, avec son épouse Sigrid, la gestion internationale.

2. Parmi les plus hauts salaires, qui dépassaient 5 800 marks par mois au-dessous d'Erich Mielke (79 082 par an), Neffe (72 824), Mittig (71 250). Étrangement d'autres vice-ministres gagnaient bien moins! Ainsi Grossmann (69 000), Neiber (68 250), Schwanitz (68 250), et l'on découvre que Niebling, dernier venu en 1988, touchait 49 500 marks...

3. D'importants responsables de départements (HA) ou sections vitales gagnaient moins encore. Ainsi Werner Irmler, général-major, chef de la Zaig (Centrale d'évaluation et d'analyse du renseignement), Günter Kratsch (longtemps chef du contre-espionnage ou HA.II, contrôleur de divers terroristes) touchaient 57 750 marks par an et Alexandre Schalk-Golodkowski (Ko-Ko), ou Horst Felber (premier secrétaire des cellules communistes au sein du MFS) 54 750 marks par an. Comme le général-major Heinz Geyer (chef de l'état-major de la HVA).

4. *Budget et nombre d'employés par directions de la Centrale*
8 334 salariés figurent à la Centrale, Normannenstrasse, à Berlin, environ 9 000 autres dans les bureaux de la périphérie.

Voici ces directions, nombre d'employés, budget de fonctionnement :

HA. I	Sûreté militaire (2 218), 5 081 878 marks
HA. II	Contre-espionnage (1 338), 29 678 451 marks.
HA. III	Radio-électronique, (2 314), 45 962 970 marks.

HA. VI	Contrôle d'identité, passeports, et des transports, (1 970), 43 468 072 marks.
HA. VII	Sécurité du MFS et personnalités (337), 8 140 115 marks.
HA. VIII	Investigations et surveillance (1 449), 31 836 361 marks.
HA. IX	Liaison avec le Parquet (502), 11 739 168 marks.
HA. XVIII	Logistique du renseignement, trésorerie des OiBE, etc. (616), 14 827 670 marks.
HA. XIX	Surveillance poste, téléphones, maintenance parc auto, etc. (244), 6 062 894 marks.
HA. XX	Surveillance partis, Églises, mouvements de masse, organisations sportives, culturelles, opposition, etc. (460), 10 833 353 marks.
HA. XXII	Contrôle du terrorisme (805), 14 824 677 marks.
HA. A	Administration de contrôle du renseignement, de la coordination et des liaisons interministérielles et avec la Banque d'État et la Banque du Commerce extérieur : (3 776) 73 238 574 marks.

Sections et sous-directions diverses

Abteilung X	(section) : Liaisons internationales (51), 1 108 527 marks.
Abt. XI	Chiffre (658) 11 140 978 marks.
Abt. XII	Archives. Fichier central (338) 7 332 305 marks.
Abt. XIII	Prospectives (440) 8 977 665 marks.
Abt. XIV	Camps et prisons (251) 4 928 782 marks.

– Direction des écoles et des cadres (1 052) 23 852 927 marks.
– École supérieure du MFS (1 139) 20 220 736 marks.
– Bureau médical central (1 187) 24 307 760 marks.
– Section principale/Protection des personnels (3 718) 69 617 751 marks.
– Appareil des directions du SED (155) 4 233 649 marks.
– Centrale d'exploitation de l'information (440) 9 799 055 marks.
– *Abt. 26* Écoutes téléphoniques (431) 673 444 marks.
– Abt. Finances (176) 3 823 717 marks.

	– Bureau Sécurité intérieure (317) 6 868 653 marks.
	– Vice-ministres et adjoints du ministre (6) 163 615 marks.
	– Administration logistique et intendance (3 142) 60 751 539 marks.
– *AG.BK*	Coordination/activités commerciales (113) 2 270 746 marks.
– *ZAG*	Centrale des groupes de protection (58) 1 441 169 marks.
– *ZO*	Centrale opérations de l'état-major (62) 1 579 328 marks.
– *AG.XVIII*	Papiers d'identité. Passeports (290) 7 061 280 marks.
– *ZK*	Centrale de coordination des services du MFS, avec le ministère des Affaires étrangères et l'Intérieur (183) 4 494 861 marks.
– *Abt.BC*	Bureau armements et armes chimiques (177) 3 744 700 marks.
– *Abt.N*	Bureau des liaisons et de la centralisation du Renseignement du MFS; de l'Intérieur du renseignement militaire, du chiffre et des services radio (1 211) 22 600 497 marks.
– *OTS*	Section des opérations techniques (1 110) 23 951 961 marks.
	Groupe de travail du ministre (134) 3 143 185 marks.
	Groupe de travail du ministre (B) (533) 10 921 671 marks.
	Régiment de la garde Djerzinski à Berlin (11 110 hommes) 11 928 798 marks.

Remarques : Ce tableau est tiré des listes publiées dans les journaux tels que *Die Tageszeitung* de Berlin, le 26 mars 1991, *DieAndere*, même mois, et de recoupements divers, apparemment authentiques. Curieusement nous n'y avons pas retrouvé la Zaig, ou Centrale d'analyse et d'évaluation du renseignement, qui selon notre enquête était tenue entre 1983 et 1988 par le général-major Werher Irmler (solde annuelle : 57 750 marks). Pour le reste, ces informations confirment amplement celles que donnait le spécialiste allemand K.W. Fricke dans son ouvrage plusieurs fois cité dans ce livre, paru en 1982 et réédité en 1984. Le *Bild* a de son côté publié en avril 1991 une soixantaine de noms d'OiBE (officiers et informateurs secrets de l'appareil clandestin de la Stasi après 1989) par provinces et villes, mais ils n'ont d'intérêt que pour des chercheurs et les historiens lors d'éventuels rebondissements des enquêtes.

Index

Nous n'avons recensé que les noms indispensables au récit. Certains autres figurent soit en notes et références, soit encore dans nos annexes.

A

ABAKOUMOV Viktor : 102.
ABELEIN Manfred : 221.
ABOU AYAD : 282.
ABOU DJIHAD : 282.
ABOU NIDAL : 286.
ABRASSIMOV Piotr : 215-216, 230, 243, 296.
ABS Hermann : 190.
ABTEILUNG III : 154.
ABUSCH Alexandre : 155.
ACKERMANN Anton : 95-96, 145, 198.
ADAMS Jefferson : 40, 70, 279, 363.
ADENAUER Konrad : 182, 205, 215, 218, 237, 242, 265-266.
ADLER Alexandre : 46, 111.
ADN : 199, 230.
AHRENDT Lothar : 72, 307, 373.
AKAYAT Hamli : 193.
ALBRECHT Suzanne : 286 à 289.
AMERONGEN Otto Wolf von : 190, 200.
ANDREW Christopher : 293.
ANDROPOV Youri : 24, 204, 234, 246, 256, 293 à 297, 326, 365.
ANGLETON Jim : 259, 278.
ANLAUF Paul : 156.
ANTALL Joseph : 327.
ARAFAT Yasser : 286.
ARAIGNÉE : 134.
ARBATOV Georges : 313.
ARDENNE Manfred von : 43, 45, 76, 306.
ARON Raymond : 251.
ASPEN Institut : 313.
AVATINE Michel : 165.
AXEN Hermann : 288.

B

BAADER : 281, 285-286.
BACKLUND : 243.
BADE Arno : 161.
BAERENSPRUNG Horst : 112, 236.
BAHR Egon : 32, 71, 193, 216, 232, 242, 244-245, 277, 297, 303, 313-314, 334.
BAJANOV Boris : 165.
BAKER James : 314.
BALLADUR Édouard : 312.
BAMLER Rudolf : 145-146.
BANDE À BAADER : 280.
BANGEMANN Martin : 268, 299, 301.
BARBIE Klaus : 134.
BARRON John : 133.
BARZEL Rainer : 220-221, 223.
BAUER Leo : 112, 143-144, 152, 158, 216, 232, 243, 245.

BAUM Gerhard : 269, 284.
BAUMANN Edith : 184.
BAUTZEN : 60.
BEATER Bruno : 288, 368-369.
BECHER Marianne : 30.
BECK, général : 91, 176.
BECKER Franz : 55, 229.
BEDELL Smith : 113, 119-120.
BEITZ Berthold : 243.
BELITZKY Viktor : 245.
BEN GOURION David : 133.
BERGER Helga : 219-220.
BERGHOFER Wolfgang : 76, 331.
BERIA Lavrenti : 21, 23, 38, 73, 94-95, 102, 114, 145, 153-154.
BERRIER Hilaire du : 220.
BERTRAND, général : 109.
BERZINE Ian : 146 à 148, 152.
BESPALOV, colonel : 32, 127.
BESSONOV Serguei : 108.
BFV : 201.
BIEDENKOPF Kurt : 223.
BIERMAN Wolf : 19.
BINDER David : 244.
BIRKELBACH : 241.
BLAU Hagen : 257-258, 328.
BLUM Benjamin : 131-132, 135.
BLUNT Antony : 113, 151, 173-174.
BOCHAUS Ulrich : 244.
BOEHM écrivain : 202.
BOEHME Hans-Joachim : 42.
BOHLEY Bärbel : 52, 64.
BÖHME Ibrahim : 69, 331.
BOLCHAKOV V : 299.
BOLL Heinrich : 284.
BONHÖFFER Dietrich : 55.
BONNER Elena : 299.
BORISSOV Boris : 201.
BORM William : 268.
BORMANN Martin : 90, 134.
BOROVIK Guernadi : 313.
BOUKOVSKI Vladimir : 299.
BÖX Heinrich : 219.
BOYLE Andrew : 167.
BRADEN Thomas : 125.
BRANDT Willy : 32, 71, 112, 144, 201, 207, 211, 215 à 217, 220, 226, 230 à 238, 240 à 244, 246 à 249, 252-253, 259, 260, 263-264, 267, 277, 281, 301, 314, 331, 334.
BRANDT Rut : 252.
BRAUN Sigismund von : 219.
BREDEL Willy : 100.
BREJNEV Leonid : 50, 215, 234, 251, 271, 293-294, 298, 325.
BRÖDE Fritz : 155-157.
BROZLEY Christel : 223.
BUBER Martin : 155.
BUBER-NEUMANN Margaret : 155.
BUCH Paul (alias Mielke) : 157.
BUCHS Günther : 43.
BURGER Heinrich : 222.
BURGESS : 151, 173.
BURT Richard : 296.
BUSH George : 79, 311.
BÜTTNER Sigrid : 336.

C

CAIRNCROSS John : 128.
CANARIS, amiral : 89, 136, 145.
CARLEBACH Emil : 192.
CARTER Jimmy : 261.
CASEY William : 288.
CASTRO Fidel : 248.
CEAUSESCU Nicolae : 20, 153, 308.
CERCLE DE GODESBERG : 194.
CERCLE DE NAUHEIM : 193.
CHEBRIKOV Viktor : 297, 306.
CHELEPINE Alexandre : 209-210.
CHERNENKO Konstantin : 294, 296 à 298.
CHEVARDNADZÉ : 311.
CHEYSSON Claude : 296.
CHOU EN LAÏ : 147.
CHOUET Jean-Jacques : 226.
CIA : 192, 227, 284.
CLAUS Edgar : 265.
CLÉMENT Alain : 199.
CLOSE Robert : 246.
CLUB DE BERGDORF : 304, 313.
CNAL : 93-94, 100.
COHN-BENDIT Daniel : 286.
COOKRIDGE E.H. : 166, 206.
COOPER Abraham : 80.
CORSON William : 240-241.
COURTET François : 205.
CREMER Friedrich : 29, 203-204.
CROISSANT Klaus : 286.
CROWLEY Robert T. : 240-241.
CROZIER Brian : 246.

D

DACHITCHEV : 51.
DAHL HARRY : 289.
DALHEM Franz : 30.
DALLIN D.J. : 147.
DANIELS von, général : 92.
DEBRAY Régis : 285.
DEHÈME Paul : 259.
DELMER Sefton : 187.
DELORS Jacques : 312.
DERTINGER Georges : 186.
DICKEL F. : 36, 51, 54, 56, 72, 307, 373.
DIESTEL Peter Michael : 330.
DOLLMAIER W. : 198.
DOLLMANN Eugen : 134.
DONOVAN William J. : 106.
DOWIDEIT : 174-175.
DUBBERSTEIN Waldo H. : 279.
DUCLOS Jacques : 207, 359.
DUHRINGER Helmut : 221.
DULLES Allen : 88, 112-113.
DUMAS Roland : 311-312.
DUMONT Joël-François : 305.
DUTSCHKE Rudi : 280-281, 286.

E

EBERLEIN Werner : 80.
EHMKE Horst : 237, 244, 248.
EHRENBERG Herbert : 237.
EIGIDI Hans : 198.
EISLER Gerhardt : 108.
ELLEN J. : 244, 247.
ENDERT R. : 293.
ENKELMANN Kurt : 278.
EPPELMAN Rainer : 310.
EPSTEIN Edward Jay : 278-279, 298.
ESSLIN Gudrun : 280, 285-286.
EWERT Arthur : 150.

F

FABIUS Laurent : 312.
FADEIKINE Ivan A. : 256-257, 260, 271.
FALIGOT Roger : 207, 323, 359-360.
FALINE Valentin : 52, 312.
FEIST Margot : 24, 293, 322.
FEITENHANSL Karl : 195.
FELBER Horst, général : 21, 40, 74, 307, 324, 369.
FELD Ignace : 273.
FIELD Noël : 12, 112, 137, 144.
FINDEISEN : 201.
FISCHER Oskar : 17-18, 20-21, 25-26, 45, 82, 195.
FITZNER Robert : 132, 135.
FOERSTER : 241.
FONDA Jane : 282.
FONDATION FRIEDRICH-NAUMANN : 264.
FONDATION KONRAD-ADENAUER : 302.
FOUCHÉ-DEGLIAME : 118.
FRAHM Willy : 207, 235 (voir BRANDT).
FRANCKE-GRIESCH Alfred : 194.
FRANKE Klaus : 262.
FRANKENBERG von : 94.
FRANZ Horst : 289.
FRICKE Karl Wilhelm : 206, 241, 308.
FUCHS Klaus : 43, 109-110.
FUNK Walter : 190.

G

GALBRAITH John Kenneth : 109.
GARBE Ingrid : 219.
GAST Gabriele : 258, 269, 328.
GAUDIG Hans Dieter : 289.
GAUSS Günter : 244.
GAVIGNET Jean : 336.
GEFFKE Gerta : 144.
GEHLEN : 38, 166, 182, 187, 204, 355.
GENSCHER Hans Dietrich : 42, 46, 99, 216, 231-232, 248, 251, 267-268, 271, 302, 311, 334.
GERLACH Manfred : 28, 59, 69, 80.
GERSTNER Frank : 225.
GESSLER Heinz : 304.
GIEREK : 308.
GISCARD D'ESTAING Valéry : 251.
GLASER Erika : 112, 144.
GÖBEL Michael : 53.
GOEBBELS : 333.

GOERDELER Karl : 92.
GOLDENSTEIN (alias général Schmidt) : 274-275.
GOLDBERG Arthur : 106, 112.
GOLDHAMMER : 144.
GOLENIEWSKI Michel : 246.
GOLIATH Inge : 223.
GOLOMBEK Klaus : 46.
GOLYTSINE Anatoli : 246.
GORBATCHEV Mikhaïl : 19, 28, 36, 41, 45-46, 50 à 52, 54 à 57, 68, 73, 79, 83, 125, 267, 272, 293-294, 296 à 298, 302, 304 à 309, 311 à 313, 315, 317, 326, 329, 331, 333.
GORDIEVSKY Oleg : 293, 329.
GORSKY Anatoli : 128.
GOULD Joseph : 106, 108.
GRASS Günter : 286.
GRETCHKO, maréchal : 276.
GRIESSMAYER Gottfried : 195.
GROMOV Anatoli : 108.
GROMYKO Andreï : 133.
GROPE Helfried : 98.
GROSSMANN Werner : 21, 29, 72, 98, 321 à 324, 363, 368 à 370.
GROTEWOHL Otto : 34, 161, 186.
GRU : 91, 145, 158, 212, 232, 244.
GRUMPE : 129.
GRÜNBERG Gottfried : 100.
GRÜNSTEIN Herbert : 100.
GRZESINSKI Albert : 155.
GUILLAUME Günter : 211, 220-221, 226, 231, 233, 235, 237, 240 à 244, 247 à 251, 253, 255, 324, 334.
GUNDELACH Thomas : 329.
GUTSCHE Joseph : 185.
GYMNICH L.P. : 189.
GYPTNER Richard : 99, 184.
GYSI Gregor : 28, 54 à 56, 61, 74, 76, 80, 101, 105, 313.

H

HABACHE Georges : 282, 286.
HACKBART Erna : 207, 359.
HAEBER Herbert : 42.
HAGER Kurt : 18, 24, 42, 58, 267.
HAHN Walter : 43, 48, 51, 234, 246.
HAIG Alexander : 287.
HALLE Günter : 283.
HAMBURGER : 148 (voir KUCZYNSKI Ursula).
HAMMER mission : 106 à 109.
HANESCH Karl : 278-279, 285.
HANSTEIN Wolframm von : 193.
HARNACK David : 30.
HARTLAND Michael : 335.
HASE, colonel : 271.
HAUSLEITER August : 195.
HAVEL Vaclav : 327.
HAVEMANN Wolfgang : 101.
HECK Bruno : 223.
HEIDENREICH Gerhard : 168, 198-199, 206-207, 369.
HEIM Max : 196.
HEINEMANN Gustav : 233, 279, 286.
HEINRICH Rolf : 53.
HEISINGER Hans-Joachim : 219.
HELBIG Erich : 238.
HEMPEL Uwe : 72.
HERGER Wolfgang : 74.
HERMANN Joachim : 59.
HERNNSTADT Rudolf : 73, 94.
HERWIG, colonel : 301.
HERZ Peter : 155, 157.
HERZBERG W. : 293.
HEYDE Klaus Dieter : 328.
HEYDRICH Reinhard : 89.
HEYM Stefan : 19, 60, 65, 76, 79, 111.
HIRSCHFELD Hans : 112, 236.
HLAVACOVA Maria : 248.
HOBBING Enno : 227.
HOECKE Margaret : 41, 228, 230, 257.
HOFER Heidrun : 223.
HOFFER Charles : 157.
HOFFMAN Theodor : 72, 372.
HOFFMANN Heinz : 158, 250-251, 278, 283.
HÖFS Ursula : 223.
HOLLIS : 107, 148, 150-151, 173-174.
HOLSTIN Olaf : 166.
HONECKER Erich : 17 à 20, 23-24, 26, 28, 30, 34 à 37, 41 à 43, 45 à 52, 54 à 60, 63, 68, 74, 167-168, 183, 185-186, 188, 206, 212, 242, 246, 252, 268 à 270, 283, 288-

289, 293, 295 à 297, 299 à 305, 307-308, 313, 322, 324.
HOPPE, sénateur : 267.
HORN Gyula : 17-18, 20-21, 25-26, 45.
HÜBNER Johann et Ingeborg : 229.
HUNT Howard : 253.
HUYN, comte : 70, 234-235, 246, 250, 271, 276, 300, 322.
HVA : 19, 29, 36, 39 à 41, 72, 126, 138, 143, 159, 196, 198, 203, 206-207, 209 à 211, 213 à 215, 217, 219 à 222, 227, 229, 231, 236, 238, 240-241, 256 à 258, 260 à 263, 268, 270, 273, 276-277, 279, 283-284, 286, 288, 295, 299, 300, 302, 204 à 306, 309, 320-321, 223 à 325, 327-328, 334.

I

IERCHOV Pavel I : 12, 133.
ILLNER Arthur : 207, 359.
ILTIS Lucien : 118.
IMES-GMBH : 77.
IVANOV, colonel : 180-181.
IWF : 143, 159, 168, 182, 189, 192, 197 à 200, 206.

J

JÄCKEL Günter : 289.
JACOB Franz : 92.
JAHN Gerhard : 215.
JAKOBSMEIER Ingrid : 288.
JARUZELSKI : 270-271.
JDANOV Andreï J. : 114, 136, 138.
JEAN PAUL II : 256.
JELTOV A.S. : 73.
JILINSKI Nikolaï : 167.
JIVKOV : 69, 308.
JOGISCHES Léo : 146.
JOHN Otto : 199, 205, 239, 347-348.
JOUKOV, maréchal : 21, 33, 73, 95, 110, 126, 264.

K

K 5 : 137, 367.
KADAR : 26, 308.
KADHAFI : 278-279.
KAHLE Hans : 106.
KAHLIG-SCHEFFER Dagmar : 257, 260, 263.
KALTENBRUNNER Ernst : 159.
KAMM Johannes : 198.
KAMPFNER John : 75.
Kant : 58.
KAPFER Ludwig : 195.
KAPLUCK Manfred : 281.
KARAJAN Herbert von : 336.
KARLSON Hans : 321.
KAUFFER Rémi : 207, 323, 359-360.
KAUFFMANN : 191.
KEMPNER Robert : 172.
KEMRITZ : 171-172.
KENNAN George : 124-125.
KESSLER Heinz : 35-36, 51, 59, 72, 310, 332, 372.
KGB : 40-41, 46, 138, 145, 158, 177, 180, 186, 204, 209-210, 213-214, 219, 227, 235 à 238, 240, 244, 257, 278-279, 284, 323.
KHOKHLOV Nikolaï : 130, 133, 180, 186.
KHROUCHTCHEV Nikita : 73, 125, 179-180, 205, 243, 256, 296.
KIEP Leisler : 302.
KIESEWETTER Wolfgang : 275.
KIPPENBERGER : 333.
KIPPING Konrad : 223.
KIRCH Richard : 193.
KIRSANOV, colonel : 32.
KISCH Henry : 110.
KLAR Christian : 286-287.
KLARSFELD Beate : 281.
KLEIST Peter : 265.
KLEPIKOVA Elena : 297.
KNIGHT Amy : 73.
KNIPP Else : 151.
KOBOULOV Bogdan : 154, 174.
KOCH Peter : 321, 369.
KOELLER Fritz : 165-166 (voir WOLLWEBER).
KOENIG, général : 120.
KOESTLER Arthur : 13, 133, 136, 336.
KÖGLER Theo : 195.
KOHL Helmut : 45, 263, 266 à 268, 270, 296, 302, 311, 314, 318-319, 321.

KOLLONTAÏ Alexandra : 91, 165.
KOLTYPINE, colonel : 127.
KÖRBER Kurt : 201, 266, 304.
KORFES, général : 93.
KOUKOVITCH Hans Felix : 130, 133, 135.
KOVACS Lazlo : 17, 26.
KRASE Joachim : 257.
KRATSCH, colonel : 325, 374.
KRAUS Otto : 181.
KRAUSE Peter : 219.
KREBS Richard : 149, (voir VALTIN).
KREISER Michel : 328.
KREISKY Bruno : 236, 242.
KREMER Simon : 151.
KRENZ Egon : 24, 28, 40, 42, 57 à 61, 63-64, 74, 76, 78, 304, 307, 309, 313, 324.
KRESS Anne-Liese : 220.
KRIOUTCHKOV Vladimir : 26-27, 35, 40-41, 43, 46, 68-69, 81, 256, 294, 298, 305 à 307, 313.
KROKER Herbert : 43, 51, 76.
KROLIKOWSKI Herbert : 25, 50.
KROTH Alfred : 191, 197.
KROUGLOV, général : 137.
KRUMM Heinrich : 200.
KRUSCHE Günther : 55.
KUCKHOFF Adam : 90.
KUCKHOFF Greta : 200.
KUCZYNSKI Jürgen : 43, 48, 69, 106 à 109, 148, 245.
KUCZYNSKI Robert : 107.
KUCZYNSKI Ursula : 150-151, 212, 335.
KÜHN Heinz : 177, 234.
KURELLA : 30.
KUUSINEN Otto : 163.
KUZICHKINE Vladimir : 256.

L

LAABS Herbert : 225.
LACOSTE, amiral : 284.
LAMBERZ Werner : 277, 288.
LAMBSDORFF Otto : 201.
LAMPHERE Robert : 148-149, 151.
LANGE, colonel : 159.
LATTMAN, général : 92.
LAUFER Stephen : 328-329.
LEBER Georg : 226, 231, 241-242, 247.
LEBER Julius : 92.
LEDERMANN Otto : 277.
LEJEUNE Max : 122.
LEMAIRE M. : 164.
LENK Frank : 156.
LENKHEIT Kurt : 323 (voir GROSSMANN Werner).
LÉO Gerhard : 119.
LEONHARD Rudolf : 119.
LEONHARD Suzanne : 119.
LEONHARD Wolfgang : 32, 34, 75.
LEVCHENKO Stanilas : 284.
LEWIS Flora : 312.
LIEBKNECHT Karl : 146.
LIGATCHEV Egor : 50.
LINSE Walter : 177 à 179.
LOCHTE Christian : 82.
LÖFFLER Gert : 262.
LONG Leo : 173-174.
LÖRCKE Greta : 90, 92, 101.
LORENZ Peter : 285.
LORENZEN Ursel : 230.
LOTZE Werner : 289.
LOUIS-FERDINAND DE HOHENZOLLERN, prince : 204.
LOUKIANOV A.I. : 41, 74, 326.
LUEDKE, contre-amiral : 214.
LUMMER Henrich : 262.
LÜNEBURG Sonia : 216, 268.
LUTHER Angela : 280.
LUTZE Renate : 224-225.
LUXEMBURG Rosa : 146.

M

MACLEAN : 151, 173.
MAHLER Horst : 281, 284.
MAHLOV : 136.
MAIZIÈRE Lothar de : 330-331.
MALENKOV : 21.
MAMONTOV Youri : 32, 193.
MARCHAIS Georges : 331.
MARENCHES Alexandre de, comte : 287.
MARTI : 129.
MARX Karl : 295.
MASSING Heda et Paul : 30, 108.
MASUR Kurt : 52, 59.

MATERN Hermann : 206, 334.
MATHIOPOULOS Margarita : 314.
MAX Werner : 223.
MAZOWIECKI Tadeusz : 69.
MEDVEDEV Roy : 108.
MEINHOF Ulrike : 280 à 282, 285-286.
MEIR Golda : 133.
MEISSNER : 41.
MELNIKOV : 95.
MENDE Erich : 196, 202.
MERKEL Charlotte : 215.
MERKER Paul : 30, 144.
MERKOULOV V. : 102.
MESGUISCH Daniel : 79.
MFS : 138, 141 à 143, 154, 159, 168, 172, 174, 177, 180 à 182, 187, 189, 222.
MICHEL Rosa : 100.
MIELKE Erich : 18-19, 35, 37, 39-40, 51, 54, 56, 58, 66, 72, 144 à 146, 149, 154 à 161, 167, 169, 172, 174 à 177, 179-180, 182, 185-188, 205, 207, 210, 218, 242, 289, 295, 303, 305 à 308, 321-322, 329, 332, 337, 358, 368-369, 374.
MIKHOELS Salomon : 137.
MIRTSCHIN Heinz : 40, 42.
MIRTSOV Lev : 166.
MISCHNIK Wolfgang : 267, 303.
MITTAG Günter : 24, 50, 59, 299-300.
MITTERRAND François : 314.
MITTIG Rudi : 321, 324, 368-369, 374.
MODINE Youri : 108, 173.
MODROW Hans : 18-19, 24, 43, 50-51, 60-61, 66, 76, 306, 310 à 314, 318-319, 330.
MOERSCH : 267.
MOHIEDDINE Khaled : 275.
MOHNHAUPT Brigitte : 286-287.
MOLOTOV : 21.
MONTEIL André : 215.
MOREAU Yves : 309-310.
MORGENSTERN (ou Morgenthal) : 180, 358.
MORROW William : 240.
MOSER Norbert : 231, 232.
MOSSADEGH : 255.
MOSTAK Peter : 285.
MÜLLER Fritz : 40.
MÜLLER Heinrich : 90.
MÜLLER Henning : 46.
MÜLLER Joseph : 194.
MÜLLER Kurt : 144.
MÜLLER Marie-Louise : 244.
MÜLLER Vincenz, général : 194, 205-206, 372.
MÜLLER Wilhelm : 121-122.
MÜNZENBERG Willy : 157, 207.
MYAGKOV Aleksei : 186, 246-362, 365.
MYRDAL : 236, 242.

N

NADOLNY Rudolf : 194.
NAEGELEN Edmond et Henri : 122.
NAGY Imre : 7.
NASI : 72, 74, 78, 82.
NASSER Gamal : 275.
NAUMANN Konrad : 42.
NEFF : 129.
NEGUIB : 275.
NEIBER Gerhard : 288, 321, 324, 368-369, 374.
NEUBAUER Christel : 239.
NEUES FORUM : 49, 52.
NEULANDER Walter : 153.
NEUMANN Peter : 155, 195, 203.
NIEBLING Gerhard : 321, 325, 368-369, 374.
NIEHRING Joachim : 196.
NIEKISCH Ernst : 276, 305, 333.
NIEMÖLLER Martin : 195.
NIKITINE Sergueï : 128.
NIKOLAÏ Walter : 89-90.
NOACK Ulrich : 194.
NOLLAU Günter : 248.

O

OFFERGELD Ingeborg : 224.
OGARKOV Nikolaï : 73, 296.
OKOLOVITCH Georges : 176, 180.
OPPENHEIM Simming von : 190.
OPPMAN Tadeusz : 152.
ORSÖDI Ladislas : 7-8.

OSTENRIEDER Gerda : 220, 261-262.
OTAN : 179.

P

PALME Olof : 236.
PANIOUSCHKINE : 102, 138.
PATZIG, capitaine : 89.
PAUKER Anna : 100.
PAUL Elfriede : 101.
PAULUS von, maréchal : 146.
PEET John : 111.
PHERDEMENGES Robert : 190.
PHLEIDERER Karl Georg : 264 à 266.
PHLÜGER Friedbert : 314.
PHILBY : 108, 128, 151, 173.
PICAPER J.-P. : 195, 280.
PIECK Arthur : 174.
PIECK Wilhelm : 30, 110, 160, 163, 175, 194, 197, 357.
PILNY Alfred : 201, 203.
PILZ Arthur : 128.
PINCHER Chapman : 148 à 151.
PLAN M. : 123 à 125.
PLISSONNIER Gaston : 304.
PLOHMANN Gerhard : 289.
PLOMBICK Egon : 262.
POMMER Heinz : 321.
PONIATOWSKI André : 120.
PONTO Jürgen : 286.
POPPE Helmut : 278.
POREMSKY : 176.
PORST Hans Heinz : 196, 201 à 203.
PORTOCALA Radu : 326, 350.
POSSONY Stefan : 234, 246.
POUCHKINE G. : 205.
PRELLWITZ Wolf Heinrich : 258, 323.
PREUSS Gisela : 258.
PRIMPKE Erwin 74.
PROLL Astrid : 285-286.

Q

QUISLING : 194.

R

RADO Alexandre : 101.
RAJK Lazlo : 7-8.
RAKOWSKI M. : 57.
RAMADIER Paul : 120.
RANELAGH : 106.
RAPACKI : 194.
RAU Heinrich : 22-23, 30.
RAU Suzanne : 30, 262.
RAUSCH : 8, 135.
REAGAN Nancy : 288.
REAGAN Ronald : 329.
RECHBERG Arnold von : 90.
REGGENTIN Rudolf et Hanna : 220-221, 223.
REICH Jean : 53.
REIMANN Max : 144.
REINHOLD Otto : 48.
REMEISEN Erich : 98.
REMER, général : 195.
REUTER Ernst : 171, 236.
REVERS, général : 119.
RIBBENTROP von : 89.
RIBIÈRE Henri : 122.
RICHTER Herbert : 261.
RICHTER Martin : 98.
RIDGWAY Roxane : 304.
RINSER Luise : 286.
ROCARD Michel : 336.
ROEHL Klaus Rainer : 280-281.
ROHWEDDER Detlev : 330.
ROMAN Petre : 153.
ROMMEL, maréchal : 274.
ROUBINE, commandant : 127.
RUNGE Evgueni : 237, 246.

S

SADATE Anwar el- : 275.
SAEFKOW Anton : 92.
ST-JOHN David : 253 (voir HUNT).
SAKHAROV : 299.
SANDOZ Gérard : 145.
SARTRE Jean-Paul : 286.
SCHABOWSKI Günter : 24, 42, 58, 309-310.
SCHACHT Hjalmar : 9, 190.
SCHAEFFER Fritz : 205.
SCHALK-GOLODKOWSKI Alexandre : 42, 77, 188, 299-300, 331, 374.
SCHALK-GOLODKOWSKI Sigrid : 300.
SCHAÜBLE Wolfgang : 304.

SCHEEL Walter : 231-232, 251, 259, 266.
SCHEER Johnie : 164.
SCHELLER Klaus (alias HEISINGER) : 219.
SCHENKE Wolf : 195.
SCHINDLER Ferdinand : 143, 152.
SCHIPKE Matthias : 319.
SCHIRDEWAN Karl : 186.
SCHLEIFF Henning : 81.
SCHLEIMER : 159.
SCHLEYER Hans-Martin : 287.
SCHLONDORFF Volker : 286.
SCHLOTTMANN Bernard : 283.
SCHMIDT Heinz : 275.
SCHMIDT Helmut : 224 à 226, 231, 261, 269, 274, 295, 313.
SCHMITT-WITTMACH Franz Karl : 204-205.
SCHOELLEWER : 267.
SCHÖNBORN Erwin : 283.
SCHROEDER Gerhard : 224-225.
SCHROETER Herbert : 220, 261-262 (voir RICHTER).
SCHRÜMPF : 159.
SCHUBERT Albert : 300.
SCHULZ Adelheid : 216-217, 286-287.
SCHUMAN Werner : 200.
SCHWANITZ Wolfgang : 72, 78, 321, 368.
SCHWARTZ Josef : 321.
SEECKT Hans von : 147.
SEJNA Jan : 214.
SEMIONOV Himmler : 193, 235, 243, 264 à 266.
SEMIONOV Ribbentrop : 265.
SEMIONOV Vladimir : 95, 243, 264.
SEROV Ivan : 102, 209-210.
SEYDLITZ von, général : 92, 146.
SHAH D'IRAN : 255.
SHULTZ Robert et Sonia : 229.
SIAO Eva : 30.
SIEBERG Ingeborg : 243.
SIEVERS Suzanne : 236.
SIMONOV Vladimir : 51.
SKORZENY Otto : 8-9.
SMEDLEY Agnès : 149.
SMERSH : 157.
SOKOLOVSKI, maréchal : 126.
SOLOVYOV Vladimir : 297.
SOMMER Theo : 302-303, 313.
SORGE Gustav : 147, 149-150.
SPEYER KRONTHAL James : 113.
SSD : 138, 144, 161, 210.
STAHLMANN Richard : 198 à 200, 206-207, 359.
STAIMER Lore : 197.
STALINE : 296, 308.
STASI : 56-57, 59, 63, 67, 72, 126, 138, 231, 295, 325, 331.
STAUFFENBERG von, comte : 91.
STEICHEN G.P. : 47.
STEIN Dieter : 176, 330.
STENZER Emmi : 95.
STEWART-SMITH Geoffrey : 246.
STILLER Werner : 206, 366.
STÖHRER Eberhard von : 134.
STOLL Max : 358.
STOLYPINE Arcady : 133, 180.
STOPH Willy : 24, 59, 217, 296, 332, 372.
STORM : 32, 111 (voir WOLF Markus).
STRAIGHT Michel : 113, 173-174.
STRASSER Otto : 194.
STRAUSS Franz Josef : 246, 300.
STRELETZ Fritz : 74, 324, 367, 372.
STRIGANOV : 187.
SUTTERLIN Heinz : 237, 263.

T

TCHOUIKOV, maréchal : 179.
TELTSCHILK Horst : 304, 313.
THYRAUD DE VOSJOLI P.L. : 122.
TIEDGE Hans Joachim : 221, 229, 239, 271, 302.
TISCH Harry : 308, 332.
TITO : 125, 136.
TITOV Guennadi F. : 293-294, 303, 313.
TOLKOUNOV Lev N. : 297.
TREPPER Leopold : 101.
TROTT ZU SOLZ Adam von : 91.
TRUDEAU Pierre Elliot : 296.
TSARAPKINE Semione : 267.
TULPANOV Serguei : 32, 34, 95, 97, 103, 111, 126, 138, 189, 193-194, 216, 245, 297, 334.
TZVIGOUN Semione : 256.

U

UHLIG Dieter : 300.
ULBRICHT Walter : 17, 21 à 23, 30 à 33, 55, 88, 95-96, 98, 110, 145, 154-156, 158, 163, 167-168, 198, 200, 212, 232-233, 242-243, 246, 276, 295, 334.
UMWELTBLÄTTER : 52.

V

VALTIN Jan : 149, 174, 336.
VAN ACKERN : 161.
VAN ARKEL : 112.
VERNER Paul : 167.
VIETT Inge : 280, 286 à 288.
VOGEL Horst : 300.
VOGEL Wolfgang : 188.
VOIGT Helmut : 286 à 289.
VOPO : 183.
VYCHINSKI Andreï : 154.

W

WHALE Fritz : 179.
WALLRAFF Günter : 75.
WARBURG : 190.
WEBER Heinrich : 130, 133, 135, 216-217, 300.
WEGENFUEHR Rolf : 110.
WEHNER Herbert : 232, 234-235, 243, 249, 334.
WEIGAND Frank : 289.
WEINBERGER Caspar : 288.
WEISS Ludwig : 79, 197.
WEIZSAECKER Richard von : 314.
WENDLAND, général : 215, 222.
WENZEL Johann : 101.
WERNER Hans Helmut : 29, 172, 183, 258.
WESSEL Gerhard, général : 222, 237, 238, 243, 258.
WETLI : 129.
WICHMANN, commodore : 38.
WIECHERT Gerhard : 300.
WIEDEMANN Heinrich : 216-217.
WIEGEL Jürgen : 225.
WIIK Raghild : 165.
WILER Christophe : 219.
WILLIAMS Robert C. : 110.
WILLNER Astrid : 224, 263, 269, 270.
WILLNER Herbert Adolf : 263-264, 267-268, 271, 303, 329.
WILSON Edwin : 278-279.
WINZER Otto : 99-100, 275-276.
WISCHNIEWSKY : 248.
WOEHLER Klaus : 219.
WOLF Christa : 58, 76.
WOLF Fritz : 174-175.
WOLF Günter : 369.
WOLF Hans-Peter : 329.
WOLF Konrad : 79.
WOLF Markus : 14, 18 à 21, 23 à 29, 31 à 35, 37, 39 à 47, 49-50, 52-53, 55-56, 58 à 60, 64 à 67, 69-70, 72 à 76, 78-79, 81-82, 87, 95, 101 à 103, 111, 119, 126, 138, 141 à 145, 154-155, 159 à 162, 167 à 169, 181- 182, 187 à 194, 196 à 200, 202 à 206, 209 à 213, 215, 217-218, 222-223, 225 à 228, 230, 234 à 236, 239, 246-247, 252, 255 à 258, 262-263, 268, 271 à 273, 276-277, 283, 289, 295 à 299, 302-303, 306 à 310, 312-313, 315, 317 à 320, 323, 330 à 333, 357, 368 à 370.
WOLLWEBER Ernst Friedrich : 149, 154, 158 à 169, 172, 174-175, 177, 179 à 182, 185 à 187, 191, 200, 205, 207, 210, 273, 357, 359-360, 368.
WRIGHT Peter : 148-149, 151.
WURTZ Francis : 331.
WYBOT Roger : 122.

Z

ZAISSER Wilhelm : 22-23, 28, 39, 73, 145 à 154, 157-158, 161, 168-169, 172, 174, 185, 198, 200, 206-207, 210, 273, 278, 357, 359, 368.
ZARP : 134.
ZAUMSELL Gerd : 289.
ZINOVIEV Alexandre : 68, 163.
ZORN Heinz : 93, 360.

Table

Avant-propos 7

PREMIÈRE PARTIE

1989 : Le coup d'État de Markus Wolf

1. Le Détonateur hongrois........................ 17
Un complot se prépare, comme en juin 1953 – Le déclin d'Erich Honecker – L'annulation des accords germano-hongrois de 1968.
2. Le scénario du loup........................... 27
Une enfance baignée dans l'internationalisme – Un pied de chaque côté de Berlin – Le manifeste communiste de juin 1945 – Le mouchardage du général Heinz Kessler – Les liens organiques des appareils soviéto-allemands – Le rendez-vous secret de Dresde, le 18 juin 1987
3. La chute d'Erich Honecker 45
La deuxième salve – Un troisième avertissement public – Les pivots de l'Octobre est-allemand – L'intelligentsia et les Églises dans la rue – Klaus Gysi et les Églises – L'Octobre de Berlin-Est – Les quarante-six jours d'Egon Krenz.
4. Le repli sur Moscou 63
« Ne pas jeter le bébé avec l'eau du bain » – L'arrière-plan d'une opération d'envergure – La Nasi au lieu de la Stasi – Une même vision : la sauvegarde du socialisme – L'assaut contre la Stasi – Le début de la fin d'une époque – Le repli sur Moscou.

DEUXIÈME PARTIE

Des taupes creusent leurs galeries (1945-1949)

5. Le retour des vétérans 87

L'affaire Walter Nikolaï – L'affaire von Rechberg – Les illusions du CNAL – Le filet s'abat sur l'Allemagne – Les nazis prennent du grade – Un étrange coude à coude, dès 1946 – Le général Alexandre Paniouschkine, « parrain » de Markus Wolf.

6. Des kyrielles d'agents dans Berlin 105

Les hommes « Oh So Social »... – Le réseau Kuczynski s'installe à Berlin – L'Allemagne, paradis des agents doubles – Le suicide du secrétaire d'Allen Dulles – L'appareil franco-allemand, au cœur du Plan « M » – Un capitaine FTPF, un général et quelques autres... – Un câble secret, en mars 1947.

7. Le coup manqué contre l'Europe 121

Les consignes du Plan « M » – A Berlin, un cerveau pour six têtes – Action psychologique, trafics stratégiques et tueurs – Le piège d'Aigen – Automne 1948 : « La voie romaine change de cap » – L'échec d'une stratégie – Du « K 5 » au ministère de la Peur.

TROISIÈME PARTIE

La guerre des deux Allemagnes (1949-1989)

8. Trois hommes... et Markus........................ 141

Un jeune homme très indifférent – Wilhelm Zaisser, ou Berlin-Shanghai et retour – Zaisser a-t-il recruté Roger Hollis? – De l'espionnage industriel aux Brigades d'Espagne – Erich Mielke : un tueur professionnel – Des Brigades d'Espagne à la sécurité d'État – Épurations jusqu'en 1957 – L'assassinat du frère de Mielke – Ernst Friedrich Wollweber, le loup solitaire – « Fritz Koeller » pris sur le fait – Tout finit par se savoir.

9. Lorsqu'un loup en cache un autre 171

L'ombre de Léo Long – Le cas Dowideit – Des pralines pour Lisa Stein – L'enlèvement de Walter Linse – « Weinmeister », la VIIIe section du MFS – La terreur pour couvrir la subversion – Erich Honecker et le quadrillage du pays – L'homme de la guerre contre Gehlen.

10. Des semailles tous terrains 189
La course aux bonnes affaires – Le noyautage de l'intelligentsia – De cercles en cercles, le neutralisme – D'Otto Strasser au pasteur Niemöller – L'affaire « Volcan », ou Markus en échec, mais pas mat – Le « Comité pour raviver le commerce allemand » – L'industrieux H.H. Porst – Les « Geheimer Mitarbeiter » du Bundestag – Les chiens de garde de Markus.

11. La méthode Wolf 209
Des approches tout à fait nouvelles – D'éloquentes statistiques – « Sonny boy » et les autres – Troïkas et duos en tous genres – Une cible : le ministère des Affaires étrangères – D'étape en étape, jusqu'à un ministère – Au cœur de la Défense ouest-allemande.

11. Les secrets de l'affaire Guillaume 227
Margaret Hoecke : vingt ans de loyaux services – L'assaut contre la Chancellerie – L'exploitation du climat psychologique – L' « enveloppement » de Willy Brandt – Des contacts brandt-Guillaume, dès 1955? – Une technique d'approche irréprochable – La période enchantée – Des retrouvailles sans fausses notes – La fin d'une idylle – L'arrogance de Berlin-Est – « Tout finit à Berlin ».

13. L'apogée, mais ensuite? 255
La relève est assurée – Dagmar et son bigame – L'itinéraire à travers les partis politiques – La nostalgie des idylles germano-soviétiques – Honecker salue le « front invisible » – L'État de siège polonais, décidé par Moscou dès septembre 1981.

14. Du tiers monde au terrorisme 273
Goldenstein, le savetier du Caire – L' « Orchestre rouge » sur la scène arabo-africaine – La connexion germano-arabe – La filiation, de Rudi le Rouge à la Fraction Armée rouge – La prise en main par l'appareil soviétique – Logistique et sélection des cadres – Une seconde génération entre en scène – Les camps du Département XXII.

QUATRIÈME PARTIE

Le plan Gorbatchev en échec

15. Les dessous d'une opération secrète 293
Un scénario monté de longue date – Le blocage des policiers du parti – Gorbatchev à l'écoute de Markus et d'Alexandre –

Le coup d'État de Markus Wolf

Deux premiers actes joués à la perfection – Les couacs du troisième acte – Erich Mielke, en retard d'une époque – les coulisses de l'Octobre allemand – Le « flou » qui a fait tomber le Mur – L'Ouest au secours du communisme – Valentin Faline apporte les consignes.

16. Mais où sont donc passés les espions? 317

Le feu aux poudres – La « Firme », ou le nouveau Sphinx – Mielke. Honecker, Grossmann et d'autres – Le manteau de Noé, Une copie de l'opération Gladio – « La mer toujours recommencée » – Terrorisme et sabotage, modèles 1991 – Un fichier monumental au service du « Poing rouge » – Quelle Allemagne, demain?

En guise d'épilogue 335

Notes et sources 339

Annexes et organigrammes 353

Index 377

Cet ouvrage a été réalisé par la
SOCIÉTÉ NOUVELLE FIRMIN-DIDOT
Mesnil-sur-l'Estrée
pour le compte des Éditions Stock
en septembre 1991

Cet ouvrage a été réalisé par la
SOCIÉTÉ NOUVELLE FIRMIN-DIDOT
Mesnil-sur-l'Estrée
pour le compte des Éditions [illegible]
[illegible]

Imprimé en France
Dépôt légal : Septembre 1991
N° d'édition : 5146 - N° d'impression : 18360
54-07-3865-01
ISBN : 2-234-02224-X

54.3865.0